Grammel · Holzernte und Holztransport

W0307691

Holzernte und Holztransport

Grundlagen

Von

Prof. Dr. Rolf Grammel

Direktor des Instituts für Forstbenutzung und Forstliche Arbeitswissenschaft
der Albert-Ludwigs-Universität, Freiburg

Mit 52 Abbildungen und 50 Tabellen

1988

Verlag Paul Parey · Hamburg und Berlin

Schriftenreihe „Pareys Studientexte" Nr. 60

CIP-Titelaufnahme der Deutschen Bibliothek

Grammel, Rolf:
Holzernte und Holztransport : Grundlagen / von Rolf Grammel. – Hamburg ; Berlin : Parey, 1988
(Pareys Studientexte ; Nr. 60)
ISBN 3-490-03616-6
NE: GT

Das Werk ist urheberrechtlich geschützt. Die dadurch begründeten Rechte, insbesondere die der Übersetzung, des Nachdrucks, des Vortrages, der Entnahme von Abbildungen und Tabellen, der Funksendung, der Mikroverfilmung oder der Vervielfältigung auf anderen Wegen und der Speicherung in Datenverarbeitungsanlagen, bleiben, auch bei nur auszugsweiser Verwertung, vorbehalten. Eine Vervielfältigung des Werkes oder von Teilen dieses Werkes ist auch im Einzelfall nur in den Grenzen der gesetzlichen Bestimmungen des Urheberrechtsgesetzes der Bundesrepublik Deutschland vom 9. September 1965 in der Fassung vom 24. Juni 1985 zulässig. Sie ist grundsätzlich vergütungspflichtig. Zuwiderhandlungen unterliegen den Strafbestimmungen des Urheberrechtsgesetzes.

© 1988 Verlag Paul Parey, Hamburg und Berlin
Anschriften: Spitalerstraße 12, D-2000 Hamburg 1; Lindenstraße 44–47, D-1000 Berlin 61
Printed in Germany

Satz und Druck: Westholsteinische Verlagsdruckerei Boyens & Co., Heide/Holstein

Umschlaggestaltung: Jan Buchholz und Reni Hinsch, D-2000 Hamburg 63

ISBN 3-490-03616-6

Vorwort

Weltweit werden jährlich mehr als drei Milliarden Kubikmeter Holz geerntet. Knapp über die Hälfte findet als Brennholz Verwendung. Ebenso vielfältig wie die Bedürfnisse der Verbraucher, d. h. der Haushalte, des Handwerks und der Holzindustrien, aber auch wie die natürlichen Voraussetzungen, z. B. Klima, Bestände und Gelände, sind die arbeitstechnischen Lösungen. Der brennholzbündeltragenden Afrikanerin in Westafrika stehen mähdrescherartige Holzerntemaschinen in der borealen Waldzone des Nordens gegenüber.

Ziel des vorliegenden Buches ist die Vermittlung von grundlegendem Wissen. Bewußt verzichtet wird auf die Darstellung technischer Einzelheiten. Dies gilt auch für die Bewertung der beschriebenen Lösungen. Im Mittelpunkt steht nicht eine ausschließlich monetäre Betrachtungsweise, sondern der Nutzen einer Holzerntetechnik, der zwar schon immer, heute aber noch bewußter, relativ zu bewertende Merkmale wie Pfleglichkeit der Arbeit, Auswirkungen auf den Menschen usw. einbezieht.

Der Aufbau des Textes hält sich an den Ablauf einer Holzernte-Operation. Analysiert werden die Zielvorstellungen des jeweiligen Entscheidungsträgers. Besprochen werden anschließend die Rahmenbedingungen, die das Feld der Wahlmöglichkeiten bei konkurrierenden Ernteverfahren begrenzen. Der dritte Schritt beinhaltet eine Analyse und Bewertung von Basisverfahren. Ein letzter Schritt befaßt sich schließlich mit der Entscheidungsfindung und dem abschließenden Wahlakt.

Der Leitfaden ist gedacht vor allem für Studierende an Hochschulen und Fachhochschulen, aber auch für Praktiker, denen die Entscheidung im Einzelfall obliegt. Er wendet sich ferner an diejenigen, deren Aufgabe es ist, in Anwendung begriffene Verfahren zu verbessern oder neue zu entwickeln, d. h. an Maschinenausrüster, Mitglieder von nationalen und internationalen mit Betreuung und Beratung befaßten Organisationen, aber auch an wissenschaftliche und technische Kräfte von Forschungs- und Versuchsanstalten.

Der Autor genoß vielfältige Unterstützung durch die Mitarbeiter des Instituts für Forstbenutzung und Forstliche Arbeitswissenschaft Freiburg, denen hierfür herzlich gedankt wird.

Besonderen Dank verdienen die Diplom-Forstwirte M. Obert, K. Stierle, G. Rudolf, H. J. Loosen, Dipl.-Ing. v. Fürstenberg sowie Frau A. Bayer, Frau E. Manck und Frau B. Raible.

Dem Verlag Parey gebührt besonderer Dank für das Verlegen dieser Publikation.

Freiburg, im Frühjahr 1988 R. H. Grammel

Inhalt

1 Einführung

1.1 Holzernte

1.1.1 Begriff und Eingliederung in das System der Forstwissenschaft

Holzernte läßt sich als rationelle Nutzung und marktgerechte Bereitstellung eines natürlichen Rohstoffes für eine Vielzahl von Verbrauchern definieren.

Die Holzernte weist die typischen Merkmale einer Güterproduktion auf. Der Produktionsprozeß beginnt mit dem Entschluß, Holz – ein knappes Gut – zu nutzen, mit dem Fällen, Roden oder Sammeln. Er endet mit der Vermarktung bzw. Verteilung an holzbe- und -verarbeitende Industrie, Handwerk und Haushalte. Erfüllungsorte können der Fällort im Wald, Lager- und Stapelplätze am Rand der Waldstraßen, forstliche Holz-Sammelplätze, Holzhöfe, die Holzplätze der Industrie und des Handels oder bei Brennholz die Haushalte sein.

Rationelles Wirtschaften bedeutet auch in diesem Fall, daß die Produktion unter sparsamstem Einsatz der Produktionsfaktoren, insbesondere menschlicher Arbeit, und gleichzeitig technisch und ökologisch der jeweiligen Zielsetzung entsprechend zu erfolgen hat. Die Holzernte kann vom Waldbesitzer und seinen Mitarbeitern, Holzeinschlagunternehmen oder vom Holzverbraucher betrieben werden.

Neue Entwicklungen bei der Holzernte verlangen eine enge Zusammenarbeit zwischen Forst- und Holzwirtschaft: Das Zusammentreffen von Interessen der Holzverwender und Holzproduzenten verlangt eine für beide Bereiche geltende Lösung. Dies zwingt zu einem ständigen Bemühen um bessere Lösungen, wobei als Maßstab nicht nur die Wirtschaftlichkeit, sondern zusätzlich langfristige biologisch-ökologische und soziale Auswirkungen dienen müssen.

Für die Holzernte finden sich eine Reihe anderer Bezeichnungen wie Holznutzung, Holzeinschlag, Holzhauerei, Holzwerbung (nicht Werbung im üblichen Sinne), Holzbringung, Holzhieb. Heute hat sich der Begriff Holzernte durchgesetzt, wohl auch in Anlehnung an den durch die internationalen Organisationen FAO/ECE/ILO und IUFRO benutzten und anerkannten anglo-amerikanischen Begriff des „harvesting", der die Bezeichnung „logging", gleichwohl für die gesamte Holzbeschaffung als auch den direkten Holzeinschlag, weitgehend ersetzt hat.

Stärker noch weichen die Begriffe bei den einzelnen Phasen der Holzernte voneinander ab.

Phase „Fällvorgang": Fällen, Hauen, Zufallbringen; zur Anwendung gelangen Äxte, Sägen und neuerdings selbstfahrende Fällmaschinen, ausgerüstet mit Fällköpfen unterschiedlicher Bauart.

Phase „Bearbeitung am Fällort": Das Holz wird aufgearbeitet, d. h. entastet, entrindet, vermessen und abgelängt; das Schichtholz am Fällort zerlegt, d. h. eingeschnitten, gespalten und, heute nur noch selten, auch dort in sogenannten Sterbeugen aufgesetzt.

Phase „Transport vom Stock zur Waldstraße": Das Holz wird von Hand, mit Tieren oder maschinell gerückt (gebracht, geschleift). Der Begriff Vorrücken oder Vorliefern wird für die Teilarbeit Transport vom Stock zur Rückegasse benutzt. Umfassend wird die Lieferung vom Stock zur Waldstraße als Geländetransport bezeichnet.

Phase „Aufarbeitung an der Waldstraße“: Auf mehr oder weniger provisorischen Lagerplätzen oder auf der Waldstraße selbst werden dieselben Arbeiten wie beim konventionellen Verfahren am Fällort durchgeführt; in der Regel verbunden mit dem Bestreben, teilweise oder voll zu mechanisieren.

Phase „Straßen- und Wassertransport (Ferntransport)“: Auf den Waldstraßen bzw. öffentlichen Straßen werden die erzeugten Produkte zum Verbraucher transportiert. Zum Einsatz gelangt eine Vielzahl von Fahrzeugen unterschiedlichster Bauart.

Phase „Aufarbeitung auf Holzplätzen“: Holzplätze, in der Hand der Waldbesitzer oder der holzbe- und -verarbeitenden Industrie; meist weitgehend mechanisiert, teil- oder vollautomatisiert.

1.1.1.1 Holzernte und der Begriff Forstbenutzung

Die Holzernte ist Teil der Forstbenutzung, die neben diesem Fach die Walderschließung, die Holztechnologie, die Holzverwertung und die Holzverwendung umfaßt.

Die Forstbenutzung ist dem technischen Bereich der Forstwissenschaft zuzuordnen und steht innerhalb dessen dem Fachbereich der Produktionslehre gegenüber. Aufbauend auf den natur- und geisteswissenschaftlichen Disziplinen der sogenannten Grundwissenschaften, orientiert sie sich gleichzeitig in ihrer Zielvorstellung an den Vorgaben von forstlicher Betriebslehre und Forstpolitik.

Beispielhaft stellt das erste Standardwerk der Forstbenutzung, das 1764 erschienene Buch von DU HAMEL DU MONCEAU (Abb. 1), das Lehrgebiet der Forstbenutzung umfassend dar. Zusätzlich zur Nutzungstechnik, d. h. zu den Holzeinschlagsverfahren, finden sich Kapitel zur Materialkunde, zur Verwertung, zum Transport und zur Verwendung des Holzes.

Auch WILHELM LEOPOLD PFEILS „Neue vollständige Anleitung zur Behandlung, Benutzung und Schätzung der Forsten“ aus dem Jahre 1831 reiht im Teil Forstbenutzung und Forsttechnologie einen Abschnitt über die Holzernte ein. PFEIL bezeichnet diese als „Gewinnung und vorteilhafte Versilberung der Waldprodukte“.

K. GAYER (1863) definiert endgültig den Begriff Forstbenutzung mit der Herausgabe in sich geschlossener Lehrbücher, wobei er eine Einteilung des Stoffes gewählt hat, die nahezu unverändert auch von zeitgenössischen Autoren wie KNIGGE/SCHULZ (1966) übernommen wurde.

GAYER gliedert seine Forstbenutzung in die Unterabschnitte:
- die technischen Eigenschaften der Hölzer,
- der Fällungs- und Ausnutzungsbetrieb,
- der Holztransport,
- die Abgabe und Verwertung des Holzes,
- die Verwendung bei den holzverbrauchenden Gewerben.

Bemerkenswert ist, daß sich Teile der Forstbenutzung, vor allem die Holztechnologie, in den vergangenen Jahren verselbständigt und erweitert haben. Die Breite neuer Erkenntnisse und die immer weitergehende Spezialisierung lockert die Klammern des historischen Begriffes.

1.1.2 Geschichte der Holzernte

1.1.2.1 Entwicklung der Holznutzung und des Holztransports

Die Geschichte der Holzernte verläuft parallel zur Entwicklung der Menschheit. Mit dem Erwerb der Fähigkeit, Feuer zu entfachen, setzte vor etwa einer Million Jahren die Holznutzung durch den Menschen ein. In der Felshöhle war der Mensch mit Hilfe der ständig erneuerten Wärmequelle imstande, die Eiszeiten zu überstehen, während ein

Von
Fällung der Wälder
und gehöriger
Anwendung des gefällten Holzes
Oder
Wie mit dem Schlag-Holz, dann halb- und ganz ausgewachsenem Ober-Holz, umzugehen, und alles benannte Holz richtig zu schäzen und anzuschlagen ist,
Nebst
einer Beschreibung der Handwerker,
die ihre Arbeit in den Wäldern verfertigen,
als ein zur vollständigen Abhandlung
von dem Forst-Wesen
gehöriger Theil.
Von Herrn Du Hamel du Monceau,
Mitglied der Königlichen Academie der Wissenschaften; der Königlichen Gesellschaft zu London; der Kaiserl. Academie zu Petersburg; der Academie zu Palermo und Besançon; Ehren-Mitglied der Gesellschaft zu Edenburg; der Academie des Seewesens, und vieler Gesellschaften des Land-Baues; General-Inspector über das See-Wesen.
Mit Kupfern
Erster Theil.
Ins Deutsche übersezt
von
Carl Christoph Oelhafen von Schöllenbach,
der Reichs-Stadt Nürnberg Wald-Amtmann.
Herausgegeben von A. W. Winterschmidt, Kupferstecher und Kunsthändler in Nürnberg.
Gedruckt, bey Christ. de Launoy seel. Erben 1766.

Abb. 1. Titelblatt des Buches von Du Hamel du Monceau: Von Fällung der Wälder und gehöriger Anwendung des gefällten Holzes. Paris und Nürnberg, 1764; übersetzt von C. Ch. Oe. v. Schöllenbach, 1766.

Großteil der Vegetation – und mit ihr große Teile der artenreichen Tierwelt – der Kälte zum Opfer fiel.

Mit dem Ende der letzten Eiszeit, um etwa 10000 v. Chr., begannen die Wälder sich erneut auszudehnen. Gleichzeitig zogen in Mitteleuropa die Menschen dem weichenden Eis nach. Bei der Urbevölkerung sind erste Anfänge seßhaften Lebens und wachsender Holznutzung festzustellen. Hölzerne Schlitten und Schneeschuhe weisen auf den frühen Einsatz des Rohstoffes Holz und seine Bedeutung hin. In der Jungsteinzeit setzte sich das seßhafte Leben durch. Im Zuge der Dorfentstehung wurde der vielseitigen Verwendbarkeit des Holzes Rechnung getragen. Neben der Benutzung zum Hausbau diente es zur Herstellung von Hausrat aller Art, Werkzeugen und deren Schäftung, der Errichtung von Wehranlagen, Bohlenwegen, Brunnen u. v. a. m.

Um etwa 3000 v. Chr. fielen die Sumerer in Mesopotamien ein. Zeitgenössische Quellen enthalten Hinweise auf den durch Holzknappheit entstandenen frühen Holzhandel und die Flösserei auf Euphrat und Tigris.

Einen Eindruck über den hohen Stand der künstlerischen Holzverarbeitung vermitteln die Funde und Darstellungen aus Königs- und Fürstengräbern Ägyptens aus dem 2. Jahrtausend v. Chr.

Auch der Bibel sind interessante Hinweise auf die Holzverwendung zu entnehmen. So verwandte König Salomo (965–926 v. Chr.) zur Errichtung des Tempels eine große Menge an Zedernholz, sowohl für die Konstruktion als auch für die Ausstattung (1. Könige, Kap. 6). Ebenso diente ihm dieselbe Holzart in großen Mengen zur Errichtung seines Palastes, so daß die Bibel eine der großen Palasthallen nach der Herkunft des Holzes, das „Haus vom Wald Libanon" nennt (1. Könige, Kap. 7, Vers 2). Der in diesem Zusammenhang notwendige Holztransport über weite Entfernungen wurde auf dem Wasser durchgeführt.

Mit der Verarbeitung von Metallen zu Werkzeugen nahm der Holzbedarf in großem Maße zu. Einerseits wurde Holzkohle für die Schmelze und Schmiede der Metalle benötigt, andererseits eröffneten die neuartigen Werkzeuge eine Vielfalt von Bearbeitungs- und Einsatzmöglichkeiten des Werkstoffes Holz. Der römische Ackerbauschriftsteller L. JUNIUS MODERATUS COLLUMELLA vermittelt in seinem zwölf Bände umfassenden Werk „De re rustica" ein umfassendes Bild der Landwirtschaft seiner Zeit (um 50 n. Chr.), das auch forstliche Hinweise beinhaltet. So wird berichtet, daß von der Aufarbeitung des Holzes sowohl am Fällort als auch auf den Landgütern Gebrauch gemacht wurde. Dabei bediente man sich zum Einschneiden von Brennholz auf dem Hof der Handsäge (lupus), der kleineren Säge (serrula) und des Sägebocks (vora). Daneben erfolgten auch Angaben über die Arbeitsleistung (PLATZER 1975). Bereits vor dem Ausbau des Limes (ab 90 n. Chr.) waren demnach fortschrittliche Praktiken in der Holzernte bekannt.

Mit dem Rückzug der Römer um 400 n. Chr. eroberte der Wald in Mitteleuropa Flächen zurück; u. a. wurde der Schwarzwald wieder zum Urwald.

Mit den Karolingern setzte im 8. Jahrhundert die Zeit der Rodungen, die sich bis ins 14. Jahrhundert erstreckte, ein. Der Wald diente in der Hauptsache als Flächenreserve zur Versorgung der expandierenden Bevölkerung mit Nahrung – zwei Drittel der gesamten Waldflächen fielen Rodungen zum Opfer.

Das in großen Mengen benötigte Holz zum Bauen und Heizen wurde sowohl im Rahmen der Rodung, aber auch im Zuge raubbauähnlicher Hiebe eingeschlagen. Mit dem Wald zusammenhängende Berufe bildeten sich heraus. Im Vordergrund standen weiter Streunutzung, Waldweide, Zeidlerei und Harzgewinnung. Ein Holzhandel über weitere Entfernungen existierte noch nicht. Bis zum Ende des 15. Jahrhunderts dienten die Waldungen fast ausschließlich der Deckung des lokalen Holzbedarfs.

Der Holztransport blieb bis in das 19. Jahrhundert schwierig und aufwendig. Straßen fehlten weitgehend. Die vorhandenen Wege waren schmal, der Unterbau schlecht. Prügelhölzer dienten oft als Fundament. Abzuggräben fehlten. Dem Wassertransport kam deshalb eine große Bedeutung zu. Bereits im 14. Jahrhundert war die Flößerei als geordnetes Gewerbe üblich. Da teure Bauwerke notwendig waren (Wehre, Deiche, Floßweiher, Floßkanäle, Einbindeplätze etc.), vereinigten sich die Beteiligten meist zu Schifferschaften.

Das Vorliefern des Holzes zum flößbaren Gewässer erfolgte entweder durch Zugtiere, Schlitten, Simmeln, Riesen oder durch einfaches Schießenlassen des Holzes am Hang. Am Hangfuß wurden die Stämme entrindet, entgipfelt und vermessen, in den Floßweiher gerollt und dort zu Gestören zusammengefaßt. Die Bäche und Flüsse wurden für die Flößerei ausgebaut (Ufersicherung, Querhölzer etc.), das Bett frei von Geschiebe und Schotterhäufung gehalten. Die Kosten dafür wurden auf alle Beteiligten umgelegt. Eingeleitet wurde der Flößvorgang durch Freisetzen größerer Wassermassen, die in Schwallungen oder Klausen zurückgehalten wurden. Bei den Einmündungen in größere Flüsse wurden Fangteiche und Einbindeplätze angelegt, von wo aus der weitere Transport in sortimentsweise gebundenen Flößen erfolgte.

Die Breite der Gestöre richtete sich nach der Breite des Flusses, auf dem geflößt wurde. Mittels stärkerer Floßweiden reihte man die Gestöre bis auf Längen von 2000 Fuß (ca. 600 m) hintereinander; der Inhalt konnte dabei 300–500 m^3 Stammholz betragen. Oft waren die Flüsse mit Stangen, Rohstücken, Rinden etc. befrachtet. Die Besatzung der Flöße richtete sich nach der Größe des Floßes. Durch die Kinzigordnung wurde z. B. im Schwarzwald

Abb. 2. Anno 1483. Frauen sammeln Brennholz. Nach einem Holzschnitt aus dem Buch „Zur Weisheit der alten Meister" (Stihl 1976).

Abb. 3. Anno 1981. Brennholz wird in Mali zum Markt gebracht (FAO 1981).

vorgeschrieben, daß Flöße bis 800 Fuß Länge eine Sperre und 5 Mann, solche mit einer Länge von 800–1600 Fuß zwei Sperren und 8 Mann und solche über 1600 Fuß Länge drei Sperren und 12 Mann Besatzung haben müßten. Sperren dienten zum Abbremsen des Floßes.

Das Holz wurde ab dem Jahre 1500 bis nach Holland geflößt. Ein solches Floß besaß eine Besatzung von bis zu 100 Floßknechten bei einer Stückzahl von 15 000 Stämmen. Die wesentlichen Sortimente waren die sogenannten Holländer-Stämme, die in effektive Tannen – Mindestlänge 18,6 m und 48 cm Durchmesser bei 18 m – und Meßhölzer eingeteilt waren. Die Flöße waren Wochen und Monate unterwegs. Die Flößerei verlor Ende des 18. Jahrhunderts durch den aufkommenden Straßen- und Eisenbahnbau in Mitteleuropa an Bedeutung und verschwand um 1900 vollständig.

Glasherstellung und Eisenhütten

Mit dem ausgehenden Mittelalter entwickelte sich eine regional ausgeprägte Holznot, die Glashütten trugen ihren Teil dazu bei. Anfänglich wurden, um 100 kg Glas herzustellen, ca. 200 m^3 Holz benötigt, später konnte der Holzbedarf auf die Hälfte reduziert werden. Dabei wurden für die Energieerzeugung bei der Glasschmelze selbst nur ca. 3 % des Holzes benötigt, der Rest diente zur Erzeugung von Pottasche.

Da die Glashütten zur übrigen Holznutzung eine starke Konkurrenz darstellten, waren sie gezwungen, häufig ihren Standort zu wechseln. Dies verdeutlicht ein Beispiel im Kinzigtal; dort wurde eine Glashütte gefördert, weil das in großem Maße anfallende Brennholz keiner Verwendung zugeführt werden konnte. Das Projekt scheiterte allerdings am Protest der Flößer, die um ihre höherwertige Holzverwendung fürchteten.

Auch die Werke zur Verhüttung von Eisen hatten einen hohen Holzbedarf. Zur Verminderung der beachtlichen Transportverluste wurde das Holz am Fällort zu Holzkohle verarbeitet. Die Geschichte der Köhlerei beginnt im wesentlichen mit der Entwicklung der

Abb. 4. Holztransport mit Pferdefuhrwerken: Zu jener Zeit (1687) betrug der Holzverbrauch der Städte jährlich ca. vier Raummeter pro Kopf (STIHL 1976).

Abb. 5. Floß bei Wolfach. Die Flöße haben eine Länge von bis zu 2000 Fuß (ca. 600 m) (JENSEN 1890).

Metallverarbeitung, war also schon seit der Bronze- und Eisenzeit bekannt. Die Holzkohle war in schwierigem Gelände einfacher zu transportieren, was bei einem geringen Erschließungsgrad der Wälder, der auf der geringen Ertragslage der Forstwirtschaft beruhte, von Nutzen war. Dadurch erfuhr die Köhlerei einen großen Aufschwung, das trug ebenfalls zur Devastierung der Wälder bei; ihre Bedeutung behielt sie bis gegen Ende des 19. Jahrhunderts.

Holzhöfe in der Geschichte

Eine Besonderheit in der Geschichte der Holzernte stellen die Holzhöfe dar (Holzlager, Holzgärten, Holzdepots u. a.), die als Sammel-, Lager- und Sortierungsplätze für Rohholz dienten, von denen eine gezielte Verteilung an die unterschiedlichen Abnehmer erfolgen konnte. Man kannte sie schon in den Hochkulturen der Antike; sie entstanden überall dort, wo Menschen sich in Ansiedlungen zusammenfanden und Holz in großen Mengen als Brenn-, Bau- und Bauhilfsstoff benötigten, eine Selbstversorgung jedoch nicht mehr möglich war.

Holzhöfe entstanden vornehmlich an den Anlandungsplätzen des Holzes als Lager- und Umschlagplätze.

Wie im Altertum und der Antike ist auch in Deutschland die Geschichte der Holzhöfe mit der Entstehung von Städten sowie der Entwicklung des Holzhandels und der Flößerei verknüpft (Schwappach 1886). Die zunehmende Holzverknappung ließ den Holzhöfen die wichtige Funktion eines gewissen Ausgleichs zwischen dem räumlich oft direkt nebeneinander auftretenden Holzüberschuß und Holzmangel zukommen (Bauer 1974), wie bereits die Waldordnung für den Lusshortwald von 1442 zeigt (Witzel 1979).

Desgleichen dienten sie der Versorgung der mittelalterlichen Städte mit ihrem steigenden Holzbedarf (in erster Linie Feuerholz). Einer der ersten dieser Art war der Holzhof bei Udenheim (Bistum Speyer), der 1442 gegründet wurde. Die Sortimente reichten von Feuerholz über Bau- und Säge- bis zu Werkholz. Die Sorten wurden gelagert, aufgearbeitet und verteilt. Z. T. besaßen Großbetriebe eigene Holzhöfe, wie z. B. der Salinenhof Rosenheim, der eine Kapazität von bis zu 60 000 m^3 Brennholz aufwies. Im Zeitalter des Merkantilismus entwickelten sich die Holzhöfe zunehmend zu einem wirtschaftlichen Instrument der Landesherren. Neben ihrer Verteilfunktion übernahmen sie vor allem im Spätmerkantilismus immer mehr Aufgaben der Preisregulation mit Hilfe von Holztaxen und Mengenregulationen. Gleichzeitig dienten sie der Kontrolle des Innen- und Außenhandels durch Übertragung von Import- und Exportrechten.

Die Erzielung von Staatseinnahmen im Sinne der Staatswirtschaftslehre der Kameralisten trat in den Vordergrund. Im Laufe des 19. Jahrhunderts verloren die Holzhöfe wieder an Bedeutung, da der Holzhandel erweitert und die Verkehrswege ausgebaut wurden. Ebenso verdrängten den Werkstoff Holz zunehmend andere Materialien; einige Holzhöfe blieben jedoch bis Anfang des 20. Jahrhunderts bestehen (Thees 1984).

1.1.2.2 Entwicklung der Holzwerkzeuge Axt und Säge

Während der Eiszeiten – etwa von 600 000 bis 10 000 v. Chr. – diente neben Holz und Horn der Stein als Material, aus dem Werkzeuge gefertigt wurden. Mit diesen Werkzeugen, bestehend aus grobgearbeiteten Steinäxten, fällten die Menschen jener Zeit Bäume. Etwa 300 000 Jahre alt sind die nach ihrem Fundort zu St. Acheul in Frankreich benannten acheuleanischen Werkzeuge, Äxte und Beile, die ebenfalls aus Stein gearbeitet waren und bereits eine gute Ausformung erfahren haben (Stihl 1976). Funde aus China aus dieser Zeit weisen auf Äxte hin, die aus Kieselsteinen hergestellt wurden.

Die Werkzeuge erfuhren eine qualifizierte Änderung mit der Verarbeitung von Metallen,

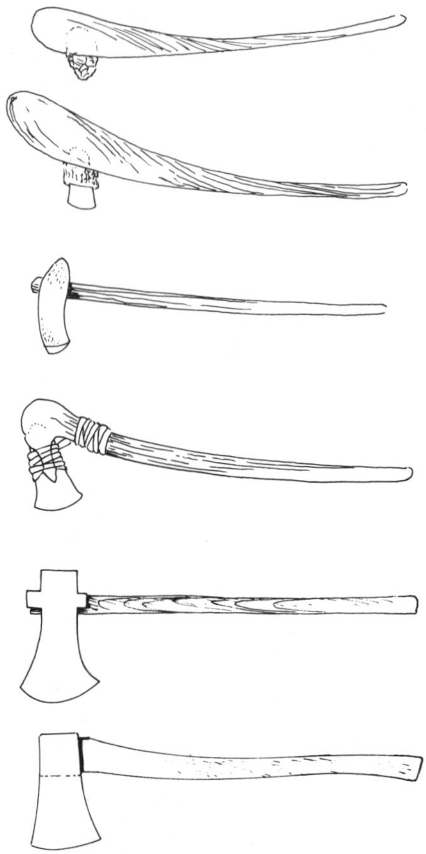

Abb. 6. Entwicklung der Axt von der Steinzeit bis heute.

anfänglich der Bronze (um 2700 v. Chr. in Ägypten, um 2100 v. Chr. in Europa), später dann des Eisens (um 700 v. Chr.).

Eine höhere Stufe nimmt die Säge ein. Sie ist ebenfalls durch eine sehr lange Entwicklung gekennzeichnet, doch reicht diese im Vergleich zur Axt geschichtlich nicht so weit zurück. Die älteste gefundene Säge, wie die ersten Äxte aus Stein gefertigt, ist in die Zeit um 5000 v. Chr. zu datieren.

Ab etwa 2700 v. Chr. wurden in Ägypten Sägen aus Bronze hergestellt, die sich großer Beliebtheit erfreuten, selbst noch, nachdem um 800 v. Chr. die Sägenfertigung aus Eisen möglich wurde. Als Erfinder der Säge gilt nach einer griechischen Legende Thalos aus Athen, ein Neffe des berühmten Daedalos (Stihl 1976).

Betrachtet man den Einsatz der Säge in der Holzernte im Verlauf der Geschichte, so fällt auf, daß noch bis gegen Ende des 18. Jahrhunderts (Schilli 1954) die Säge zum Querschneiden während der Aufarbeitung benutzt wurde, während das Fällen mit Hilfe der Axt (Schrotaxt) erfolgte, was den zeitgenössischen Darstellungen bei Du Hamel Du Monceau ebenfalls zu entnehmen ist.

Auf die Einführung der Säge als Fällwerkzeug weist eine Verordnung der Fürstlich Fürstenbergischen Forstverwaltung aus der zweiten Hälfte des 18. Jahrhunderts hin (Wohlfarth 1983), die besagt, daß das Holz nicht mehr geschrotet, sondern gefällt werden solle. Diese Änderung, die vermutlich auf der Holznot jener Zeit basierte, mißfiel den Holzhauern, was folgendes Zitat zum Ausdruck bringt: „Die Sägenen in denen hinländische Waldungen, solche nur in steileten Gebürgen anzutreffen sind, unmöglich gebraucht werden können, und derselben Anschaffung uns nur große, aber vergebliche Kösten verursachen würde" (Schilli 1954).

Mit zunehmender Bedeutung des Rohstoffes Holz wuchs auch die von Arbeitskraft und Arbeitswerkzeug geforderte Leistung. Man versuchte zunehmend, die menschliche Arbeit durch Mechanisierung zu erleichtern. In der Waldarbeit stagnierte die Entwicklung zunächst. Das änderte sich schlagartig in der zweiten Hälfte des 19. Jahrhunderts. Die Erfindung der Kettensäge (Stihl 1976) und der Einsatz neuer Energiequellen (Dampf, Elektrizität) bei der Waldarbeit begründeten eine sprunghafte Entwicklung.

Bei der Entwicklung der Motorsägen ging man von der Zweimann- zur Einmannsäge über, mit entsprechender Verringerung des Gewichts bei gleichzeitiger Leistungssteigerung. So hatte die Motorkettensäge „Sector" (1917) noch ein Gewicht von 55 kg bei einer Leistung von 3,7 kW (5 PS). Die erste Leichtsäge hatte bei etwa gleicher Leistung (4,5 PS) nur noch ein Gewicht von 14 kg. Eine moderne EMS der Mittelklasse leistet beispielsweise bei einem Gewicht von etwa 9 kg rund 3,7 kW (5 PS).

Die Entwicklung der forstlichen Technik verläuft seit dem zweiten Weltkrieg wesentlich schneller. Dies ist in der Entwicklungsgeschwindigkeit der Wirtschaft allgemein begründet, an die sich die Forstwirtschaft anzugleichen versucht. Die zunehmende Mechanisierung beruht weiter auf dem Kostenanstieg menschlicher Arbeit und dem vorübergehend beachtlichen Arbeitskräftemangel. Man versuchte deshalb, die einzelnen Teilarbeiten nach und nach zu mechanisieren. Das beginnt beim Fällvorgang und bei der Entrindung – die erste Entrindungsmaschine wurde 1946/47 in Skandinavien entworfen und seit 1958/59 verbreitet eingesetzt –, setzt sich über die Entastung fort und endet bei den Mehrzweckerntemaschinen, deren Entwicklung ebenfalls in den 50er Jahren eingesetzt hat.

1.2 Die wirtschaftliche Bedeutung der Holzernte

1.2.1 Der quantitative Aspekt

1.2.1.1 Weltholzproduktion

Weltweit geht man davon aus, daß auf rund 2,8 Milliarden Hektar geschlossener und weiteren 1,7 Milliarden Hektar devastierter Waldfläche, Wälder an der natürlichen Wachstumsgrenze, Dornbusch, Maquien usw. jährlich insgesamt rund drei Milliarden Kubikmeter Rundholz eingeschlagen werden. Das bedeutet, daß jährlich über zwei Milliarden Tonnen Holz vom Stock getrennt, vom Fällort an die Waldstraße bzw. an Flüsse gerückt und von dort in die holzbe- und -verarbeitenden Industrien, zum Handwerk und in Haushalte transportiert werden. Damit steht, unter dem Aspekt der zu bewältigenden Arbeitsleistung, Holz zwar hinter der Kohle an zweiter Stelle, aber noch weit vor Getreide, Stahl oder Kunststofferzeugnissen. Die FAO (Food and Agriculture Organization of the United Nations) schätzte, daß von der Gesamtnettoproduktion der Wälder an forstlicher Biomasse von rund 15 Mrd. m^3 ca. 7 bis 9 Milliarden m^3/Jahr tatsächlich auf die Dauer geerntet, d. h. nutzbar gemacht werden können. Erntetechnisch von Interesse ist darüber hinaus, daß der Holzvorrat der offenen Wälder im Durchschnitt rund 20 m^3/ha, derjenige der geschlossenen Wälder immerhin rund 110 m^3/ha beträgt.

Bemerkenswert und im Hinblick auf die Holzernte von Bedeutung ist, daß etwa die Hälfte der gesamten Welt-Holzernte der Energiegewinnung in Form von Brennholz oder Holzkohle dient; nur knapp die zweite Hälfte des Aufkommens wird einer Vielzahl von holzverarbeitenden Industrien zugeführt. An deren Spitze stehen die Sägewerke, nachfolgend die industrieholzverarbeitenden Industrien wie Papier-, Zellstoff- und Spanplattenindustrien, gefolgt von einer Vielzahl an Kleinverbrauchern.

Übersicht 1. Weltholzproduktion in Milliarden Kubikmeter Rundholz

Ländergruppe	1970	1975	1980	1983
Afrika	0,331	0,376	0,432	0,469
Nord- und Mittelamerika	0,491	0,466	0,628	0,633
Südamerika	0,232	0,267	0,283	0,289
Asien	0,838	0,928	0,897	0,920
Europa	0,336	0,312	0,334	0,32
Ozeanien	0,028	0,030	0,035	0,034
UdSSR	0,385	0,395	0,357	0,356
entwickelte Länder	1,261	1,205	1,345	1,356
sich entwickelnde Länder	1,379	1,568	1,621	1,686
Welt	2,640	2,773	2,966	3,042

Quelle: FAO 1983: Yearbook of forest products 1970–1980 S. 64 ff.
FAO 1985: Yearbook of forest products 1972–1983 S. 64/65

Übersicht 2. Brennholz- und Holzkohleanteil an der Weltrundholzproduktion nach Ländergruppen (in Mrd. m³ und in %) (vgl. Übersicht 1)

Ländergruppen	1970		1975		1980		1983	
	m³	%	m³	%	m³	%	m³	%
Afrika	0,292	88	0,333	89	0,382	88	0,414	88
Nordamerika	0,051	10	0,054	12	0,136	22	0,151	24
Südamerika	0,193	83	0,218	82	0,196	69	0,210	73
Asien	0,665	79	0,741	80	0,680	76	0,711	77
Europa	0,068	20	0,051	16	0,051	15	0,055	17
Ozeanien	0,008	29	0,007	23	0,007	20	0,008	24
UdSSR	0,087	23	0,082	21	0,079	22	0,083	23
entwickelte Länder	0,190	15	0,165	14	0,234	17	0,256	19
sich entwickelnde Länder	1,172	85	1,322	84	1,296	80	1,377	82
Welt	1,362	52	1,487	54	1,530	52	1,633	54

Quelle: FAO (1985) Yearbook of forest products 1972–1983; S. 78/79

Die Prognosen gehen davon aus, daß zukünftig zunehmend mehr Holz der Energieerzeugung dienen wird. In den Entwicklungsländern werden zur Erzeugung von Wärme und Energie beim Kochvorgang große Mengen Brennholz mit geringem Ausnutzungsgrad verbrannt. Neue Technologien stehen in der Entwicklung oder sind bereits in Anwendung, wie z. B. die Holzhydrolyse bis zum Endprodukt Äthanol oder die Holzvergasung, mit dem Ziel, Methanol als Treibstoff herzustellen. Auch im Bereich der Holzhydrierung wird intensive Forschung betrieben.

1.2.1.2 Holzproduktion in Europa

Nach der FAO-Statistik für Europa (West- und Osteuropa ohne UdSSR) wurden zwischen 1970 und 1981 jeweils je Jahr 300 bis 330 Mio. m³ genutzt und dem Verbraucher zugeführt. Heraus ragen Schweden mit 50–65 Mio. m³ Einschlag, Finnland mit 40–47 Mio. m³, Frankreich und die Bundesrepublik Deutschland mit jeweils rund 30–40 Mio. m³, Rumänien mit rund 21 Mio. m³ und Jugoslawien mit immerhin noch rund 15 Mio. m³.

Geringere Holzmengen nutzen und bewegen dagegen in Westeuropa vor allem Irland, aber auch Belgien, Dänemark, die Niederlande und Griechenland. Das spiegelt die Bedeutung der in der ersten Gruppe genannten Länder für die Holzernte wider, da sich naturgemäß auch Forschung und Entwicklung auf diejenigen Länder konzentrieren, die große Holzmengen nutzen.

1.2.1.3 Holzproduktion in der Bundesrepublik Deutschland

Der Holzmarkt in der Bundesrepublik Deutschland umfaßt ein Volumen von rund 65–85 Mio. m³* Rohholzäquivalenten. Hiervon stammen im Durchschnitt 28–32 Mio. m³ aus eigenem Einschlag, wobei rund 11–12 Mio. m³ auf Industrieholz und 15–16 Mio. m³ auf Stammholz entfallen.

Unterschieden nach Bundesländern steht an der Spitze das Waldland Bayern, gefolgt von Baden-Württemberg. Auch die Länder Nordrhein-Westfalen, Rheinland-Pfalz und Hessen produzieren mit jeweils nahezu 2,5–3,5 Mio. m³ jährlich große Holzmengen.

Für die Bundesrepublik ist im übrigen charakteristisch, daß heute die geerntete Holz-

* Die Statistik verwendete teilweise noch die Maßeinheit Festmeter (fm), die aber durch das internationale SI-System im Meßwesen ungültig wurde. Es heißt jetzt national und international nur m³.

Übersicht 3. Holzeinschlag in der Bundesrepublik Deutschland 1983 (in 1000 m^3 ohne Rinde)

Land	Laubholz	Nadelholz	Insgesamt
Schleswig-Holstein	208	237	445
Niedersachsen	879	1465	2344
Nordrhein-Westfalen	828	1674	2502
Hessen	1404	2017	3421
Rheinland-Pfalz	970	1668	2638
Baden-Württemberg	1586	4883	6469
Bayern	931	7051	7982
Saarland	166	96	262
Summe Bundesgebiet ohne Stadtstaaten	6972	19 091	26 063

Quelle: Statistisches Jahrbuch 1985 für die Bundesrepublik Deutschland, S. 157, Kohlhammer Verlag

menge in einer Vielzahl von Sorten unterschiedlichen Aufarbeitungsgrades an der Waldstraße zum Kauf angeboten wird. Es wird also Holz geschlagen, bearbeitet und sortiert und an den Lagerplatz gerückt.

1.2.1.4 Perspektiven

Die FAO prognostiziert, ausgehend von einem heutigen Weltjahreseinschlag von 2,5–3,0 Milliarden m^3, für das Jahr 2000 eine tatsächliche Produktion von 4,5–6,2 Milliarden m^3. Für Europa werden, ausgehend von 300–330 Mio. m^3 derzeitigem Einschlag, 550–700 Mio. m^3 vorausgesagt, das bedeutet eine Verdoppelung.

Für die Bundesrepublik Deutschland liegen Schätzungen von Kroth (1980), Kreutzer und Dauber (1980) sowie Lammel und Plochmann (1977) vor. Ausgegangen wird von einem tatsächlichen durchschnittlichen Einschlag von 31,0 Mio. m^3. Kreutzer und Dauber schätzen, daß in der Bundesrepublik weitere rund 10 Mio. Tonnen Trockensubstanz in Form von Waldrestholz (oberirdisches Restderbholz, Reisholz und Wurzelholz) produziert werden können. Nutzbar erscheinen hiervon rund 4,0 Mio. Tonnen Trockensubstanz. Dem vergleichbar kalkuliert Häberle (1980) ebenfalls mit rund 0,9 Tonnen Trockensubstanz pro Jahr und ha zusätzlicher Produktion von Waldrestholz, d. h., bei einer Waldfläche von 7,2 Mio. ha würde dies eine zusätzliche jährliche Produktion von ca. 6,5 Mio. Tonnen atro bedeuten.

Franz (1977) schätzt auf der Basis der bayerischen Waldinventur von 1970/71, übertragen auf die Waldfläche der Bundesrepublik, das zusätzliche mögliche Holzaufkommen auf 6 Mio. m^3. Zusammenfassend könnten also nachhaltig etwa 38 Mio. m^3 pro Jahr genutzt werden. Dies hieße, daß im Jahre 2000 – verglichen mit der heutigen Ausgangssituation – von der Holzerntetechnik eine nahezu bis ein Drittel höhere Holzmenge bewältigt werden müßte.

1.2.2 Der Anteil der Holzernte am forstbetrieblichen Gesamtaufwand

Die Erträge aus dem Rohholzverkauf, als Ergebnis des Produktionsprozesses Holzernte, haben bei allen Waldbesitzarten einen Anteil am Betriebsertrag von rund 90 % und stellen damit den Hauptfaktor der Einnahmeseite der Forstwirtschaft dar. Hingegen schwankt der Aufwand für die betriebliche Teilarbeit beträchtlich (Übersicht 4).

Übersicht 4. Holzernte-Aufwand in DM je Hektar Holzbodenfläche und in % vom Gesamtbetriebsaufwand

		1976	1979	1980	1981	1982	1983
Staatswald	DM/ha	198,–	205,–	228,–	223,–	217,–	203,–
	%	–	35	36	35	34	32
Körperschaftswald	DM/ha	206,–	225,–	243,–	244,–	245,–	234,–
	%	–	45	45	45	44	43
Privatwald	DM/ha	185,–	194,–	213,–	220,–	211,–	207,–
	%	–	38	39	40	40	37

Quelle: Statistisches Jahrbuch über Ernährung, Landwirtschaft und Forsten 1985, Tab. 453 und 454. Hrsg.: Bundesministerium für Ernährung, Landwirtschaft und Forsten

1.2.3 Die besondere körperliche Belastung der Waldarbeiter bei der Holzernte

Über lange Zeit hinweg wurde, weitgehend unabhängig von Gelände- und Baumart, ein einheitliches Arbeitsverfahren, das sogenannte Sortenverfahren, angewendet. Es beinhaltet die Fällung mit der Handsäge, die Entastung mit der Axt, die Entrindung mit dem Schäleisen, die Herstellung des Schichtholzes mit der Trennsäge und Spaltaxt sowie die Bereitstellung der Sorten am Fällort.

Der Mensch stellt hier die Kraftquelle dar; er leistet bei Einschlag, Aufarbeitung und Manipulation des Holzes Schwer- und Schwerstarbeit. So beträgt nach Lehmann (1962) der Energieverbrauch beim Fällschnitt mit der 2-Mann-Zugsäge 50,24 kJ/min, beim Entasten mit der Axt rund 41,87 kJ/min, bei der Ausführung des Trennschnittes mit der 2-Mann-Zugsäge rund 37,68 kJ/min; Buchberger (1976) nennt für das Entrinden mit Schäleisen einen Energieverbrauch von 31,40 kJ/min, für das Spalten des Holzes 25,12 bis 26,80 kJ/min.

Hieraus leitet sich die Notwendigkeit ab, unter arbeitsphysiologischen und arbeitshygienischen Aspekten höhere Mechanisierungsgrade anzustreben. Im Zuge der Mechanisierung verlagert sich die bisher überwiegend motorische Tätigkeit des Waldfacharbeiters in den Bereich der sensorischen. Der menschliche Energieumsatz wird weniger für körperliche Arbeiten als für diejenigen der Beobachtungs- und Informationsverarbeitung mit den daraus abgeleiteten Handlungen verwandt. Der prozentuale Anteil rein motorischer und rein sensorischer Arbeit schwankt bei den einzelnen zu verrichtenden Teilarbeiten. Ihre gemeinsame Wirkung setzt eine Koordinierung voraus, die die Umsetzung von Beobachtungs- und Informationsaufnahme während der Arbeit in entsprechende gezielte Handlungen ermöglichen soll.

Dies trifft besonders zu auf den Einsatz von Großgeräten bei der Holzernte, der ständigen Änderungen und Anpassungen an die lokalen und situationsbedingten Verhältnisse unterworfen ist. Ausgehend von der Vielgestaltigkeit der Holzerntearbeiten, bedingt durch natürliche und arbeitsorganisatorische Gegebenheiten, können nur Grundmuster der Arbeitsabläufe vorgegeben werden.

Die Einführung hochmechanisierter Aufarbeitungsverfahren bringt für die Beschäftigten eine Verringerung der physischen Arbeitsschwere mit sich. Die Beurteilung der dabei zu verrichtenden senso-motorischen Tätigkeiten kann anhand kombinierter Beanspruchungsmeßmethoden erfolgen. Erste orientierende Anwendungen solcher ergonomischer Meßverfahren lassen eine Verlagerung der Beanspruchung zum psychisch-mentalen Bereich vermuten. Arbeitsplätze, die im Zuge der forstlichen Höhermechanisierung entstanden sind, sind jedoch keineswegs „streßüberladen“, sondern können zumindest für einen (noch) kleinen

Teil der Arbeitskräfte ergonomisch günstige Arbeitsbedingungen schaffen (Schmid-Vielgut 1985; Böltz 1987).

1.2.4 Die Unfallquote bei der Holzernte

Ein großer Teil der in der Holzernte vorkommenden Tätigkeiten hat schon von alters her gefahrgeneigten Charakter, d. h., die vorkommenden Arbeiten bergen die Gefahr von Arbeitsunfällen in sich. Aufgeschlüsselt nach den forstbetrieblichen Tätigkeiten im Staatswald Baden-Württemberg, Nordrhein-Westfalen und Hessen zeigen sich bei der Holzernte die meisten Arbeitsunfälle.

Übersicht 5. Verteilung der Unfälle nach Arbeitsbereichen im Forstwirtschaftsjahr 1984 in Baden-Württemberg

Arbeitsbereich	absolut	in %
Holzernte	515	68,0
Kulturarbeiten	95	12,6
Wegunfälle	38	5,0
Wegeneubau- und Unterhaltung	6	0,8
Forstschutz	24	3,2
Sonst. Betriebsarten	79	10,4
	757	100,0

Quelle: Jahresbericht der Landesforstverwaltung Baden-Württemberg 1984

Übersicht 6. Arbeitsunfälle in der Holzernte, aufgeschlüsselt nach Teilarbeiten (ohne Rücken)

Teilarbeit	Anteil %
Fällen (Baum aufsuchen, fällen und zu Fall bringen)	43,7
Entasten	31,8
Entrinden (entrinden und wenden)	8,1
Aufarbeiten (vermessen, einschneiden, spalten)	16,3
	100,0

Quelle: Bundesanstalt für Arbeitsschutz, Unfallursachenforschung z. Erhöhung der Arbeitssicherheit in der Forstwirtschaft. 1984 S. 80 (Unfälle beim Rücken werden von den Landesforstverwaltungen mit 5,6 % der Holzernte-Unfälle angegeben.)

1.2.5 Der Mechanisierungsgrad bei der Holzernte

Die Untersuchung des Mechanisierungsgrades der Holzernte in der Bundesrepublik mit Hilfe des 14stufigen Systems nach Bright (Grammel 1978) zeigt, daß große Teile auf die Stufe II (Anwendung von Handwerkzeugen ohne Eigenantrieb) entfallen. Hierzu gehört u. a. das Keilen, das Entrinden von Hand, das Vermessen, Aufarbeiten von Schichtholz etc. Ein weiteres Viertel entfällt auf Stufe III, Anwendung motorgetriebener, handgeführter Werkzeuge, z. B. Ein-Mann-Motorsäge. Nur ein letztes Viertel der Teilarbeiten ist der Stufe IV zuzurechnen, die die Benutzung mobiler und stationärer Maschinen mit Handsteuerung umfaßt (z. B. Schlepper, Entrindungsmaschinen). Der Anteil an Maschinen der Stufen V–X schließlich, die eine autonome Fertigung bedeuten, scheinen für Forstbetriebe noch in weiter Ferne zu liegen.

Auch bei einer Bewertung nach Ulrich (1968) zeigt sich, daß bei über 40 % der Arbeiten im Bereich der Holzernte der Mensch noch die Kraftquelle darstellt und daß er für weitere rund 30 % des forstbetrieblichen Arbeitsvolumens als Arbeitsmaschine angesehen werden muß. Nur rund 20 % der Arbeiten entfallen auf die Stufe III, die „Stellen, Messen und Schalten“ umfaßt.

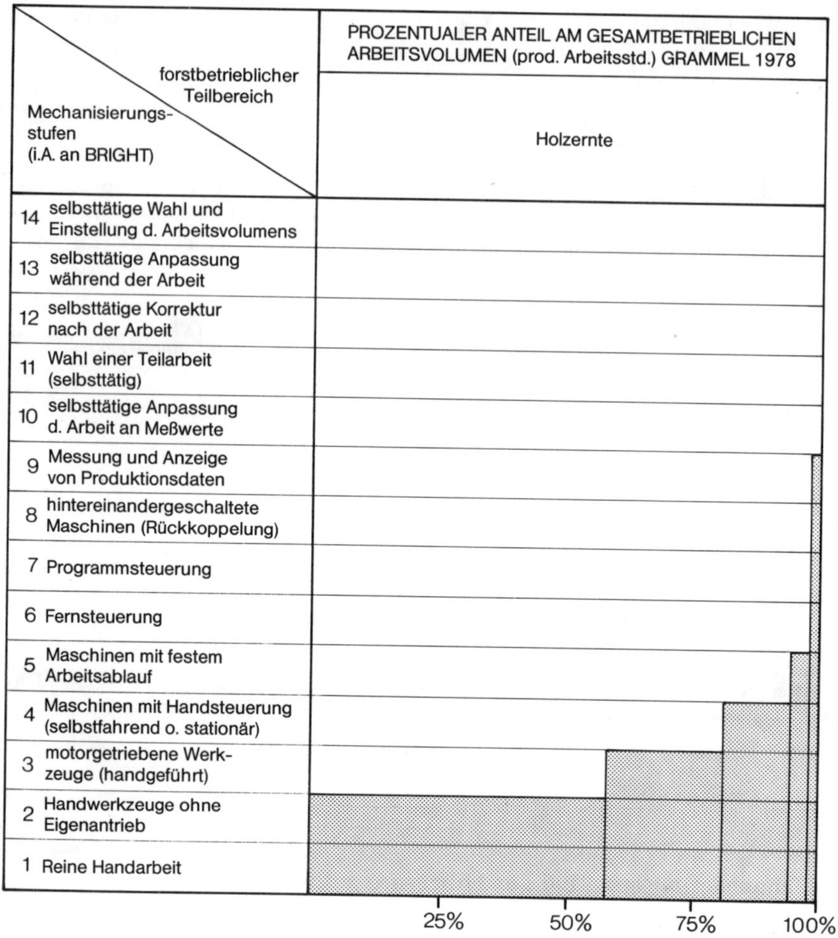

Abb. 7. Der Mechanisierungsgrad forstbetrieblicher Arbeiten.

1.2.6 Der vielfältige Charakter der Holzernte

Die Holzernte weist weit über die quantitative Betrachtungsweise hinaus ihren eigenen Charakter auf. Auch mit der Einführung modernster Techniken hat sich an der Urwüchsigkeit und Naturverbundenheit der Holzgewinnung nichts geändert. Der Fäller im brasilianischen Araukarienurwald führt neben der Motorsäge ein Schlangengiftserum mit sich, der Elefantenführer in Birma setzt sich beim Teakholzrücken täglich mit seinem Arbeitstier und mit der Natur auseinander. Auch der Fahrer einer dem Mähdrescher vergleichbaren Vollerntemaschine in Nordschweden hat sich – trotz Walkman-Musik im Ohr – mit Wetter und felsigem oder morastigem Untergrund, aber auch mit jedem einzelnen Baum und seiner charakteristischen Unberechenbarkeit nach dem Trennen vom Stock auseinanderzusetzen.

Vom Menschen her betrachtet, ist Holzernte also gleichgeblieben: oft körperlich anstrengend und gefährlich, Wind und Wetter ausgesetzt, viel Erfahrung und Vorsicht verlangend, ebenso aber auch große Befriedigung vermittelnd im Umgang mit der Natur und der großen Freiheit, seine Arbeit weitgehend selbst gestalten zu können. Man mißt sich an der eigenen

Arbeitsleistung, der Erfolg der Arbeit wird in Form eines wertvollen, begehrten und natürlichen Produkts sichtbar und bewertbar.

Aber auch wirtschaftlich gesehen wächst die Vielfältigkeit der Holzernte; weil einfach und kostengünstiger – genügend Holz stand zur Verfügung –, nutzte man über Jahrhunderte hinweg nur die starken und wertvollen Bäume. Man beschränkte sich, vom Ufer der Flüsse und flößbaren Bäche ausgehend, auf die gut zugänglichen Wälder. Hohe Holzverluste bei der Holzernte wurden akzeptiert, auf ökologisch-biologische Aspekte wurde selten Rücksicht genommen. Auch in diesem Feld erweitert sich der Gesichtskreis, die Kritik an unpfleglichen Erntemaßnahmen wächst parallel mit den Bestrebungen, bei neuentwickelten Holzerntesystemen die ökologische Pfleglichkeit sicherzustellen.

Im Gegensatz hierzu wird man zukünftig auch abgelegene, auf schwierigeren Standorten stockende Wälder nutzen müssen. Man wird Baumart und Holzdimension ernten, bei denen es besondere Anstrengungen verlangen wird, Kosten und Wert in eine wirtschaftlich vernünftige Relation zu bringen. Man wird also zwangsläufig weit stärker als bisher Holzerntesysteme zum einen individuell, der jeweiligen Zielsetzung entsprechend, und zum anderen komplexer als bisher entwickeln und anwenden. Auch das wirtschaftliche Risiko wird sich vergrößern.

Generell wird man die Holzernte als wesentlichen Teil der Nutzung der Waldflächen weit umfassender begreifen müssen. Holzernte leistet einen wichtigen Beitrag zur Sicherung der materiellen Basis des menschlichen Lebens im Hinblick auf Heizen und Bauen sowie Ernährung, bedingt durch die mannigfachen Verwendungsmöglichkeiten des Rohstoffs Holz.

Um diesem Ziel entsprechen zu können, wird man vielfältige Zielvorstellungen akzeptieren müssen. Werden diese Zielvorstellungen realisiert, weisen auch die Formen der Forstnutzung folgerichtig eine große Vielfalt auf. Sie betrifft einmal die zu wählenden technischen Lösungen: Sanfte Technologien, d. h. bewußt beschränkt auf handarbeitsintensive Techniken, werden ebenso wichtig sein wie hochmechanisierte, ja automatisierte Lösungen in Ländern höherer Entwicklungsstufen. In diesem Zusammenhang kommen z. B. die Einflüsse des Standorts, des Arbeitsmarktes und dessen Struktur, die Vielzahl marktgerecht anzubietender Sorten zum Tragen. Dies bedeutet aber auch die Unvoreingenommenheit gegenüber anderen Formen der Waldnutzung und der Holzernte, etwa im Plantagenanbau von Holz, gegenüber der Nutzung der tropischen Regenwälder oder der Anwendung agroforstlicher Systeme.

1.3 Die Betreiber der Holzernte

1.3.1 Holzeinschlag durch die Verarbeiter

Weltweit gesehen ist der Holzeinschlag durch den Waldbesitzer zweitrangig. In der Regel schlagen die Abnehmer das Holz selbst ein. Dies gilt nahezu für alle Länder der borealen Waldzone wie Skandinavien, USA/Kanada und UdSSR. Insbesondere in Kanada, aber auch in den USA, Skandinavien und bei der Exploitation in den tropischen Regenwäldern werden vom Waldbesitzer, in den meisten Fällen der Staat, längerfristige Einschlaglizenzen vergeben, die einen Geltungszeitraum von bis zu 99 Jahren umfassen können. In der UdSSR ist ein Holzindustrie-Ministerium für Einschlag und Abtransport zuständig.

1.3.2 Holzeinschlag durch den Waldbesitzer

In der Bundesrepublik Deutschland schlägt in der Regel der Waldbesitzer das Holz in Eigenleistung ein (z. B. bäuerlicher Waldbesitzer) oder mit Hilfe eigener Arbeitskräfte (Kommunal- und Staatswald) und stellt es am Fällort oder aber, wie heute gängig, an der

Waldstraße zum Verkauf bereit. Dabei wird das Rohholz entsprechend der Holzhandelsklassen nach Dimensions-, Qualitäts- und Verwendungsklassen sortiert (s. Forst-Handelsklassensortierung für Rohholz HKS). Üblicherweise erfolgt kein Transport zum Be- oder Verarbeiter.

1.3.3 Servicegesellschaften

Für den Holzeinschlag durch spezialisierte Unternehmer, sogenannte Servicegesellschaften, gilt Frankreich als charakteristisches Beispiel. Nach KÖBELE (1978) existieren in Frankreich etwa 8000 „Exploitants forestiers", also Holzeinschlagfirmen, die das Holz auf dem Stock kaufen und Einschlag, Sortierung, Verkauf oder Be- bzw. Verarbeitung vornehmen. Diese Unternehmen reichen vom Ein-Mann-Betrieb bis zu Firmen mit 50 und mehr Waldarbeitern. 1971 wurden in Frankreich nicht weniger als 84 % der Holzernte auf dem Stock verkauft. 59 % der Exploitants forestiers, die einen Anteil von 61 % an der gesamten Holzernte hatten, verarbeiteten 70 % des von ihnen eingeschlagenen Holzes in eigenen Sägewerken (das sind 43 % des Gesamteinschlages). Die Mehrheit des Rundholzes, nämlich zwei Drittel, wird von den Unternehmen eingeschnitten, die auch das Holz eingeschlagen haben. Andere Formen der Holzbe- und -verarbeitung (Zellstoff-, Papier- und Plattenindustrie) werden von 19,5 % der Servicegesellschaften mit rund 18 % der geernteten Masse durchgeführt.

1.3.4 Selbstwerber

Ein Teil der Holzernte erfolgt durch sogenannte Selbstwerber. Unter Selbstwerbern werden Käufer von unaufgearbeitetem Holz (oder von Nebenerzeugnissen) verstanden (HODAPP 1982). Freizeit-Selbstwerber sind Personen, die nicht im Rahmen ihrer beruflichen Tätigkeit Holznutzung betreiben. Rechtlich gesehen handelt es sich um:

- Kaufvertrag-Selbstwerber oder
- Kaufvertrag-Selbstwerber mit zusätzlichem Werkvertrag.

Im ersteren Fall wird Rohholz auf eigene Gefahr und Rechnung in vermarktungsfähige Sorten aufgearbeitet und verkauft. Der Forstbetrieb schließt deshalb mit dem Selbstwerber einen Kaufvertrag, nicht hingegen einen Werk- oder Arbeitsvertrag ab. Der Selbstwerber ist Unternehmer in eigener Sache.

Im zweiten Fall kann vom Forstbetrieb mit dem Selbstwerber zusätzlich ein Werkvertrag abgeschlossen werden. Dies bedeutet, daß gegen gesondertes Entgelt eine forstliche Arbeitsmaßnahme von diesem durchgeführt wird. Es empfiehlt sich, diesen Werkvertrag schriftlich abzuschließen.

Selbstwerber sind in ihrer Eigenschaft als Kaufvertrag-Selbstwerber allein verantwortlich für die Einhaltung der Unfallverhütungsvorschriften, der steuerrechtlichen, versicherungsrechtlichen und gewerberechtlichen Vorschriften.

1.3.5 Leseholz

Die Abgabe und Aufarbeitung von Leseholz rechnet zur Holzernte. Zeitgemäße Waldgesetze (z. B. Landeswaldgesetz Baden-Württemberg von 1976) beinhalten Bestimmungen über die Aneignung von Waldfrüchten und Waldpflanzen. So enthält der § 40 des vorgenannten Gesetzes u. a. die Bestimmung, daß jedermann sich Waldfrüchte, Streu- und Leseholz in ortsüblichem Umfang aneignen darf.

Das Thema Biomasse, also auch das der Nutzung von Astholz, Rinde, Nadeln etc. und deren Verwertung in der holzbe- und -verarbeitenden Industrie bzw. zur Energieerzeugung, beherrscht zunehmend die Diskussion. Das sogenannte Waldrestholz ist z. T. erheblich in seinem Wert gestiegen. Über kurz oder lang ist daher eine Einschränkung der kostenlosen Aneignung von Holzprodukten denkbar.

1.3.6 Wer soll die Holzernte betreiben?

Die Frage, wer die Holzernte betreiben soll, berührt zwangsläufig das Berufsbild der Forstbediensteten. Sollte sich deren Dienstaufgabe ausschließlich auf die biologische Produktion und hoheitliche Aufgaben beschränken, oder sollten Holzernte und Holzvermarktung (technische Produktion) in den Aufgaben eingeschlossen sein?

Im Hinblick auf ein erwünschtes Optimum wie Kostenminimierung, Gebrauchsmaximierung werden folgende Vorzüge des Einschlages durch Unternehmer vorgebracht:

- Die notwendigen umfangreichen Investitionen für Maschinen und sonstige Anlagen ließen sich leichter durch die kapitalkräftigere Holzindustrie aufbringen. Diese weise mehr Fachwissen im Bereich der Anwendung hochmechanisierter Systeme auf, die Mechanisierung erfolge optimal, und die Maschinen könnten infolge überregionalen Einsatzes ganzjährig genutzt werden.
- Die Abnehmerbetriebe könnten ganzjährig und kontinuierlich versorgt werden, während die Forstbetriebe immer noch saisonal ausgeprägt anbieten würden.
- Dem häufig geäußerten Vorwurf, der Forstbetrieb sei in seinen Handlungsweisen zu konservativ, würde durch eine Umstrukturierung die Grundlage entzogen. Die Forstleute könnten sich auf ihr angeblich ureigenes Gebiet der biologischen Produktion beschränken.

Diesen Kriterien werden von der Forstseite her folgende Argumente entgegengesetzt:

- Die Gemeinkosten ließen sich im Forstbetrieb durch den Verzicht auf Holzernte und Vermarktung nicht in erwartetem Ausmaß verringern, weil zunehmend viele, über die biologische Produktion hinausgehende Aufgaben zu bewältigen seien.
- Eine pflegliche Holzernte wäre nicht mehr gewährleistet, etwaige Spätfolgen kaum absehbar. Dagegen wird wiederum vorgebracht, daß in Frankreich durch die „Exploitans forestiers“ keine über das Normalmaß hinausgehende Schädigung der verbleibenden Bestände zu verzeichnen sei.
- Die Holzindustrie habe dieselben Probleme mit Arbeitskräften; dies um so mehr, als diese mit der Folge zusätzlicher Lohnnebenkosten mobil gehalten werden müßten. Ferner fehle es den Arbeitskräften an entsprechender Erfahrung.
- Die Dienstleistungsfunktion des Waldes sei durch eine ausschließlich ökonomische Betrachtungsweise der Holzernte gefährdet, da Großkahlschläge, Plantagenbetriebe sowie Holzvollerntemaschinen akzeptiert werden müßten.
- Schwerwiegender erscheinen allerdings andere Gesichtspunkte: Ein Ausschalten des Marktmechanismus dadurch, daß die Forstbetriebe auf wesentliche Teile des Marketings wie z. B. Produkt- und Sortimentsgestaltung, Absatzplanung etc. und damit auf eine aktive Preispolitik verzichten müßten.
- Die Übertragung der Holzernte auf Service-Gesellschaften oder auf die Holzindustrie würde weiter auch den Verzicht auf Teilnahme an möglichen Rationalisierungsgewinnen durch neue Technologien bedeuten.

In der Bundesrepublik ist deshalb derzeit keine einschneidende Veränderung der herrschenden Lage zu erwarten. Der Anteil, den Holzeinschlagunternehmer und Selbstwerber übernommen haben, hat sich im Bereich zwischen 3 % und 10 % eingespielt. Holzeinschlagunternehmen behalten ihre Bedeutung vor allem in Katastrophenfällen wie Sturmwürfen, Schneebruchschäden und Brandkatastrophen. Sie finden außerdem auch Arbeit im aussetzenden Betrieb, der nur gelegentlich Holz nutzt, und bei Sorten vor allem schwacher Dimensionen, deren Nutzung durch den Forstbetrieb aus Kostengründen unterbleiben muß.

1.4 Literatur

Anonymus, 1974: Moderne Holzerntetechnik in der Sowjetunion. HZBl 119.
Bauer, E., 1974: Der Soonwald. Auf den Spuren des Jägers aus Kurpfalz. Stuttgart.
Becker, M. A., 1975: Operations Research auf steinigem Boden. Industrielle Organisation Nr. 3.
Bostrand, L., 1984: Produktionsteknik och Arbetsmiljö. – Production techniques and work environment. Garpenberg 1984. 133 S. Sveriges Lantbruksuniversitetet. Rapport Nr. 159.
Bright, J. R., 1955: How to evaluate Automation? Business Review. Juli/Aug., S. 101–111.
Buchberger, J., 1976: Die energetische Belastung forstlicher Arbeitskräfte. Die Waldarbeit Nr. 3. Forstwissenschaftl. Zentralstelle Solothurn.
Bundesanstalt für Arbeitsschutz, 1984: Unfallursachenforschung zur Erhöhung der Arbeitssicherheit in der Forstwirtschaft. Forschungsbericht Nr. 384, Dortmund.
Bundesministerium für Ernährung, Landwirtschaft und Forsten (Hrsg.), 1985: Statistisches Jahrbuch über Ernährung, Landwirtschaft und Forsten.
Conway, S., 1976: Logging Practices. Principles of Timber Harvesting Systems. Miller-Freeman Publications, Inc.
Dietz, P., 1974: Die Holzernte als betriebswirtschaftliches, technisches und organisatorisches Problem. Forstarchiv Heft 6.
Dietz, P., 1974: Die Lehre von der Forstbenutzung. AFJZ, 145. Jg. Heft 9, S. 165–172.
Ertfeld, W., 1957: Forstbenutzung auf holzkundlicher Grundlage. Radebeul.
FAO, 1974: Logging and Log Transport in Tropical High Forest. Nr. 18 Rom.
FAO, 1981: World Energy 2.
FAO, 1983: Yearbook of Forest Products 1970–1980. Rom.
FAO, 1985: Yearbook of Forest Products 1972–1983. Rom.
Fischer, D., 1974: Maschineneinsatz im Privatwald. FTI, Nr. 4.
Fleischer, M., 1973: Ein Beitrag zur Systematik der Arbeitseinrichtungen in der Rohholzbereitstellung und der Holzerntemaschinen. Wissenschaftl. Zeitschrift der Universität Dresden, Heft 6.
Folkema, M. P., 1984: Handbook of High-Capacity Production and Marketing of Fuelwood. FERIC-Handbook No. 6.
Folkema, M. P.; Holowacz, J., 1985: Mechanized logging in the Sovjet Union. FERIC Special Report No. SR 29, Montreal, Quebec 1985.
Franz, F., 1977: Ergebnisse der Waldinventur 1970/71 und Holzaufkommensprognose. Forstwiss. Cbl. 96. Jg. Nr. 1.
Fraunholz, O., 1972: Arbeitsverfahren und Arbeitsabläufe bei der Holzernte in kleinen Forstbetrieben. AFZ Wien, Nr. 7.
Gayer, K.; Fabricius, L., 1949: Die Forstbenutzung. 14. Aufl. Berlin, Hamburg: Verlag Paul Parey.
Gayer, K., 1863: Die Forstbenutzung. Berlin: Verlag P. Parey.
Gläser, J., 1959/60: Die Ernte des Holzes. 3. Aufl., Neuwied.
Grammel, R. H., 1969: Überlegungen zur künftigen Entwicklung der Holzerntemethoden in der Bundesrepublik. HZBl Nr. 128.
Grammel, R. H., 1972: Sachinvestition und technische Arbeitsproduktivität bei der Einführung moderner Holzernteverfahren. HZBl Nr. 117.
Grammel, R. H., 1974: Die technologische Entwicklung der Holzernte im Zielkonflikt. HZBl Nr. 119.
Grammel, R. H., 1976: Investitionen in Holzernte und Vermarktung. HZBl Nr. 118.
Grammel, R. H., 1978: Forstliche Arbeitslehre. Hamburg, Berlin: Verlag Paul Parey.
Grammel, R. H., 1982: Forstbenutzung als Kulturaufgabe. AFZ Nr. 1/2, S. 32–34.
Günther, M., 1978: Die alte Frage nach der Umtriebszeit, neu gestellt. AFZ Nr. 26.
Haagen, H., 1976: Wie kann die Holzbereitstellung durch den Waldbesitzer in der Zukunft für die industrieholzverarbeitende Industrie gesichert werden? AFZ Nr. 6.
Häberle, S., 1975: Ziele und Maßstäbe vernünftigen Durchforstens. Futtw. Nr. 15.
Häberle, S., 1980: Der Einfluß des Stückmassegesetzes auf die Rohholzknappheit. Forstarchiv Hannover, Jg. 51, 10, S. 202–206.
Hafner, F., 1970: Probleme der Forsttechnik im mitteleuropäischen Raum unter Berücksichtigung der Verhältnisse im Hochgebirge. – Forsttechnik heute und morgen. Dokumentation. INTERFORST 1970.
Hamel du Monceau, H. L., 1764: De l'Exploitation des Bois. Paris 1764.
Heinrich, R., 1985: Appropriate technology in logging. Unasylva Vol. 37, No. 150, S. 411–422.
Hilf, H. H., 1930: Die Forstbenutzung als Wissenschaft. Z. für Forst- und Jagdwesen, Nr. 63.
Hinrichs, F., 1960: Sie alle ernährte einst der Wald. Unser Wald. März 1960, S. 55–57.
Hodapp, W., 1982: Die Tätigkeit von Freizeitselbstwerbern in Forstbetrieben – die wichtigsten Rechtsfragen der Praxis. Unveröffentlichtes Manuskript, Forstl. Versuchs- und Forschungsanstalt, Freiburg.

HORNCASTLE, D. C., 1974: Techniques for Analysis Comparison and Choice of Harvesting Systems. IUFRO Proceedings Division 3, Canada 1974.

JENSEN, W., 1890: Der Schwarzwald. Leipzig. 3. Aufl. ebd. 1901. Unveränd. Nachdruck Frankfurt/M. 1980.

KNIGGE, W.; SCHULZ, H., 1966: Grundriß der Forstbenutzung. Entstehung, Eigenschaften, Verwertung und Verwendung des Holzes und anderer Forstprodukte. Hamburg, Berlin: Verlag P. Parey.

KOEBELE, F., 1978: Holzernte und Holzverwertung in Frankreich. HZBl Nr. 138.

KOELLE, H., 1975: Systemdenken und systemtechnische Prozesse. Skriptum Seminar, Systemtechnik TU Berlin.

KRAMER, H., 1974: Biologische Kriterien als Entscheidungshilfe für die Wahl stark mechanisierter Durchforstungssysteme. Forstarchiv Nr. 11.

KREUTZER, K.; DAUBER, E., 1980: Die potentielle forstl. Nutzung in der Bundesrepublik Deutschland. Forstwiss. Cbl., 99. Jg., Nr. 1, S. 1–5.

KROTH, W., 1979: Holzbilanz Europas – Perspektiven der Entwicklung. AFZ 34. Jg., Nr. 12, S. 269–276.

KROTH, W., 1980: Das potentielle Heizholzangebot in der Bundesrepublik Deutschland. In: SOLENTEC – Tagungsbericht „Heizen mit Holz“. Hrsg. U. BOSSEL.

KROTH, W.; LÖFFLER, H.; TIMINGER, J., 1976: Zur Analyse forstbetrieblicher Zielsysteme und Methodik der Entscheidung. Forstwiss. Cbl., Nr. 1, S. 20–44.

KÜNNETH, W., 1974: Die Entwicklung der forstwirtschaftlichen Zusammenschlüsse zum Partner der Forstmaschinenindustrie. AFZ Nr. 22.

KWASNITSCHKA, K., 1954: Standortuntersuchungen im südöstlichen Schwarzwald. Freiburg.

LAMMEL, R.; PLOCHMANN, R., 1977: Die Nutzung des Kleinprivatwaldes in Ostbayern und Perspektiven ihrer künftigen Entwicklung. Forschungsbericht der Forstl. Versuchsanstalt München Nr. 34.

LETKEMANN, R., 1970: Search for Hybrid: The Forester-Engeneer. Canadien Forest Industries, March.

LEHMANN, G., 1962: Praktische Arbeitsphysiologie. 2. Aufl. Stuttgart.

LÖFFLER, H. D., 1966: Forstbenutzung und Holzerntetechnik. Forst- und Holzwirt Nr. 11.

LÖFFLER, H. D., 1973: Entwicklungstendenzen und Auswirkungen der künftigen Forsttechnik. Forst- und Holzwirt Nr. 15.

LÖFFLER, H. D., 1974: Planung von Holzerntesystemen im Rahmen des Zielkonzepts eines Forstbetriebes. Unveröffentlichter Vortrag in Münchehof.

LÖFFLER, H. D., 1972: Nutzung und Sortierung von Rohholz. HZBl Nr. 24, S. 343–344.

LÖFFLER, H. D., 1974: Belastung von Waldökosystemen durch die Mechanisierung in der Forstwirtschaft. Forstwiss. Cbl. Nr. 1.

LÖFFLER, H. D., 1974: The Future of Forest Mechanisierung in Western Europe – an Appraisal. World Wood. June.

LÖFFLER, H. D., 1974: Sind Konflikte zwischen Waldbau und Maschineneinsatz unvermeidlich? AFZ Nr. 8.

LÖFFLER, H. D., 1976: Arbeitswissenschaftliche und technische Analyse der Holzernte im Bauernwald. Vortrag am 5. 11. 1976 in Hohenkammer, Informationstagung für Vorstände der Geschäftsführer der Waldbesitzer-Vereinigung in Bayern.

LÖFFLER, H. D., 1976: Holzernte und Verfahrenstechnik. Unveröffentlichtes Vorlesungsskriptum.

LÖFFLER, H. D., 1976: Holzernte im Gebirge in Mitteleuropa; Bedingungen, Situation, Planung. XVI. IUFRO-Weltkongreß, Oslo.

LOYKE, K. J., 1966: Das vielgestaltige Gesicht forstbetrieblicher Mechanisierung. FTI Nr. 5/6.

LOYKE, K. J., 1971: Entwurf zu einer Grundkonzeption für die zukünftige Gestaltung von Holzernte und Holztransport in der deutschen Forstwirtschaft. Mitteilungen des KWF, Band IX.

LUNDBERG, L., 1974: Drivningsmetoder for självverksamma skogsägere. Logging methods for self-operating woodlotowners. Forskningsstiftelsen Skogsarbeten Nr. 4.

MAHLER, G.; BECKER, G., 1973: Problemanalyse neuer Holzernteverfahren. HZBl Nr. 120.

MAHLER, G., 1974: Regionale Marktanalyse als Planungsgrundlage für die zentrale Aufarbeitung. AFZ, Nr. 26.

MEYR, R.; BERNHARD, A., 1976: Über die Mechanisierung in der österreichischen Forstwirtschaft. FTI Nr. 12.

MINISTERIUM FÜR ERNÄHRUNG, LANDWIRTSCHAFT UND FORSTEN (Hrsg.), 1984: Jahresbericht der Landesforstverwaltung Baden-Württemberg 1984.

NEWNHAM, R. M., 1972: A Fortran Program for Estimating the Opteration cost per trailable Machine Hour of a Logging Machine. Forest Management Institute Ottawa, Ontario, Information Report FMR - X - 42.

PESTAL, E., 1977: Forstmechanisierung heute: Aussichten und Risiken. Internationaler Holzmarkt Nr. 25/26.

PESTAL, E., 1972: Mechanisierungsphasen der Holzernte. AFZ Nr. 46.

PFEIL, W. L., 1831: Neue, vollständige Anleitung zur Behandlung, Benutzung und Schätzung der Forsten. 2. Ausg., Berlin.
PFISTER, F.; NIPKOW, F., 1985: Forsttechnische Forschung im Wandel der Zeit. FTI Nr. 10.
PLATZER, H. B., 1975: Zur Geschichte der zentralen Holzaufarbeitung. Forstarchiv 46. Jg., Nr. 10, S. 219–220.
PLOCHMANN, R., 1974: Aufgaben und Grenzen der Mechanisierung von Forstbetrieben in Industrieländern. – Technik in der Forstwirtschaft. Dokumentation INTERFORST 1974.
RECHSTEINER, K., 1981: Holzernte – eine bedeutungsvolle Aufgabe für Waldarbeiter und Forstdienst. Schweiz. Zeit. für Forstwesen Nr. 6, S. 411–422.
SCHILLI, H., 1954: Der Schwarzwald und seine Holzgewerbe in der Vergangenheit. HZBl Nr. 75, S. 921–924.
SCHMELING, J., 1975: Wie kann die Holzbereitstellung durch den Waldbesitz in Zukunft für die industrieholzverarbeitende Industrie noch gesichert werden? AFZ Nr. 35, S. 685–689.
SCHMIDT, R. B., 1970: Unternehmensinvestitionen, Struktur, Entscheidungen, Kalküle. Reinbek 1970.
SCHMIDT, R. B., 1969: Wirtschaftslehre der Unternehmen, Grundlagen. Stuttgart.
SCHMITTHUESSEN, F., 1979: Logging and Legislation. Unasylva Vol. 28, Nr. 112/113, p. 80. Rom.
SCHNEIDER, E., 1968: Wirtschaftlichkeitsberechnung, Theorie der Investition. 7. Aufl., Tübingen und Zürich.
SCHWAPPACH, A., 1886: Handbuch der Forst- und Jagdgeschichte Deutschlands. 2 Bde. Berlin 1886–1888.
SILVERSIDES, R., 1970: Stand und Zukunftsaussichten der Mechanisierung in der Kanadischen Forstwirtschaft. Forsttechnik Heute und Morgen. Dokumentation INTERFORST.
SKOGSARBETEN, 1985: Forest Operations in Sweden. Oskarsham.
SPEIDEL, G., 1971: Mechanisierung, Betriebsgröße und Betriebsorganisation. FTI Nr. 3.
SPEIDEL, G., 1971: Alternativen einer nachhaltigen Forstwirtschaft. Forstarchiv Nr. 5, S. 92.
SPONECK, C. F. v., 1817: Über den Schwarzwald. Heidelberg.
STATISTISCHES JAHRBUCH 1985 für die Bundesrepublik Deutschland. Kohlhammer-Verlag.
STEINLIN, H., 1965: Die Lehre von der Forstbenutzung. – Band 4 der Schriftenreihe der Forstlichen Abteilung Freiburg, BLV-Verlag.
STIHL, 1976: Geschichte der Waldarbeit. Jubiläumsausgabe STIHL Waiblingen. Neustadt.
STOLL, H. P., 1975: Das Gewicht von Ganzbäumen bei Fichte. AFZ Nr. 32.
STREHLKE, B., 1976: Ergonomische und soziale Aspekte sowie Ausbildungsprobleme beim Einsatz multifunktionaler Holzerntemaschinen. FTI Nr. 3.
STRÖMQUIST, L., 1977: Zur Rationalisierung der Holzernte in Schweden, heutige Situation und Entwicklungstendenzen. Die Waldarbeit Heft 4.
THEES, O., 1984: Holzhöfe als Instrumente der merkantilistischen Wirtschaftspolitik. Unveröffentlichte Dipl.-Arbeit am Wirtschaftswissenschaftlichen Institut der Albert-Ludwigs-Universität Freiburg.
TIMINGER, J., 1974: Beispiel einer Nutzwertanalyse aus der Holzernte. AFZ Nr. 16.
ULRICH, E., 1968: Stufung und Messung der Mechanisierung und Automatisierung. Teil I: Stufung des Technisierungsprozesses. Mitt. des Inst. f. Arbeitsmarkt- und Berufsforschung, Erlangen, Nr. 2. Teil II: Messung des Technisierungsprozesses. Mitt. des Inst. f. Arbeitsmarkt- und Berufsforschung, Erlangen, Nr. 3.
WACKERMANN, A. R.; HAGENSTEIN, W. D.; MITCHEL, S. A., 1966: Harvesting Timber Crops. 2nd Edition, New York, Toronto, London.
WARKOTSCH, W., 1971: Darstellung und Analyse von Systemen und Verfahren der Holzernte. AFZ Nr. 6.
WARKOTSCH, W., 1977: Arbeitswissenschaftliche und technische Analyse der Holzernte im Bauernwald. Hochschulvortrag Hochschulwoche München 1976, Holzwiss. Cbl. Nr. 1.
WARKOTSCH, W., 1977: Entscheidungshilfen zur Planung von Holzerntemaßnahmen, am Beispiel des bäuerlichen Kleinprivatwaldes im Landkreis Rosenheim. Forschungsberichte der Forstlichen Forschungsanstalt, Heft 33.
WEBER, H. W., 1923: System der Forstwirtschaftslehre. Gießen.
WEIGER, F., 1977: Die Entwicklung der Holzernte, dargestellt am Beispiel des Staatsforstbetriebes von Baden-Württemberg. AFZ Nr. 37.
WINGOROW, G. K., 1975: Holzeinschlagsarbeiten. Berlin: VEB Deutscher Landwirtschaftsverlag (auszugsweise Übersetzung aus dem Russischen).
WITZEL, W., 1979: Die sogenannten Holzhöfe der absolutistischen Zeit und ihre Bedeutung. Unveröffentlichte Diplom-Arbeit am Institut für Forstpolitik der Albert-Ludwigs-Universität Freiburg.
WOHLFARTH, E., 1983: Geschichte der Fürstlich Fürstenbergischen Forstwirtschaft. Bd. 59 der Schriftenreihe der Landesforstverwaltung Baden-Württemberg.

2 Zielkonzeption

2.1 Holzernte als Entscheidungsvorgang

Begreift man die Ernte des Holzes als Entscheidungsvorgang, wird man als Wissenschaftler ebenso wie als Praktiker drei Schritte gehen müssen: In einem ersten Schritt ist eine Zielvorstellung zu erarbeiten. Diese Zielvorstellung wird oft einen traditionalen Charakter aufweisen, wobei die Dominanz der Erfolgsziele weiterhin unbestritten sein dürfte. Als zweiter Schritt werden die Rahmenbedingungen – auch als Restriktionen bezeichnet – zu prüfen sein, die den Entscheidungsraum begrenzen, in dem Holzernteverfahren entwickelt und angewendet werden können. An der Zielvorstellung und an den Restriktionen werden die zur Wahl stehenden, aus Arbeitskräften, Maschinen und sonstigen Anlagen sich zusammensetzenden Verfahrensalternativen gemessen (Abb. 8). Der Entscheidungsvorgang selbst als dritter Schritt reduziert sich nach einer klaren Analyse in der Regel auf eine Minimierung der Kosten bzw. die Vorkalkulation des erntekostenfreien Erlöses, was einer Gewinnmaximierung entspricht (GRAMMEL 1978). Diese Konzeption dient dem Aufbau der vorliegenden Publikation als Basis.

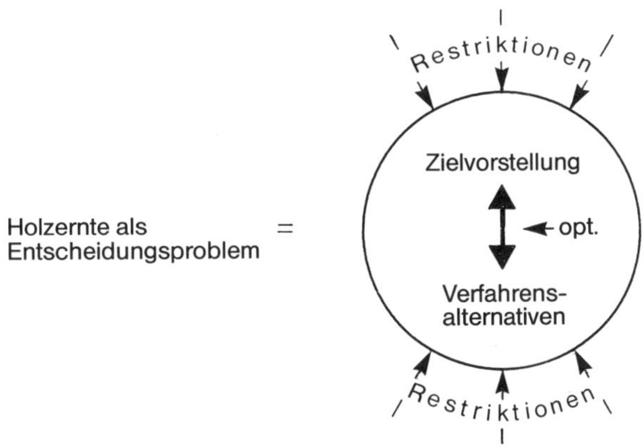

Abb. 8. Holzernte als Entscheidungsproblem (GRAMMEL 1978).

2.2 Zielvorstellungen im Bereich Holzernte

2.2.1 Zielsystem in der forstlichen Planung

Der Begriff Zielvorstellung beinhaltet, daß es sich nicht um eine ausschließlich oder alternativ mathematisch formulierbare Zielgröße handelt, sondern daß mehrere Ziele mit entsprechender Rangordnung (Zielmehrzahl und -hierarchie) vorliegen.

Grundsätzlich unterliegt die Festsetzung von Zielen einer Willenserklärung des Eigentümers des Betriebs. Daneben können aber auch Ziele von außen vorgegeben sein in Form von Interessen bestimmter Gruppen oder gesetzlichen Vorschriften. Während die Zielfindung im Unternehmen zunächst allein der Autorität des Betriebsleiters oblag, hat sich dies heute in Richtung einer multipersonalen Willensbildung (participative management, nach GABLER 1975) entwickelt.

Die einzelnen hier beteiligten Gruppen lassen sich wie folgt klassifizieren:

1. Der Betrieb selbst,
2. Gruppen der näheren Umwelt,
3. Gruppen der weiteren Umwelt.

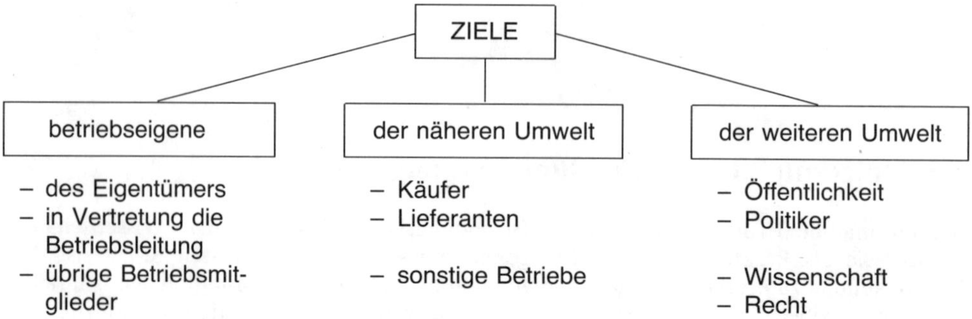

Mittels Verknüpfung von zielsetzenden Gruppen (z. B. Eigentümer) und Zielobjekten (z. B. absatzgünstigste Sortenstruktur des Holzeinschlags als mögliches Ziel) lassen sich im Beispielfall Holzernte Zielmengen formulieren. Diese unterschiedlichen Zielmengen können, nach ihrer Priorität geordnet, zu einem Zielsystem verknüpft werden. Dieses kann als die „geordnete Menge aller handlungsbestimmenden Ziele, die bei der Ableitung einer rationalen Entscheidungsempfehlung zu berücksichtigen sind . . .“ (Zangemeister 1973) definiert werden. Als Ordnungskriterien können z. B. die Zeitdauer (lang-, mittel- oder kurzfristig) oder die Prioritätsstufe (generell, nur Teilbereiche betreffend) u. a. dienen (Heinen 1966).

Werden gleichzeitig die Mittel zur Durchsetzung der Ziele formuliert und der Bereich des direkten Auftrages und die Durchführung sowie Kontrolle und Korrektur mit eingebaut, wird von einem Planungssystem gesprochen, in dem das Zielsystem nur noch einen Teilbereich darstellt. Abbildung 9 verdeutlicht die o. g. Zusammenhänge und zeigt gleichzeitig die für die Forstwirtschaft typischen Zeiträume der verschiedenen Planungsebenen auf.

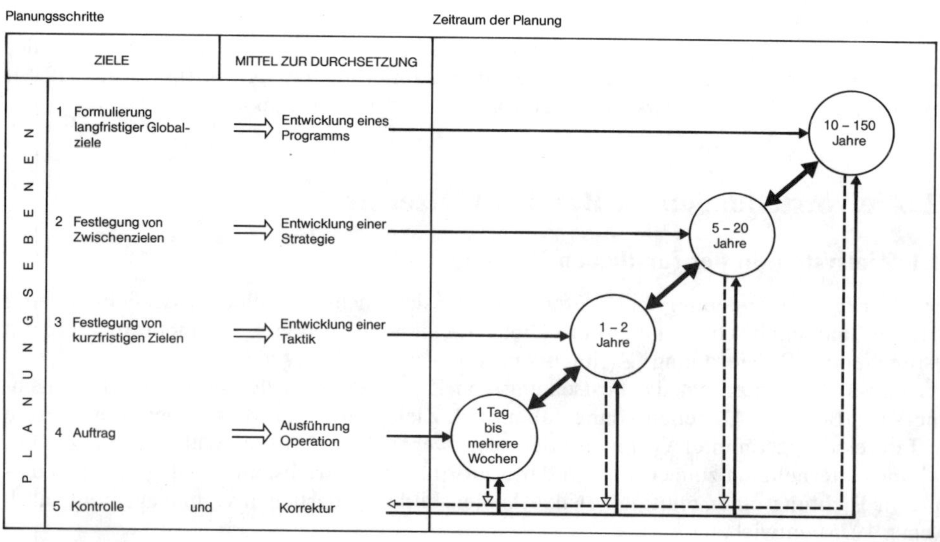

Abb. 9. Planungssystem in der Forstwirtschaft.

Die Begriffe Programm, Strategie und Taktik als Mittel zur Durchsetzung von Zielen werden wie folgt definiert:

Programm: Auf oberster Ebene, Mittel zur Durchsetzung von langfristigen Globalzielen als generelle Handlungsvorschrift;

Strategie: auf mittlerer Ebene, dem Programm untergeordnete mittelfristige Leitmaxime für zukünftige Handlungen;

Taktik: in Teilbereichen gültige, kurzfristige Handlungsmaßstäbe als Reaktion auf konkrete Tatbestände (Aghte 1972).

Ein Beispiel soll dies verdeutlichen:

– Langfristiges Globalziel:	gesunde, reiche Baumartenzusammensetzung, geerntet werden müssen Starkhölzer in Mischbeständen
dazugehöriges Programm:	Betriebszieltypenerlaß einer Landesforstverwaltung
Zeitdauer:	80–150 oder mehr Jahre Umtriebszeit
wer:	z. B. Landesforstverwaltung
– Zwischenziel:	Betriebszieltypen im einzelnen Forstbetrieb
Strategie:	Forsteinrichtungswerk mit Einzel- und Gesamtplanung
Zeitdauer:	5 bis 20 (im Durchschnitt 10) Jahre
wer:	z. B. Betriebsleiter im Privatforstbetrieb oder in einem Gemeindewald
– kurzfristiges Ziel:	Ernte in einzelnen Beständen, Einleitung der Verjüngung
Taktik:	jährlicher Hauungsplan
Zeitdauer:	1(–2) Jahre
wer:	z. B. Forstamt und Revierförster
– Auftrag:	an Waldarbeiterrotten aufgrund des Hauungsplans
Ausführung (Operation)	
Zeitdauer:	1 Tag bis mehrere Wochen
wer:	Auftrag von Revierförstern, Ausführung durch Waldarbeiter.

Auf allen Ebenen erfolgt eine Erfolgskontrolle und wenn notwendig eine Korrektur.

2.2.2 Qualität der Ziele

Neben der Einordnung der Einzelziele nach ihrem Gewicht im Zielsystem muß gleichzeitig ihre Koordination erfolgen. Das bedeutet, daß einzelne Ziele vor allem
- frei von unnötigen Einschränkungen,
- untereinander widerspruchsfrei (Ausschaltung von Zielkonkurrenz) (Zangemeister 1973; Höfle 1975),
- frei von Ballast sein sollen.

Die Zielfindung selbst ist ein kreativer Vorgang und unterliegt vor allem dem Ideenreichtum des Entscheidungsträgers. Der Zielfindungsprozeß kann als Input-Output-Modell beschrieben werden. Input-Elemente sind dabei intrapersonelle Bedingungen (Intuition, Phantasie, Kreativität, Wertvorstellungen u. a. psychologische und sozialpsychologische Bedingungen) des Entscheidungsträgers sowie extrapersonelle, von der Umwelt vorgegebene Bedingungen (rechtliche, ökonomische, soziale Normen u. a.). (Zangemeister 1973; Gabler 1975)

Die dem Entscheidungsträger zugeführten Informationen werden unter gegebenen Bedingungen verarbeitet (Gabler 1975) und führen zur Formulierung eines Zieles. Zur Unterstützung des Zielfindungsprozesses existieren mehrere sog. kreative Methoden, z. B. brainstorming (Clark 1970).

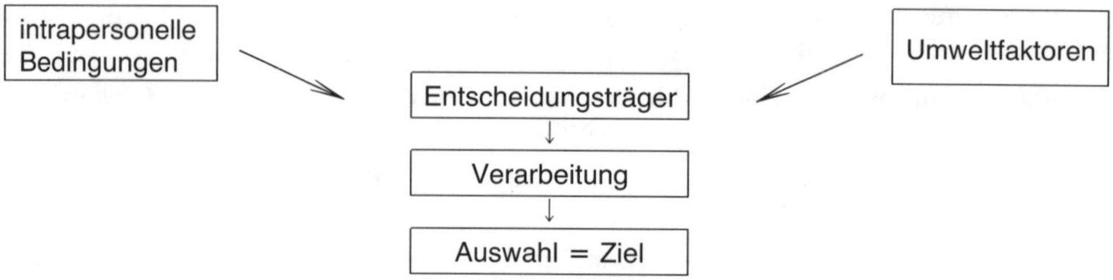

2.2.3 Generelle Ziele

Ziele und Zielsetzungen unterliegen dem Wandel der Zeit und können inhaltlich sehr verschieden sein. Beispielsweise können folgende allgemeine Ziele

- Wohlstand
- Prestige und Status
- ein Leben mit möglichst wenig Mühe und Ärger
- Freiheit
- Sicherheit

mit von oben nach unten abnehmender Priorität (ZANGEMEISTER 1973) formuliert werden.

In immer stärkerem Maße erlangt heute außerdem der Bereich Umweltschutz Bedeutung; sowohl von seiten der Allgemeinheit als auch im einzelnen Unternehmen.

Neben den Sachzielen als Formulierung bestimmter Forderungen unterscheidet G. SPEIDEL (1972) auch Formalziele, die angeben, in welcher Form die Forderungen zu erfüllen sind. R. B. SCHMIDT (1984) nennt als Mittel zur Konkretisierung der Unternehmensziele bei Investitionsentscheidungen folgende Zielvorstellungen:

Als Erfolgsentstehungsziele nennt er den höchstmöglichen, aber auch den befriedigenden Gewinn (als angemessener, hinreichender, sozial oder ethisch vertretbarer Gewinn). Als Produktarten- bzw. Produktmengenziel bezeichnet man nach SCHMIDT (1984) diejenigen Güter bzw. Mengen, die in einem bestimmten Zeitraum produziert werden sollen. Das Liquiditätsziel unterstellt eine Untergrenze an Zahlungsmittelbeständen zur Abdeckung der entsprechenden Verpflichtungen. Diese Ziele gelten nach SCHMIDT (1984) allerdings nicht einzeln, sondern gemeinsam, wobei in privatwirtschaftlichen Unternehmen in der Regel die Erfolgsentstehungsziele dominant sein werden, in sozialwirtschaftlichen hingegen die Produktziele.

Übertragen auf die Holzernte als Produktion eines Massenrohstoffes lassen sich im Hinblick auf die Gewichtung der Ziele und der Zusammensetzung der Zielkonzepte Besonderheiten erkennen. Zunächst wird man davon ausgehen können, daß in der Regel einer Gewinnmaximierung vorrangige Bedeutung zukommt. Der Forstbetriebsleiter wird beim einzelnen Arbeitsauftrag versuchen, einen möglichst großen erntekostenfreien Erlös zu erwirtschaften. Er wird zunächst minimale Erntekosten bei einem maximalen durchschnittlichen Preis je Produktionseinheit anstreben.

Tatsächlich wird er aber zusätzlich zu den direkten Kosten und Erlösen weitere Gesichtspunkte in die Entscheidung einbringen, die er zwar einigermaßen sicher reihen und gewichten, nicht aber monetär bewerten kann. Es handelt sich hierbei um biologisch-ökologische Merkmale der konkurrierenden Ernteverfahren, Auswirkungen auf die Erholungs- und Freizeitfunktion des Forstbetriebs, zeitliche und sortenspezifische Flexibilität usw. Er ist deshalb gezwungen, den erntekostenfreien Erlös anhand des sog. Nutzwertes eines Verfahrens zu ergänzen und dabei kardinale, d. h. nach Zahlen geordnete Kriterien mit ordinalen, d. h. gereihten und gewichteten Kriterien zu verbinden.

Bemerkenswert ist weiter, daß auch bei den Produktzielen Besonderheiten zu beachten sind. Wie erwartet, gelten diese in den sozialistischen Staaten als dominant. Eine ganzjährige, gleichmäßige Versorgung mit Holz steht aber auch bei großen Holzindustrien im Vordergrund, wobei Wert auf gleichbleibende Holzqualität gelegt wird. Der regelmäßigen Belieferung kommt vorrangige Bedeutung zu. Dies führt bei den Groß-Aufforstungen der zerstörten Waldflächen der Tropen und Subtropen zu dem Effekt, daß im Mittelpunkt nicht eine möglichst optimale Wertschöpfung durch Sorten- und Sortimentsbildung und durch Produktion hochwertiger Güter steht, sondern das Ziel, möglichst eine benötigte Holzmenge gleichmäßiger Qualität regelmäßig und sicher liefern zu können.

2.2.4 Holzernte – Einzelziele

Die Holzernte als Teilbereich eines Forstbetriebes ist zunächst eingegliedert in das Zielsystem des Gesamtbetriebes. Gleichzeitig existiert für diesen Bereich ein spezielles Sub-Zielsystem, das sich am Zielrahmen des Betriebes orientiert. Vom Zielrahmen eines Betriebes werden komplementäre Teilbereichsziele abgeleitet (Gabler 1975).

Mögliche Ziele – gegliedert nach Haupt- und Nebenzielen – können im Bereich der Holzernte sein:

als **Hauptziele**
- Kostenminimierung,
- maximaler Erlös,
- maximaler erntekostenfreier Erlös (Gewinnmaximierung),
- maximale Rentabilität (z. B. Kapital),
- maximaler Nutzwert;

als **Unter-** bzw. **Nebenziele**
- maximaler Nutzungsgrad von Maschinen,
- maximale/minimale Beschäftigungsintensität,
- Minimierung der psycho-physischen Belastung,
- Minimierung der Schäden an der Umwelt usw.

Für die Abstimmung der Ziele in der Holzernte gilt analog, was oben bereits für Zielsysteme allgemein gesagt wurde. Auch hier muß auf Widerspruchsfreiheit geachtet werden. So können sich Kostenminimierung und Minimierung der Schäden an der Umwelt u. U. ausschließen. Hier muß eine Entscheidung bzw. ein Ausgleich gefunden werden.

2.2.5 Zusammenfassung

Ziele sind somit eine Sollvorgabe, die es mittels bestimmter Entscheidungsvorgänge zu erreichen gilt (Gabler 1975). So wie sich die Forstwirtschaft allgemein infolge der multifunktionalen Bedeutung des Waldes für den Eigentümer und die Gesellschaft mit einer vielfältigen Problematik auseinanderzusetzen hat, steht auch die Holzernte einer Vielzahl von Problemkreisen und Interessen gegenüber. Aus ihnen leiten sich die einzelnen Ziele ab, deren thematischer Umfang in den letzten Jahren zugenommen hat. Während sich nach dem Zweiten Weltkrieg die Verfahrenswahl fast ausschließlich an der Kostenminimierung orientierte, traten in den 60er Jahren Überlegungen zum optimalen Gebrauchswert des Holzes hinzu. Heute wird in der Verfahrensentwicklung und Verfahrenswahl weitgehend nach dem Nutzwert entschieden, also unter zusätzlicher Berücksichtigung einer Vielzahl nicht monetär bewertbarer Kriterien.

Um Fehlentwicklungen zu vermeiden, ist die Entscheidungsfindung zweckrational zu vollziehen; alle Phasen der Willensbildung also sind auf situationsrelevante Ziele auszurichten. Diese Ziele gilt es in einem ersten Schritt exakt zu definieren, zweckmäßig zu ordnen und darzustellen. Neben den generellen Zielen im Forstbetrieb, der als primärer Wirtschaftsbereich entsprechend den heute an ihn gestellten Anforderungen – z. B. Infrastrukturleistungen – eine besonders geartete Struktur aufweist, werden für jeden Teilbereich des Betriebes eigene abgeleitete Zielsysteme formuliert, so auch für die Holzernte.

2.3 Literatur

Aghte, K., 1972: Strategie und Wachstum der Unternehmung. Baden-Baden, Bad Homburg: Verlag Dr. Max Gehlen.

Anonymous, 1982: Bestandschonende Holzernte. AFZ Nr. 7, S. 181–190.

Clark, Ch. H., 1970: Brainstorming. Methoden der Zusammenarbeit und Ideenfindung. 3. Aufl. München.

Gabler, 1975: Dr. Gablers Wirtschaftslexikon. Hrsg. R. u. H. Sellien. 9. Aufl., 2. Band, betriebswirtschaftl. Wiesbaden: Verlag Dr. Th. Gabler.

Grammel, R. H., 1976: Zur hochmechanisierten Holzernte im Hinblick auf die forstliche Dienstungsaufgabe. AFZ Nr. 16/17, S. 336–339.

Grammel, R. H., 1978: Holzernte in der Bundesrepublik Deutschland. AFZ 33. Jg., Nr. 1/2, S. 8–15.

Grammel, R. H., 1982: Die Forstbenutzung als Kulturaufgabe. AFZ Nr. 1/2, S. 32–34.

Höfle, H. H., 1975: Das Systemdenken in der Forstbenutzung. AFJZ, 16. Jg., Nr. 8.

Heinen, E. (Hrsg.), 1966: Das Zielsystem der Unternehmung. Band 1. Wiesbaden: Verlag Dr. Th. Gabler.

Heinen, E., 1971: Grundlagen betriebswirtschaftlicher Entscheidungen. Das Zielsystem der Unternehmung. 2. Aufl. Wiesbaden: Verlag Dr. Th. Gabler.

Kaminsky, G.; Heigenhausen, R., 1970: Grundlagen der arbeitsorganisatorischen Fertigungssteuerung und Fertigungsüberwachung in hohen Mechanisierungsstufen. Holz als Roh- und Werkstoff, Nr. 28, S. 397.

Novick, D., 1970: Das Programmbudget – Grundlagen einer langfristigen Planung. In: Nutzen-Kosten-Analyse und Programmbudget. Hrsg. Rechtenwald, H. C., Tübingen.

Pestal, E., 1977: Forstmechanisierung heute: Ansichten und Risiken. Internationaler Holzmarkt Nr. 25/26.

Platzer, H. B., 1971: Zur Mechanisierung der Holzernte, Beispiele der Systemplanung und ihre Auswirkungen. AFZ, 82. Jg., Nr. 12, S. 328–329.

Schmidt, R. B., 1984: Unternehmensinvestitionen. Opladen: Westdeutscher Verlag.

Schöpfer, W.; Höfle, H. H., 1970: Unternehmensforschung (Operations Research). Eine Bibliographie der Anwendungen in Forst- und Holzwirtschaft. Mitt. der FVA Baden-Württ. Heft 25. Freiburg.

Speidel, G., 1968: Die Messung des Rationalisierungserfolges. FTI, Nr. 1, S. 1–4.

Speidel, G., 1972: Planung im Forstbetrieb. Hamburg und Berlin: Verlag Paul Parey.

Speidel, G., 1983: Forstliche Betriebswirtschaftslehre. Hamburg und Berlin: Verlag Paul Parey.

Steinlin, H., 1979: Die Holzproduktion der Welt – ökologische, soziale und ökonomische Aspekte. Schweiz. Z. für Forstwes. 130. Jg., Nr. 2, S. 109–127.

Timinger, J., 1974: Beispiel einer Nutzwertanalyse aus der Holzernte. AFZ, 29. Jg., Nr. 16, S. 332–336.

Zangemeister, Ch., 1973. Nutzwertanalyse in der Systemtechnik. Eine Methodik zur multidimensionalen Bewertung und Auswahl von Projektalternativen. 3. Aufl. München.

3 Restriktionen

3.1 Definition

Restriktionen, auch Rahmen- oder Außenbedingungen genannt, definieren die Grenzen des Raumes, in dem sich Lösungen im Sinne der Zielvorstellung als akzeptabel bzw. praktizierbar erweisen. Der Versuch, Zielvorstellung und Verfahrensalternative in Übereinstimmung zu bringen, setzt deshalb die Prüfung dieser Restriktionen voraus. In der Regel wird bereits durch die Restriktionen die Zahl der zur Verfügung stehenden Verfahrensalternativen erheblich eingeschränkt. Im einzelnen sind folgende Merkmale als gegeben bzw. als nur sehr langfristig änderbar zu betrachten:

- institutionelle Restriktionen, d. h. gesetzliche Vorschriften, die generell einschränkende Bestimmungen im Hinblick auf die Wahl der Holzerntesysteme enthalten können,
- die Geländeverhältnisse am Arbeitsort,
- die Jahreszeit als die Holzernte erheblich beeinflussender Faktor,
- die gegebene waldbauliche Konzeption sowie der jeweilige Zustand und die Entwicklung der Bestände und Einzelbäume,
- die Käuferwünsche, d. h. vor allem die Einkaufsgewohnheiten der holzbe- und -verarbeitenden Industrie,
- die Umwelt, d. h. die Interessensphäre der durch den Forstbetrieb in ihrem Erholungs-, Freizeit- und Schutzwunsch berührten Bürger.

Hingegen wird man die durch die Walderschließung mit Hilfe von Straßen, Maschinenwegen, Arbeits- und Lagerplätzen gegebene Infrastruktur nicht als Restriktion ansehen können. Schließlich ist diese gestaltungsfähig, sie kann erweitert, aber auch vernachlässigt werden.

Klar ersichtlich ist bereits hier, daß Systemanalyse und Systementwicklung im Bereich Holzernte als Folge einer Vielzahl von Restriktionen zur schwierigen Aufgabe wird (Timinger 1974).

3.2 Institutionelle Restriktionen

Als institutionelle Begrenzung der Entwicklung und Anwendung von vielfältigen Holzernteverfahren müssen Gesetze und Verordnungen, aber auch privatrechtliche Regelungen akzeptiert werden. Oft geschieht dies unbewußt. Als Ursache hierfür kann angesehen werden, daß die dauernde Berücksichtigung dieser institutionellen Restriktionen zur Gewohnheit geworden ist.

Eine Unterteilung ist möglich in generelle institutionelle Restriktionen, die in der allgemeinen Gesetzgebung enthalten sind und auf alle Produktionsbetriebe Einfluß nehmen, und in spezielle forstliche Restriktionen, die auf die Forstwirtschaft oder den Forstbetrieb zugeschnitten sind.

Die folgende Aufzählung soll beispielhaft den Umfang und die Bedeutung institutioneller Restriktionen in der Bundesrepublik Deutschland verdeutlichen.

3.2.1 Institutionelle allgemeingültige Restriktionen

In der Bundesrepublik Deutschland bildet das Grundgesetz das Fundament der Gesetzgebung. In Art. 14 I Satz 2 wird die Sozialpflichtigkeit des Eigentums verfassungsrechtlich verankert; hier ist u. a. festgelegt, daß eine Eingrenzung des Rechtes auf Eigentum an Grund und Boden zugunsten der Allgemeinheit auf legalem Wege möglich ist. Diese Regelung bindet selbstverständlich auch alle Maßnahmen im Zusammenhang mit der Holzernte.

Das BGB trifft in § 903 (Befugnisse des Eigentümers) eine ähnliche Aussage: „Das Eigentum ist frei verfügbar, soweit nicht das Gesetz oder Rechte Dritter entgegenstehen." Als Beispiel sei hier ein eingetragenes Grundrecht angeführt: Ein Waldbesitzer ist evtl. zwecks Sicherheit des Nachbarbestandes verpflichtet, an der Grenze zum Nachbargrundstück bei der Holzernte einen Trauf zu belassen.

Weitere Gesetze begrenzen die Entscheidungsfreiheit:
- Das Mutterschutzgesetz (vom 24. 1. 1952 in der Fassung vom 18. 4. 1968, letzte Änderung vom 22. 12. 1981) regelt u. a. die Arbeitsfreistellung vor und nach der Niederkunft und verbietet dem Arbeitgeber die Beschäftigung mit Schwerarbeit, wozu in vollem Umfang die Holzernte zählt,
- das Jugendarbeitsschutzgesetz (vom 12. 4. 1976) läßt für Jugendliche keine Akkordarbeit zu. Dies verursachte bei Inkrafttreten erhebliche Änderungen; u. a. wurden die Auszubildenden aus den im Akkord in der Holzernte arbeitenden Waldarbeiter-Rotten herausgenommen,
- das Betriebsverfassungsgesetz (vom 15. 1. 1972, letzte Änderung vom 2. 3. 1974) legt die Mitwirkung der Arbeitnehmer im Betrieb (ab einer bestimmten Größe) fest, z. B. beim Abschluß von Stücklohnverträgen,
- das Bundesnaturschutzgesetz (1976) schränkt die land- und forstwirtschaftliche Bewirtschaftung ein (Naturschutzgebiete, Naturdenkmale u. a.),
- die Straßenverkehrszulassungsordnung (vom 15. 11. 1974, letzte Änderung vom 15. 5. 1983) und die Straßenverkehrsordnung (vom 16. 11. 1970, letzte Änderung vom 28. 4. 1982) schränken die Abmessungen selbstfahrender Holzerntemaschinen beim Betrieb auf öffentlichen Straßen und die Transportlängen und -gewichte beim Holztransport ein.

3.2.2 Institutionelle forstwirtschaftliche Restriktionen

Die Erhaltung des Waldes und seiner Produktionskraft ist in Wald- bzw. Forstgesetzen geregelt (Hasel, Zundel 1981):
- *Grundpflichten:* Die Bewirtschaftung des Waldes soll „ordnungsgemäß (§ 1, Bundeswaldgesetz vom 2. 5. 1975), nachhaltig, pfleglich, planmäßig und sachkundig" (§ 12, Landeswaldgesetz Baden-Württemberg vom 10. 2. 1976) erfolgen.
- *Einschränkungen bei Kahlhieben:* Sie sind im Schutzwald genehmigungspflichtig (§ 11 Bundeswaldgesetz). Darüber hinaus müssen sie bei einer Flächenausdehnung über 4 ha genehmigt werden (Landeswaldgesetz Baden-Württemberg, § 15). In der Schweiz ist die waldbauliche Notwendigkeit Voraussetzung für einen Kahlschlag, in der Regel besteht Kahlschlagverbot (Eidgen. Forstpolizeigesetz vom 11. 10. 1902, Art. 18). In Österreich sind Großkahlschläge (größer als 2 ha bei einer Breitenbegrenzung von 50 m) und solche verboten, die die Produktionskraft, den Wasserhaushalt, den natürlichen Aufbau des Waldbodens etc. erheblich beeinträchtigen.
- *Schutz hiebsunreifer Bestände:* Kahlhiebe von Nadelbaumbeständen unter 50 Jahren und Laubbaumbeständen (außer Stockausschlag, Weichhölzer) unter 70 Jahren sind verboten (Landeswaldgesetz Baden-Württemberg 1976, § 16).
- *Bestimmungen zur Holzbringung:* Sie hat so zu erfolgen, daß der Waldboden und der

Bewuchs möglichst wenig beschädigt werden und die Wiederbewaldung nicht verhindert wird (Österreichisches Forstgesetz vom 3. 7. 1975).
- *Bestimmungen zur Landespflege:* Die Beachtung der Anlage und Pflege natürlich aufgebauter Waldränder wird im Landeswaldgesetz Baden-Württemberg besonders hervorgehoben (§ 22).
- *Schutz von Nachbarbeständen:* Benachbarte Waldbesitzer haben forstbetriebliche Maßnahmen aufeinander abzustimmen und die räumliche Ordnung zu sichern (§ 27, Landeswaldgesetz Baden-Württemberg).

3.2.3 Institutionelle Restriktionen arbeitspolitischer und -gestaltender Art

Entlassung von Waldarbeitern: Im Jahre 1978 gab z. B. ein Landwirtschaftsminister dem Landtag zu verstehen, daß im Staatsforstbetrieb keine Waldarbeiter entlassen werden. Ebenfalls teilte er den Amtsleitern der betreffenden Landesforstverwaltung mit, daß sich das Verhältnis von Stammarbeitern, regelmäßig Beschäftigten und unständig Beschäftigten keinesfalls weiter zu ungunsten der beiden letztgenannten Gruppen verschieben solle. Der Anteil der Unternehmerarbeit sei bei einem Anteil von 8 bis 10 % zu begrenzen. Der gegenwärtige Anteil von 21 % an regieeigenen Maschinen beim Rückegeschäft sei zu reduzieren. Die Rationalisierungsbemühungen seien fortzusetzen.

Tarifverträge: Im Staatswald Hessen sollen die Waldarbeiten, soweit wie möglich, im Stücklohn durchgeführt werden (Hess. Staatsforstarbeiter-Tarifvertrag von 1970, § 7). Die Stücklöhne müssen innerhalb von fünf Wochen nach erledigter Arbeit abgerechnet werden (Manteltarifvertrag für Staatsforstbetriebe in Baden-Württemberg von 1970, § 11).

Unfallverhütungsvorschriften: Bei der Ausführung „gefährlicher Arbeiten" nach § 1 Abs. 4 UVV (Fällung, Aufarbeitung, Holzrücken usw.) muß z. B. ständig Sicht- oder Rufverbindung zu einer weiteren Person bestehen (UVV Forsten, 1982).

3.3 Naturbedingte, nicht änderbare Randbedingungen

Es handelt sich um Bedingungen, die von der Natur vorgegeben sind und als unabänderbar hingenommen werden müssen. Im einzelnen versteht man darunter die Einflüsse des Geländes, des Klimas und der Jahreszeit auf die forstbetrieblichen Arbeitsabläufe.

3.3.1 Das Gelände als Restriktion

Eine zusammenfassende Darstellung von Definitionen und des Zwecks einer Beschreibung des Geländes (technische Geländeklassifikation) enthält der Bericht einer Arbeitsgruppe des Joint Committee FAO/ECE/ILO (Löffler 1984).

3.3.1.1 Das Gelände als Arbeitsplatz

Die Kenntnis der Geländeverhältnisse ist wichtige Grundlage für die Entwicklung und Anwendung von Holzernteverfahren. Sie charakterisieren den Arbeitsplatz. Die Eigenschaften des Geländes bestimmen die Gesamtkonzeption und den Arbeitsablauf im einzelnen. Eine exakte Erfassung und Beschreibung dient als Basis zur Entwicklung neuer Erntesysteme, ist also bedeutsam für die Forschung ebenso wie für die forstliche Praxis.

Die Geländeverhältnisse sind gleichzeitig wesentliche Merkmale für Leistungs- und Kostenvergleiche beim Periodenvergleich innerhalb des einzelnen Betriebes oder beim Betriebsvergleich auf regionaler oder auch internationaler Ebene. An einer Geländeklassifikation sind demnach die Waldbesitzer, die Hersteller von Forstmaschinen, projektplanende Institute, aber auch Behörden wie Finanzämter interessiert.

Die Geländeklassifikation kann unter anderem der Erschließungsplanung dienen. Ebenso kann sie eine Übersicht der Arbeitserschwernisse im Hinblick auf die Normung von Maschinen und die Leistungs- und Kostenvorkalkulation im Rahmen der kurz- und mittelfristigen Arbeitsplanung vermitteln. Aufgrund dessen ist sie als vielfältig verwendbare Planungshilfe anzusehen (Löffler 1979).

Für die Beantwortung der Frage, wie das Gelände als Arbeitsplatz beschrieben werden kann, kommen grundsätzlich zwei Methoden in Betracht:

Eine *verfahrensbezogene Klassifizierung,* wobei die Geländeverhältnisse subjektiv am aktuellen technischen Entwicklungsstand von Arbeitssystemen bzw. Betriebsmitteln gemessen werden. Kriterium ist in diesem Zusammenhang die Befahrbarkeit des Geländes mit den gängigen Forstmaschinen. Die Befahrbarkeit kann als die Eigenschaft des Bodens, die Fortbewegung von Fahrzeugen zu erlauben, bezeichnet werden (Giudicetti 1967; Samset 1975). In mitteleuropäischen Verhältnissen dienen Schlepper als charakteristische Maschinen, so daß man zu folgender Einteilung gelangt:

- mit Standardschlepper uneingeschränkt befahrbar,
- mit Standardschlepper eingeschränkt befahrbar,
- mit Standardschlepper nicht befahrbar.

Ein gelegentlicher finnischer Vorschlag empfahl die Benutzung eines geeichten Testschleppers, um die Geländebestandteile entsprechend einordnen zu können. Zusammenfassend ist diese Art der Geländebeurteilung als nicht völlig zuverlässig anzusehen, da sie als Folge des technischen Fortschritts schnell an Aktualität verliert.

Eine *deskriptive Klassifizierung* nach ausschließlich quantitativ feststellbaren Merkmalen, die versucht, das vorliegende Gelände objektiv zu erfassen. Dabei sind makrotopographische und mikrotopographische Daten zu erheben.

Wenngleich der „Logging- and Transport-Branch" des Forestry Department der FAO als Ergebnis eines IUFRO Symposiums über technische Standorterfassung und Geländeklassifikation im Jahre 1964 eine Mischung zwischen beiden Methoden empfahl, bei der z. B. die Steilheit kardinal in Prozent, die Bodentragfähigkeit hingegen ordinal als gut oder schlecht bezeichnet wird, setzt sich heute eine weitgehend kardinale Kennzeichnung durch.

Die erste objektive Lösung stellt wohl die Geländeklassifikation der schwedischen Forstwirtschaft dar, die drei Faktoren erfaßt:

- die Bodenbeschaffenheit anhand von fünf Bodenklassen und Zeigerpflanzen,
- die Bodenrauheit,
- die Hangneigung.

Intensiv hat sich Rechsteiner (1976) um eine klare Analyse des Geländes als Arbeitsort bemüht. Er unterscheidet folgende Geländefaktoren:

- die Hangneigung, Hanglänge und Hangform als Merkmale der Makrotopographie,
- die Oberflächengestalt, gekennzeichnet durch die vorhandenen Hindernisse, als Mikrotopographie,
- die Bodenbeschaffenheit bzw. Bodentragfähigkeit.

FAO/ECE/ILO-Geländeklassifikation. Unter Leitung von H. Löffler befaßte sich eine internationale Arbeitsgruppe mit der Frage der Geländeklassifikation und legte 1984 einen Vorschlag vor (TIM/EFC/WP.1/R.51).

Die Übersichten 7 und 7a enthalten diejenigen Parameter, deren Erfassung als obligatorisch bzw. fakultativ betrachtet werden. Dabei enthält Übersicht 7 Daten zur Makrotopographie und generell gültigen Geländeeigenschaften und Übersicht 7a eine Auflistung der Einzelfaktoren. Mit Hilfe einer Buchstaben- und Ziffernreihe können die Geländeverhältnisse in Kurzform beschrieben werden.

Übersicht 7. Geländeeigenschaften auf der Erkundungs- oder höheren Klassifikationsebene (LÖFFLER 1984)

Geländeeigenschaften 1	verbindlich 2	freiwillig 3
Makrotopografie (Landform)		
– Klasse der Häufigkeitsverteilung für die Hangneigung	×	
– Klasse für die Makrotopografie		×
Klimaverhältnisse		
– Klimazone	×	
– Klimatyp	×	
– durchschnittl. jährl. Niederschlag		×
– durchschnittl. jährl. Temperatur		×
– Zahl der Frosttage/Jahr		×
– Zahl der Tage/Jahr mit Schneebedeckung		×
Geologie		
– Ausgangsgestein		×
– Formation		×
Bodenverhältnisse		
– vorherrschende Bodenklasse (Korngröße)	×	
– vorherrschender Bodenwasserhaushalt (Wasserregime)		×
Infrastruktur		
– forstliche Infrastruktur (Wegenetzdichte innerhalb des Waldes)	×	
– öffentliches Verkehrsnetz		×

Übersicht 7a. Geländeeigenschaften auf der unteren oder Mikroebene

Geländeeigenschaften 1	Veränderungen 2	verbindlich 3	freiwillig 4
Bodenzustandsklasse			
– Bodeneigenschaften (= Tragfähigkeit) (entsprechend der Korngröße, dem Feuchtegehalt und mögl. auch der Dichte)	jahreszeitl. Veränderungen	×	
– Bodentiefe	unveränderl. (bleibend)		×
– sonstige festigkeitsbeeinflussende Faktoren (Wurzeln etc.)	mittelfrist. Veränderungen		×
– Frost	jahreszeitl. Veränderungen		×
Bodenrauhigkeit			
– Rauhigkeits-Klasse (entsprechend der Größe und Höhe bleibender Hindernisse)	unveränderl. (bleibend)	×	
– zeitweilige Hindernisse (Restholz, Stöcke)	mittelfrist. Veränderungen		×
Hangeigenschaften			
– Hangneigungsklasse (Inklination)	unveränderl. (bleibend)	×	
– Hangform oder -typ	unveränderl. (bleibend)		×
– Hanglänge	unveränderl. (bleibend)		×
Infrastruktur			
– Bestandesaufschluß, Klasse der Rückeentfernung	mittel- bis langfristige Veränderungen	(×)	×
Schneeverhältnisse	jahreszeitliche Veränderungen		×

3.3.1.2 Großflächige Erfassung der Hangneigung

Bei der kartographischen Erfassung des Geländes im Hinblick auf die Hangneigung stoßen wir auf Probleme. Hier bietet sich die Stichprobenerhebung oder die Vollkartierung an.

Einen anderen Weg beschritt MENG (1977, unveröffentlicht). Er nutzte die Erkenntnis, daß im Rahmen der Akkordvorgaben nach den Holzerntetarifen (HET, EST) für die Staatsforste und einen Teil der körperschaftlichen Waldbesitze mehrere Geländefaktoren in jedem einzelnen Hieb erfaßt werden. Dies betrifft die Schneelage, die Bodenoberfläche, den Bewuchs, aber vor allem auch die Hangneigung und evtl. die Exposition.

Insgesamt wurden von MENG für das Land Baden-Württemberg 22 000 Stichproben ausgewertet. Das Ergebnis erscheint zuverlässig und bestätigt eine alte Beobachtung. Der Flächenanteil der befahrbaren Böden wird in der Regel unterschätzt. Im vorliegenden Fall liegt dieser, wenn man als Befahrungsgrenze 25 % Hangneigung unterstellt, bei mehr als zwei Drittel der Fläche.

Von GRAMMEL und IRSLINGER (1974) wurde der Versuch unternommen, die HET-Schwierigkeitszuschläge zu revierspezifischen Schwierigkeitsstufen zu verarbeiten.

Übersicht 8. Hangneigung der Holzbodenfläche Baden-Württemberg in % (MENG 1977, unveröffentlicht)

Wuchsgebiet Forstdirektion	0	1–10	11–20	21–30	31–40	41–50	51–60	61–70
Rheintal	74	6	5	4	5	4	2	–
Schwarzwald (+ Baar)	8	20	13	15	16	15	9	3
Odenwald	7	22	17	20	14	15	3	2
Neckarland	13	37	23	14	8	3	2	–
Schwäb. Alb	23	45	5	7	4	3	2	1
Oberschwarzwald + Bodensee	41	32	14	7	3	2	1	–
Baden-Württemberg	19	28	16	12	8	7	4	1

Landesmittel mit Holzbodenfläche gewogen: 68 % befahrbar
32 % nicht befahrbahr

3.3.1.3 Ermittlung der Bodentragfähigkeit

Schwierigkeiten verursacht die Kennzeichnung der Bodentragfähigkeit infolge wechselnder Feuchtigkeitsgehalte. Da Waldböden meist aus mehreren Horizonten unterschiedlicher Eigenschaften bestehen, ändert sich die Fähigkeit, Rückemittel zu tragen, mehr oder minder rasch und tiefgreifend. Die Forschung hat sich deshalb auf dieses Geländemerkmal konzentriert (MAHLER, SCHELSHORN 1973).

Drei verschiedene Vorgehensweisen zur Ermittlung der Bodentragfähigkeit lassen sich erkennen:

- mit Hilfe von Laboranalysen; einer relativ aufwendigen, aber sehr genauen Methode, wobei in Feldversuchen entnommene Bodenproben einer Reihe von Untersuchungen und Tests unterzogen werden (HILDEBRAND, WIEBEL 1982),
- Feldmeßmethoden, bei denen der auf eine Druck- und Drehflügelsonde, Meßplatte oder einen Meßbalken ausgeübte Druck ermittelt wird, der notwendig ist, diese in den Boden einzupressen bzw. zu drehen (FISCHER 1982),
- Rohrinfiltrometer (bzw. Doppelrohrinfiltrometer): Die Methode eignet sich zur Bestimmung der Wasserleitfähigkeit im Gelände. 60 cm lange Stahlblechzylinder mit einem Durchmesser von 13 cm werden 15 cm tief in den Boden eingeschlagen (HOFMANN, 1986).

Die Rohre werden anschließend bis zu einer Überstauhöhe von 40 cm mit Wasser aufgefüllt. Nach 2, 5, 10, 20 und 30 Minuten wird der Wassermangel wieder auf das Ausgangsniveau ergänzt. Die Versickerungsmenge pro Zeitintervall wird als Meßgröße erfaßt,

- Isotopensonden: Im Straßenbau werden spezielle Sonden zur radiometrischen Bestimmung der Lagerungsdichte und der Feuchte eingesetzt (Löffler, H. J., Müller 1987, unveröffentlicht),
- die Auswertung morphometrischer Grundkarten (Rechsteiner 1976).

Jede dieser Methoden weist Schwächen und Vorzüge auf und ist meist mit einem hohen Arbeitsaufwand verbunden.

Laboranalysen. Im Zusammenhang mit der Prüfung der Bodentragfähigkeit ermittelt man zunächst bodenmechanische Kennwerte anhand

- der Klassifizierung des Bodens nach der Bodenart gemäß USCS (Unified Soil Classification System),
- der Bodenklassifikation für bauliche Zwecke nach DIN 18196. Hierbei werden u. a. die Bodenart, die Korngrößenverteilung, die Plastizität, der Kalkgehalt und der Gehalt an organischer Substanz bestimmt,
- des Wassergehaltes und der Wasserdurchlässigkeit des Bodens,
- der Proctordichte, welche die erreichte Verdichtung des Bodens über Wassergehalt und Raumgewicht ausdrückt.

Im Labor wird u. a. die Scherfestigkeit mit Hilfe des Scherversuches, des Zylinderdruckversuches und des dreiaxialen Druckversuches (vgl. Dietz, Knigge, Löffler 1984) untersucht.

Hildebrand und Wiebel (1982) befaßten sich im Rahmen ihrer Untersuchung über die Eigenschaften von Forststandorten mit mehreren bodenphysikalischen Kenngrößen: Lagerungsdichte, Ermittlung des Porenvolumens, Wasserleitfähigkeit.

Mit Hilfe von Dünnschliffen wurde darüber hinaus versucht, porenbildende und porenzerstörende Prozesse im Zusammenhang mit der Befahrung von Waldböden zu erfassen.

Feldmeßmethoden. Hierbei werden stichprobenartig, möglichst repräsentativ, unterschiedlich ausgeformte Meßgeräte in den Boden eingepreßt und dabei der Eindringwiderstand bzw. der Scherwiderstand gemessen. Folgende Versuchsanordnungen wurden in dieser Hinsicht erprobt:

Plattendruckversuch: Dieser wird im Straßenbau angewandt. Eine kreisrunde Platte wird stufenweise Laständerungen ausgesetzt und die hierbei auftretende Kompression des Bodens gemessen. Die Ergebnisse der Messungen werden in einem Drucksetzungsdiagramm aufgetragen; als Kennwert wird das sogenannte Verformungsmodul E_V berechnet.

Deflektionsmessung mit dem Benkelmann-Balken: Mit dem Benkelmann-Balken, der aus einem Tragegestell und einem daran montierten Tastarm mit einer Meßuhr besteht, wird die konkrete Bodenabsenkung bei Belastung durch ein Fahrzeug an der Auflagefläche des Reifens gemessen (Methode im Straßenbau).

CBR-Wert-Bestimmung (Californian-Bearing-Ratio): Gemessen wird der Eindringwiderstand eines Meßkegels mit der Grundfläche von rd. 1,25 cm^2. Dieser wird mit konstanter Geschwindigkeit in den Boden gedrückt. Der Quotient aus ermitteltem Meßwert bei einer genormten Eindringtiefe und einem Standardwert, der auf verdichtetem Schotter ermittelt wurde, wird als CBR-Wert bezeichnet, ausgedrückt in Prozent. Als Meßinstrument dient das Handpenetrometer. Die Messung per Hand erfolgt bei konstanter Eindringgeschwindigkeit von 25,4 mm/s (= 1 Zoll/s). Zur Eliminierung der Reibung am Sondenstab ist der Meßvorgang senkrecht zur Bodenoberfläche vorzunehmen. Diese Meßeinrichtung hat den Nachteil, daß sie nur bis zu CBR-Werten von 15 % eingesetzt werden kann und daß eine konstante Eindringgeschwindigkeit der Sonde bei Handbetrieb nicht gewährleistet ist. Eine Verbesserung schlug v. Fürstenberg (1982, unveröffentlicht) dahingehend vor, daß der Meßkegel nicht mittels manuellem Druck in den Boden gelangt, sondern mechanisch

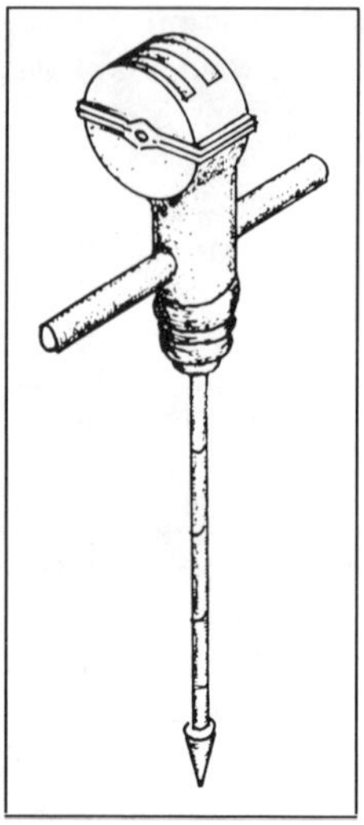

Abb. 10. Handpenetrometer.

über ein Getriebe und einen Gewindestab in den Boden gedrückt wird, womit der Vorteil einer größeren Konstanz der Eindringgeschwindigkeit gegeben ist. Ferner kann bei dem von ihm modifizierten Gerät auf ein Ablesen der Daten verzichtet werden. Die Notierung erfolgt elektronisch; dies soll die Fehlerquote minimieren und die Auswertung erleichtern.
Bekker-Bevameter: Diese Methode verwendet eine ringförmige Platte, die auf der Unterseite mit Rippen versehen ist. Beim Meßvorgang werden sowohl der aufgepreßte Druck als auch der Scherwiderstand, der beim Drehen der Platte entsteht, ermittelt. Die Kombination von Druck und Scherwiderstand ergibt verhältnismäßig zuverlässige Werte.

Das Forest-Management-Institut, Ottawa (Kanada), entwickelte 1978 (Golob 1978) ein geländegängiges Testfahrzeug, ausgerüstet mit einem Bevameter. Die Meßwerte werden gleich von einem Rechner ausgewertet. Mit Hilfe dieses Fahrzeuges soll es möglich sein, großflächig die Bodentragfähigkeit zu ermitteln.
Scherwiderstandsmeßgerät: Das Maß der Scherfestigkeit wird mit Hilfe einer Flügelsonde erfaßt, deren Durchmesser 13 mm beträgt. Die Sonde wird in den Boden gedreht. Eine Skala am Instrument

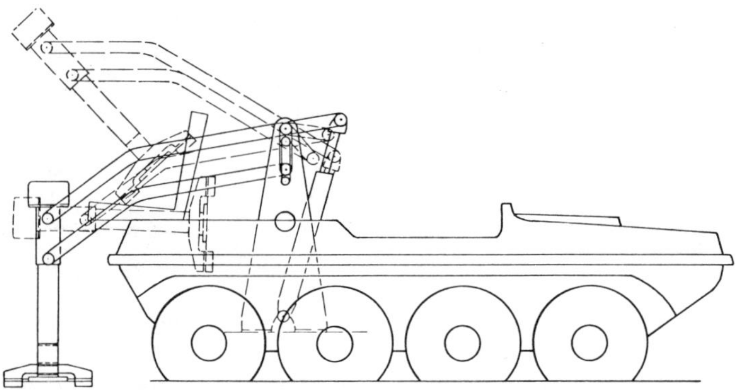

Abb. 11. Testfahrzeug des Forest-Management-Institutes, Ottawa (Kanada) mit Bevameter (nach Golob 1978).

zeigt den Scherwiderstand in 0,01 kg/cm² an. Die Messungen erfolgen in 10, 30, 50 und 80 cm Tiefe innerhalb vorgebohrter Meßlöcher (zur Ausschaltung von Schaftreibung). Eine zweifache Messung im selben Loch dient der Erfassung des ungestörten und des gestörten Scherwiderstandes des Bodens.

Kartographische Methoden: Der Versuch liegt nahe, Informationen über die Bodentragfähigkeit anhand morphometrischer Karten zu erlangen. Herangezogen werden:
- Luftbilder und topographische Karten,
- Baugrundkartierungen,
- Bodenkarten,
- geologische Karten,
- forstliche Standortkarten.

Als besonders geeignet haben sich Bodenkarten erwiesen. Bedauerlicherweise sind diese nur für eine prozentual außerordentlich kleine Fläche der Bundesrepublik Deutschland vorhanden (rund 2 %). Forstliche Standortkarten wurden zwar in den meisten Bundesländern für nahezu sämtliche Wälder erarbeitet, jedoch wurde meist versäumt, die Standortmerkmale im Sinne einer technischen Standortklassifikation zu definieren und zu erfassen.

Verfahrenswahl: Die verschiedenen Methoden zur Ermittlung der Bodentragfähigkeit sind sehr unterschiedlich zu beurteilen in bezug auf Flächendeckung, Verfügbarkeit, Kosten und Genauigkeit. So bieten Laboranalysen – insbesondere, wenn die Proben repräsentativen, kritischen Standorten entnommen sind – die größte Aussagefähigkeit. Aus Zeit- und Kostengründen wird es aber kaum möglich sein, flächendeckend zu arbeiten, da diese Analysen sehr aufwendig sind. Zu prüfen wäre, inwieweit die hauptsächlichen Standorte, ausgewiesen anhand der forstlichen Standortkartierung, untersucht und definiert werden können.

Penetrometer-Messungen verursachen einen geringeren Zeit- und Kostenaufwand; dafür streuen die Ergebnisse beträchtlich und setzen deshalb eine große Zahl von Messungen voraus. Auch lassen diese jeweils Schlüsse nur auf den augenblicklichen Bodenzustand zu. Problematisch werden die Messungen bereits bei geringem Skelettanteil und stärkerer Durchwurzelung. Auf strukturarmen Böden erlauben die Ergebnisse trotzdem relativ sichere Aussagen für die Befahrbarkeit durch bestimmte Fahrzeuggruppen. Recht zuverlässige Aussagen ermöglichen die Auswertung von Bodenkarten.

Folgende Matrix kann als Entscheidungshilfe für die Auswahl eines den jeweiligen Anforderungen gerecht werdenden Verfahrens zur Ermittlung der Bodentragfähigkeit dienen:

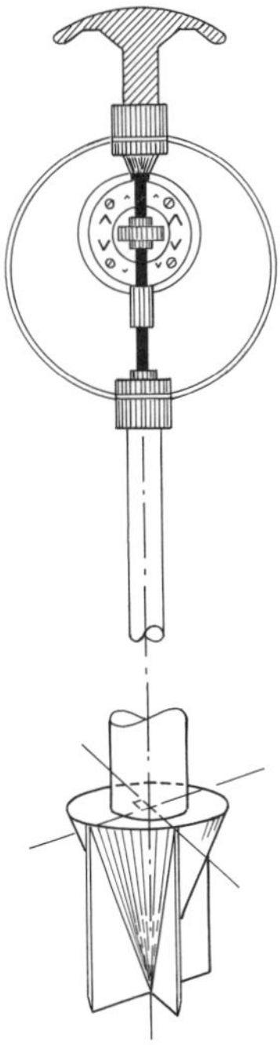

Abb. 12. Scherwiderstandsmeßgerät.

Übersicht 9. Entscheidungshilfe zur Ermittlung der Bodentragfähigkeit

	Flächendeckung	Verfügbarkeit	Kosten	Genauigkeit
USCS-Klassifikation (United Soil Classification)	–	–	–	+
Gesamtprofilansprache	–	–	–	+
Laboruntersuchung	–	–	–	++
Plattendruckversuch	–	–	–	–
Bekker-Bevameter	+	–	++	±[1]
CBR-Methode (Penetrometrierung)	+	–	++	±[1]
Flügelsonde (Scherwiderstand)	+	–	++	±[1]
Rohrinfiltrometer	+	+	+	+
Isotopenmethode	+	+	+	+
Bodenkarte	+	– –	+	+
Forstliche Standortkarte	+	+	+	–

++ sehr gut, + gut, ± ohne Aussage (indifferent), – ungünstig, – – sehr ungünstig
[1] bei hoher Probenzahl, plastische Böden ohne Durchwurzelung

Zusammenhang zwischen Bodentragfähigkeit und Fahrzeugeigenschaften: Aussagekraft besitzt die Bodentragfähigkeit als Kennziffer für die Befahrbarkeit der Bestände nur in Verbindung mit den entsprechenden Maschinen, deren individuelle technische Eigenschaften, wie z. B. Achsdruck, Standfläche, Reifenprofil etc., eng mit den Bodeneigenschaften korrelieren. Aus diesem Grunde versuchte man mit Hilfe der Fahrzeugmobilität, d. h. der Fähigkeit von Fahrzeugen, sich auf einem bestimmten Boden mit und ohne Last zu bewegen, in Verbindung mit Kennziffern der Bodentragfähigkeit definitive Aussagen zur Befahrbarkeit von Böden mit gewissen Fahrzeugtypen zu treffen.

Die US-Armee entwickelte anhand der Fahrzeugdaten Fahrzeuggewicht, Gewichtsverteilung, Reifenanzahl und -breite, Anzahl der Räder, Bodenfreiheit, Motorleistung und Kraftübertragung ein Rechenschema zur Entwicklung des fahrzeugtypischen Mobilitätsindexes für Radfahrzeuge. Für Raupen ist ein vergleichbares Schema vorhanden.

Aufgrund des Zusammenhangs zwischen Mobilität und dem Konus-Index der WES-Methode (von der Waterways Experiment Station, Vicksburg, USA, zur Ermittlung des Eindringwiderstandes mit dem Handpenetrometer entwickelt) kann aus entsprechenden

Übersicht 10. Berechnung des Mobilitätsindexes für Radfahrzeuge (Mahler, Schelshorn 1973)

(Umrechnung der Formel von englischen in deutsche Maße 1 inch = 2,54 cm
1 lb = 453,6 g)

(1) K_D = Kontaktdruckfaktor

$$= \frac{2{,}2045 \times \text{Gesamtgewicht (kg)}}{\frac{\text{Reifenbr.}}{2{,}54} \times \frac{\text{Reifen } \varnothing}{2 \times 2{,}54} \times \text{Reifenz.}} = \frac{2{,}8445 \times \text{Gesamtgewicht (t)}}{\text{Reifenbr. (m)} \times \text{Reifen } \varnothing \text{ (m)} \times \text{Reifenz.}}$$

(2) G = Gewichtsfaktor X

$$X = \frac{2{,}2045 \times \text{Gesamtgewicht (kg)}}{1000 \times \text{Anzahl Achsen}} = \frac{2{,}2045 \times \text{Gesamtgewicht (t)}}{\text{Anzahl Achsen}}$$

Der Gewichtsfaktor beträgt für Fahrzeuge:

bis	2,0 t	$= 0{,}553 \cdot X$
	2,0–13,5 t	$= 0{,}033 \cdot X + 1{,}05$
	13,5–20,0 t	$= 0{,}142 \cdot X - 0{,}420$
über	20,0 t	$= 0{,}278 \cdot X - 3{,}115$

(3) R = Reifenfaktor

$$= \frac{\frac{10 + \text{Reifenbreite (cm)}}{2{,}54}}{100} = \frac{10 + \text{Reifenbreite (cm)}}{254}$$

(4) Faktor mit Ketten = 1,05
Faktor ohne Ketten = 1,00

(5) RL = Radlastfaktor

$$= \frac{\text{Gesamtgewicht (kg)} \times 2{,}2045}{1000 \times \text{Anzahl Räder}} = \frac{2{,}2045 \times \text{Gesamtgewicht (t)}}{\text{Anzahl der Räder}}$$

(Doppelräder zählen als 1 Rad!)

(6) Bodenfreiheitsfaktor

$$= \frac{\text{Bodenfreiheit (cm)}}{2{,}54 \times 10} = \frac{\text{Bodenfreiheit (cm)}}{25{,}4}$$

(7) M = Motorfaktor

$$= \frac{\text{Anzahl DIN kW}}{\text{Gesamtgewicht (t)}}$$

= für Fahrzeuge bis 7,4 kW/t = Faktor 1,05
über 7,4 kW/t = Faktor 1,00

(8) Kü = Kraftübermittlungsfaktor = hydraulisch = Faktor 1,00
mechanisch = Faktor 1,05

$$\text{MI} = \text{Mobilitätsindex} = \left[\frac{(1) \times (2)}{(3) \times (4)} + (5) - (6)\right] \times (7) \times (8)$$

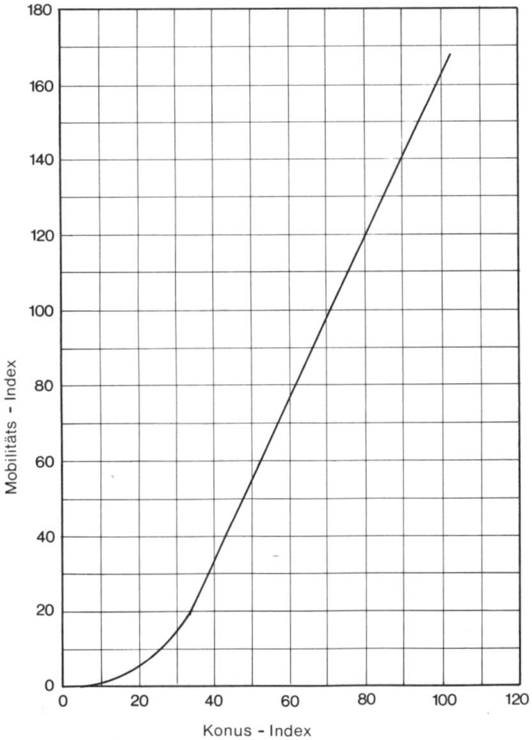

Abb. 13. Zusammenhang zwischen Mobilitätsindex und Konusindex.

Verknüpfungstabellen abgelesen werden, inwieweit sich ein vorliegender Boden als tragfähig genug für die Befahrbarkeit durch ein Fahrzeug erweist. Bedingt durch die weite Streuung der CI-Werte und die Schwankungsbreiten des Mobilitätsindexes der einzelnen Fahrzeuge oder Rückemaschinen ist davon auszugehen, daß die in Übersicht 9 dargestellten Abhängigkeiten als verhältnismäßig lose zu betrachten sind. Andererseits zeigen Feldversuche, daß der CBR-Index bei skelettarmen und nicht oder kaum durchwurzelten Böden verhältnismäßig sichere Aussagen über die Befahrbarkeit zuläßt. Dies beweisen im übrigen auch Versuche, die auf Verwitterungsböden des tropischen Regenwaldes durchgeführt wurden. Ein relativ enger Zusammenhang zwischen CBR-Wert und Mobilitätskennziffern bestimmter Fahrzeuggruppen, insbesondere von schweren Rückeradschleppern und Rückeraupen, aber auch von sog. Fourchette- (Radlader-Typ) und schweren Holztransport-Kraftfahrzeugen, konnte dabei bestätigt werden.

3.3.1.4 Bodenrauheit (Bodenoberfläche)

Rauhe Bodenoberfläche kann ebenfalls restriktiv wirken. Dies wird insbesondere in Skandinavien deutlich. Dort gibt es auf großen Flächen Waldböden, die durch unterschiedlich große Skelettanteile in Form von Einzelfelsen und Anhäufungen derselben gekennzeichnet sind.

Die Bodenrauheit kann wie folgt beschrieben werden:

- Häufigkeit der Skelettanteile,
- Flächenverteilung,
- Volumen,
- Steilheit.

Die Notwendigkeit, die Bodenrauheit zu berücksichtigen, kommt in Vorgabezeitsystemen für den Holzeinschlag zum Ausdruck. Der Erweiterte Sortentarif für die Holzernte (EST) z. B. berücksichtigt flächenweise behindernde Steine und Blocküberlagerungen in Abhängigkeit vom Flächenanteil.

3.3.2 Klima und Witterungsbedingungen

Saisonal bedingte klimatische Faktoren wie Schneelage, Frost, Niederschläge, aber auch hohe Temperaturen bei hoher Luftfeuchtigkeit begrenzen den Spielraum der Holzernteverfahrenstechnik und -entwicklung.

3.3.2.1 Niederschläge

Vor allem in den Tropen und Subtropen, aber auch in den gemäßigten Zonen beeinträchtigen Phasen mit hohen Niederschlägen die Holzernte. Die Unfallgefahr wird vergrößert, die Holzverschmutzung kann die Vermarktung negativ beeinflussen; langandauernde Regenfälle mindern die Tragfähigkeit des Bodens und schränken so die Befahrbarkeit der Rückewege und Waldstraßen stark ein oder verhindern sie gar.

In gemäßigten Zonen kann auch die Schneelage die Holzernte erheblich behindern. Dabei korrelieren die Schneehöhen und die Zahl der Schneefalltage direkt mit der Meereshöhe. Schneefall wirkt fast immer aufwandserhöhend, besonders wenn er während der Arbeit erfolgt und der Schnee an Boden und Bäumen festfriert. Behindert werden die Anfahrt zur Arbeit, das Aufsuchen des Fällortes, das Entasten und Entrinden (so ist z. B. der Stammfuß vor dem Fällschnitt von Schnee zu befreien, wie auch das Holz vor dem Vermessen). Auch das Rücken von Hand und das Seilausziehen beim Schlepperrücken sind beträchtlich erschwert.

Akkordsysteme gewähren deshalb bei Schneelage Zuschläge, wie das Beispiel des für die Bundesrepublik Deutschland geltenden Erweiterten Sortentarifes (EST) zeigt. In den Wintermonaten erhöht sich der normale Zuschlag für die Hangneigung.

Als Gegenmaßnahmen im Falle hoher Schneelagen bieten sich an:

- Räumung der Waldstraßen, so daß der Arbeitsort bequem und warm erreicht werden kann; im Bestandesinnern trifft man im Durchschnitt auf eine um ca. 50% geringere Schneehöhe.
- Wahl des Arbeitsortes entsprechend der Schneelage und Exposition (Winterseite/Sommerseite).
- Entwicklung von der Schneelage angepaßten Arbeitstechniken und Maschinen. Versuche haben gezeigt, daß höher mechanisierte Verfahren oft weniger anfällig gegen Schneelagen sind als handarbeitsintensive Arbeitsmethoden mit niedrigem Mechanisierungsgrad. Vom Schnee wenig beeinträchtigt werden auch diejenigen Holzerntesysteme, bei denen die Bäume in möglichst roher Form aus den Beständen gebracht und auf der Waldstraße oder auf festen Plätzen aufgearbeitet werden.

3.3.2.2 Temperaturen

In unseren Breiten spielen Frost und Eis eine wichtige Rolle. Welche Bedeutung dies haben kann, zeigt sich z. B. in der Rheintal-Ebene: staunasse Böden können hier bei Frost befahren werden.

Auswirkungen von Frost und Eis sind:

- erhöhte Unfallgefahr,
- Erschwernis manueller Arbeiten (Sägen, Entrinden, Axtarbeit),
- Erschwernis von Maschinenarbeit bei strengem Frost (z. B. maschinelle Entrindung),
- Behinderung der Fällarbeit durch die Sperrigkeit gefrorener Äste,
- Bruchgefahr des Holzes,
- Gefährdung der Jungwüchse als Folge herabgesetzter Elastizität.

Untersuchungen in Norwegen haben ergeben, daß konventionelle Aufarbeitung bei Temperaturen bis −6 °C 11 %, bei −12 °C 33 % und bei −16 °C 42 % höhere Zuschläge erfordert als bei Schneelage allein gewährt werden müssen.

Als Gegenmaßnahmen gegen die durch Frost verursachten Arbeitserschwernisse bietet sich eine Verbesserung der technischen Ausrüstung an sowie – ebenfalls wie bei Schneelage – eine möglichst weitgehende Verlagerung der Teilarbeiten auf stationäre Anlagen.

Frost hat aber auch Vorteile:

Übersicht 11. Zuschläge für standort- und bestandesbezogene Hiebsmerkmale (die Zuschläge beziehen sich auf den gesamten Hieb und sind für Arbeiter- und MS-Zeiten sowie für alle Baumarten eines Hiebes gleich)

Nr.	Hiebsmerkmal	Stufe	Ausprägung		Zuschl. in % ohne Schnee	Zuschl. in % mit Schnee
11	**Hangneigung**	1		bis 15 %	0	3
		2	über 15	bis 25 %	2	5
		3	über 25	bis 35 %	4	8
		4	über 35	bis 45 %	7	13
		5	über 45	bis 55 %	12	19
		6	über 55	bis 65 %	20	30
		7	über 65 %		30	–
12	**Gelände/Bewuchs**	1	keine od. geringe Behinderung		0	
	(siehe Erläuterungen)	2	mittlere Behinderung		5	
		3	starke Behinderung		10	
		4	sehr starke Behinderung		15	
		5	extrem starke Behinderung		20	
		6	Sonderstandorte		25 bis max. 30	
21	Arbeiten entlang öffentl. Straßen, Eisenbahnen, Lichtleitungen				bis 10	
31	**Besondere Bestandesmerkmale** Behinderung bei Erstdurchforstung in sehr dichten Nadelholzjungbeständen				bis 10	

Quelle: Tarifvertrag über die Entlohnung von Holzerntearbeiten nach dem Erweiterten Sortentarif (EST) vom 3. Mai 1979 in der Fassung des ÄnderungsTV Nr. 3 vom 18. Dezember 1984

- die Tragfähigkeit des Bodens erhöht sich (s. o.); ein wichtiger Aspekt bei Holzernte und Holztransport auf Mooren oder Weichböden mit hohem Wassergehalt;
- der Reibungswiderstand wird erheblich vermindert. Dies spielte eine besondere Rolle, solange das Holz von Hand gerückt wurde. Gute Gleitfähigkeit bedeutet eine merkliche Senkung der körperlichen Anstrengung;
- Schäden an Kulturland, insbesondere an benachbarten Wiesen, können verringert werden;
- gelegentlich diente und dienen Schnee und Eis auch als Baumaterial für Rücke- und Abfuhrwege. Schneegepackte Straßen werden im Norden mit speziellen Schneewalzen hergestellt.

Insgesamt gesehen sind die Auswirkungen des Frostes weitreichender als die geringer bis mittlerer Schneelagen.

In tropischen und subtropischen Ländern spielen hohe Temperaturen, u. a. verbunden mit hoher Luftfeuchtigkeit, eine große Rolle. In einem solchen Klima ist ein erheblicher Abfall der körperlichen Leistungsfähigkeit nachgewiesen. Dies gilt besonders für Schwerarbeit, die bei Holzerntearbeiten noch die Regel ist. In Verbindung mit hohen Temperaturen verursacht die Luftfeuchtigkeit diese Leistungsminderung dadurch, daß sie u. a. die optimale Transpiration und damit die Abgabe überschüssiger Körperwärme verhindert. Am stärksten leistungsmindernd wirkt sich die Strahlung aus. MÜLLER-DARSS (1985) konnte nachweisen, daß diese vor Temperatur und Luftfeuchtigkeit an erster Stelle der leistungsmindernden Klimafaktoren in den Tropen steht.

3.3.3 Jahreszeitliche und saisonale Einflüsse

3.3.3.1 Saisonale Wachstumsbesonderheiten als einschränkende Bedingung

Zu berücksichtigen sind hier Saftzeit und Belaubung. Die während der Saftzeit erheblich gesteigerte Assimilationstätigkeit führt zu einer Lockerung der Rinde. Der Entrindungswiderstand verringert sich wesentlich (ZIEGER 1948; WILCOX 1953).

Ungünstig kann sich das bei maschineller Entrindung auswirken: Es lösen sich zu große Rindenplatten, die die Maschinen verstopfen. In Lochrotoren werden deshalb spezielle Schneidemesser eingesetzt, die zu große Rindenteile zerkleinern. Ungünstig wirkt sich der lockere Sitz der Rinde auch bei Rücke- und Fällschäden aus.

Sommerliche Holzernte in Laubholzbeständen kann Auswirkungen auf die Gestaltung der Arbeit haben. Die Übersicht ist erheblich schlechter als im Winter nach dem Laubabfall. Für das Astmaterial entsteht ein größerer Raumbedarf. Bei Verfahren der Ganzbaumhackung bereitet die Biomasse des Laubes Probleme im Hinblick auf Qualitäts- und Feuchtigkeitsanforderungen der Verwender.

3.3.3.2 Saisonal gebundene forstliche Arbeiten als begrenzender Faktor

In der gemäßigten Klimazone ergibt sich mit ausgeprägter Gliederung in verschiedene Jahreszeiten eine saisonale Verteilung der Arbeiten wie Holzernte, Kulturbegündung, Wegeneubau und -unterhaltung, Jungbestandspflege, Jagd, Dienstleistungen usw.

Kulturarbeiten wurden von alters her im Frühjahr und auch im Herbst durchgeführt. Die Containerpflanzung erlaubt hier eine Ausweitung des Pflanzzeitraumes. Die Wegeunterhaltung erfolgt im Frühjahr nach der Schneeschmelze und im Herbst. Forstliche Dienstleistungen konzentrieren sich auf Frühjahr und Sommer. Die Jungbestandspflege wird oft in der belaubten Phase durchgeführt. Landwirtschaftlich notwendige Arbeiten wie Heu- oder Hackfruchternte ziehen Arbeitskräfte ab und führen zu regelmäßigen Unterbrechungen der Forstarbeit (WILHELM 1982).

Anhand von Arbeitsaufschrieben läßt sich nachweisen, daß der Holzeinschlag saisonal konzentriert erfolgt: in den Wintermonaten November bis März, mit Ausnahme hoher Berglagen mit Schnee und strengem Frost.

3.3.3.3 Holzschutz

Historische Aussagen: Eine Reihe überlieferter Bauernregeln weist darauf hin, daß man frühzeitig die Zusammenhänge zwischen Jahreszeit und Dauerhaftigkeit des Holzes erkannt hat (TEXTOR 1986): „Wer sein Holz um Christmett fällt, dem sein Haus wohl zehnfach hält." Nach Michaelis (29. September) sollte erst mit der Holzernte begonnen werden, Fabian und Sebastian (20. Januar) sollten letzter Termin sein. Das Holz sollte außerdem nicht in gefrorenem Zustand und möglichst bei abnehmendem Mond – letztes Viertel oder Neumond – eingeschlagen werden (COLERI 1952).

Eine markgräflich-badische Verordnung vom 5. 6. 1766 formuliert: Eichenbaumholz soll von Jacobi bis Hornung (25. 7. bis Februar), Tannenholz solange der Saft noch nicht eingetreten oder verdickt sei und zwei oder drei Tage vor oder nach dem Neumond bei trockener Witterung genutzt sein. Eine 1580 geschriebene Handschrift enthält ebenfalls entsprechende Formulierungen (SCHILLI 1954).

Auch in neuerer Zeit berücksichtigt man jahreszeitliche Einflüsse auf die Haltbarkeit des Holzes. Tatsächlich ist z. B. bei Abschlüssen mit der Deutschen Bundesbahn Vertragsinhalt, daß Buchen- und Eichenschwellen nur bei einem Einschlag außerhalb der Saftzeit übernommen werden. Die Deutsche Bundespost übernimmt ebenfalls nur Masten, die aus Wintereinschlag stammen; das Holz sollte vor Ende Januar gehauen sein.

Pilze: Bereits im 18. und 19. Jahrhundert beschäftigten sich die forstlichen Praktiker mit der Frage der Dauerhaftigkeit des Holzes in Abhängigkeit vom Zeitpunkt des Einschlages, so Hartig, Judeich und Fabricius. Erst Anfang dieses Jahrhunderts konnten die Zusammenhänge zuverlässig geklärt werden (Gäumann 1926). In den 60er Jahren erweiterten u. a. Liese (1959, 1961) und Ammer (1963, 1964) die Kenntnisse.

Die Ergebnisse lassen sich wie folgt zusammenfassen: Zweckmäßig beachtet man die jahreszeitlichen Unterschiede in der Beschaffenheit des Holzes am lebenden Baum und am Zustand nach der Fällung. Die Dauerhaftigkeit des Holzes bzw. dessen Vermorschen nach dem Fällen ist direkt abhängig von der Fällzeit. Die Anfälligkeit ist am größten zur Zeit des stärksten Stoffwechsels, der bei Fichte/Tanne ein Maximum im Mai/Juni und ein Minimum im Dezember/Januar aufweist.

Im Gegensatz zur landläufigen Meinung besteht kein Zusammenhang mit den in den Zellen eingelagerten Stoffen wie Kohlehydraten, Harzen, Stickstoffverbindungen, Mineralsalzen u. a. Der Gehalt an Reservestoffen ist im Herbst höher als im Frühjahr.

Entscheidend ist der Zustand der Zellulose, die sich während der Saftzeit in starker Quellung befindet, das begünstigt einen Pilzangriff. Die Quellung ist wuchsstoffgesteuert, die Haftpunkte der Zellulosemicellen sind gelockert. Der hohe Wuchsstoffgehalt im Sommer stimuliert das Pilzwachstum.

Hinzu kommt, daß im Frühjahr und Sommer, also während der Zeit der größeren Gefährdung, höhere Luftfeuchtigkeit und Wärme herrschen, die ebenfalls das Pilzwachstum begünstigen. Saisonale Auswirkungen können also tatsächlich einen erheblichen Einfluß auf die Qualität und Dauerhaftigkeit des Holzes ausüben.

Welche praktischen Folgerungen können daraus abgeleitet werden?

Die übliche Winterfällung mit Lagerung ist weniger problematisch als die Sommerfällung, bei der bestimmte kostenverursachende Vorbeugemaßnahmen (z. B. Beregnung, chemischer Schutz) notwendig werden.

Diese Nachteile sind jedoch bei sachgerechtem Vorgehen vermeidbar. Es bieten sich an:
- sofortige Abfuhr und Einschnitt, verbunden mit künstlicher oder natürlicher Trocknung der Schnittwaren,
- das Besprühen mit Fungiziden,
- Wasserlagerung oder Berieselung des Holzes,
- eine frühzeitige Entrindung zum Zwecke einer raschen Austrocknung.

In der Praxis ist es üblich, daß man wertvolles Holz, insbesondere Laubhölzer und Kiefer, im Herbst und Winter einschlägt; der Hieb von Massensortimenten kann dagegen bis in die Sommermonate hinein ausgedehnt werden.

Holzschäden, die im Zeitraum zwischen Fällung und Verarbeitung auftreten, werden als *Lagerschäden* bezeichnet. Es können dabei Verfärbungen ohne Beeinflussung der mechanischen Eigenschaften des Holzes oder Lagerfäulen, die den Gebrauchswert des Holzes beeinträchtigen, auftreten. Konkret sind dies in erster Linie:

Verblauung. Man unterscheidet angeblautes oder verblautes Holz, zu finden bei fast allen Holzarten, besonders aber bei Nadelholz und hier v a. bei Kiefer. Eine ausreichende Entwicklung des Pilzes ist nur bei einem mittleren Wassergehalt von 30 % bis 130 %, bezogen auf das Darrgewicht, und einer Temperatur von 8 bis 35 °C gegeben. An Pilzarten sind besonders zu nennen *Ceratocystis minor* und *C. pilifera* (Kiefer) sowie *C. piceae* an Fichte.

Rotstreifigkeit. Vorkommen u. a. an Nadelholz, besonders Fichte. Verursacher: Stereum-Arten, die auch Weißfäule verursachen, z. B. *Stereum sanguinolentum* oder auch Corticium-Arten.

An *Lagerfäulen* kommen Weißfäule (z. B. durch Stereum-Arten an Nadel- und Laubholz),

Übersicht 12. Arbeitskräfte Baden-Württemberg

Zahl/Prozent	1950/55	1960	1965	1970	1971	1972	1973	1974	1975	1976	1977	1978	1979	1980	1981	1982	1983	1984	1985
Waldarbeiter insgesamt	24 879	16 547	11 645	7884	7360	6579	6175	6062	5422	4827	4668	4645	4538	4710	4507	4450	3781	4169	
		100	100	100	100	100	100	100	100	100	100	100	100	100	100	100	100	100	
Stamm-arbeiter	keine Aufschlüsselung	3923	3930	3597	3463	3386	3273	3089	2991	2951	2980	2965	2894	2919	2822	2752	2694	2633	
		23,7	33,8	45,6	47,1	51,5	53,0	51,0	55,2	61,1	63,8	63,8	63,8	62,0	62,6	61,8	71,3	63,2	
regelmäßig Beschäftigte		5376	3477	1863	1580	1430	1321	1306	1200	1061	937	827	759	746	672	628	1087	1536	
		32,5	29,9	23,6	21,5	21,7	21,4	21,5	22,1	22,0	20,1	17,8	16,7	15,8	14,9	14,1	28,7	36,8	
unständig Beschäftigte		7248	4238	2424	2317	1763	1581	1667	1231	815	688	853	885	1045	1013	1070			
		43,8	36,3	30,7	31,5	26,8	25,6	27,5	22,7	16,9	14,7	18,4	19,5	22,2	22,5	24,1			

Quelle: Forststatistische Jahrbücher Baden-Württemberg
Hrsg.: Ministerium für Ernährung, Landwirtschaft, Umwelt und Forsten Baden-Württemberg

Braunfäule (Nadel- und Laubholz, z. B. Trametes- oder Gloeophyllum-Arten) und Verstockung (nur Laubholz, z. B. nach Verthyllung Sekundärbefall durch Pilze der Familie der Xylariaceae) vor (vgl. BUTIN, ZYCHA 1973).

3.3.3.4 Saisonal zur Verfügung stehende Arbeitskräfte

Übersicht 12 zeigt, daß der Anteil der regelmäßig Beschäftigten als Saisonarbeiter, über alle Betriebe hinweg betrachtet, größer ist als erwartet. In Regionen mit langen Winterpausen in der Landwirtschaft (Sommergetreideanbau) und mit Betrieben überwiegend mittlerer Größenklassen (20 bis 50 ha) finden die Arbeitskräfte im Winter bei der Waldarbeit einen Arbeitsausgleich. Forst- und strukturpolitisch sind einige Bundesländer bestrebt, diese Zusatzarbeit zu erhalten und zu fördern.

Die Winterbeschäftigung der Saisonarbeiter ist für den Forstbetrieb insofern von Nutzen, als die aus der Landwirtschaft kommenden Kräfte die Arbeit im Freien gewöhnt sind und von ihren eigenen Betrieben her gute arbeits- und maschinentechnische Kenntnisse mitbringen. Hinzu kommt, daß für den landwirtschaftlichen Betrieb angeschaffte Schlepper mit verhältnismäßig geringen Mitteln auf die Waldarbeit umgerüstet werden können und damit der Vorteil einer günstigeren Auslastung erlangt wird.

Saisonal gearbeitet wird naturgemäß auch im bäuerlichen Waldbesitz. Dies gilt zudem für den kleinen Kommunalwald.

3.3.3.5 Sonstige saisonale Besonderheiten

Tageslichtdauer. Während in den gemäßigten Breiten einer saisonalen Änderung der Tageslichtdauer wenig Bedeutung zukommt, hat dieses Merkmal in der borealen Waldzone einen größeren Einfluß. So kann im Dezember in bestimmten Fällen Tageslicht nur für die Dauer von zwei Stunden vorhanden sein; in Uppsala sind es in diesem Monat sechs Stunden, in München immerhin 8,5 Stunden je Tag. Dies bedeutet, daß im Norden im Winter ein Teil des Tages mit künstlicher Beleuchtung gearbeitet werden muß.

Insektenplage hat in unseren Bereichen nur lokale Bedeutung; so wird z. B. in den Rheinauen ein Zuschlag für Insektenbelästigung im Rahmen des

Holzhauerakkords gewährt. In Skandinavien muß diesem Merkmal größere Beachtung geschenkt werden (man bedenke: Rentierherden werden aufgrund der Belästigung durch Insekten zu weiten Wanderungen gezwungen).

Jahreszeit und Jagd. Während die jagdliche Betätigung in früheren Zeiten sehr wohl eine zeitliche Restriktion der Arbeit im Walde bedeuten konnte, hat diese Rahmenbedingung heute fast völlig an Bedeutung verloren. Ganzjährige Beschäftigung der Arbeitskräfte, eine möglichst kontinuierliche Auslastung der Maschinen, aber auch eine Rückstufung der jagdlichen Tätigkeit im Berufsbild der Forstbediensteten hat die Lage verändert.

Aufgrund der vorgenommenen Analyse der Arbeitszeitverteilung über das Jahr kann zusammenfassend festgehalten werden, daß die Holzernte in Mitteleuropa zwar immer noch einen saisonalen Charakter aufweist, als Folge der Weiterentwicklung der Holzerntetechnik zeigt sich aber zunehmend eine Verringerung der saisonalen Abhängigkeit.

3.4 Natürliche, langfristig beeinflußbare Restriktionen

3.4.1 Waldbauliche Grundforderungen

Nach Schmidt-Vogt (1972) ist es schwierig, die meist sehr allgemein formulierten waldbaulichen Grundsätze als Entscheidungshilfe im Einzelfall zu benutzen. Leibundgut (1976) bemühte sich, anläßlich des 16. IUFRO-Weltkongresses in Oslo um eine konkrete Aussage und bezeichnete als Ziele des Waldbaus:
- die Nachhaltigkeit von Standort und Bestand,
- die Wirtschaftlichkeit des Waldbaus,
- die soziale Verpflichtung.

Er weist darauf hin, daß Waldbau ohne Holzernte nicht durchführbar ist und daß die Holznutzung das wesentliche Mittel der Bestandespflege sei.

An die Holzerntetechnik stellt er folgende Grundforderungen:
- Das forstliche Ökosystem darf weder beeinträchtigt noch gar zerstört werden.
- Die waldbauliche Freiheit der Baumartenwahl, der Bestandespflege und der Verjüngung muß voll berücksichtigt werden.
- Die Holzerntemethode sollte in keinem Fall biologische Risiken schaffen.
- Die gewählte technische Lösung sollte nicht nur Arbeitskräfte und Kosten einsparen, sondern auch die Qualität der Arbeit erhöhen.

Ergänzend konnte bei Leibundgut erfragt werden: Der Waldbau wird bestimmen, welche Bäume entfernt werden. Der Holzerntetechniker hat die Aufgabe, diese vom Stock zu trennen und, ohne an verbleibendem Bestand und Boden Schäden zu verursachen, zur Waldstraße zu bringen.

Diese Formulierung scheint einseitig, wird doch kein Waldbauer übersehen, daß auch umgekehrt die Entwicklung der Holzerntetechnik Rückwirkungen auf das waldbauliche Handeln hat.

3.4.2 Klassischer und moderner Waldbau

Als moderner Waldbau wird ein im Grunde agro-technisches Vorgehen bezeichnet. Dies ist gekennzeichnet durch eine künstliche Homogenisierung, Bodenbearbeitung und Düngung sowie Zuchtwahl mit der Zielsetzung einheitlicher Hiebsreife. Es steht außer Frage, daß dieser sogenannte moderne Waldbau einer Mechanisierung der Holzernte entgegenkommt. Maschinenarbeit ist dort am wirtschaftlichsten, wo große Stückzahlen produziert werden und wo Maschinen möglichst langfristig (ganzjährige Auslastung) genutzt werden können.

Demgegenüber steht der sogenannte klassische Waldbau, der das Bild der mitteleuropäischen Wälder bestimmt. Versucht man die Merkmale dieses Waldbaus unter technischen Aspekten zu beschreiben, wird man folgende Feststellungen machen:

- Starkes und wertvolles Holz wird in langen Umtriebszeiten erzogen,
- Mischbestände überwiegen,
- der Anteil an Vornutzungen, d. h. der Zwang zu Durchforstungen ist groß, er beträgt 35–50 %,
- Naturverjüngung, meist kleinflächig, ist die Regel,
- dank der Gunst der Standorte, aber auch der ihnen angepaßten Baumartenwahl kann mit verhältnismäßig hohen Zuwächsen und einer entsprechenden Nutzung gerechnet werden.

Eine Änderung dieser Verhältnisse wäre kurzfristig nicht möglich. Selbst wenn man sich zu radikalen Eingriffen entschließen würde, könnten je Jahr nur 2–5 % der Waldfläche aus der klassischen Waldbauform in eine plantagenartige umgewandelt werden. Damit stellt sich die Frage, ob unter diesen Voraussetzungen die Holzernte überhaupt erfolgreich mechanisiert werden kann. Um dies vorwegzunehmen: Es gibt eine Reihe von Möglichkeiten, die sehr wohl erhebliche Rationalisierungserfolge versprechen.

3.4.3 Regeln und Gesetze einer erfolgreichen Mechanisierung

3.4.3.1 Gesetz der Massenproduktion

Dieses kann durch die Formel $K = V + C/M$ dargestellt werden. Es beinhaltet zwei Möglichkeiten, zum einen verteilen sich die fixen Kosten (C) bei einer Vergrößerung des Produktionsumfanges (M) günstiger, zum anderen läßt aber das Erreichen einer bestimmten Produktionsmenge (sog. kritische Menge) die Wahl neuer Technologien zu.

Dieselbe Gesetzmäßigkeit gilt vor allem für die Hiebsgröße. Nachdem man festgestellt hatte, daß bei zu kleinen Hiebsmengen (30–40 m^3/Hieb) wesentlich höhere Kosten je produzierte Einheit entstehen, vergrößerte man systematisch die Hiebsgröße. Die Durchschnittswerte liegen heute im mitteleuropäischen Bereich zwischen 150 und 600 m^3/Hieb. Die Wirkung ist u. a. so zu erklären, daß sich feste Kostenbestandteile wie z. B. das Aufstellen von Schutzhütten, die Kenntnisnahme der Hiebsfläche, die Organisation des Einschlags usw. auf eine größere Anzahl von Kubikmetern verteilen.

Die Kostenkurve fällt allerdings mit zunehmender Hiebsgröße nicht endlos. Durch die notwendig werdende Anlage zusätzlicher Polterplätze, zu stark ansteigender Rückedistanzen usw. steigt die Kostenkurve häufig wieder.

3.4.3.2 Gesetz der Sortenproduktion

Das Gesetz der Sortenproduktion sagt aus, daß eine Standardisierung der erzeugten Produkte zu einer günstigeren Kostensituation führt. Dieses Gesetz hängt eng mit dem Gesetz der Massenproduktion zusammen.

Die Holzproduktion ist eine typische Sortenproduktion, es entsteht eine Vielzahl von Koppelprodukten. Zurückzuführen ist dies auf das beträchtliche Alter und eine empirische Entwicklung des Holzmarktes; über lange Zeit konnte man der vielfältigen Nachfrage nach Holzprodukten entgegenkommen und auch die Sorten nach Qualität und Dimension festlegen. Dies fand zunächst Niederschlag in der Holzmeßanweisung (HOMA) aus dem Jahre 1936, später in der Handelsklassensortierung für Rohholz (HKS) von 1969, die als EG-Richtlinie nicht weniger als 70 Dimensionsklassen, sieben Qualitätsklassen und 25 Gebrauchsklassen enthält, ohne nach Baumarten zu differenzieren.

Eine derartige Sortenproduktion führt zu erheblichen Schwierigkeiten im Hinblick auf eine Mechanisierung der Teilarbeiten, dies um so mehr, als die einzelnen Sorten eine unterschiedliche Bearbeitungstechnik verlangen.

Erwähnt sei in diesem Zusammenhang erneut die sog. „kritische Menge". Dies besagt, daß eine neue Technologie nur dann wirtschaftlich wird, wenn eine bestimmte Auslastung gesichert ist, in unserem Fall also eine bestimmte Holzmenge je Jahr bearbeitet werden kann. Im Forstbetrieb wird diese kritische Menge in vielen Fällen nicht erreicht. Als Beispiel sei die Beschaffung mobiler Großentrindungsanlagen für Stammholz genannt. Diese weisen eine kritische Menge von 30 000–35 000 m^3 je Jahr auf. Es bereitet meist Schwierigkeiten, die Maschinen auszulasten, und erfordert somit einen überbetrieblichen Einsatz dieser Anlagen, wenn damit ökonomisch sinnvoll gearbeitet werden soll.

Im Zusammenhang mit dem Gesetz der Sortenproduktion müssen die Forderungen der Holzernte partiell denjenigen des Waldbaus zwangsläufig zuwiderlaufen. Erwünscht sind Fertigungsprogramme mit einer möglichst geringen Anzahl von Sorten, d. h. eine weitgehende Standardisierung. Gewisse Möglichkeiten eröffnen sich allerdings dadurch, daß sich diese Forderung nur auf gleiche Bearbeitungstechniken bezieht.

3.4.3.3 Stückmassegesetz

Das Stückmassegesetz besagt, daß mit abnehmendem Stamminhalt (Brusthöhendurchmesser) die Zeitbedarfswerte zur Aufarbeitung und zum Rücken und damit die Holzerntekosten progressiv ansteigen (Speidel 1952). Proportional zum Zeitbedarf verhalten sich die Kosten, während die Erlöse für das erzeugte Produkt einen anderen Verlauf nehmen. Sie nehmen je Einheit Volumen oder Gewicht mit wachsender Stückmasse degressiv ab.

Das Stückmassegesetz kommt voll zum Ausdruck in den Vorgabezeiten für Stücklohnsätze in der Holzernte.

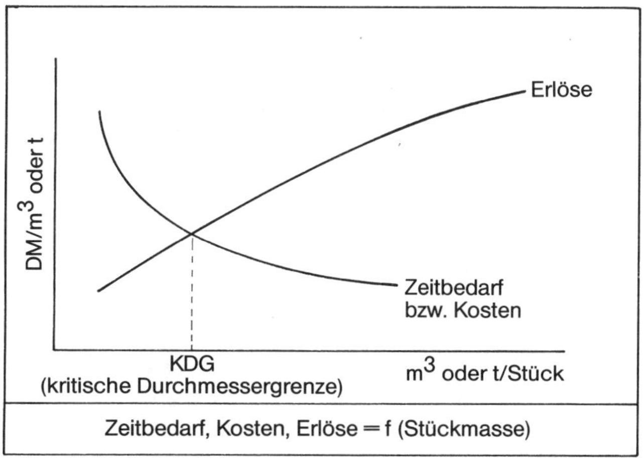

Abb. 14. Das Stückmassegesetz.

Aber auch bei Maschinenarbeit wirkt sich das Stückmassegesetz voll aus. Da konkurrierende Holzerntetechniken nicht in gleicher Weise auf unterschiedliche Holzdimensionen reagieren, ist es eine Aufgabe der Systementwicklung, im Bereich Holzernte nach Lösungen zu suchen, die durch eine Zusammenfassung vor allem der schwachen Holzdimensionen, z. B. in Form von Hackschnitzeln, das Stückmassegesetz möglichst frühzeitig im Arbeitsablauf unterlaufen.

Welche waldbaulichen Möglichkeiten bestehen nun, das sich im Schwachholzbereich besonders stark auswirkende Stückmassegesetz in seinen Auswirkungen zu beeinflussen?

Baumartenwahl: Bei konventioneller Aufarbeitung, d. h. im klassischen Sortenverfahren, entfallen beim Nadelholz rund 80–85 % auf Sortimente, die in langer Form, evtl. auch in Blochlängen zur Sägeindustrie geliefert werden. Nur 15–20 % werden als meist kurze Industrieholzsorten ausgehalten. Beim Langholz ist die Stückmasse höher. Im Gegensatz hierzu werden bei Laubholz, bezogen auf die Umtriebszeit, nur 20–50 % als Stammholz ausgehalten; 50–80 % entfallen auf oft nur meterlanges Industrie- oder Brennholz, das zudem noch, um tragbar zu sein, gespalten werden muß.

Der Pflanzverband: Altherr (1965), Abetz (1973), Kramer (1970) und andere haben nachgewiesen, daß mit der Erweiterung des Pflanzverbandes der mittlere BHD des geernteten Holzes ansteigt.

Dickungspflege: Heute wird in der Dickungsphase energisch eingegriffen. Bei zu engen Pflanzverbänden wird die Stammzahl frühzeitig reduziert. Man versucht auf diesem Weg, den Zeitpunkt einer ersten Durchforstung zeitlich zu verschieben.

Durchforstung: Bezüglich der Durchforstungsphase bestehen mehrere Möglichkeiten. Der erste Eingriff kann zeitlich soweit verschoben werden, daß die für die Wirtschaftlichkeit maßgebende kritische Durchmessergrenze erreicht bzw. überschritten ist. Hoch- und Plenterdurchforstungen werden durchgeführt, solange sich der Bestand noch nicht nach sozialen Klassen differenziert hat. Ein derartiger Eingriff soll allerdings nur einmal erfolgen. Intensiv befaßte sich Kramer 1970 mit der Untersuchung von Reihen-Durchforstungen. Die Kostensenkung hält sich allerdings in engem Rahmen, wobei durch eine ausschließlich reihenweise Entnahme Verluste durch Zuwachsentgang vermutet werden. Weite Pflanzverbände, energische Eingriffe in der Dickungsphase und die angesprochenen Durchforstungsmethoden haben gewollt ein niedriges h/d(Höhe und Durchmesser)-Verhältnis zur Folge. Dies ist im Hinblick auf Stabilität gegen Sturmwurf, Schneebruch usw. erwünscht. Gleichlaufend stellt sich aber die Frage nach Ausbeuteverlusten in der Sägeindustrie, bedingt durch eine allerdings weitgehend temporäre Abholzigkeit. Der Anteil am Haupterzeugnis korreliert mit dem Zopfdurchmesser der Bloche.

Plenterwald als Sonderfall: Die Holzernte bietet im Plenterwald besonders günstige Stückmasse-Verhältnisse. Die Nutzung beschränkt sich auf die stärksten Stämme, die Holzernte-, aber auch die Rückekosten liegen verhältnismäßig niedrig. Der Plenterwald erfordert allerdings eine exakte Einhaltung der Fällrichtung, geübte Arbeitskräfte, eine sorgfältig geplante Feinerschließung sowie eine ausgefeilte Rücketechnik. Wegen der durchschnittlich hohen Stamminhalte dürfen die Schlepper nicht zu leicht sein und sollen zugkräftige Seilwinden mit hohem Seileinlauf aufweisen.

3.4.3.4 Räumliche Ordnung

Eine sorgfältig geplante „räumliche Ordnung" erleichtert die Holzernte und senkt deren Kosten. Unter räumlicher Ordnung wird eine der Betriebssicherheit gerecht werdende Anordnung von Verjüngungs-, Pflege- und Erntezonen verstanden. Maßgebend ist die Art des Hiebsfortschrittes und nicht zuletzt die innere Erschließung der Bestände. Eine gute räumliche Ordnung ist u. a. aus folgenden Gründen erstrebenswert:

- Minimierung der Schäden am verbleibenden Bestand, vor allem im Jungwuchs,
- Maschinen können möglichst nahe an den Fällort gebracht werden,
- Erhöhung der Wirtschaftlichkeit infolge der Kompensation von Hand- durch Maschinenarbeit.

Die o. a. geordnete Lagerung der Bestände ist eine wesentliche Grundvoraussetzung für den schlagweisen Hochwald bzw. den Altersklassenwald. Dies gilt sowohl für den Kahlschlag als auch für sämtliche Saumschlagverfahren, wobei die Gliederung des Saumes durch Buchten u. ä. nicht nur dem besseren Ankommen der Naturverjüngung dient, sondern auch die Ernteflächen z. T. erheblich vergrößert und damit den Hieb flexibler gestaltet.

3.4.3.5 Betriebssicherheit

Zwischen Betriebssicherheit und der Gestaltung von Ernte und Vermarktung besteht ein enger Zusammenhang. Nicht immer wird deutlich, welche wirtschaftlichen Nachteile mangelhafte Betriebssicherheit, seien es Sturmschäden, Schneebruch, Insekten- oder Pilzschäden, mit sich bringt; dies gilt insbesondere bei sehr zerstreuten Zwangshieben mit geringer Masse, also i. d. R. bei einem geringen Anteil der Zwangsnutzung am Gesamteinschlag.

Versucht man nachzuvollziehen, welche Kosten der Betrieb im Einzelfall bei einer zufälligen Nutzung (Zwangsnutzung) insgesamt aufgewendet hat, ergeben sich erhebliche Beträge. Der Revierleiter hat einzelne abgestorbene Bestandesglieder entdeckt, Arbeitskräfte begeben sich mit Fahrzeugen vor Ort, fällen die Schadbäume und arbeiten diese am Fällort auf. Ein Schlepper rückt die Sortimente zur Waldstraße, wo das Schichtholz in Ställe gesetzt wird. Ohne zu berücksichtigen, daß anschließend die Sorten getrennt verbucht und vermarktet werden müssen, sofern sich überhaupt Käufer für die kleinen Holzmengen finden, entstehen beträchtliche Kosten.

Eine Häufung verstreuter Hiebsanfälle würde den wirtschaftlichen Effekt einer höheren Mechanisierung der Erntearbeiten in weite Ferne rücken. Für die Beziehung zwischen Holzernte und Waldbau bedeutet dies, daß betriebssichere, gesunde Bestände als wesentliche Voraussetzung verlangt werden müssen, d. h., es soll nur dort geerntet werden, wo dies zeitlich und räumlich geplant ist.

Diese Erkenntnis läßt sich noch erweitern. Die Aufarbeitung einzeln oder gruppenweise, aber fortlaufend auftretender Schadbäume wird in der Regel teurer als diejenige beim Eintritt säkularer Katastrophen. Man erhöht in diesen Ausnahmefällen die Vorgabezeiten mit einem Sicherheitszuschlag. In der Praxis können sich diese nach kurzer Zeit erhöhend auf den Stundenverdienst auswirken.

Ein Problem, das mit der Nutzung von Kalamitätenholz in unmittelbarer Verbindung steht, stellt die Lagerung großer Holzmengen dar. Häufig ist es mühevoll und langwierig, zu große Kalamitätsholzanfälle entsprechend abzusetzen. Erschwerend kommt die Gefährdung des Rohholzes durch Insekten und Pilze unter konventionellen Lagerungspraktiken hinzu.

3.5 Dienstleistungsaufgabe der Wälder als Restriktion

Den mitteleuropäischen Waldungen kommt neben der Funktion, den Rohstoff Holz zu produzieren, eine Vielfalt lebenswichtiger zusätzlicher Leistungen zu. Diese Aufgaben der Schutzfunktion und der Bereitstellung der Wälder zu Erholungs- und Freizeitzwecken werden als forstliche Dienstleistungen bezeichnet.

Die Bedeutung derartiger Leistungen wurden schon in der Antike erkannt. In der Neuzeit erfolgte mit zunehmender Industrialisierung, als Folge von Bevölkerungswachstum und Urbanisierung, zwar eine gewisse Verschiebung der Art, insgesamt aber eine weitere Intensivierung dieser Dienstleistungen. Vorrangig war zunächst die Schutzfunktion, d. h. die Erhaltung und die Pflege der Wälder, um Erosion zu vermindern, das Wasser rein zu halten und zu speichern, Wind- und Sturmschäden zu begrenzen und Pflanzen und Tiere zu schützen. Sowohl aktive als auch im Hinblick auf diese Schutzfunktion unterlassene Maßnahmen müssen als Begrenzung der Wahlmöglichkeiten der Holzernteverfahren angesehen werden.

Die zweite Dienstleistungsaufgabe, deren Bedeutung ebenfalls im Wachsen begriffen ist, beinhaltet die Funktion, insbesondere die der stadtnahen Wälder, als Erholungs- und Freizeitraum der Bürger. Auch diese gesetzlich geregelte und von den Waldbesitzern voll akzeptierte Aufgabe wirkt auf den Spielraum der Verfahrenswahl restriktiv.

Hierbei muß auch die Erbringung von forstlichen Dienstleistungen – ihrem technischen und betriebswirtschaftlichen Charakter nach – als eine Produktion allerdings weitgehend immaterieller Güter angesehen werden, die ebenso eine Zielsetzung verlangt und sich in Grenzen bewegt, die die Verfahrensentwicklung, Verfahrenswahl und Verfahrensanwendung einschränken. Es bereitet gewisse Schwierigkeiten, die Bedeutung und die Auswirkung der Dienstleistungen auf die Holzernte richtig einzuschätzen. In der Bundesrepublik Deutschland werden auf 2–5 % der Waldfläche Erholungs- und Freizeitaufgaben als vorrangig akzeptiert. Auf weiteren 10–15 % werden Holzproduktion und Erholung gleichrangig betrieben. Auf 80–85 % der Waldfläche steht trotz Industrialisierung und dichter Besiedelung die Holzproduktion uneingeschränkt an erster Stelle.

In den stadtnahen Waldungen, in Naturparks und in der Umgebung landschaftlicher Besonderheiten wird man die Auswirkungen der Holzerntetechnik besonders sorgfältig prüfen. Dies bedeutet allerdings nicht, daß auf den restlichen gut drei Vierteln der Waldflächen sorglos in bezug auf das Aussehen der Landschaft gewirtschaftet werden könnte. Selbst dort werden interessierte und inzwischen geschulte Augen die Folgen der Holzernte kritisch betrachten.

Von einem allseits geschärften Umweltbewußtsein wird man auch hinsichtlich der Schutzfunktion des Waldes ausgehen. Zwar scheint unsere gewohnte klassische Forstwirtschaft und die mit ihr verbundene Erntetechnik kaum nennenswerte Schäden zu verursachen, doch erfordert auch bei uns die Bewirtschaftung von Wäldern der Mittelgebirge, besonders aber des Hochgebirges, und die Holznutzung an gefährdeten Steilhängen eine sehr sorgfältige Planung und Ausführung der Arbeiten. In ebenen Lagen verlangen bestimmte Standorte viel Aufmerksamkeit. Vieles weist darauf hin, daß auch in Mitteleuropa regelmäßig bestimmte Schäden auftreten und daß diese bisher unterschätzt oder nicht wahrgenommen wurden.

3.5.1 Erholungs- und Freizeitfunktion des Waldes

Zunächst stellt sich die Frage, inwieweit die Nutzungstechnik zu einer Beeinträchtigung der Erholungs- und Freizeitfunktion führen kann.

Verunstaltung der Landschaft: Es steht außer Frage, daß bestimmte Nutzungstechniken wie z. B. Großkahlschläge eine Verunstaltung der Landschaft zur Folge haben. Diese führen zu Einförmigkeiten sowohl was die Kahlfläche selbst als auch die nachfolgenden Bestände anbetrifft. Alle Umfragen sind sich in der Auslegung einig: Die Besucher des Waldes wünschen Abwechslung und vielfältige Bestände, die Großkahlschläge mit Sicherheit nicht bieten.

Häufig wird Kritik geübt am Belassen des Schlagabraums sowohl auf den Kahlhieben wie auch in den Durchforstungen. Es bedarf entsprechender Erziehungsarbeit, den Besuchern klarzumachen, daß die dauernde Beseitigung des Schlagabraums erhebliche Kosten und Minderung der Bodenkraft (frühere Streunutzung) verursachen würde, die die Forstbetriebe in der Regel nicht tragen können bzw. nicht wollen.

Negative Kritik wird an der Tatsache geübt, daß die zunehmend eingesetzten schweren Rückemaschinen auf Waldstraßen, vor allem auch auf Wanderwegen, tiefe Rinnen hinterlassen und diese nicht mehr begehbar sind. Abhilfe wäre hier möglich durch eine Trennung beider Funktionen oder aber durch entsprechende Nacharbeit nach der Holzernte.

Kritisiert werden u. a. auch schematisch erfolgte Reihendurchforstungen, die einen plantagenartigen Charakter des Waldes zur Folge haben. Auch hier geht wieder die Vielfalt verloren zugunsten einer vermutlich wirtschaftlicheren Einförmigkeit.

Lärm und Abgase von Maschinen: Holzerntemaschinen wie Motorsägen, Rückeschlepper, Entrindungs- und Entastungsmaschinen bringen eine Belästigung der Umwelt durch Lärm und Abgase mit sich. Dies wird in Umfragen allerdings kaum erwähnt. Man nimmt sogar mit Interesse den Einsatz dieser Maschinen wahr. Vermutlich erkennt man mehr unbewußt, daß durch diese Arbeit Grundbedürfnisse wie Wärme, Unterkunft usw. befriedigt werden.

Klimatische Aspekte: Auch was Sonneneinstrahlung, Lufttemperatur oder Windeinwirkung anbetrifft, zieht der Waldbesucher die Abwechslung vor. Er wird die Wanderung über eine weite, der Sonneneinstrahlung voll ausgesetzte und dem Wind exponierte Kahlfläche nicht als angenehm empfinden. Auch dieses Merkmal spricht für eine Rücksichtnahme der Holzerntetechnik auf die Erholungs- und Freizeitfunktion des Waldes.

Wasserqualität: Ebenso wie bei der Schutzfunktion des Waldes spielt die Wasserqualität auch bezüglich der Erholungs- und Freizeitfunktion eine große Rolle. Eine Trübung des Wassers muß vermieden werden, ebenso wie die Verschmutzung mit Öl und Treibstoffen. Dies zeigt ein Beispiel aus dem Westen Kanadas: Als Folge von Kahlhieben auf tiefgründigen, stark verwitterten, feinkörnigen Böden verstärkte sich die Erosion beträchtlich. Die besonderes öffentliches Interesse findende Lachswanderung wurde erheblich beeinträchtigt, was in den Medien einen negativen Niederschlag fand. Eine Einschränkung der Kahlflächengröße fand aber einen entsprechenden Widerstand bei Holzindustrien, die auf ihre mit dieser Begrenzung verbundene Kostenerhöhung hinwiesen.

Begehbarkeit der Waldwege und des Waldes: Die Begehbarkeit des Waldes ist zunächst ein forstpolitisches bzw. forstrechtliches Problem, das im Rahmen der Waldgesetze des Bundes und der Länder entschieden ist. Mit wenigen Ausnahmen besteht grundsätzlich ein Begehungsrecht für alle Bürger. Damit stellt sich die Frage, ob diesem Recht entsprechend die Waldstraßen und Waldwege begehbar gehalten, d. h. Schlagabraum, liegengebliebene Stämme usw. entfernt werden müssen. Weitergehende Wünsche richten sich auf die Begehbarkeit der Bestände, d. h. auf die Beseitigung der nach den Hieben zurückbleibenden Baumteile wie Äste und Kronen. In der Regel überschreitet dies aber die Möglichkeiten der verschiedenen, insbesondere der privaten und kleinen kommunalen Waldbesitzer.

3.5.2 Schutzfunktion

Hier stellt sich die Frage, welche Merkmale der natürlichen Umwelt müssen notwendigerweise voll oder partiell geschützt werden? Man wird die Beobachtung machen, daß konkrete Forderungen von der Öffentlichkeit erst dann formuliert werden, wenn durch mangelhafte Pflege des Waldes in den an ihn anschließenden Räumen Schäden oder gar Katastrophen ausgelöst werden. Hingegen wird man die nahezu unmerkliche Auswaschung von Nährstoffen nach Kahlschlägen oder die Schädigung der Standorte bei Ganzbaumnutzung, die möglicherweise zu einer Verminderung der Bodenfruchtbarkeit führt, kaum wahrnehmen.

3.5.2.1 Klimaschutz

Entwaldung ganzer Regionen: Die Geschichte kennt viele Beispiele für katastrophale Auswirkungen der Entwaldung ganzer Regionen. Um einen Tempel zur Ehre Gottes errichten zu können, wurden, wie die Bibel berichtet, von König Salomo nicht weniger als 30 000 Holzfäller auf den Libanon geschickt, die zusammen mit den Sidoniern, den angeblich besten Holzfällern, eine große Zahl von Zedern schlagen mußten.

Der Mittelmeerraum und Nordafrika dienen als klassisches Beispiel für die negativen klimatischen Veränderungen – von der Verkarstung bis zur Wüstenbildung.

Ein besonderes Problem stellt die derzeit weltweit betriebene Exploitation der tropischen und subtropischen Wälder dar. Es besteht die Gefahr, daß eine landwirtschaftliche Nutzung ohne die günstigen klimatischen Auswirkungen des Waldes an deren Stelle tritt. Befürchtet werden Auswirkungen auf das Gesamtklima der Erde. Hier liegt die Ursache allerdings nicht bei der Holzerntetechnik, d. h. der meist selektiven forstlichen Nutzung der Wälder, sondern in deren Zerstörung durch nachfolgende Brandrodung.

Als günstiger muß betrachtet werden, wenn die nicht nutzbaren Bäume und Sträucher zurückbleiben und den Boden decken. Bei der Umwandlung in Plantagenbestände (Pinusarten, Eucalyptusarten, Teak, Meranti usw.) wird eine Bodendeckung kurzfristig wieder erreicht, allerdings verbunden mit dem Nachteil einer Monokultur. Es wird ein wesentliches

Problem sein, aus diesen plantagenartig begründeten Beständen biologisch gesunde Wälder zu formen.

Kahlflächen: GEIGER (1976) weist nach, daß sich die klimatischen Bedingungen wie Temperatur, Luftfeuchtigkeit und Windgeschwindigkeit auf Kahlschlägen, verglichen mit dem Bestandesinnenklima stark verändern. Bei Vergrößerung der Hiebe liegen die Temperaturen am Tage aufgrund einer erhöhten Einstrahlung höher, in der Nacht wiederum als Folge größerer Ausstrahlung tiefer, d. h., die Temperaturausschläge werden extremer.

Ebenso wie der Temperaturverlauf verändert sich auch die Luftfeuchtigkeit, die Windstärke und die Windgeschwindigkeit. Die Luftfeuchtigkeit sinkt im Vergleich zum feuchtigkeitsgesättigten Bestandesinnenklima ab.

Rückwirkungen der Holzernte auf klimatische Bedingungen beobachten auch die Weinbauern, die immer wieder darauf hinweisen, daß Wälder und Hügelkuppen nicht kahlgeschlagen werden dürfen. Man schätzt insbesondere den Schutz vor kalten Fallwinden.

3.5.2.2 Bodenschutz

Verletzung der Bodenoberfläche: Als besonders negative Auswirkung der Holzernte müssen die Verletzungen des Oberbodens betrachtet werden. Die verfahrensspezifisch sehr unterschiedlich intensive Zerstörung der schützenden Moos-, Gras- und Krautschicht des Oberbodens führt zu Bodenabtrag und Bodenzerstörung. Als den Bodenbewuchs besonders gefährdend hat sich das Rücken ganzer Bäume im Bodenschleifzug auf hängigen Kahlschlagflächen erwiesen. SYMINGTON (1979) berichtet über Untersuchungen, durch die in Illinois bei tiefgründigen Böden nach sogenannter Skidderarbeit eine mehr als 200fache höhere Ausschwemmung an Bodenbestandteilen nachgewiesen werden konnte. Abhilfe bzw. eine wesentliche Verbesserung bringen Rücketechniken, bei denen das Holz vom Boden angehoben wird, wie Seilkrananlagen oder Hubschrauber, die besonders bestandes- und bodenpfleglich sind (MAYRL 1983). Ernsthaft gearbeitet wird darüber hinaus an Luftkissenfahrzeugen und sogenannten Helistats.

Wurzelsystem: Mit der Verletzung der Bodenoberfläche geht häufig ein Verlust der Tragkraft des Wurzelsystems einher. In Versuchen konnten MAHLER und SCHELSHORN (1973) nachweisen, daß der durchwurzelte Oberboden eine erhebliche Tragkraft aufweist. Ist diese aber durchbrochen, sinken die Fahrzeuge ein. Die Fortbewegung führt zu Bodenverdichtung und zu einer erheblichen Rinnenbildung.

In unseren Breiten wird die Bodenoberfläche saisonal durch Frost und Schnee geschützt. Dies verbessert im Hinblick auf die Schutzfunktion erheblich die Arbeitsbedingungen. Man versucht auf tiefgründigen und skelettarmen Böden diese Zeiten zu nutzen.

Exakte Vorstellungen über die Bodenzerstörung durch lasttragende Radfahrzeuge erarbeitete das Department of Forestry des Royal College in Garpenberg, Schweden, das in einem Forschungsprojekt auch auf die Bodenzerstörung einging. Untersucht wurden die Spurtiefe, die zunehmende Bodenzerstörung und die technische Mobilität verschiedener Maschinen. FRIES (1975) berichtete anläßlich der KWF-Tagung 1975 in Braunschweig über zusätzliche Aspekte dieser Untersuchung. Er erwähnte unter anderem Zuwachsverluste von 5–20 % als Folge tiefer Fahrspuren und Wurzelverletzungen bei Bäumen nahe der Fahrspur.

Radspuren und Bodenverdichtung: Überall dort, wo größere Holzmengen geerntet werden und wo die Aufarbeitung mit Hilfe großer Maschinen auf der Erntefläche selbst erfolgt, vermutet man Bodenverdichtungen. Der Nachweis ist allerdings schwer zu führen. Treten Bodenverdichtungen auf, ist mit erheblichen Zuwachsminderungen zu rechnen (PERRY 1964; FRÖHLICH 1976; MÖHRING und RAWLS 1970). Bodenverdichtungen können darüber hinaus, insbesondere auf schweren und nassen Böden, auch waldbaulich erhebliche Nachteile bringen. Unter anderem sei an die nach dem Zweiten Weltkrieg bei der Brennholzgewinnung übliche Stockrodung verwiesen, die auf bestimmten (tonreichen) Standorten zu erheblichen Vernässungen führte.

Bodenverdichtungen können eingeschränkt oder weitgehend vermieden werden durch Verlagerung bestimmter Teilarbeiten auf die Waldstraße oder auf zentrale Aufarbeitungsplätze und durch die Verwendung von Rückefahrzeugen, die einen geringen Bodendruck ausüben (Niederdruck-/Niederquerschnittsreifen, Raupenfahrzeuge). In Schweden hat sich die Abdeckung der Maschinenwege mit Reisig als günstig erwiesen. In Mitteleuropa wird versucht, kritische Böden nicht zu befahren und das Holz mit Seilwinden an die Schlepper heranzuziehen oder aber Schnee- und Frosttage abzuwarten.

Versuche des Verfassers, auf Böden des tropischen Regenwaldes (Ganssen und Hädrich 1965, zit. von Weischet 1981) führten beim Rücken von schweren Tropenhölzern mit Hilfe von Raupen (Caterpillar DC 7, DC 8 und Skidder, CAT. 705) in den Fahrspuren zu Bodenverdichtungen (Grammel 1981, nicht publ.).

Über großflächige Bodenverdichtungen ist wenig bekannt. In unseren Waldgebieten wurden schwere Großmaschinen bisher selten eingesetzt.

Regeneration von Bodenschäden: Die benötigte Regenerationszeit hängt sehr von der Bodenart und der Schwere der Bodenverletzung ab. In der Literatur ist wenig über dieses Problem zu finden. Geschätzt wird die benötigte Zeitdauer bei Rückegassen und Aufarbeitungsplätzen auf 20 und mehr Jahre.

3.5.2.3 Holzernte und Wasserqualität

Die Folgen der Entfernung des Pflanzenbewuchses und der Freilegung der Bodenoberfläche insbesondere bei Kahlschlag können beträchtlich sein (Kreutzer, Hüser 1978). Der Abfluß des Oberflächenwassers beschleunigt sich. Die Bodenerosion nimmt zu. Die Trübung des Wassers wird überall dort eine besondere Rolle spielen, wo Trinkwasser entnommen wird. Die mechanische wie auch biologische Filterwirkung des Bodens geht verloren.

Erosion bedeutet gleichzeitig auch Nährstoffverlust und damit Senkung der Bodenfruchtbarkeit im Ausgangsgebiet. Auf nachteilige Auswirkungen des forstlichen Wege- und Waldstraßenbaus wird ebenfalls hingewiesen. Diese lassen sich aber durch entsprechende Planung, Wasserregulierung und durch frühzeitige Begrünung minimieren (Dietz, Knigge, Löffler 1984; Kuonen 1983).

Nach Rehfuess (1981) nehmen nach Kahlschlag Bodendurchfeuchtung und Sickerwasserspende zu. Der Grund- oder Stauwasserspiegel steigt an, die Verwässerungsphasen verlängern sich. Als Folge der stärkeren Strahlung beschleunigt sich die Zersetzung von Auflagehumus und organischen Stoffen im Mineralboden. Energieflüsse, Stoffumsetzungen und -transporte werden deshalb durch Kahlhiebe entscheidend negativ beeinflußt.

Hangneigung beschleunigt den Abfluß des Oberflächenwassers insbesondere auf weniger durchlässigen oder langfristig wassergesättigten Böden. Die Gefahren werden erhöht, wenn die Bodenoberfläche bzw. deren Bewuchs durch unpflegliche Rücketechnik mehr oder weniger zerstört wird.

Eine Verschmutzung durch Öle und Treibstoffe, die die eingesetzten Maschinen verlieren, sollte sich vermeiden lassen (Fröhlich 1976); vorausgesetzt, daß die Maschinenführer sorgfältig handeln. Bei Unfällen kann die Gefahr beträchtlich werden, weil bereits eine geringe Menge Öl genügt, um große Wassermengen unbrauchbar zu machen.

3.5.2.4 Biomasseentzug

Während man sich in Zeiten des Überflusses an Rohstoffen und Energie auch bei Holz mit geringen Ausnutzungsprozenten zufrieden gab, änderte sich dies mit der Notwendigkeit, natürliche Ressourcen vollständig zu nutzen. Nach Ulrich (1981) steht es außer Frage, daß

„die in den Wäldern produzierte Biomasse so vollständig genutzt werden wird, wie es ökologisch unter Beachtung des Nachhaltigkeitsprinzips möglich ist. Der Grund hierfür ist, daß die Phytomasse ein erneuerbarer Rohstoff ist, bei dessen Nutzung sich der Mensch zudem den natürlichen Kreisläufen anpassen kann". Nicht übersehen werden kann, daß gegen diesen Grundsatz bereits heute in vielen Fällen verstoßen wird, nämlich überall dort, wo Mangel an Brennholz besteht, also ein Grundbedürfnis des Menschen erfüllt werden muß.

Biomassenutzung vollzieht sich holzerntetechnisch in verschiedenen Formen:

- Sogenannte grüne Hackschnitzel werden vorwiegend in Althölzern genutzt, wo Kronen- und Kronenreste sowie schwächere Stammdimensionen gehackt werden; aber auch bei der Dickungspflege können, allerdings technisch aufwendiger, große, bisher nicht geerntete Holzmengen gewonnen werden.
- Kurzholz in Blochlängen wird mit der Rinde oder sogar einschließlich der Äste als sogenannte Baumteile an der Waldstraße oder auf zentralen Anlagen entastet und entrindet. Damit verbunden ist eine Verwendung des Abfalls.
- Vollbaum: Zusätzlich genutzt werden hier in meist zentraler Aufarbeitung die Kapp- und Reststücke sowie Rinde, Äste und Nadeln.
- Ganzbaum: Zusätzlich zum Vollbaum werden hier auch der Stock und Teile der Wurzeln aufgearbeitet.
- Der kronengekappte Vollbaum stellt eine Zwischenlösung dar, d. h., die Krone wird bei 4 cm, 7 cm oder 10 cm Zopfdurchmesser gekappt. Hier wird wie beim Vollbaum zwar nicht die ganze Krone, aber die Kapp- und Reststücke, Rinde und Teile der Äste und Nadeln verwertet.

Die Kronenkappung hat zur Folge, daß die zentralen Anlagen nicht mit schwachen Dimensionen belastet werden. Die Transportlängen verkürzen sich; dies ist wichtig beim üblichen Transport auf dichtbefahrenen Straßen. Von Bedeutung ist aber auch, daß die Kronen im Bestand zurückbleiben, um dort zu verrotten.

Bei der Abschätzung bzw. Bestimmung des Nährelemententzugs müssen verschiedene Merkmale der Holzerntetechnik berücksichtigt werden:

- Zopfung: Wird vor dem Rücken gezopft, und wenn ja, bei welchem Zopfdurchmesser?
- Rücketechnik: Wird Bodenschleifzug – verbunden mit nennenswerten Verlusten an Ästen und Nadeln –, pflegliches Seilkranverfahren oder gar Helikopterbringung angewandt? (in finnischen Untersuchungen versuchte man bei Frost Vollbäume nach der Fällung ohne Bodenberührung auf geländegängige Fahrzeuge zu verladen).
- Rückedistanz: Je weiter die Rückeentfernung, desto größer der Verlust an Biomasse.
- Beschaffenheit der Rückestrecke: Je dichter der Bestand, je unruhiger das Gelände, je gekrümmter die Fahrspur, desto mehr Biomasse bleibt zurück.
- Jahreszeit und Witterung: Beim Fällen und Rücken bei Eis- und Schneebehang brechen mehr Äste ab, auch dies führt zu einem geringeren Nährelementaustrag.

Beim Erstellen einer Nährelementbilanz setzt sich der Eintrag aus Nährelementen in Niederschlägen und Aerosolen, aus Verwitterung und Grundwasser zusammen, der Austrag aus Auswaschung und Nutzung der Biomasse.

Krapfenbauer (1981) weist anhand seiner Untersuchungen darauf hin, daß die Entnahme von Derbholz ohne Rinde, Derbholz mit Rinde, Vollbäumen bzw. Vollbäumen ohne Nadeln bei der Vor- und Endnutzung ein (atro-)Mengenverhältnis von 1 : 1,08 : 1,34 : 1,22 hat. Demgegenüber entspricht dies aber Nährstoffentzügen im Verhältnis von 1 : 2 : 6 : 3; ein Hinweis also auf die wesentlich höheren Nährstoffanteile insbesondere der Rinde, aber auch der Nadeln.

Auf der Basis der von Kreutzer (1980) erhobenen Daten (er schätzt z. B., daß beim Rücken des Holzes 20 bis 50 % der Nadelmasse im Bestand zurückbleiben) wurde folgende Übersicht erstellt:

Übersicht 13. Nährstoffbilanz in kg/ha und Jahr für den Modellbestand L 12 in Abhängigkeit vom Holzernteverfahren (die in Klammern gesetzten Werte in der Bilanz berücksichtigen einen zehnprozentigen Holzernteverlust (nach KREUTZER 1980)

Pflanzennährstoffe	N	P	K	Ca	Ma
Eintrag Niederschlag	18,5 (10–33)	0,4 (0,1–0,7)	3,5 (1,5–9,6)	15,5 (2,9–45,3)	2,6 (0,7–12,7)
Austrag Auswaschung	6 (1,5–20)	0,03 (0,05–0,1)	6 (2,1–17)	18 (7–20)	4 (2–10)
Derbholz mit Rinde	3,31 (2,98)	0,32 (0,29)	2,97 (2,67)	6,09 (5,48)	0,65 (0,58)
Kronengekappter Vollbaum	5,9 (4,9)	0,65 (0,52)	5,51 (4,49)	7,25 (6,79)	0,91 (0,81)
Vollbaum	13,19 (9,24)	1,53 (1,04)	12,52 (8,70)	10,27 (8,60)	1,61 (1,23)
Bilanz					
Derbholz mit Rinde	+9,10 (+9,52)	+0,05 (+0,08)	−5,47 (−5,17)	−8,59 (−7,98)	−2,05 (−1,98)
Kronengekappter Vollbaum	+6,6 (+7,6)	−0,28 (−0,15)	−8,01 (−6,99)	−9,75 (−9,29)	−1,27 (−2,21)
Vollbaum	−0,69 (+3,26)	−1,16 (−0,67)	−15,02 (−11,2)	−12,77 (−11,1)	−3,01 (−2,63)

Aus der Zusammenstellung ist zu ersehen, daß der Vollbaum zwar technisch nennenswerte Vorteile aufweist, jedoch sowohl bei Phosphor als auch bei Kalium, Kalzium und Magnesium mit jährlichen Defiziten abschließt.

Derartige Modellrechnungen weisen vorerst den Mangel auf, daß die Nährstoffnachlieferung über die Verwitterung nicht verläßlich in sie eingeht. Die auf guten Waldstandorten zu ersetzenden Nährelementmengen scheinen, bei Berücksichtigung der Verwitterung, bezogen auf die Dauer einer Umtriebszeit, relativ gering. Andererseits gefährdet aber der vermehrte Entzug gerade nährstoffarme Böden, insbesondere dann, wenn Voll- oder Ganzbaumverfahren, verbunden mit der Nutzung der gesamten Nadelmasse, angewandt werden. In diesem Zusammenhang weist ZÖTTL (1977, 1978) darauf hin, daß derzeit u. a. der Import an Stickstoff, verursacht durch entsprechende Emmissionen der Industrie, des Fahrzeugverkehrs und der Haushalte, höher ist, als durch eine vollständige Biomassenutzung entnommen werden könnte.

Nach ULRICH (1981) führen die beschriebenen Erntetechniken zu einer Reihe von zusätzlichen Auswirkungen auf den Boden und das gesamte Waldökosystem:
- Entkoppelung von Mineralisierung und Ionenaufnahme,
- Veränderung des Bodenklimas,
- Nahrungsentzug für Bodenorganismen,
- Veränderung des Bodengefüges im tieferen Wurzelraum bei Stockrodung.

Er kommt zu der Schlußfolgerung, daß „intensive Biomassenutzung nur unter Wahrung der Nachhaltigkeit möglich ist, wenn der bodenchemische Zustand dem Zustandsbereich stabiler Ökosysteme entspricht, wobei je nach den mobilisierbaren Nährstoffvorräten im Boden Nährstoffexporte kompensiert werden müssen“.

3.6 Literatur

ABETZ, P., 1973: Der Wald und die Forsttechnik. Der Forst- und Holzwirt, Nr. 15.

AGER, B.; NILSSON, N. E.; VON SEGEBADEN, 1964: Description of some for Logging Operations Important Charakteristics of Forest Stands, Trees and Terrain in Sweden. Studia Forestalia Suetica, No. 12, Stockholm.

ALTHERR, E., 1966: Die Bedeutung des Pflanzverbandes für die Leistung der Fichtenbestände. AFZ Nr. 11/12.

ALTHERR, E., 1965: Beiträge zum Schwachholzproblem im Fichtenbetrieb. AFJZ, Nr. 3.

AMMER, U., 1913: Untersuchungen über das Wachstum von Rotstreifepilzen in Abhängigkeit von der Holzfeuchtigkeit. Forstwiss. Cbl. Nr. 82, S. 360–391.

AMMER, U., 1964: Über den Zusammenhang zwischen Holzfeuchtigkeit und Holzzerstörung durch Pilze. Holz als Roh- und Werkstoff, Nr. 22, S. 47–51.

ASTHANA, N. M., 1965: Terrain Classification in Logging. Proceedings of the Meeting on the Section 32: Operational Efficiency in Montreal and Port Arthur, Sept. 15–25, 1964 Norwegian Forest Research Institute, Vollebek, 1965 International Union of Forest Research Organizations.

BECKER, G.; GROSS, M.; HOFMANN, R., 1986: Die Erfassung von Boden- und Wurzelschäden, hervorgerufen durch Befahrung von Waldbeständen. Der Forst- und Holzwirt, 41. Jg.

BOSSHARD, W., 1977: Möglichkeiten und Grenzen einer ganzjährigen Holzernte. Bericht Nr. 172 der Eidgenöss. Anstalt für das Forstl. Versuchswesen.

BUTIN, H.; ZYCHA, H., 1973: Forstpathologie. Stuttgart.

COLERI, M. JOHANNIS, 1592: Calendarium Oeconomicum & perpetuum. In: Genand das Buch von der Holzung, das VII Capitel, wenn man ein jedes Holz fellen soll. Wittenberg, 1 May, Anno 1592.

DIETZ, P.; KNIGGE, W.; LÖFFLER, H., 1984: Walderschließung. Hamburg und Berlin. Verlag Paul Parey.

EST, 1984: Tarifvertrag über die Entlohnung von Holzerntearbeiten nach dem erweiterten Sortentarif (EST) vom 3. 5. 1979 in der Fassung des Änderungs-TV Nr. 3 vom 18. 12. 1984.

FAO, 1965: International Union of Forest Research Organizations. Proceedings of Meeting of Section 32, Montreal and Port Arthur.

FAO, 1976: Technical Report of FAO/Austria Training Course on Forest and Harvesting in Mountainous Forests.

FISCHER, H., 1982: Befahrung wenig tragfähiger Böden mit Breitreifen. Unveröffentlichte Diplomarbeit am Institut für Forstbenutzung und Forst. Arbeitswissenschaft, Freiburg.

FLEMMING, G., 1968: Die Windgeschwindigkeit auf waldumgebenen Freiflächen. Archiv für Forstwesen, Nr. 17.

FRIES, J., 1975: Ökologische Aspekte der mechanisierten Durchforstung. Forst- und Holzwirt, Nr. 17.

FROEHLICH, H. A., 1976: The Influence of Different Thinning Systems on Damage to Soil and Trees. XVI IUFRO World Congress, Proceedings, Norway.

GÄUMANN, E., 1926: Vergleichende Morphologie der Pilze. Jena.

GANSSEN, R.; HÄDRICH, F., 1965: Atlas zur Bodenkunde. B. I. Hochschulatlanten 301a–301e, Mannheim.

GEIGER, R., 1976: Das Klima der bodennahen Luftschicht. Ein Lehrbuch der Mikroklimatologie. Braunschweig, 646 S.

GIUDICETTI, F., 1967: Die Befahrbarkeit natürlicher Böden. – Technische Mitt. der Versuchsanstalt für Wasserbau und Erdbau an der ETH Zürich, 32. Jg. Nr. 2.

GOLOB, T. B., 1978: Current Progress in Research on Terrain Properties. Forest Management Institut, Ottawa (CDN), Inf. Report FMR X 110.

GRAMMEL, R. H., 1970: Der Produktionsfaktor Arbeit in der forstlichen Landespflege. Untersuchungen über Zusammenhänge zwischen der Dienstleistungsfunktion des Waldes und dem damit verbundenen Aufwand an Arbeitszeit – heutiger Stand und Versuch einer Prognose. Mitt. der FVA, Heft 26, Abt. Waldarbeit, Nr. 19, Freiburg.

GRAMMEL, R. H., 1973: Dienstleistungsfunktion des Waldes und Arbeitskräftebedarf. Forstarchiv 44. Jg., Heft 2.

GRAMMEL, R. H., 1974: Die technologische Entwicklung der Holzernte im Zielkonflikt zur biologischen Produktion und forstlichen Dienstleistungsaufgabe in Mitteleuropa. HZBl Nr. 119.

GRAMMEL, R. H., 1985: Forsttechnik und gesunder Wald: Einwirkungen auf die Vegetation. In: OSWALD, M., Hrsg. (1985): Impacts de l'Homme sur la Foret. Les Colloques de l'INRA, No. 30.

GRAMMEL, R. H.; ISLINGER, R., 1974: Zur Frage der Verwendung revierspezifischer Schwierigkeitszuschläge nach HET als Basis einer Prämienentlohnung. Unveröffentl. Manuskript.

HASEL, K.; ZUNDEL, R., 1981: Forstgesetzgebung in der Bundesrepublik Deutschland. Beihefte zum Forstwiss. Cbl. Heft 37.

HILDEBRAND, E. E., 1983: Der Einfluß der Bodenverdichtung auf die Bodenfunktion im forstlichen Standort. Forstwiss. Cbl., Nr. 102, S. 111–125.

HILDEBRAND, E. E., 1984: Erfassung und Bewertung von Oberbodenschäden mit einfachen, relativen Strukturmaßen. Mitt. der FVA, Band 108, S. 99–100, Freiburg.

HILDEBRAND, E. E.; WIEBEL, M., 1982: Der Einfluß der Befahrung auf die Qualität von Forststandorten, dargestellt an bodenphysikalischen Kenngrößen. AFJZ 153. Jg., Nr. 1/2, S. 24–34.

HÖFLE, H. H.; KÖPF, E. U., 1971: Intensiver Waldbau und moderne Holzernte. Wald und Holz 52. Jg., Nr. 12, S. 419–421.

HOFMANN, R., 1986: Die Erfassung von Boden- und Wurzelschäden, hervorgerufen durch Befahrung von Waldbeständen. Unveröffentl. Diplomarbeit am Institut für Forstbenutzung, Freiburg.

KAJE, A., 1965: A Mathematical Description of Altitude Variations in Terrain and its Significance. Proceedings of the Meeting of the Section 32: a.a.O.

KELLER, B., 1973: Einflüsse des Einschlagszeitpunktes, der Lagerart und Lagerdauer auf den Wert von Fichten-Schleifholz. Unveröffentl. Inaug. Diss. der Forstwiss. Fakultät, Freiburg.

KITTNER, H.; HASCHKE, P., 1966: Moderne Formen der Betriebsorganisation in der Forstwirtschaft – einige Bemerkungen zum Thema „Technologische Forsteinrichtungen". Archiv für Forstwesen, Heft 7.

KROHN, B., 1979: Forwardervergleich im Hinblick auf die Gleisbildung beim Rücken. Skoksarbeten Technik, No. 4.

KRAMER, H., 1970: Läuterung von Kiefernbeständen. Forst- und Holzwirt Nr. 22.

KRAPFENBAUER, A.; BUCHLEITNER, E., 1981: Holzernte, Biomassen- und Nährstoffaustrag, Nährstoffbilanz eines Fichtenbestandes. Cbl. ges. Forstw. Wien, 98. Jg., Nr. 4, S. 193–223.

KREUTZER, K., 1980: Der Einfluß moderner Holzernteverfahren auf die Ökologie. Band VIII, S. 229–233, Freising-Weihenstephan.

KREUTZER, K.; HÜSER, R., 1978: Wie wirkt sich die Waldbewirtschaftung auf die Wasserspende und Wasserqualität aus? Forstwiss. Cbl. Nr. 97. S. 80–92.

KUONEN, V., 1983: Wald- und Güterstraßen. Eigenverlag des Verfassers, Pfaffhausen.

LEIBUNDGUT, H., 1976: Ways and Means to Reconcile and Coordinate Silvicultural and Operational Methods in Modern Forestry. In XVI. IUFRO World-Congress 1976, FAO, Rom.

LIESE, W., 1959: Die Moderfäule, eine neue Krankheit des Holzes. Naturwiss. Rundschau, Heft 11, S. 419–425.

LIESE, W., 1961: Aufwand und Erfolg der Schutzverfahren für lagerndes Buchenholz. Forstarchiv Nr. 32, S. 234–236.

LIESE, W., 1961: Über die natürliche Dauerhaftigkeit einheimischer und tropischer Holzarten gegenüber Moderfäulepilzen. Mitt. dt. Ges. f. Holzforschung Nr. 48, S. 18–28.

LÖFFLER, H. J., 1979: Forsttechnische Geländeklassifikation. FTI, Nr. 12, S. 89–92.

LÖFFLER, H. J., 1982: Standortserkundung und forsttechnische Geländeklassifikation. Forstwiss. Cbl. 101. Jg., Nr. 2, S. 69–80.

LÖFFLER, H. J., 1984: Geländeklassifikation für die Forstwirtschaft. Abschlußbericht des Joint Commitee on Forest Working; Techniques and Training of Forest Workers. FAO/EFC/ILO. TIM/EFC, WP, 1/R. 51.

LOHFINK, 1975: Vergleichende Bewertung relevanter Faktoren des Bodens im Hinblick auf eine Bodentragfähigkeitsklassifikation für den Forstbetrieb. Unveröffentlichte Diplomarbeit, Freiburg.

LÜDI, W.; ZOLLER, H., 1948: Über den Einfluß der Waldnähe auf das Lokalklima. Bericht des geobotanischen Forschungsinstituts Zürich.

MAHLER, G.; SCHELSHORN, 1973: Befahrbarkeit und Bodentragfähigkeit beim Rücken. Mitt. der FVA Baden-Württemberg, Freiburg, Heft 57, Nr. 29.

MANTEL, K., 1982: Forstliche Rechtslehre. Band 1, 2. Aufl., Melsungen.

MANTEL, K., 1984: Forstliche Rechtslehre. Band 2, 2. Aufl., Melsungen.

MAYRL, F., 1983: Holz auf den Luftwegen. Holz aktuell, Heft 4, Danzer, Reutlingen.

MÖHRING, D. M.; RAWLS, I. W., 1970: Detrimental Effects of Wet Weather Logging. Journal of Forestry, No. 68.

MUELLER-DARSS, H., 1985: Biologische und ökonomische Aspekte menschlicher Arbeit in tropischen und subtropischen Landgebieten. Inaug. Diss., Hamburg.

MUELLER-DARSS; STAUDT, F. J., 1974: Studien zur körperlichen Belastung des Menschen und ihrer Grenzen bei Holzerntearbeiten in den Tropen. Forstwiss. Cbl. Nr. 93, S. 98–118.

NIPKOW, F., 1983: Holzrücken auf schlecht tragfähigen Waldböden: Raupe oder Breitreifen? AFZ Nr. 4, S. 94–97.

NIPKOW, F., 1985: Forsttechnik und gesunder Wald: Einwirkungen der Forsttechnik auf den Boden, speziell auf schlecht tragfähige Böden. In: OSWALD, M. Hrsg. (1985): Impats de l'Homme sur la Foret. Les Colloques de l'INRA; No. 30.

PERRY, T. O., 1964: Soil Compaction and Loblolly Pine growth. USDA Forest Service Tree Planters Notes 67, 9.

PUTKISTO, K., 1965: Principles of Terrain Classification for Logging. Proceedings of the Meeting of the Section 32: a.a.O.

RECHTSTEINER, K., 1976: Forsttechnische Geländeklassifikation – bisherige Untersuchungen und einige methodische Grundlagen. Beiheft zu den Zeitschriften des Schweizerischen Forstvereins Nr. 57, Zürich.

REHFUESS, K., 1981: Waldböden. Hamburg und Berlin: Verlag Paul Parey.

ROWAN, A. A., 1977: Terrain Classification. Forestry Commission GB, Forest Report Nr. 114, London.

SAARILAHTI, M., 1978: Determining the Bearing Capacity of Peat Soil in Forest Road Planning. – University of Helsinki, Department of Logging and Utilization of Forest Products, Research Notes, No. 37, Helsinki.

SAMSET, I., 1966: A Pilot Study of the Logging and Transport Problems in the Forest Areas of the Acheloos Watershed. Norwegian Forest Research Institute, Vollebekk.

SAMSET, I., 1975: The Accessability of Forest Terrain and its Influence on Forestry Conditions in Norway. Reports of the Norwegian Forest Research Institute, No. 32.1.

SCHILLI, H., 1954: Der Schwarzwald und seine Holzgewerbe in der Vergangenheit. HZbl Nr. 75, S. 921–924.

SCHMIDT-VOGT, H., 1972: Waldbau im Spannungsfeld von Landschaftspflege und Mechanisierung in der Forstwirtschaft. Forst- und Holzwirt, Nr. 23.

SCHOLANDER, J., 1974: Bearing Capacity of some Forest Soils für Wheeled Vehicles. Research Notes Nr. 64, Dep. of Operational Efficiency, Royal College of Forestry, S-77 073 Garpenberg.

VON SEGEBADEN, G., 1965: Methods for the Collection and Processing of Data on Logging Factors at the Swedish National Forest Survey. Proceedings of the Meeting of the Section 32: a.a.O.

SCHWEIZERISCHE ARBEITSGEMEINSCHAFT FÜR FORSTL. STRASSENBAU (o. J.): Stabilisierung Bodenmechanik, Verdichtung. Merkblätter über den Bau und Unterhalt von Wald und Güterstraßen. Nr. 410. Bodenklassifikation und Bodenkartierung.

SKOGSARBETEN, 1969: Terrain Classification for Swedish Forestry. Logging Research Foundation. Stockholm.

SPEIDEL, G., 1952: Das Stückmassegesetz. Diss. Hamburg, Reinbek.

STEINLIN, H., 1964: Der Einfluß des Geländes auf die Holzernte. Proceedings of the Meeting of the Section 32: a.a.O.

STEINLIN, H., 1961: Klassischer und moderner Waldbau. Forstarchiv 32. Jg., Nr. 11, S. 225–228.

STROMNES, R., 1965: The Classification in a Forest District. Proceedings of the Meeting of the Section 32: a.a.O.

SYMINGTON, R. W., 1974: The Effects of Environment Constrains on Logging Practices. Paper presented at the 1973 Annual Conference of the New Zealand Loggers Association and Produced by ECE/FAO/ILO Study group on Mechanization of Forest Work. 6th Session, Genf.

TEXTOR, H., 1986: Der Stellenwert von Einschlagszeit, Mondphasen und anderen Merkwürdigkeiten. AFZ, Nr. 4, S. 66–67.

TIMINGER, J., 1974: Erntesysteme in Durchforstungsbeständen. Teil 1: Erntesysteme und Verfahren. Teil 2: Erntekosten und Bewertung der Verfahren nach der Nutzwertanalyse. HZBl, 100. Jg., Nr. 11, S. 162–163; Nr. 68, S. 1057–1058.

ULRICH, B., 1981: Destabilisierung von Waldökosystemen durch Biomassenutzung. Forstarchiv 52. Jg., S. 199–203.

UNFALLVERHÜTUNGSVORSCHRIFTEN FORSTEN 1982. Arbeitstechnisches Merkheft Nr. 2 des Wirtschafts- und Forstverlages Euting KG.

VERSTAPPEN, H.; VAN ZUIDAM, R., 1968: ITC-System of Geomorphological Survey. ITC Textbook of Photo-Interpretation, Vol. VII, Chapter VII. 2, Delft.

VIK, T., 1964: Classification of Terrain by the Norvegian Forest Survey. Proceedings of the Meeting of Section 32: a.a.O.

WEISCHET, W., 1981: Ackerland aus Tropenland – eine verhängnisvolle Illusion. In: DANZER (Hrsg.): Holz aktuell, Nr. 3.

WILCOX, H., 1953: Bark Peelability Tool. American Pulpwood Association, New York Release, Nr. 157, Peelers and Barkers.

WILHELM, U., 1982: Die Abhängigkeit der Waldarbeiterverhältnisse von der Entwicklung der Wirtschaftsbereiche und dem erwerbsstrukturellen Wandel in den Wohngemeinden. Unveröffentl. Inaug. Diss. der Forstwiss. Fakultät, Freiburg.

YILDRIM, M., 1978: Der Nährstoffexport aus Fichtenbeständen in Abhängigkeit vom Holzernteverfahren. Diss. an der forstlichen Fakultät Göttingen.

ZIEGER, E., 1948: Untersuchungen über die Abhängigkeit des Arbeitsaufwandes beim Reppeln vom Schälwiderstand. Forstwirtschaft – Holzwirtschaft. Berlin: Deutscher Zentralverlag.

ZIEGER, E., 1947: Untersuchungen über den Eintritt der Schälbarkeit der Fichtenrinde im Frühjahr 1947. Forstwirtschaft – Holzwirtschaft. Berlin: Deutscher Zentralverlag.

ZÖTTL, H. W., 1977: Rinde, Abfall oder Rohstoff? AFZ, Nr. 32.

ZÖTTL, H. W., 1978: Die Kompostierung von Schälrinde. HZBl Nr. 104.

Gesetze:

Betriebsverfassungsgesetz: Vom 15. 1. 1972 (BGBl I S. 13, geändert durch Gesetz vom 18. 1. 1974, BGBl I, S. 85 und Art. 238 EStGB vom 2. 3. 1974, BGBl I, S. 469.

Bundeswaldgesetz (BWaldG): Vom 2. 5. 1975, BGBl I 1975, S. 1037 ff.

Eidgenössisches Forstpolizeigesetz: Bundesgesetz vom 3. 7. 1975, BGBl 1975/440.

Jugendarbeitsschutzgesetz (JArbSchG) (Gesetz zum Schutze der arbeitenden Jugend): Vom 12. 4. 1976 (BGBl I, S. 965); BGBl III, 8051-10.

Landeswaldgesetz (LWaldG) Baden-Württemberg: Vom 10. 1. 1976, GBl 1976, Nr. 3, S. 99.

Mutterschutzgesetz (MuSchG) (Gesetz zum Schutze der erwerbstätigen Mutter): Vom 24. 1. 1952 in der Fassung vom 18. 4. 1968 (BGBl I, S. 315). Letzte Änderung vom 22. 12. 1981 (BGBl I, S. 1578).

Bundesnaturschutzgesetz (BNatSchG) (Gesetze über Naturschutz und Landschaftspflege): Vom 20. 12. 1976 (BGBl I S. 3574).

Österreichisches Forstgesetz: Bundesgesetz vom 3. 7. 1975, BGBl 1975/440.

Straßenverkehrsordnung (StVO): Vom 16. 11. 1970 (BGBl I, S. 1565, ber. 1971, S. 38); (BGBl III 9233-1). Letzter Stand: (7.) Verordnung zur Änderung der StVO und Verordnung über den Neuerlaß zur Änderung der StVO vom 21. 7. 1980 und 28. 4. 1982.

Straßenverkehrszulassungsordnung (StVZO): Vom 15. 11. 1974 (BGBl I, S. 3193 ber. 1975, I, S. 848), (BGBl III 9232-1). Letzter Stand: (12.), Sechste Verordnung zur Änderung der StVZO vom 15. 5. 1983 (BGBl I, 602).

4 Technologie der Holzernte

4.1 Arbeitsmittel

4.1.1 Anteile der Teilarbeiten der Holzernte

Das Gewicht und die Bedeutung der einzelnen Teilarbeiten eines Holzerntesystems wechseln stark in Abhängigkeit von dem jeweils angewendeten, durch das erzeugte Hauptprodukt gekennzeichnete Verfahren.

Bereits diese einfache Zusammenstellung läßt Rückschlüsse auf vollzogene Entwicklungen und zukünftige Probleme zu. Betrachtet man die konventionellen Verfahren, so wird ersichtlich, weshalb man sich in den vergangenen Jahren mit der Mechanisierung der Handentrindung befaßte. Beim Rohschaftverfahren ist die Entastung nach dem Rücken die aufwendigste Teilarbeit. Derzeit liegt deshalb ein Schwerpunkt der Entwicklungsarbeit bei der Modifizierung dieser Teilarbeit. Es zeigt sich, daß zukünftig der Entwicklung der Rücketechnik besonderes Gewicht zukommt.

Übersicht 14. Überblick über die Prozent-Anteile der Einzelarbeiten in charakteristischen Holzerntesystemen

Holzerntesystem / Arbeitszeitanteil in %	Fällen	Entasten	Entrinden	Sortieren (Verm. u. Abl.)	Schichtholz-aufarb.	Vor-liefern	Rücken u. Poltern
konvention. Sortenverfahren entrindet	8 (MS)	15	30	7	10	10	20
Rohschaft (tree length)	15 (MS)	30	–	5	–	–	50
Vollbaum (full tree, whole tree)	20	Kronenkappen 10	–	–	–	–	70
Österr. Blochholzsystem (entr.)	15	–	55	–	–	–	30
Schwed. Kurzholzsystem (unentr.)	Fällen, Ablegen 20	Kappen, Sortieren 40	–	–	–	–	35

4.1.2 Handwerkzeuge und Handgeräte

Mit der Einführung hochmechanisierter, teilautomatisierter Ernteverfahren ging die Bedeutung der Handwerkzeuge und -geräte zurück. Trotzdem wird noch ein erheblicher Anteil des Holzes, vor allem im Bauern- und kleinen Körperschaftswald, nicht zuletzt aber auch in den weniger industrialisierten Ländern, von Hand aufgearbeitet. Eine Änderung wird sich über viele Jahre erstrecken.

Auf eine Einzelbeschreibung der Werkzeuge und Geräte wird verzichtet. Der Leser findet diese in den Lehrmitteln der Waldarbeitsschulen. Diese beraten außerdem regelmäßig die Lieferfirmen.

4.1.2.1 Geräte zum Anzeichnen

Benutzt werden Reißhaken, Handbeile, Spritz- und Sprühdosen, Spritzpistolen, Signierfarben.

4.1.2.2 Werkzeuge zum Hauen und Spalten

Verwendung finden Äxte mit einem Gewicht von 800 bis 1000 (1250) Gramm, z. B. die Rheinische Axt (Dauner Form), die Oberbayrische Axt, die Harzer- und die Iltis-Axt. Von Bedeutung ist ein zweckmäßiger Axtstiel.

Mit Spaltäxten und Spalthämmern (2,5 bis 3,0 kg schwer) wie z. B. dem Dauner Spalthammer nach der Süddeutschen Spaltaxt, wird Rundholz gespalten. Gelegentlich dienen Spaltäxte resp. -hämmer mittels Fällkeilen auch zum Treiben des Baumes in die Fällrichtung.

4.1.2.3 Werkzeuge zum Zufallbringen

Verwendung finden Sägeschnittkeile zum Offenhalten des Sägeschnitts sowie Keile zum Treiben des Baumes. Unterschieden werden Massivkeile aus Duraluminium, Scheitkeile wie der Fäll- und Spaltkeil mit Ring nach Dr. Reissinger, Massivkeile aus Kunststoff sowie meist selbsthergestellte Hartholzkeile. In schwächerem Holz wird der Fällhebel teils mit Wendehaken benutzt. In nordamerikanischen Wäldern mit sehr starken Baumdurchmessern werden pneumatische Fällkeile eingesetzt. Versuche, Wagenheber zu benutzen, haben sich in der Praxis nicht durchgesetzt. Auch versprechen mit Hilfe von Auspuffgasen aufblasbare Plastikkissen keinen nennenswerten Fortschritt. In schwierigen Fällen, z. B. an Verkehrs- und Wohneinrichtungen, bei Gegenhängern usw., werden zum Fällen Greifzüge auf Flaschenzugbasis benutzt; zu erwähnen sind ferner die Morbacher Fällkarre sowie der Fällboy (Schlitten aus Polyester).

4.1.2.4 Handsägen

Wie sehr die Handsäge an Bedeutung verloren hat, läßt an Waldarbeitsschulen die Ausbildungsanweisung erkennen: Sie enthält keine entsprechenden Hinweise mehr.

4.1.2.5 Werkzeuge zum Entrinden

Ein gewisser Anteil des Nadelholzes wird am Fällort von Hand entrindet. Zur Anwendung gelangen Schäleisen wie die Schwarzwälder, Soltauer und Dauner Form. Aus Schweden kommt ein Schäleisen, das auswechselbare, zweiseitig geschliffene elastische Messerklingen aufweist. Zur Gewinnung von Gerbrinde werden Loheisen und Lohlöffel benutzt, zum früher teilweise üblichen Weißschälen des Holzes Schäl- und Zugmesser.

4.1.2.6 Werkzeuge und Geräte zum Heben, Halten, Fördern und Wenden

Zum Vorliefern und Setzen des Holzes dienen Sappie (Schwarzwälder, Tiroler, Alpenländer oder Tölzer), Krempen und Griff, zum Setzen Handsappie, Packhaken. Bei der Fällarbeit werden zum Ziehen Greifzüge benutzt.

Zum Drehen des Stammes (Bearbeitung der Unterseite) werden Wenderinge verwendet. Bei Nadelschwachholz findet der schwedische Fällhebel mit Wendehaken immer größere Verbreitung.

4.1.2.7 Geräte zum Vermessen und Numerieren des Holzes

Verwendung finden bei dieser Teilarbeit Kluppen, Kluppmeßstöcke, Meßstöcke mit Reißer und Meßbänder (aus Kunststoff oder Metall), Forstkreiden, Farbsprühgeräte, Waldhammer, Numeriergeräte wie Homa- und Drehkopf-Numerierschlegel sowie Revolver-Numerierschlegel, aber auch Systeme, die zur Kennzeichnung Plastik- oder Metallplättchen verwenden wie das Signumatsystem; letzteres wird auch bei stationären Anlagen zur Kennzeichnung der Einzelsorten benutzt. Statt dieser dauerhaften Markierungen sind neuerdings auch verrottbare Holzfaserplättchen im Handel.

4.1.2.8 Geräte zur Instandsetzung und Pflege

Verwendet werden Feilen, Schleifsteine, Schleifapparate, Schränkgeräte und Schränklehren.

4.1.2.9 Splittersuchgeräte

Als Folge von Kriegseinwirkungen, gelegentlich auch auf Truppenübungsplätzen, sind Bäume splitterhaltig oder splitterverdächtig. Da Splitter beim Fällen und Einschneiden des Holzes im Sägewerk zu erheblichen Störungen führen, werden die Bäume mit Splittersuchgeräten abgetastet. Dies geschieht entweder mit Hilfe stationärer Anlagen oder aber mit tragbaren Geräten. Letztere bestehen aus einem Suchteller, der Verbindungsstange zwischen Suchteller und Ableseeinrichtung sowie einem akustischen und optischen Anzeigeelement. Der Meßvorgang beruht auf einer Änderung des im Suchteller erzeugten elektromagnetischen Feldes (Batteriebetrieb) durch die Metallteile. Bewährt hat sich folgendes Vorgehen:
- sofortige farbliche Kennzeichnung des Fundortes,
- Aushacken der Splitter mit der Axt auf der Stammoberseite,
- Wenden der Stämme und ebenso sorgfältige Prüfung der Stammunterseite (SCHWAB 1979).

4.1.3 Maschinen zum Fällen

4.1.3.1 Die Motorsäge

Die Motorsägentechnologie

Im Jahre 1918 entwickelte der schwedische Ingenieur A. VON WESTFELD die „Sector" als erste brauchbare Motorsäge.

In den Jahren 1926 bis 1950 wurden tragbare Zwei-Mann-Motorsägen gebaut, die am Ende ihrer Entwicklung etwa 50 kg Gewicht aufwiesen. Zu Beginn der 50er Jahre erschienen die ersten Ein-Mann-Motorsägen (EMS) auf dem Markt, damals noch mit schwenkbarem Schwert. Anfang der 60er Jahre erreichten die nun mit Membranvergasern ausgerüsteten Ein-Mann-Motorsägen die heutige Form.

Im Waldeinsatz werden die Motorsägen von einem Zweitakt-Hubkolbenmotor (neuerdings auch Drehkolbenmotor) angetrieben. Die Maschinen bestehen aus folgenden Teilen:
- Motor
- Zündanwerfvorrichtung

- Gehäuse
- Tank
- Griffe
- Sägeeinrichtung, bestehend aus Schiene, Kette, Ritzel und Ölpumpe.

Die heute gebräuchlichen Motorsägen lassen sich nach Gewicht und Leistung sowie nach dem Anwendungsbereich wie folgt einteilen:

Übersicht 15. Gewicht, Leistung und Anwendungsbereich von Motorsägen

Stärkeklasse Motorsäge	Hubraum cm^3	Motorleistung kW/PS	Gewicht kg ca.	Anwendungsbereich
leicht	60	2,0 (3,0)	4,5–6,0	Dickungspflege, Entasten
mittel	80	3,5 (4,7)	6,0–9,0	Fällung bis mittelstarke Bäume Entasten
schwer	100	4,0 (5,5)	12,0	Fällung von Starkholz
überschwer	130	5,5 (7,6)	14,0	Einsatz insbes. in den Tropen bei sehr starkem Holz
Kleinsägen	35	1,5 (2,0)	3,5–4,5	Gartenbesitzer, Bastler, Hobby-Säger

Fälltechnik

Eine eingehende Beschreibung der Motorsägen-Fälltechnik enthält die von den Waldarbeitsschulen der Bundesrepublik Deutschland ausgearbeitete Anweisung zur Ausbildung des Forstwirtes. Der Arbeitsablauf geht davon aus, daß dank einer sorgfältigen Einhaltung der Fällrichtung und einer niedrigen Stockhöhe Holzverluste und Schäden am zu fällenden Baum, am Bestand und dort insbesondere am Jungwuchs so weitgehend wie möglich vermieden werden.

Der Arbeitsablauf im Normalfall läßt sich wie folgt charakterisieren:

- Aufsuchen des Baumes,
- Ablegen des Werkzeugs,
- Festlegung der Fällrichtung unter Berücksichtigung des verbleibenden Bestandes und der Rückerichtung,
- Freimachen des Stammfußes und des Arbeitsplatzes, ggf. Schnee räumen,
- Fluchtweg freimachen,
- Beisägen der Wurzelanläufe,
- Anlage des Fallkerbes (normalerweise mit einer Fallkerbtiefe von ⅕ des Stammdurchmessers und einem Verhältnis von Fallkerbtiefe zu Fallkerbhöhe von 1 : 1 bei waagerechter Fallkerbsohle),
- Überprüfen der Fällrichtung,
- ggf. Splintschnitte bei langfaserigen Holzarten,
- Fällschnitt,
- Keilen,
- Zufallbringen, Hänger beseitigen,
- Waldbart und restliche Wurzelanläufe entfernen.

Der Fallkerb kann auch in Form des sogenannten Unterschnittes hergestellt werden, d. h., die Fallkerbsohle wird schräg von unten nach oben angelegt, das Fallkerbdach liegt dann weitgehend horizontal. Ziel ist eine weitestgehende Vermeidung von Holzverlusten. Auch wird damit der Rückevorgang erleichtert: Die Bäume werden nur angelehnt und lassen sich leichter über den Stock ziehen.

Eine besondere Fälltechnik wurde für Schwachholz entwickelt. Zunächst wird wie gewohnt ein Fallkerb angelegt. Anschließend wird mit dem Schienenrücken zwei Drittel des Fällschnittes ausgeführt und in diesen Schnitt der Fällhebel eingesetzt. Das restliche Drittel des Fällschnittes wird schräg unter dem vorausgegangenen Schnitt angesetzt.

Beim sog. Seillinienverfahren und der Bankmethode wird der Fallkerb untersägt. Hingewiesen wird auf die besondere Fälltechnik für Vorhänger (Stechschnitt) und Rückhänger (Stechschnitt oder halbierter Schnitt). Eine Besonderheit stellt der sogenannte Dutchman dar. Er wird in den USA gelegentlich beschrieben im Zusammenhang mit der Fällung von Rückhängern. Der Fallkerb wird über die Stammitte hinaus sehr tief geführt. Dadurch soll sich der Schwerpunkt des Baumes in Fällrichtung verlagern. Vor dieser Fälltechnik seien Unerfahrene allerdings gewarnt.

Arbeitshygienische Verbesserungen an der Motorsäge

Während zunächst die Weiterentwicklung der Schnittleistung bei Motorsägen im Vordergrund stand, zwangen vor allem lärm- und vibrationsbedingte Schädigungen der Waldarbeiter zu wesentlichen arbeitshygienischen und auch die Unfallhäufigkeit mindernden Verbesserungen (s. Abb. 15). Im einzelnen waren dies: Vibrationsdämpfung durch Einbau vibrationsaufnehmender Gummilager (1), eine bessere Gewichtsverteilung sowie eine Gewichtssenkung der vibrierenden Teile; ein Kettenfangbolzen (2) soll die gerissene Kette auffangen; vorderer und hinterer Handschutz (3, 4) vermeiden Verletzungen, am vorderen Handschutz ist eine Kettenbremse angebracht. Mit Hilfe einer Griffrohrheizung (5) soll das Arbeiten mit klammen Fingern vermieden werden. Verwendet wird umweltfreundliches Kettenschmieröl.

Entsprechend einer Analyse von Unfällen mit Motorsägen wurde die Berufskleidung erheblich verbessert: Schutzhelme mit Gehör- und Augenschutz, Schulterschutz und Brusttaschen, Handschuhe, Arbeitshosen mit Kunststoffsicherheitseinlagen, Sicherheits-Arbeitsschuhe mit Knöchelpolsterung, Gleitschutzsohle und Stahlkappe zum Schutz der Zehen sollen zur Vermeidung oder Verminderung von Körperschäden beitragen.

4.1.3.2 Selbstfahrende Fällmaschinen

Technologie

Meist führen Fällmaschinen neben der mechanischen Fällung noch andere Teilarbeiten aus. Unterscheiden lassen sich drei Gruppen dieser Mehrzweckmaschinen:

- Fäll-Bündel-Maschinen (feller-buncher), auch Fällpaketier- oder Fällablegemaschinen genannt. Nach der Fällung werden die Bäume bündelweise gesammelt und hierbei gelegentlich grob vorsortiert. Das Bereitlegen in Bündeln erleichtert und senkt die Kosten beim Rücken. Entastet, kappt und sortiert man anschließend mit Prozessoren, so läßt sich auch deren Leistung durch das bündelweise Bereitlegen steigern.
- Fäll-Rückemaschinen (feller-skidder). Die Bäume werden nach dem Fällschnitt in einer hydraulischen Zange aufgenommen, gelegentlich auch durch Seilzug festgehalten und in einem ganzen Bündel zur Waldstraße gerückt. Anwendung fand dieses Verfahren bisher meist auf Kahlschlägen (in der UdSSR), zum Teil auch in der Durchforstung.
- Vollerntemaschinen (harvester). Die Bäume werden nach der Fällung mit derselben Maschine entastet, gelegentlich entrindet und bei Kurzholzsystemen in weitgehend genormte Längen gekappt und in zwei bis drei Sorten sortiert.

An Bedeutung gewinnen zunehmend die Fäll-Bündel-Maschinen. Der Fällkopf wird entweder direkt an das Trägerfahrzeug oder an einen hydraulischen Arm mit unterschiedlicher Reichweite gebaut. Dieser Arm kann in Knick- oder Teleskopform gefertigt sein. Als Trägerfahrzeuge dienen geländegängige Maschinen wie Knickschlepper und Raupenfahrzeuge unterschiedlichster Bauart, aber auch speziell konstruierte Fahrzeuge.

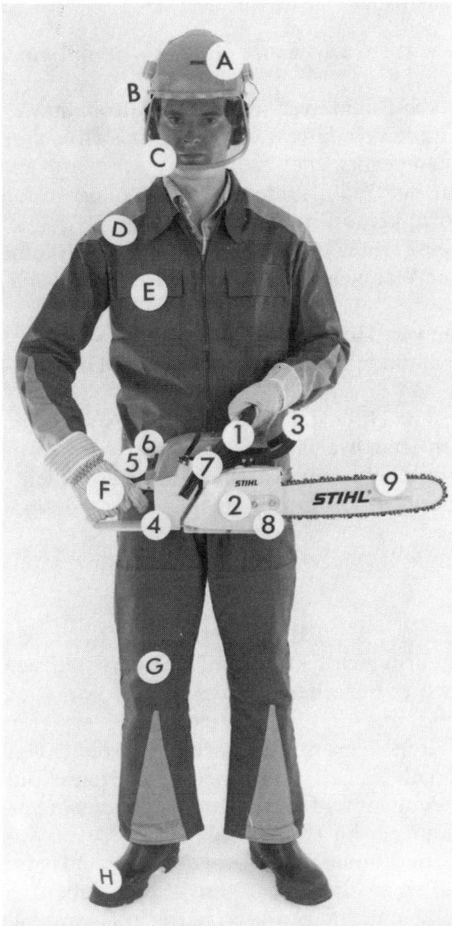

Aktive Sicherheitseinrichtungen

1 Antivibrationsgriff
2 Kettenbremse
3 vorderer Handschutz
4 hinterer Handschutz
5 Gashebelsperre
6 Kombischalter
7 Griffheizung
8 Kettenfangbolzen
9 ruckarme Kette

Passive Sicherheitseinrichtungen am Mann

A Schutzhelm
B Gehörschutz
C Gesichtsschutz
D Signalstreifen
E Klettverschlüsse
F Schutzhandschuhe
G Schnittschutzeinlage
H Sicherheitsschuhe

Abb. 15. Aktive und passive Sicherheitsausrüstung eines Forstarbeiters (STIHL-Werkphoto).

Das Trägerfahrzeug soll sich durch hohes Leistungsgewicht, geringen Bodendruck und große Geländegängigkeit auszeichnen. Diese Fäll-Bündelmaschinen sollen Fällarbeit auch an nicht zu steilen Hängen erlauben.

Die Reichweite der Hydraulikarme sollte bei Kahlschlagbetrieb zwischen 6,5 und 10 m betragen. In Durchforstungen werden, wenn man einen Rückegasseabstand von 20 bis 25 m unterstellt, 10 bis 15 m Reichweite benötigt. Die Hubkraft muß bei voller Ausfahrung noch rund 800 kg erreichen.

Der Fällvorgang läuft folgendermaßen ab: Die Maschine bewegt sich bei Kahlschlägen auf systematisch angelegten Fahrtrassen längs des stehenden Bestandes. Mit dem hydraulischen Greifer wird der Baum erfaßt und festgehalten. Der Schnitt erfolgt mit hydraulischer Schere, Säge oder Fräse. Anschließend wird der Baum etwas angehoben, gegen das Trägerfahrzeug gekippt, herangebracht und zu Bündeln abgelegt.

Vorzüge der selbstfahrenden Fällmaschinen

- Durch Bündelung lassen sich die Rückekosten senken. Das ganze Bündel wird mit einer Seilschlaufe oder hydraulischen Zange erfaßt.
- Eine gewisse Vorsortierung ist möglich, z. B. nach Baumarten und nach Holzqualität.
- Die Stämme lassen sich mit dem dicken oder dünnen Ende voraus lagern. Das Holz muß nicht geschwenkt werden, was zusätzliche Kosten verursachen würde.
- Bei der Absicht, das Holz mit Prozessoren an der Waldstraße oder als Vollbaum auf Holzhöfen aufzuarbeiten, bereitet die lange Form keine Probleme.
- Das Verfahren bietet, verglichen mit Motorsägen-Fällung und dem Vorliefern der Bäume mit Seilwinden oder Seilkrananlagen, mit großer Wahrscheinlichkeit mehr Arbeitssicherheit.
- Die körperliche Belastung bei der Aufarbeitung von Holz läßt sich senken.

Besondere Vorteile versprechen selbstfahrende Fällbündelmaschinen in jüngeren Durchforstungsbeständen:

- Das Vorliefern der Bäume an die Rückegasse mit Hilfe der hydraulischen Arme kann kostengünstiger erfolgen als bei konventionellen Rückeverfahren.
- Versuche zeigten, daß sich auf diesem Wege ein erheblicher Anteil der Rückeschäden – vor allem derjenigen im Wurzel- und Stockbereich –, die besonders gefährlich sind, vermeiden läßt.

Die Schneidetechnik

Am verbreitetsten sind Fällscheren und Fällmesser. Als Fällmesser werden Lösungen bezeichnet, bei denen der Stamm gegen einen Haltearm gedrückt und mit einem hydraulisch sich schließenden Messer vom Stock getrennt wird. Fällscheren arbeiten mit zwei sich gegenläufig schließenden Klingen. Konkurrierend mit diesem einfachen und sicheren System werden zunehmend Ketten-, aber auch Kreissägen und Frässcheiben verwendet. Anlaß für diese Entwicklung ist die Beobachtung, daß der Fäll-, aber auch der Sortenschnitt mit Hilfe von Scheren und Messern zu Verletzungen und vor allem zu Stauchungen (besonders bei gefrorenem Holz) sowie zu Rißbildungen im Holz führt.

Bei der Ernte von Sorten für die Zellstoffindustrie können diese Schäden vernachlässigt werden. Bereits bei Schleifholz sind geringe Einbußen zu erwarten. Diese wachsen aber bei der Aufarbeitung von Sägeholz, Masten, Rammpfählen, Stangen usw. beträchtlich an und können die mögliche Kosteneinsparung zunichte machen. Das Fällen mit Ketten- oder anderen Sägetypen und Fräsen weist deshalb Vorteile auf und dürfte sich zukünftig weiter durchsetzen. In zunehmendem Maße können größere Stockdurchmesser bewältigt werden. Moulsen (1981) berichtet über die Entwicklung eines Fällkopfes für Durchmesser bis zu 91 cm (36 inch).

Selbstverständlich wird laufend versucht, den Schneide- und Fällvorgang weiter zu verbessern. Vinogorov (1975) erwähnt unter anderem neuartige Kreissägen, Frästechniken wie Scheibenfräsen und anderes. Er weist außerdem darauf hin, daß die bisherige Entwicklung zyklisch arbeitender Fällmaschinen zu Leistungsgrenzen führt. Er geht davon aus, daß es gelingen wird, Bäume ohne Halt der Maschine, also während der Fahrt zu fällen, vergleichbar mit der Arbeit eines Mähdreschers. Dies setzt ebenfalls eine Weiterentwicklung der Schneideelemente voraus.

Eine Verbesserung der Leistung und ein Senken der Kosten könnte durch die Weiterentwicklung von Fällmaschinen mit sogenannten Mehrfachköpfen (Davidson 1978) erreicht werden. Für die Durchforstung werden derartige Mehrfach-Fällköpfe (Container-Fällköpfe) an kleine und wendigere Trägerfahrzeuge angebaut. In diesem Zusammenhang wird man sich um eine weitere Vergrößerung der Reichweite der Hydraulikarme bemühen. In Entwicklung sind Fällmaschinen, die eine Distanz von bis zu 15 m bewältigen.

Übersicht 16. Beispiele für die Leistungssteigerung durch Mehrfachfällköpfe

Fäll-Bündelmaschine	Aufnahmefähigkeit Anzahl Bäume bei 15 cm BHD	Leistung Stämme/h
Bobcat mit Morbark-Schere	2	55–80
Bobcat mit Allen-BB-Schere	4	70–100
John-Deere mit Rome-Cont-Schere	10	115–175
Hydro-Ax Swathcutter	12	150–280

4.1.3.3 Selbstfahrende Fällmaschinen oder Motorsägen?

Aufgrund der erwähnten Vorzüge durch die Mechanisierung des Fällvorgangs setzen sich in den großen Nadelwäldern des Nordens selbstfahrende Fällmaschinen immer stärker durch, verstärkt allerdings für den Einsatz in Kahlschlägen. Für die Durchforstung geeignete Fällmaschinen werden entwickelt. Fraglich ist, ob dies die Motorsägenarbeit zurückdrängen wird.

Dies wird dort geschehen, wo entsprechende Bedingungen vorliegen, wie befahrbares Gelände, ausreichend große Einsatzflächen, nicht allzu starkes Holz mit nicht zu ausgedehnten Kronen usw. Dagegen wird im kleinen Waldbesitz mit geringem Holzanfall die Fällmaschine wohl nur selten sinnvoll sein. Auch in Mittelgebirgs- und Gebirgslagen, auf nicht befahrbaren Böden und in denjenigen Forstbetrieben, die Starkholz erziehen, wird weiterhin mit der Motorsäge gefällt werden.

4.1.4 Baum- und Stockrodemaschinen

Baum- und Stockrodung sind eine traditionelle Nutzungstechnik. Du Hamel du Monceau (1756) und Gayer (1850) beschreiben unterschiedliche Rodetechniken.

Ursache des neuerwachten Interesses an den Baum- und Stockrodetechniken ist ein regional auftretender Mangel an Industrieholz. Hinzu kommt, daß man sich vorsorglich mit dieser Frage im Hinblick auf bereits bestehenden und zukünftigen Energie- und Rohstoffmangel befaßt. Tatsächlich besteht weltweit gesehen nicht nur ein Ölversorgungsproblem (Krise des reichen Mannes), sondern in viel stärkerem Maße ein wachsender Mangel an Brennholz, also ein Mangel in der Energieversorgung der Armen.

Die beiden folgenden Verfahren gelangen zur Anwendung:
- die Nutzung der Stöcke und Wurzeln nach der Fällung – am häufigsten ausgeübtes Verfahren.
- Stock und Wurzeln werden mit dem gesamten Baum herausgehoben und genutzt.

Die Vorteile der Nutzung des Stockholzes und der Wurzeln lassen sich aufgliedern in
- Vergrößerung der Sägeholzausbeute und Gewinnung von Holz für die Energieerzeugung,
- ausschließliche Nutzung der Wurzeln und Stöcke als Industrieholz für Sulfat-Zellstoffindustrie, Spanplattenproduktion oder zur Energieerzeugung.

Dabei hat sich folgender Arbeitsablauf als zweckmäßig erwiesen:
- Herausreißen der Stöcke mit Hilfe starker hydraulischer Arme und Zangen, Zerkleinern der Stöcke mit hydraulischen Scheren, oberflächliches Entfernen von Erde und Steinen,
- Rücken der Stock- und Wurzelteile in Container-Rückezügen zur Waldstraße,
- ggf. dort erneute Reinigung und Zerkleinerung des Materials, Verladen auf Container-Lkws,
- Transport zum Verbraucher.

Die Stockrodung weist den Vorteil auf, daß Flächen zurückbleiben, die eine maschinelle Bearbeitung und auch ein vollmechanisiertes Bepflanzen erlauben. Demgegenüber stehen

Abb. 16. Arbeitsablauf bei Stockrodung zur Industrieholz-Nutzung (Andersson et al. 1978).

bei bestimmten Böden und unter bestimmten klimatischen Bedingungen Nachteile. Es wird weitere Biomasse entnommen; auf zur Verdichtung und Vernässung neigenden Böden treten Waldwachstumsschäden auf (dies lehrte mancherorts die Nachkriegszeit, in der auch in unseren Wäldern aus Holzmangel Stockrodung betrieben wurde).

Zum Zweck des Zerkleinerns sowie der Reinigung der Stöcke und Stockteile von Erde, Sand und Steinen werden mobile Stock-Splitter-Maschinen entwickelt. Als Beispiel sei der finnische „Ok Stump Splitter" genannt. Die Rohstöcke werden mit Hilfe einer Hydraulik durch eine Messer-Kombination gepreßt und hierbei zerkleinert. Steine, Sand usw. werden mit Hilfe von Sieben entfernt (Le Botlan 1980).

4.1.5 Werkzeuge und Maschinen zur Entastung

4.1.5.1 Entastung mit der Axt

Erst in den 50er Jahren wurden spezielle Astäxte mit kurzem, breitem, nach hinten ausschwingendem Blatt und Hang zum Axtstiel (im Gegensatz zur Schrot- oder Fällaxt) abgelöst durch sogenannte Einheitsäxte wie Dauner oder Rheinische Axt. Als charakteristisch kann die von Reissinger entwickelte Iltis-Axt mit 800 bis 1000 g Gewicht, relativ dünnem Blatt und gleichbleibender Blattdicke gelten.

Nach Buchberger (1976) muß das Entasten mit der Axt mit einem Kalorienumsatz von im Durchschnitt 7,6 kcal/Min., d. h. 146 % über der Dauerleistungsgrenze, als ausgesprochene Schwerarbeit angesprochen werden. Nachdem es gelang, die Entrindung zu mechanisieren, wurde dies auch bei der Entastung versucht.

Schwaches Nadelholz wurde häufig mit entsprechend schweren Schäleisen (Schwarzwälder, Dauner Schäleisen) in einem Arbeitsgang entastet und entrindet. Mit 9,1 kcal/Min., also 174 % der Dauerleistungsgrenze, bedingt dies eine besonders hohe körperliche Belastung.

4.1.5.2 Entasten mit der Motorsäge

Unfallgefährdung: Das Entasten mit der Motorsäge gilt als unfallträchtige Arbeit. Besonders gefährdet sind die Körper-Extremitäten: Hand/Arm 35 %, Bein/Knöchel/Fuß 28 %, Kopf/Hals 7 %, Augen 10 %. Als dem vorbeugend haben sich folgende Maßnahmen erwiesen:

- Verminderung der statischen Belastung durch entsprechende Arbeitstechnik,
- Verbesserung der Motorsägen (Ausrüstung mit Kettenbremsen, Schutzbügeln, Sicherheitsketten),
- Ausrüstung des Bedienungsmannes mit Schutzkleidung sowie Gesichts-, Gehör- und Kopfschutz,
- Verbesserung der Arbeitsorganisation z. B. durch Vergrößerung des Abstandes zwischen Sägenführer und anderen Mitarbeitern.

Entastungstechniken

Hebelmethode: Bei mittleren Holzdimensionen wird die Säge auf den Stamm aufgesetzt und auf diesem geführt. Hierdurch kann die körperliche Belastung wesentlich gesenkt werden.

Der Schnitt wird von rechts unten nach oben mit auslaufender Kette geführt, anschließend über den Stamm hinweg nach links unten mit einlaufender Kette und von dort wieder in gleichbleibendem Rhythmus nach rechts oben.
Scheitelmethode: Bei stark ästigen Bäumen soll das erschwerte Sägen mit auslaufender Kette vermieden werden. Die Äste werden von der oberen Stammitte (Scheitel), nach links und nach rechts unten unter Anwendung der Hebelmethode vorgehend, ausschließlich mit einlaufender Kette abgetrennt.
Pendelmethode: Dieses Verfahren eignet sich für Bäume mit vielen feinen Ästen, und dort insbesondere in der Trockenastzone. Die Säge wird rhythmisch pendelnd oben am Stamm rechts und links entlanggeführt, wobei bei einer Pendelbewegung gleichzeitig mehrere Äste abgetrennt werden. Nach dem Wenden wird die sich nun oben befindliche Stammseite mit pendelnder Säge in einem Zug entastet. Das Verfahren ist zeitsparend, aber anstrengend.

4.1.5.3 Entastung mit selbstfahrenden Maschinen

Laubholz widersetzt sich einer über die Motorsäge hinausführenden höheren Mechanisierungsstufe bei der Entastung. Bei Nadelholz konnten neue Techniken entwickelt und in die Praxis umgesetzt werden: Mit leistungsfähigen Transporteinrichtungen werden Vollbäume durch Gerätekombinationen geführt und hierbei die Äste abgetrennt. Übersicht 17 und Darstellung 17 zeigen diese Lösungen.

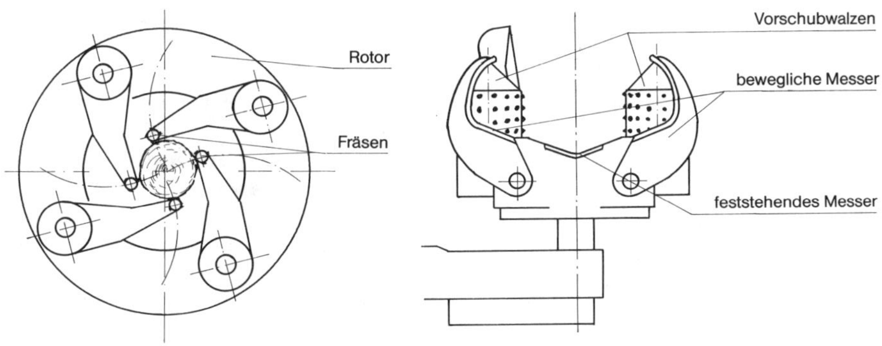

Abb. 17. Messer- und Fräskopfentastung.

Am stärksten verbreitet hat sich die Entastung mit hydraulisch an den Stamm angepreßten, sichelartig gekrümmten Stahlmessern. Zur Entastung wird der Baum mit relativ hoher Geschwindigkeit (mehr als 120 m/min) durch die Werkzeugkombination geschoben bzw. gezogen. Die auf einen mittleren Durchmesser ausgelegten Krümmungen der Messer passen sich hierbei an. Der Vorschub erfolgt mittels einer Zange oder aber mittels Vorschubwalzen unterschiedlicher Bauart. Ursprünglich wurden Stachelwalzen aus Stahl bevorzugt. Da diese zu Verletzungen der Stammoberfläche führten, werden heute zunehmend Gummireifen verwendet.

Der Vorzug der Messerentastung besteht in einer hohen Leistung, da die Vorschubgeschwindigkeit nahezu unbegrenzt vergrößert werden kann. Hingegen kann die Entastungsqualität nicht immer befriedigen. Gelegentlich werden Äste aus dem Holz gerissen oder aber, bei längerer feuchter Lagerung und während der Saftzeit, nur umgebogen. Die Messerentastung kommt deshalb vor allem dort in Frage, wo große Holzmengen entastet werden müssen und wo keine hohe Entastungsqualität erwartet wird.

Konkurrierend hierzu entwickelte sich die Entastung mit Fräswalzen, die hydraulisch

Übersicht 17. Technische Lösungen der maschinellen Entastung

Arbeitsprinzip	Bauprinzip	Beispiele für Maschinentypen
1. Absägen	Kettensäge Kreissäge	– EMS (handgeführt)
2. Ab-schneiden	im Längsvorschub stammparallel mit (hydraulisch) angepreßten gekrümmten Messern oder Messerbändern	– Astab (D) – Logma (S) – ÖSA-Processor (S) – Kockums (GP 822 (S) – Beloit Tree Harvester (CDN)
3. Abfräsen	mit Fräswellen oder -köpfen (z. T. kombiniert mit der Entrindung), tangential oder stammparallel angeordnet, um die eigene Achse rotierend u. U. rotiert die gesamte Fräsvorrichtung zusätzlich um den Stamm (nach dem Lochrotor-Prinzip)	– Klettersäge – Sund-Entaster – Limbac
4. Abschlagen	in Trommeln, Wannen o. ä. Mehrere zu entastende Stammabschnitte werden gegeneinander und gegen keulenartige Werkzeuge gepreßt. (Zur sauberen Entrindung meist mit zusätzlichen Messerwalzen kombiniert)	– Bund-Trog-Entaster (Bunch-Limber) – Kockums – AC Invest

angetrieben stammparallel die Äste abtrennen. Die Entastungsqualität ist gut, die Vorschubgeschwindigkeit aber auf 40 bis 70 lfd. m/Min. beschränkt. Die Fräswalzen sind an einem um den Stamm rotierenden Ring angebracht. Das System kann mit der Entrindung kombiniert werden, d. h., in einem geschlossenen Maschinenblock werden die beiden am meisten Arbeitszeit beanspruchenden Teilarbeiten der Holzernte bewältigt.

Beide Techniken, also sowohl die Entastung mit angepreßten sichelartigen Messern als auch mit Fräsköpfen, werden auch stationär auf Holzhöfen angewendet. Reine mobile Entastungsmaschinen wie die ursprünglich wegweisende schwedische LOGMA sind heute relativ selten. Dies ist damit zu erklären, daß der einmal aufgenommene Baum möglichst in einem Arbeitsgang weitestgehend bearbeitet werden kann.

Im Zusammenhang mit Biomasse-Nutzungen zeichnen sich neuere Entwicklungen in Skandinavien ab. Dort wurden in Bündel-Trog-Entastern (Bunch-Limber) beastete Stammabschnitte in fahrbaren Wannen oder bis zu 15 m langen Trommeln entastet. Rinde, Äste und Nadeln werden nach dem Hacken oder Mahlen einer weiteren Nutzung zugeführt (Larsson 1982).

4.1.6 Entrindung

4.1.6.1 Wald- oder Werksentrindung?

Wie erwähnt, beansprucht die Handentrindung einen erheblichen Anteil der Arbeitszeit. Dieser betrug ursprünglich bei Fichte/Tanne rund 35 %, bei Kiefer rund 45 %. Wurde Laubholz entrindet, z. B. Buchenholz für die Zellstoffindustrie, mußten mehr als 40 % der Arbeitszeit für diese Arbeit aufgewendet werden. Es wurde deshalb frühzeitig versucht, die Entrindung zu mechanisieren:

Die Wahl folgender Arbeitsorte bot sich hierbei an:

– Fällort; nach dem Entasten des Langholzes; verwendet wurden Schäl- oder Reppeleisen

(Schwarzwälder, Dauner, Soltauer Eisen, aber auch schwedische Schäleisen mit auswechselbarem Blatt) oder maschinenangetriebene, tragbare Entrindungsmaschinen,
- auf oder am Rand der Waldstraße; mit Messerschälmaschinen für Kurzholz; heute noch üblich sind Lochrotor-Entrindungsmaschinen für Kurz- und Langholz.
- Entrindung auf festen Anlagen (sog. Holzhöfen) mit Schlag- und Fräskopfentrindern oder Lochrotor-Entrindungsmaschinen; bei Masten, Palisaden, Pfählen usw. auch Messerschälmaschinen,
- Entrindungsanlagen auf Holzplätzen, die den holzbe- und verarbeitenden Industrien vorgeschaltet sind. Die Entrindungstechnik erweitert sich hier gegenüber forsteigenen Anlagen durch Trommelentrindungsanlagen, Wasserstrahlentrindung, Druckwalzensysteme sowie Flüssigkeits- und Windsichtung bei Hackschnitzeln.

Mehrere Gründe sprachen vor allem in Mitteleuropa über Jahrhunderte hinweg dafür, im Wald, und dort möglichst am Fällort, zu entrinden:

Waldhygiene: die Rinde trocknet nach dem Lösen vom Holz rasch und verliert ihre Eignung als Brutstätte für Borkenkäfer. Nichtentrindung führte in der Kriegs- und Nachkriegszeit des Zweiten Weltkriegs zu großen Borkenkäfer-Katastrophen. Generell gilt, daß die Austrocknung bis unterhalb des Wassersättigungsbereichs zu einer Verringerung des Pilz- und Insektenbefalls führt. Auch Pilze finden nur optimale Lebensbedingungen bei mittleren Feuchtigkeitsgehalten.

Verringerung des Reibungskoeffizienten und des Holzgewichts: Die Rinde bleibt im Bestand zurück; durch schnellere Austrocknung verringert sich das Holzgewicht um bis zu 35 bis 40%.

Walddüngung: Rinde besitzt einen hohen Gehalt an Waldnährstoffen und dient der Verbesserung des Waldbodens.

Im Gegensatz hierzu wurde in den USA, Kanada, Skandinavien, aber auch in der UdSSR von Anfang an in wesentlich stärkerem Ausmaß außerhalb des Waldes entrindet. Auch hierfür sprechen gewichtige Gründe:
- Vertikale Integration zwischen Wald- bzw. Einschlagslizenzbesitzern und holzbe- und -verarbeitender Industrie; angestrebt wurde eine Minimierung der Gesamtkosten der Holzernte, des Ferntransports und der Be- und Verarbeitung.
- Hohe Löhne beim Einsetzen einer geregelten forstlichen Nutzung und damit hohe Kostenbelastung der arbeitsintensiven Arbeiten im Wald unter schwierigen Bedingungen zwangen zu frühzeitiger Mechanisierung, die sich außerhalb des Waldes leichter verwirklichen ließ.
- Mangel an Arbeitskräften, die bereit waren, im Wald, oft abgelegen und in Waldarbeitercamps untergebracht, zu arbeiten.
- Von Anfang an waren geeignete kräftige Rückemittel wie Knickschlepper vorhanden; es konnten höhere Lkw-Nutzlasten gefördert werden.
- Schneller kostensparender Umschlag.

4.1.6.2 Wo wird heute entrindet?

Industrieholz, d. h. Laub- und Nadelholz, wird in der Bundesrepublik praktisch ausschließlich im Werk entrindet, und zwar in der Zellstoffindustrie, nach Teilung von Langhölzern in Längen von ein bis zwei Metern, mit Trommelentrindungsanlagen.

In der Plattenindustrie wird die Rinde häufig mitverarbeitet.

Sägeholz: Laubholz wird entweder mit Rinde eingeschnitten oder aber ebenfalls zentral beim Be- und Verarbeiter entrindet. Zur Anwendung gelangen Schlag- und Fräskopfentrinder, seltener Lochrotor-Entrindungsmaschinen oder Messerschälmaschinen.

Nadelholz hingegen wird z. T. immer noch im Bestand von Hand entrindet. In der Bundesrepublik schätzt man diesen Anteil (1983) auf 20 bis 30%. Weitere 15 bis 20%

werden mit kranbeschickten Großentrindungsmaschinen auf der Waldstraße oder auf provisorischen Lagerplätzen entrindet. Die Kapazität forstlicher Holzhöfe beträgt 5 bis 10% (1984). Mindestens 40% entfallen auf stationäre Anlagen in den Sägewerken.

4.1.6.3 Kostenveränderung durch Verlagerung der Entrindung

Die Verlagerung der Entrindung aus dem Wald ins Werk bringt eine Reihe von Änderungen der Holzerntesysteme mit entsprechenden Auswirkungen auf Vor- und Folgekosten mit sich.

Für den Forstbetrieb ändert sich die Rücketechnik: Die Reibung erhöht sich, auch müssen höhere Transportgewichte bewältigt werden.

Für den Käufer verändern sich folgende Teilarbeiten: Die Straßentransportkosten erhöhen sich als Folge des erhöhten Gewichts. Da die Transportkosten nahezu ausschließlich nach Gewicht kalkuliert werden, können sie um 35 bis 40% ansteigen. Als Folge des zunehmenden Gewichts wird die Sägeindustrie gezwungen, die Einrichtungen auf den Rundholzplätzen und diejenigen der Sägehalle und der nachgeschalteten Schnittholzsortierung zu verstärken.

Durch Anlagen zur Rindenbeseitigung entstehen zusätzliche Kosten. Soll Energie erzeugt oder aber die Rinde in gemahlenem Zustand vermarktet werden, müssen entsprechende zusätzliche Einrichtungen wie Rindenmühlen, Hacker und Silos installiert und betrieben werden.

Die Schnittware muß künstlich getrocknet werden oder bedarf zur Lufttrocknung einer längeren Lagerung.

Wird das Schnittholz nicht getrocknet, steigen die Schnittholztransportkosten an. In Frage kommt in der Regel nur der Verkauf im Nahverkehr. Da viele Sägewerke über lange Distanzen vermarkten, kommt der künstlichen Trocknung eine zunehmende Bedeutung zu.

Die Verlagerung der Entrindung ins Werk bietet aber auch Vorteile. In der Sägeindustrie kann die Standzeit der Sägeblätter erhöht werden; die Schnittqualität läßt sich verbessern, die Sägeblätter verlaufen weniger; als Folge kann in der Regel der Vorschub erhöht werden, auch bilden sich weniger Risse.

Die Rinde kann neuerdings mit Gewinn verwertet werden, sei es zur Energiegewinnung, als Füllmaterial in der Plattenindustrie, zur Kompostierung, gegen Verunkrautung und anderes mehr.

In der Papier- und Zellstoffindustrie hat sich die Anlieferung in Rinde und in möglichst frischem Zustand durchgesetzt, verbunden mit Werksentrindung in entsprechenden Großentrindungsanlagen, in der Regel in Trockentrommeln. Nach KNELL (1968) und KELLER (1973) konnte hierbei die Qualität des Schliffs und des Zellstoffs, insbesondere des Weißgrades, erhöht werden. Während es vor Beginn der 70er Jahre üblich war, Industrieholz im Wald zu entrinden und gut abgelagert in die Produktion zu bringen, wird heute versucht, durch Belassen der Rinde den Feuchtigkeitsgrad hoch zu halten und eine Verfärbung durch Oxydation oder auch durch Pilze zu vermeiden.

4.1.6.4 Entrindungstechniken

Begriffe

Als Bauholz geeignete Rundhölzer wurden bereits im Altertum behauen, d. h. am Fällort mit Hilfe von Äxten und Behaubeilen in balkenähnliche Form gebracht, später aber, da auch die Seitenteile Verwendung fanden, nur entrindet. Charakteristisch hierfür war u. a. die konventionelle steierische Art und Weise der Holzaufarbeitung. Gefällt wurde im Frühwinter und Frühjahr, am Fällort wird das Holz nach dem Abklotzen in Blochlängen entrindet. Es trocknet im Sommer. Gerückt wurde im Spätsommer und Herbst in der

Weise, daß das Holz mit Hilfe des Sappies bergab an die Waldstraße gebracht wurde. Das Gewicht eines Bloches konnte hierbei jeweils von einem Forstarbeiter bewältigt werden.

Während anfangs ausschließlich mit breitschneidigen Äxten und zu kurzem Axtstiel entrindet wurde – die Rinde alter und starker Tannen wird auf diese Weise auch heute noch entfernt –, kamen im letzten Jahrhundert bei schwächerem Nadelholz Schäl- oder Reppeleisen in Gebrauch. Schichtholz wurde, da auch der Bast mitentfernt werden sollte, bis in die 50er Jahre mit Ziehmessern entrindet. Sowohl in der Papier- als auch in der Zellstoffindustrie wurde sogenannte weiße Qualität verlangt.

Je nach Entrindungs- bzw. Bearbeitungsintensität unterscheidet man folgende Begriffe:

- **Streifen:** schwächere Reis- und Derbstangen werden vierseitig gestreift, d. h. nur ein Teil der Rinde wird mit dem Schäleisen entfernt.
- **Reppeln:** Mit Schäl- oder Reppeleisen wird Langholz mit Hilfe der sogenannten Langbahntechnik entrindet. Es bleiben Rindenreste und größere Teile des Bastes am Stamm zurück.
- **Lohschälen:** Während der Saftzeit läßt sich die Rinde mit Loheisen oder Lohlöffel vom Holz bastfrei trennen. Die Rinde wird in Einmeterbahnen geschnitten, getrocknet und vermarktet.
- **Weißschälen:** Mit Hilfe von Messerwerkzeugen (Ziehmesser, Messerscheibenentrinder, Messerköpfe) werden Rinde und Bast entfernt. Diese Technik ist mit einem durchmesserabhängigen Holzverlust verbunden. Dieser beträgt 2 bis 20 %.
- **Entsplinten:** Bei bestimmten Tropenhölzern, deren Splint raschem Insekten- und Pilzbefall ausgesetzt ist, wird nach der Fällung Rinde und Splint mit Hilfe von Äxten entfernt.
- **Behauen:** Hierbei werden mit Behauäxten Balkendimensionen aus dem Rundholz herausgehauen.

Messung des Entrindungswiderstandes

Der Entrindungswiderstand korreliert mit der Rindenstärke, wobei die Rinde sich altersabhängig verändert. Nach Abschluß der Winterruhe verringert sich der Ablösungswiderstand der Rinde vom Holz beträchtlich. Der Beginn der Schälbarkeit schwankt in Abhängigkeit von Klima, Höhenlage, Exposition, geographischer Lage und Bodenqualität, aber auch nach Baumklassen.

Die Dicke der Rinde wird mit Hilfe von Meßuhren und Schublehren gemessen oder durch Ermittlung der Durchmesserdifferenz vor und nach dem Entrinden bestimmt. Beim Rindenstärkemesser wird mit der geschärften Spitze die Rinde bis zum Splint durchstoßen; die Dicke kann auf einer Meßskala abgelesen werden.

Der Entrindungswiderstand kann sowohl in der Längsachse als auch als Zugwiderstand in Querrichtung ermittelt werden.

Die von Zieger (1947) angewendete Methode mißt ausschließlich in Längsrichtung. Das Meßgerät besteht aus drei Teilen, einem Doppelreißer mit 25 mm Abstand zwischen den Reißhaken, einer Rolle mit 50 mm Durchmesser sowie einer Zugfederwaage, auf der der Ablösungswiderstand abgelesen werden kann. Mit dem Gerät werden Probestreifen von 5 bis 10 cm Länge abgezogen. Der Schälwiderstand schwankt hierbei zwischen weniger als 200 g (sehr gut schälbar), 200 bis 400 g (gut schälbar) und über 1200 g als Grenze der Reppelfähigkeit. 500 g gelten als Grenze der Schälbarkeit, also der Möglichkeit, Gerbrinde zu gewinnen.

Wilcox (1953) entwickelte ein Widerstandsmeßgerät, das den Ablösewiderstand einer kreisförmig vorgeschnittenen Rindenscheibe wiedergibt. Mit einer Zylindersäge wird ein 45 mm Durchmesser aufweisendes Rindenstück herausgeschnitten und mittels Hebelkraft abgedreht.

Andere Versuche, z. B. mit dem Ziel, den Schubwiderstand beim Entrinden zu messen, blieben erfolglos.

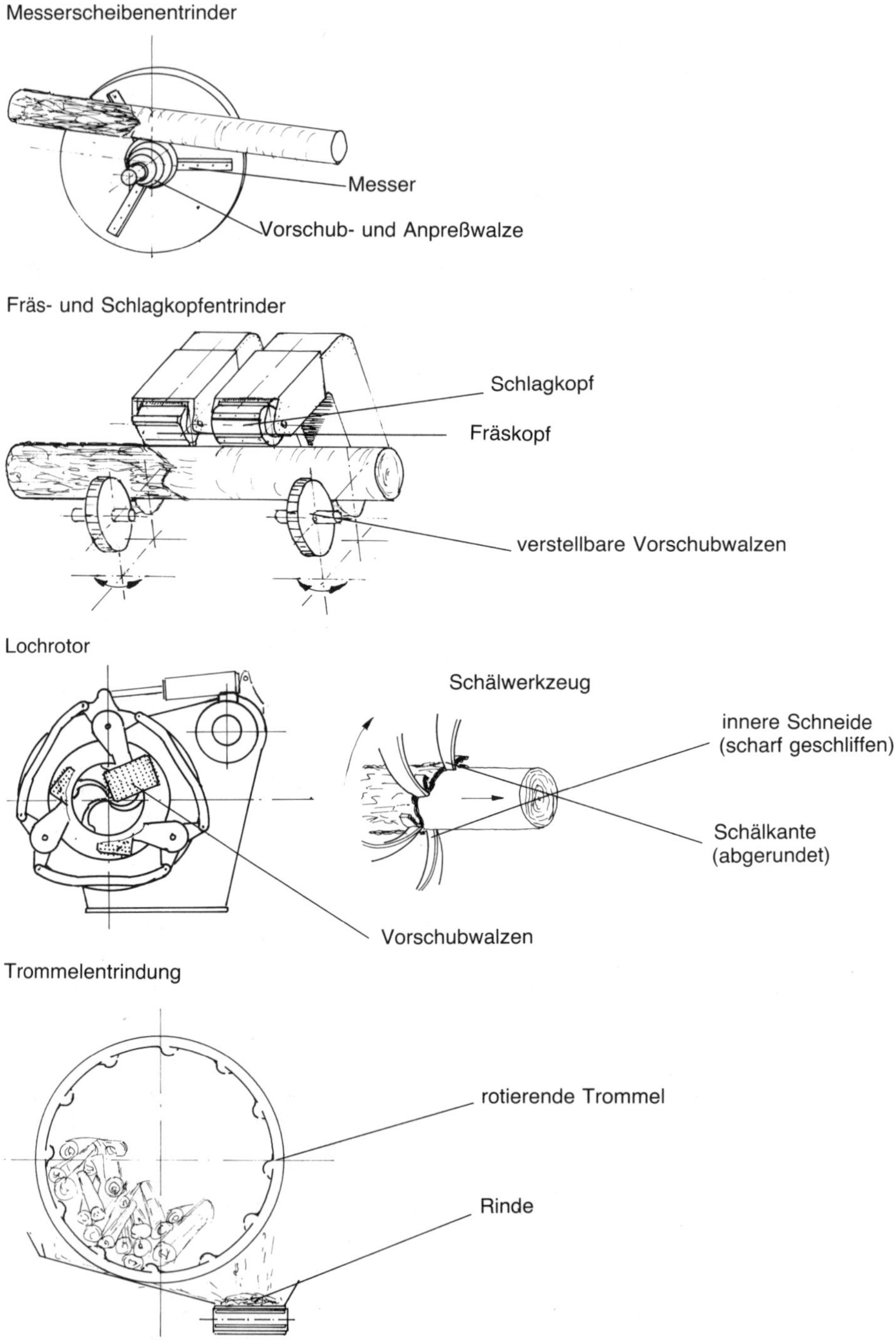

Abb. 18. Entrindungstechniken.

Maschinelle Lösungen

Wie Übersicht 18 und Abb. 18 zeigen, lassen sich vier mechanische Entrindungsprinzipien unterscheiden:
- die Messerschälung,
- das Abpressen der Rinde vom Holz mit Hilfe stumpfer Werkzeuge oder Stoßen der Hölzer gegeneinander in Wannen oder Trommeln,
- die Entrindung durch Flieh- und Schwerkraft (Hackschnitzel),
- die chemische Entrindung.

Die Messerschälung wird als älteste Technik mit Hilfe von Messerscheiben- oder Messerkopfentrindern überall dort angewendet, wo weißgeschält und zugleich auch die Form beeinflußt werden soll, d. h. bei Masten, Palisaden, Pfählen usw.. Bei schwachen Holzdimensionen kann der Holzverlust zwei bis maximal 20 % betragen. Messerkopfentrinder werden gelegentlich zur Nachsäuberung nach Schlagkopfentrindern bei stärkeren Importhölzern eingesetzt.

Das Lösen der Rinde vom Holz durch ausgeübten Druck (Dauerpressung oder Schlag) stellt eine Weiterentwicklung dar, mit dem Ziel, den Holzverlust zu minimieren. Als Beispiel können sogenannte Lochrotorentrinder dienen. Hierbei rotieren 5 bis 8 Schälmesser um den zu entrindenden Stamm. An jedem dieser Schälmesser befindet sich eine Schneide- und eine stumpfe Räumkante.

Beim Rotieren um den die Maschine durchwandernden Stamm wird zunächst die Rinde spiralförmig durchgeschnitten. Der entstehende Rindenstreifen wird dann von der Räumkante abgepresst. Im Gegensatz zur Handentrindung kann auch bei Frost entrindet werden. Erst bei Temperaturen um -15 bis $-20°$ treten Beschädigungen der Holzoberfläche auf (im übrigen auch im Herbst, solange der jüngste Jahrring noch nicht verfestigt ist).

Schlagkopfentrinder arbeiten mit stumpfen Kanten. Entrindet werden mit dieser Technik vor allem Importhölzer, also stärkere Holzdimensionen. Die Kapazität der Anlagen ist im Vergleich zu Lochrotoren geringer; dem entsprechen niedrigere Investitionen.

Trommelentrindungsanlagen basieren auf Druck- und Schlagentrindung und finden bei hoher Stundenleistung in der Zellstoff- und Papierindustrie Verwendung. Bei Drehbewegung dieser Trommeln werden die ein bis zwei Meter langen Hölzer durcheinandergewirbelt und hierbei die Rinde abgeschlagen. Die Wände der Trommeln sind mit kräftigen Rippen versehen, die den Entrindungsvorgang begünstigen.

Um die Entrindungsqualität zu verbessern und die Durchlaufdauer zu verkürzen, wurde zunächst naß entrindet, d. h. das Holz wurde – gelegentlich sogar in warmem Wasser – eingeweicht. Heute herrschen – aus Abwasserbeseitigungsgründen – Trockentrommelanlagen vor. Sie wurden dadurch ermöglicht, daß Industrieholz, im Gegensatz zu früher, in frischem Zustand angeliefert wurde und gleich entrindet werden konnte. Der Rücklauf ließ sich dadurch wesentlich verringern, der Durchsatz erhöhen. In den Trommelentrindungsanlagen hält sich der Holzverlust mit 1 bis 3 % in vertretbaren Grenzen.

Vielfache Versuche mit mobilen Trommeln auf Waldstraßen oder temporären Waldlagerplätzen zu arbeiten, wurden inzwischen aufgegeben.

Wasserstrahlentrinder sind praktisch ausschließlich in Nordamerika in Anwendung. Die Entrindungsqualität ist bei ebenfalls 2 bis 3 % Holzverlust recht zufriedenstellend. Erforderlich sind allerdings 37 bis 74 kW, um den notwendigen Wasserdruck (50 bis 100 bar/cm^2) zu erzeugen. Da neben dem Kraftbedarf auch die Wasserbeschaffung und Reinigung schwierig ist, kommt diesem System nur regionale Bedeutung zu (LINNARD 1985).

Druckwalzensysteme, bestehend aus entweder mit Metall oder Gummi bestückten Walzen, wurden versuchsweise, aber neuerdings auch in der Praxis bei der Trennung der Rinde von grünen Hackschnitzeln angewendet. Obwohl das Verfahren erhebliche technische Schwierigkeiten bereitet, insbesondere in Abhängigkeit vom jahreszeitlichen Zustand der

Übersicht 18. Technische Lösungen der Entrindung

Entrindungsprinzip	Technische Realisierung	Geräte und Maschinentyp	Einsatzbereich	Leistungsrahmen (m^3) je Einheit
Schneiden Trennung der Rinde vom Holz durch „scharfen Schnitt" (verbunden mit Holzverlust)	Handentrindung, bzw. mobile und stationäre maschinelle Messerschälung (i.d.R. über die Zapfwelle von Traktoren angetrieben)	Ziehmesser, Schäleisen Messerscheibenentrinder Messerkopfentrinder	Langholz, Kurzholz	0–1,0 2–8 4–15
Ablösen, Abschlagen, Abpressen Trennung der Rinde vom Holz durch „stumpfen Druck" (holzverlustfrei bzw. holzverlustarm)	Druck vom Holz gegen Holz	stationäre Trommel mobile Trommel	Kurzholz Kurzholz	50–200 20–50
	Druck von Werkzeugen oder Vorrichtungen gegen Holz	Kettenentrinder Lochrotoren Schlagkopfentrinder Druckwalzensysteme	Langholz, Kurzholz Langholz, Kurzholz Langholz, Kurzholz Hackschnitzel	5–50 5–50 5–50 Laborversuche
	durch Wasserkraft	Wasserstrahlenentrinder	Langholz	5–80
	durch Druckluft	Druckluftentrinder	Hackschnitzel Rundholz	Laborversuche Laborversuche
Fliehkraft-Entrindung	durch Gewichtsdifferenz Partikelgröße und Zentrifugieren	Windsichtung Zentricleaner	Waldhackschnitzel Reinigung der Schliff- bzw. Zellstoffe (auch Restrinde und Bast)	entsprechend der Leistung des Hackers industrielle Arbeitsweise mit Zentricleaner, Batterien
Chemische Entrindung Trennung der Rinde vom Holz durch im Kambium transportierte Giftstoffe	Abfall der Rinde nach Absterben des Kambiums	Fluorpräparate Arsensalze	Ammoniumbiflorid Langholz (stehend) Natriumarsenik Langholz (stehend)	Feldversuche

Hackschnitzel, konnten im Hinblick auf Sulfatzellstoffproduktion akzeptable Kompromisse zwischen Entrindungsqualität (Rindenrestanteil) und Holzverlusten gefunden werden.

Auf dem unterschiedlichen Gewicht von Rinde und Holz basieren Systeme der Fliehkraftentrindung, wobei zweierlei Formen angewendet werden. Mit Hilfe der Windsichtung gelingt es, an Hackern einen nennenswerten Anteil der Rinde getrennt abzufangen und in den Wald zurückzublasen oder zu verwerten. In der Zellstoff- und Papierindustrie wird Schliff oder der Rohzellstoff mit Hilfe von sog. Zentricleanern, d. h. Zentrifugenbatterien, von Rinde und sonstigen Schmutzanteilen gereinigt.

Gläser (1955) und Zieger (1960) führten eine Reihe von Versuchen durch, mittels chemischer Substanzen zu entrinden. Die Mittel wurden ringförmig auf die Rinde in Brusthöhe aufgebracht. Mit dem Absterben des Kambiums lockerte sich die Rinde vom Holz und fiel ganz oder partiell ab. Gleichzeitig stellten die absterbenden Bäume Fangbäume dar, wobei insbesondere das Natriumarsenik insektizid wirkte. Die Nachteile überwogen aber bei der chemischen Entrindung bei weitem. Holzartspezifisch wurden Verfärbungen beobachtet. Das Fällen der dürren Bäume bereitete zusätzliche Schwierigkeiten, ebenso das Entfernen der trockenen Äste. Auch konnte ein Abwandern der chemischen Substanzen in den Boden beobachtet werden. Heute wird eine generelle Abneigung gegen die Verwendung von Chemikalien im Forst ohne Einschränkung akzeptiert; so verbietet sich die chemische Entrindung.

Neuere Untersuchungen zur Entrindung von schwachen Fi-Vollbäumen liegen vom Skovteknisk Institut in Dänemark vor (Baadsgaard-Jensen 1985). Dabei wurden drei verschiedene Entrindungsaggregate erprobt, die mit rotierenden schmalen Stahlbändern (Dreschflegelprinzip), mit rotierenden Stahlketten oder mit rotierenden Stahlbürsten arbeiteten.

4.1.6.5 Nutzungsmöglichkeiten von Rinde

Rinde wird heute zunehmend zur Energieerzeugung verwendet, wenn auch noch mit geringem wirtschaftlichen Erfolg. Schäl- und Reppelrinde überwiegend von Fichte, Tanne und Kiefer finden ferner Verwendung als Rindenhumusprodukte (Zöttl 1981), so z. B. als

- **Rindenmulch:** Nach Zerkleinern und Absieben der frischen Rinde wird das Material zur Bodenabdeckung (Mulchen) im Landschaftsbau, Weinbau, in Park- und Grünanlagen als Belag von Baumscheiben, Wegen, Spielplätzen und Reitbahnen verwendet. Gelegentlich findet sich das Produkt auch als Rindendekor (beautybark) in Gartenanlagen, unter Bäumen und Sträuchern (herbizide Wirkung) oder an Hängen als Schutz gegen Bodenabtrag.
- **Rindenhumus:** Er entsteht durch Kompostierung (Fermentation) zerkleinerter und feuchter Rinde bei gleichzeitigem Zufügen eines Stickstoffträgers und evtl. weiterer Mineralstoffe. Rindenhumus wird in den Oberboden eingearbeitet. Dort findet eine langsame Mineralisierung und Humifizierung statt (z. B. in extrem humusarmen Böden neuangelegter Weinberge).
- **Rindenkultursubstrate:** Durch Zumischung pflanzenverfügbarer Nährstoffe (Kombination von Langzeitdünger, leichtlöslichen Nährstoffen und organischem Dünger) wird eine Einheitsblumenerde hergestellt.

Die Jahresproduktion (Zöttl 1981) dürfte in der Bundesrepublik bei mindestens 200 000 m^3 liegen (Torf rund 1 Mio. m^3). Sie weist einen steilen Anstieg auf. Die Gründung einer Gütegemeinschaft verspricht eine bessere Kontrolle der Qualität.

4.1.7 Spalten, Hacken, Mahlen, Schleifen

4.1.7.1 Spalten

Üblich ist die Herstellung von Brennholz in Ofendimensionen. Das in Meterlängen (die über 15 cm starken Stücke sind meist gespalten) aufgearbeitete Brennholz wird von Hand auf den Sägetisch einer fahrbaren Säge- und Spaltmaschine gehoben und dort eingeschnitten. Auf demselben Tisch werden von einer zweiten Arbeitskraft die Abschnitte der Scheiter und Rollen mit einem preßluftgetriebenen Spaltkeil in ofenfertige Teile zerlegt.

An Stelle dieser veralteten fahrbaren Brennholzsägen treten zunehmend Maschinen, die in einem Arbeitsgang längere Holzstücke aufspalten und in gewünschte Längen schneiden. Derartige Zusatzgeräte zu schwereren Landwirtschaftsschleppern werden von der Gelenkwelle angetrieben. Der Vorschub des Rundholzes erfolgt von Stachelwalzen. Der Mindestkraftbedarf beträgt 30 kW, die maximale Leistung 3 bis 5 m^3 Brennholz/h. Die Holzdurchmesser sind allerdings auf 18 bis 25 cm beschränkt.

Vorwiegend meterlanges, stärkeres (> 15 cm Durchmesser) Rundholz wird, wenn das Aufspalten nicht im Wald mit Spaltaxt oder Spalthammer und Keil erfolgt, gelegentlich mit mechanisch angetriebenen, hydraulisch arbeitenden Horizontal- oder Vertikalspaltern zerlegt. Der Mindestkraftbedarf beträgt 10 kW. Die Leistung liegt bei bis zu drei Spalttakten/min. Begrenzt wird die Leistung durch die übliche und damit körperlich anstrengende Zuführung und Abnahme des Holzes per Hand. Neuere Konstruktionen weisen hydraulische oder mit Preßluft gesteuerte Hebesysteme auf. Derartige Spaltgeräte werden auch in der Industrie verwendet, um Holzdimensionen zu zerkleinern, die sich für Transport, Entrindungsmaschine, aber auch Hacker als zu groß erweisen.

Eine Sonderstellung nehmen über eine Zapfwelle mechanisch angetriebene, kegelförmige, mit Spiralleisten versehene Spaltkeile ein, die sich selbst ins Holz fressen und dieses hierbei aufspalten.

4.1.7.2 Hacker

Probleme und Vorzüge der Herstellung von Waldhackschnitzeln

Mehrere Gründe sprechen für die Waldhackung:

- Kosten: Gehackt werden Vollbäume schwächerer Dimension und Kronenteile, die sich nicht als Stammholz eignen, d. h. Baumbestandteile, deren Aufarbeitung nach dem Stückmassegesetz hohe Kosten verursachen würden.
- Die Aufarbeitung dieser schwach dimensionierten, für eine andere mechanisierte Ernteform wenig geeigneten Waldresthölzer (Häberle 1980) ist körperlich anstrengend und zeitaufwendig. Das maschinelle Hacken macht das Zerkleinern von Hand entbehrlich.
- Als ein für die Systemwahl entscheidender Gesichtspunkt erweist sich die Mehrausbeute an Biomasse, die in Abhängigkeit von Holzart, Bestandesalter und Sortierungsgrad beachtliche Ausmaße annehmen kann (Grammel, Becker, Serini 1980):

Die Mehrausbeute, bezogen auf die herkömmliche Nutzung von Stamm- und Industrieholz, beträgt in Dickungen bis zu 100 %, in Buchen-Althölzern immer noch knapp 10 %.

Übersicht 19 gibt Ausbeutewerte an, unter der Voraussetzung, daß auch der Industrieholzanteil gehackt wird. Dies wäre technisch einfacher und wirtschaftlich günstiger, vorausgesetzt, der Holzwert wird durch das Hacken nicht vermindert.

- Senkung der Schlagabraumbeseitigung. Auf genutzten Altholzflächen muß nach der Holzernte zur Vorbereitung der Kulturarbeiten der Schlagabraum, d. h. Äste, Kronenteile usw. beseitigt werden. Üblich sind Verbrennen, Einfräsen, Mulchen oder Brennholznutzung. Die Mehrzahl dieser Lösungen ist mit erheblichen Kosten verbunden.
- Forst- und Holzschutzkosten lassen sich, wenn auch nur geringfügig, senken.

Übersicht 19. Mehrausbeute bei Waldhackung gegenüber herkömmlicher Nutzung

Versuchsbestand Nr. (vgl. Übers. 1)	Baumart	∅ BHD (cm)	Herkömml. Anfall Stammholz und Industrieholz %	Efm. m. R. /ha	Mehrausbeute %	Efm. m. R. /ha	m^3 HS/ha
1	Bu	6,2	0	0	100,0	10,96	45,2
	Lä	14,7	79,1	27,09	20,9	5,66	22,5
2	Fi	8,2	60,1	10,61	39,9	4,23	12,7
3	Ki	10,9	74,0	42,72	26,0	11,09	30,3
4	Ki	17,3	78,6	32,4	21,4	8,8	24,3
5	Bu	32,5	90,7	116,0	9,3	5,6	15,4
6	Bu	42,5	91,2	94,2	8,8	5,7	15,7

- Auch forstästhetische Gesichtspunkte können stadtnah eine Rolle spielen. Der Vorwurf unästhetischer Waldwirtschaft entfiele.
- Generell gilt, daß sich Hackschnitzel einfacher transportieren, lagern, dosieren, zerfasern und zerspanen lassen.

Wie bei der Verfahrenswahl zur Holzernte häufig, ist für die Herstellung von Waldhackschnitzeln nur selten einer dieser Gesichtspunkte allein entscheidend. Aber die Fülle der positiven Gesichtspunkte spricht für einen wachsenden Einsatz von Waldhackern.

Die Waldhackung und damit die Entnahme der gesamten Biomasse ist auch mit Nachteilen verbunden:

- Waldresthölzer fallen meist nur zerstreut und in kleinen Mengen an; dies erschwert einen rationellen Maschineneinsatz.
- Die Hackertechnik befriedigt noch nicht, eine schnelle Weiterentwicklung ist zu erwarten. Sie wird sich vor allem auf die Unterbringung von Beschickungseinrichtung, Hacker, Container oder Säcken auf demselben Fahrzeug beziehen.
- Schwierigkeiten bereitet die Abstimmung der Leistung der unterschiedlichen am Erntesystem der Waldhackung beteiligten Maschinen. Während Fällen, Rücken und Hacken ohne größere Probleme miteinander verbunden werden können, ist es selten möglich, die Abfuhrkapazität mit der Leistung der Hacker in Übereinstimmung zu bringen. Die Abfuhrdistanz wechselt, die Straßenbeschaffenheit und auch die Verkehrsdichte. Es erscheint deshalb notwendig, daß die Hackschnitzel zunächst am Rand der Waldstraße zwischengelagert werden. Da aber Verunreinigungen durch Steine und Erde eine Weiterverarbeitung z. B. in der Spanplattenindustrie unmöglich machen, muß diese Zwischenlagerung entsprechend sorgfältig erfolgen.
- Der geordnete Absatz von Waldhackschnitzeln bereitet (noch) Schwierigkeiten. Spanplattenfirmen konnten sich bisher ausreichend mit konventionellen Sortimenten versorgen. Die Herstellung von Hackschnitzeln ist mit dem Nachteil verbunden, daß sie sich dicht lagern und deshalb nicht trocknen. Dies mindert den Heizwert beträchtlich. Will man trotzdem Waldhackschnitzel zur Energieerzeugung verwenden, wird man das Rohholz zunächst austrocknen lassen und dann hacken. Man wird zusätzlich dafür Sorge tragen, daß während des Hackvorgangs und des anschließenden Transports und der Lagerung Niederschläge das Hackgut nicht mehr anfeuchten. Für die Zellstoffherstellung nach dem Sulfidverfahren eignen sich grüne Hackschnitzel nicht. Der Rinden-, Knospen-, Nadel- und Blattanteil ist in der Regel zu hoch.
- Auf die bei der Vollbaum- u. Kronenhackung – standortabhängig unterschiedlich zu bewertende – nachteilige Entnahme der gesamten Biomasse wurde bereits hingewiesen.
- Nicht übersehen werden kann, daß beim Rücken von Vollbäumen oder Kronen zu den Hackern eine Verletzung der Bodenvegetation entsteht. Dies kann auf gefährdeten Standorten zu erhöhter Erosion führen.

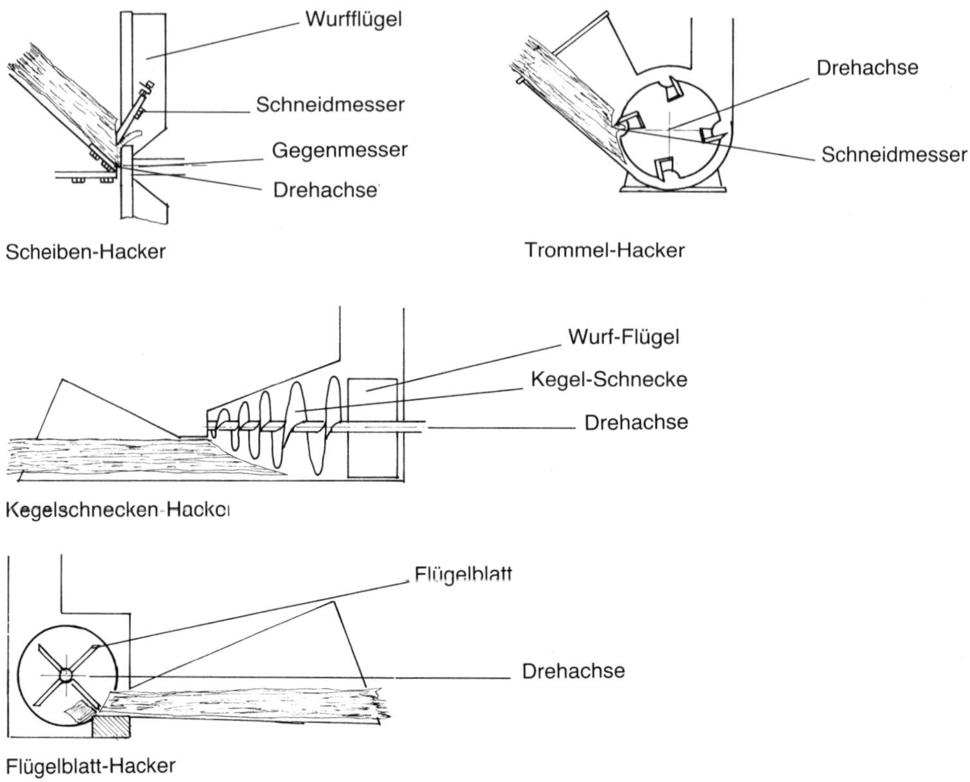

Abb. 19. Hackertechniken.

Grundsätzlich gilt, daß erst eine steigende Nachfrage nach Waldhackschnitzeln bei wachsendem Holzmangel den Wert dieses Produkts erhöhen und eine regelmäßige Vermarktung sichern wird. Begrenzt wird die Entwicklung durch die zunehmende Bereitschaft der Bevölkerung, Brennholzschläge aufzuarbeiten. Zwar ist dies für den Käufer arbeitsintensiv, verursacht dem Forstbetrieb aber keine Kosten und bringt gelegentlich sogar, wenn auch geringe, zusätzliche Einnahmen.

Hackertechnik

Abbildung 19 gibt die Bauprinzipien mobiler und stationärer Hacker wieder (Denninger 1980; Grammel 1981).

Scheibenhacker: Dies sind die am häufigsten angewendeten. An einer Schwungscheibe sind 2–4 Messer eingelassen. Scheibenhacker weisen gegenüber anderen Bauarten folgende Vorteile auf:
- Die Hackschnitzelqualität ist dank des schrägen Schnitts und der einfachen Steuerung der Schnitzelform und Größe bei geringeren Stauchschäden besser,
- eine gesonderte Wurfvorrichtung erübrigt sich; mit den an der Scheibe befindlichen Flügeln wird das Hackgut ausgebracht,
- dank der günstigen Schnittführung ist der Kraftbedarf gering,
- für Spanplattenproduktion ist von Bedeutung, daß der Feinanteil niedriger ist.

Trommelhacker: Diese finden sich häufig in den große Holzmengen verarbeitenden Papier-, Zellstoff- und Plattenindustrien als stationäre Anlage; sie wird aber auch in mobilen

Hackern angewendet. Auf einer Trommel sind in der Regel vier Messer angebracht. Die Leistung kann, da der Trommeldurchmesser im Vergleich zur Hackscheibe deutlich geringer ist, gegenüber Scheibenhackern wesentlich höher sein (die Zentrifugalkraftprobleme sind geringer). Benötigt wird zusätzlich ein Gebläse. Die Qualität der Hackschnitzel ist geringer. Mit Hilfe einer gegengeschalteten Hammermühle können auch Reststücke zerkleinert werden.

Spiral- bzw. Schneckenhacker: Eine Hackschnecke oder Spirale zieht das Holz gleichzeitig ein, hackt und transportiert das Hackgut. Der Energiebedarf ist gering, die Bauweise einfach. Das entstehende Hackgut eignet sich für Heizzwecke.

Flügelhacker: Wie beim Spiralhacker dient diese Neuentwicklung der Erzeugung von größerem Hackgut zu Heizzwecken.

Kraftbedarf und Leistung

Nachfolgende Übersichten weisen auf den hohen Kraftbedarf für das Hacken von Holz hin.

Übersicht 20. Scheiben- und Trommelhacker (Firmenangabe Fa. PALLMANN 1982, Mod. PHS-S stationär)

Einlaß-Querschnitt/mm	Hackscheibe/ Hacktrommel ∅ in mm	Messeranzahl	Antrieb[1] kW
Scheibenhacker			
220 × 400	1200	2–4	83–118
330 × 500	1700	3–6	105–175
450 × 650	2300	4–8	280–430
Trommelhacker[2] (Firmenangabe PALLMANN 1982, Mod. PHT stationär)			
220 × 450	800	2	53–98
350 × 650	1300	3–4	147–265
800 × 1400	2400	5–8	460–1060

[1] einschl. Einzugswalzen
[2] Ndh. 30 mm Schnitzellänge

Übersicht 21. Mobile Anbauhacker für den Waldeinsatz (DENNINGER 1980; GRAMMEL 1981)

Technik	Hackschnitzel-länge/mm	Holz ∅ (max.) mm	Antrieb kW	Fabrikat
Scheibenhacker	4–22	2200	30–70	FARMI HK 300 a
	10–15	1700	50–70	HORSMA
	12–25	2000	40–80	BRUKS 724
	6–26	1600	30–100	JUKKARI HJSL 6
	10–20	2500	30–80	IGLAND 250 T
		4200	280	CHIP HARVESTER MOD. 18
		5500	360	CHIP HARVESTER MOD. 22
Trommelhacker	5–20	2200	30–100	ERJO 160 T
	5–40	2000	30–100	HS 500 H
Spiralhacker	50–80	1600	30–50	KOPO PH-10

Bauformen mobiler Hacker

Hacker finden in folgenden Bauformen Verwendung:
- Anbauhacker an landwirtschaftliche Schlepper oder Forstspezialschlepper,
- Aufbauhacker auf Kraftfahrzeugen, meist schwere und mittelschwere Modelle,
- selbstfahrende Hacker, schwere Modelle.

Erfolgt die Beschickung von Hand, ist dies körperlich sehr belastend. Zunehmend vorgezogen werden deshalb funkferngesteuerte Seilwinden oder Hydraulikkräne.

Die Hackschnitzel werden in selbstgetragenen Säcken, Containern (Wippermann, Russel 1981) und Anhängern mit entsprechend hohen Bordwänden aufgefangen oder bei der Arbeit auf der Waldstraße direkt in die Laderäume von Kraftfahrzeugen geblasen, die mit Kippeinrichtungen, Rollböden oder Saughebern entleert werden (Grammel, Becker, Serini 1981).

4.1.7.3 Hammermühlen

Hammermühlen dienen zur Zerschlagung von stückigen Abfällen, also auch Waldresthölzern, insbesondere aber der Zerkleinerung von Rinde und Gemischen aus Rinde, Ästen und Nadeln. Das meist lose Material bedarf einer technisch geordneten Zuführung.

Anstelle von Hammermühlen werden für die Grobzerkleinerung von Rinde usw. auch sogenannte Trommelreißer angeboten. Als Zerkleinerungswerkzeuge dienen hierbei auf einem Rotor angebrachte robuste Nocken.

4.1.8 Literatur

Amschel, 1981: Energiegewinnung im österreichischen Rinden-Kraftwerk Donausäge. AFZ Nr. 36, S. 1248–1249.

Andersson, S.; Hansen, R.; Jonsson, Y.; Nylander, M., 1978: Harvesting Systems for Stumps and Roots. In: McMillin, C. W., Hrsg. (1978): Complete Tree Utilization of Southern Pine. Proceedings of a Symposium, New Orleans, Lousiana, April 1978. Forest Products Society.

Anonymous, 1978: Entastung- und Entrindungsmaschine für Nadellangholz. HZBl, 104. Jg., Nr. 137, S. 2103.

Arbeitsgemeinschaft der Waldarbeiterschulen der Bundesrepublik Deutschland, 1976: Der Forstwirt. Unterlagen zur beruflichen Bildung. 1. Aufl., Bad Segeberg.

Arvidsson, A., 1986: Pruning for quality. In: Small Scale Forestry 1/86, Garpenberg, Schweden.

Baadsgaard-Jensen, J., 1985: Fractionation of Small Norway Spruce. Skovteknik Instituts (ATV), Copenhagen.

Backhaus, G., 1984: Beurteilen von Leistungen bei verschiedenen Waldarbeiten. FTI, 36. Jg., Nr. 2.

Bauer, H., 1981: Umwandlungsverfahren von Holzbiomasse in Energie. AFZg., 92. Jg., Nr. 7, S. 243–246.

Becker, G.; Pfeil, C., 1974: Ganzbaum-Waldhackschnitzel, technische und wirtschaftliche Aspekte der Waldhackung. Mitt. der FVA Freiburg, Heft 62.

Bernhard, A.; Wenter, W., 1977: Arbeitsstudien und Herstellung von Zeitbedarfswerten für die maschinelle Entastung und Ablängung mit dem Processor ÖSA im Gebirgswald. AFZg., 88. Jg., Nr. 5, S. 123–126.

Buchberger, J., 1976: Die energetische Belastung forstlicher Arbeitskräfte. Die Waldarbeit Nr. 3. Forstwiss. Zentralstelle, Solothurn.

Caprez, G.; Stephani, P., 1981: Die Holzernte. Bd. 1 und 2. Basel.

Conway, S., 1976: Logging Practices. Miller Freemann Publ. Inc.

Davidson, D., 1978: Development of New Feller Buncher Concepts. In: McMillin, C. W., Hrsg., 1978: Complete Tree Utilization of Southern Pine. Proceedings of a Symposium, New Orleans, Lousiana.

Denninger, W., 1980: Anbauhacker, Arten, Eignung und Beurteilung. Forstarchiv 51. Jg., Nr. 9, S. 186–188.

Denninger, W., 1981: Rationelle Brennholzaufarbeitung mit Spaltgeräten und Holzhackmaschinen. AFZ Nr. 7, S. 142–144.

Denninger, W., 1984: Die Zapfwelle als direkte Antriebswelle für forstliche Maschinen und Geräte. FTI, 36. Jg., Nr. 1.

Deppe, H. J., 1980: Nutzung forstlicher Biomasse in der Werkstofferzeugung. Forstarchiv 51. Jg., Nr. 6, S. 235–238.

Dietz, P.; Boltz, E., 1984: Die Arbeit mit Kransägen. HZBl Nr. 51.

Döhrer, K., 1972: Maschinelles Entasten von Fichten-Schwachholz – im Walde oder am Holzhof. AFZ, 27. Jg., Nr. 37, S. 731–732.

Du Hamel du Monceau, 1764: Von der Fällung der Wälder und gehöriger Anwendung des gefällten Holzes. Paris. Übersetzt von C. C. O. v. Schöllenbach, Nürnberg 1766.

Ericson, O.; Radström, L., 1984: Large-Scale Forestry in Sweden 1982–1990 – Methods, Productivity, Cost and Profitability. Skoksarbeten, Report Nr. 2.

FAO/ECE/ILO, 1981: Seminar on Maintenance of Forest Machinery in Large- and Small Scale Forest Operations. Proceedings, Garpenberg.

Fleischer, M., 1976: Zum Einsatz mobiler Fällmaschinen in Vornutzungsbeständen: Technisch-biologischer Stand, Anforderungen und Entwicklungstendenzen. Wiss. Z. Techn. Univers. Dresden, 25. Jg., Nr. 5/6, S. 1323–1326.

Flury, O., 1981: Holzenergie und Holzfeuerungsanlagen aus schweizerischer Sicht. AFZg., 92. Jg., Nr. 7, S. 246–248.

Folkema, M. P., 1984: Circular Saw and Cone Saw Felling Heads: An Update. FERIC Technical Report No. TR-56, March.

Folkema, M. P., 1983: Evaluation of the S.L.R. 2000 Dual Head Delimber Attachment. FERIC Technical Report, No. TN-42.

Folkema, M. P.; Legault, R., 1976: Evaluation of the Logging Development Corporation Processing Head, Model 421. FERIC, Technical Report, No. 2, Jan.

Folkema, M. P.; Mellgren, P. G., 1982: Circular Saws Save Millions. Can. For. Ind., Sept.

Folkema, M. P.; Novak, W. P., 1976: Evaluation of Timmins „Fel-Del“ Harvester Head. FERIC Technical Report, No. 5, June.

Gayer, K., 1850: Die Forstbenutzung. Berlin.

Giguere, P., 1981: Roger, Harricana and Logma Delimbers: Long Term Evaluation. FERIC Technical Note, No. TN-42.

Gläser, A., 1955: Untersuchungen über die chemische Entrindung und ihre Anwendbarkeit in deutschen Wäldern. Frankfurt: JD. Sauerländischer Verlag.

Grammel, R. H., 1981: Verbreiterung der Rohstoffbasis Wald durch Aufarbeitung bisher wenig genutzter Biomasseanteile. Vortrag SOLENTEC II, 1981.

Grammel, R. H., 1976: Versuche mit der Ganzbaumhackung, ein Weg der Nutzung von Grenzsortimenten. In: Beiheft zu den Zeitschriften des Schweiz. Forstvereins Nr. 57, S. 318–326.

Grammel, R. H., 1969: Bringung und Entrindung. FTI, Nr. 10.

Grammel, R. H.; Becker, G.; Serini, G., 1980: Abschlußbericht über die Projektstudie zur Bereitstellung von Rohholzhackschnitzeln durch die Forstwirtschaft zur Energiegewinnung. Unveröffentl. Abschlußbericht des Instituts für Forstbenutzung der Universität Freiburg.

Gutschick, V., 1971: Der Forstbetriebsdienst. 2. Bd. 5. Aufl. München, Basel, Wien: BLV-Verlagsgesellschaft.

Häberle, S., 1974: Motorsäge oder Hochmechanisierung? HZBl Nr. 71, S. 1083 f.

Häberle, S., 1980: Der Einfluß des Stückmassegesetzes auf die Rohholzknappheit. Forstarchiv 51. Jg., Nr. 10, S. 202–206.

Hakkila, P., 1974: Harvesting of Stump and Root Wood. Metsäteho Report Nr. 332, Helsinki.

Hakkila, P., 1976: Complete Tree Logging and Utilization Potentials of Softwood. Applied Polymer Symposium No. 28, 383–392.

Hakkila, P., 1984: Forest Chips as Fuel for Heating Plants in Finland. Folia Forestalia, Nr. 582, Helsinki.

Hartfiel, J., 1984: Die Nadelstammholz-Entrindung in Baden-Württemberg (Stand 1980). Mitt. Der FVA, Heft 115.

Höfle, H. H., 1972: Möglichkeiten des Einsatzes mobiler Entastungs- und Einschneidemaschinen. FTI, Nr. 9.

Höfle, H. H., 1971: Systematik und Problematik komplexer Holzerntemaschinen. FTI, Nr. 12, S. 97–102.

Hogrebe, H., 1978: Numeriergeräte. FTI, Nr. 10/11.

Holz-Zentralblatt, 1984: Sondernummer: Energieversorgung in der Holzwirtschaft. HZBl, 110. Jg., Nr. 21.

Johansson, K.; Ericsson, U., 1985: New Techniques and Equipment for Processing of Small Whole Trees. Can. For. Ind., Oct. 1985.

Kalaja, H., 1984: An Example of Terrain Chipping System in First Commercial Thinning. Folia Forestalia Nr. 584. Helsinki.

Keller, B., 1973: Einflüsse des Einschlagzeitpunktes, der Lagerart und Lagerdauer auf den Wert von Fichten-Schleifholz. Inaug. Diss. an der Forstwiss. Fakultät der Universität Freiburg.

Knell, G., 1968: Untersuchungen über Holzfeuchte und Holzfarbe von Fichten-Schleifholz. Inaug. Diss. an der Forstwiss. Fakultär der Universität Freiburg.

Krohn, B., 1977: Hilfsmittel für die Fällung. FTI, 29. Jg., Nr. 12, S. 92–95.

KWF, 1979: Der Fällboy. Versuchsbericht vom 13. 11. 1979. Groß-Umstadt.

KWF, 1981: Loseblattsammlung (INFOS) über Forstmaschinen (1977–80). Groß-Umstadt.

KWF, 1983: Information über technische Daten von Forstmaschinen. Mitt. des KWF, Band XXII. Wiesbaden.

KWF, 1983: FPA-Verzeichnis. Mitt. des KWF, Band VIII., 7. Aufl.
LARSSON, M., 1982: Harvesting und Transportation of Forest-Energy Wood in Sweden. Skoksarbeten, Results No. 3.
LE BOTLAN, M.; CANILLO, G.; DE SIMIANE, C., 1980: Extractionet récupération des souches. ARMEF/ CERMAS, 1979, Annuales de mécanisation forestière. Paris.
LEINERT, S., 1981: Einsatzerfahrungen mit den Salemer-Astfix SAF. Forstarchiv Nr. 52, S. 41–42.
LINK, W.; LÖFFLER, H., 1981: Das Projekt Biomasse, Emmelshausen. AFZg. 92. Jg., Nr. 36, S. 1249–1251.
LINNARD, W., 1985: Debarking Whole Trees with Liquid Jets. World Wood.
LITSCHER, R., 1983: Die Verwendung von Brennholz-Spaltmaschinen. Bericht Nr. 248 der Eidgenöss. Anstalt für das Forstl. Versuchswesen, Birmensdorf.
LITSCHER, R., 1981: Rationalisierung der Holzentrindung mit der BEE 100. Bericht Nr. 232 der Eidgen. Anstalt für das Forstl. Versuchswesen, Birmensdorf.
LORENZ, W., 1984: Emissionsbegrenzung bei Holzfeuerung. HZBl, 110. Jg., Nr. 21.
MCCRAW, W. E.; SIVERSIDES, C. R., 1970: Analysis of Tree Harvesting Machines and Systems – A Methodology. Canadian Forest Service, Forest Management Institute, Information Report, FMR-X-27.
MCMILLIN, C. W., Hrsg., 1978: Complete Tree Utilization of Southern Pine. Proceedings of a Symposium. New Orleans, Lousiana, April.
MCMORLAND, B., 1984: Production and Performance of Mechanical Declimbing Equipment in Interior B. C.: Denis and Roger „Stroke" Delimbers. FERIC Technical Note, No. TN-75, April.
MCMORLAND, B., 1984: Production and Performance of Mechanized Felling Equipment. In: Interior B. C.: Harricana Circular Saw. FERIC Technical Note TN-76, June.
MCMORLAND, B.; GUIMIER, D. Y., 1984: Analysis of Felling Butt-Damage in Interior British Columbia. FERIC Technical Note TN-76, June.
MÄKELÄ, M., 1979: Effect of Sort Difficulty Factors on the Output of the Pika 75 Harvester. Metsäteho Report Nr. 354, Helsinki.
MENG, W., 1978: Baumverletzung durch Transportvorgänge bei der Holzernte. Ausmaß und Verteilung, Folgeschäden am Holz und Versuch ihrer Bewertung. Unveröffentl. Inaug. Diss. an der Forstwiss. Fak. der Universität Freiburg.
MOULSON, D. C., 1985: The Development of a Climbing Tree Delimber/Debarker. FERIC Technical Note, No. TN-81, Jan.
MOULSON, D. C.: Development of 36 inch – Feller-Director. FERIC, Technical Report, No. TR-48.
MÜLLER, R., Hrsg., 1959: Grundlagen der Forstwirtschaft. Hannover: Verlag Schaper.
MYHRMAN, D. W., 1978: Tree-Falling in Snow. FERIC Technical Report, No. TR-20, Jan.
NEUSSER, H., 1981: Wieviel Energie liefert Holz? AFZg., 92. Jg., Nr. 7, S. 235–238.
NEWNHAM, R. M., 1967: A Progress Report on the Simulation Model for Pulpwood Harvesting Machines. Canadian Forest Service, Forest Management Institute, Information Report FMR-X-26, June.
PATZAK, W., 1981: Hackschnitzelerzeugung-Organisation. AFZg., 92. Jg., Nr. 7, S. 235–238.
PATZAK, W., 1980: Bereitstellung forstlicher Biomasse mit mobilen Hackaggregaten mittlerer Leistung. HZBl, 106 Jg., Nr. 122, S. 1818–1820.
PLATTEN- UND PAPIERINDUSTRIE, Hrsg., 1983: Holzernte in der Durchforstung. Wien.
REISSINGER, G., 1959: Die Konstruktionsgrundlage der Axt. Forstwiss. Forschungen Nr. 11. Hamburg: Parcy Verlag.
SCHLECHTNER, K., 1986: Forsttechnik – Ausblick: Baumteilverfahren mit Waldhackguterzeugung. Internationaler Holzmarkt, Nr. 3.
SCHULZ, H.; WEGENER, G., 1983: Die vielseitigen Möglichkeiten der vollständigen Holzverwendung. AFZ Nr. 23, S. 578 ff.
SCHWAB, W., 1979: Empfehlungen für den Einsatz der handgeführten Splittersuchgeräte in den Forstämtern der Forstdirektion Rheinland-Pfalz, Neustadt an der Weinstraße. Unveröffentl.
SKOGSARBETEN, 1980: Logging in Sweden 1980. Stockholm.
STREHLKE, B., 1977: Ergebnis eines Mobilhackversuchseinsatzes. Forstarchiv 48. Jg., Nr. 1, S. 242–244.
STREHLKE, E. G.; STERZIK, K. H.; STEHLKE, B., 1970: Forstmaschinenkunde. 277 S. Hamburg und Berlin: Verlag Paul Parey.
STERZIK, H. K., 1966: Auswirkungen von Waldentrindung und Werksentrindung auf den Holztransport. Forstarchiv 37. Jg., Nr. 8, S. 180–186.
STUDACH, J., 1981: Wärme-Kraft-Koppelung mit Holzgas im Rahmen kommunaler Versorgungsanlagen. AFZg. 92. Jg., Nr. 7, S. 250–253.
STÜRMER, H. F., 1985: The Technological and Economic Feasibility of Densified Biomass as a Fuel. In: Symposium on Forest Products Research International Achievements and the Future. 22.26., April 1986, Vol. 5.
THYREGOD PRODUCTION: Holzhackmaschinen. Prospekt.

VINOGOROW, G. K., 1975: Holzeinschlagsarbeiten. Berlin: VEB Deutscher Landwirtschaftsverlag.
VOESTE, TH., 1981: Holz als Rohstoff für Chemie und flüssige Kunststoffe. Schriftenreihe der Forstlichen Fakultät der Universität Göttingen und Mitt. d. Niedersächsischen Forstlichen Versuchsanstalt. Frankfurt/Main: Sauerländers Verlag Hrsg. A. HÜTTERMANN.
WEITBRECHT, J., 1978: Zum Einsatz von Stammholz-Entrindungszügen in der Forstwirtschaft. Forstarchiv 49. Jg., Nr. 11, S. 229–235.
WEITBRECHT, J., 1978: Unterbringung und Wartung forsteigener Maschinen und Geräte. FTI, Nr. 10/11.
WENCL, J., 1980: Feststellung von Schadstoffemissionen von Motorsägen unter Prüfstandsbedingungen. Forstarchiv 51. Jg., Nr. 8, S. 163–164.
WIKLUND, M., 1967: Forces and Damage in Felling and Bunching with Knife and Shear Type Tools. Forskningstiftelsen Skogsarbeten, Stockholm, Report No. 9.
WILCOX, H., 1953: Bark Pealability Tool. American Pulpwood Association. New York, Release No. 157.
WIPPERMANN, H. J.; EISENHAUER, G., 1980: Technische und wirtschaftliche Gesichtspunkte bei der Bereitstellung der forstlichen Biomasse. Holz als Roh- und Werkstoff, Nr. 38, S. 467–472.
WIPPERMANN, H. J.; RUSSEL, W., 1981: Aufbereitung von Waldhackschnitzeln aus Waldrestholz – bei Schirmschlag und Duchforstung im Bauernwald. Forstarchiv 52. Jg., Nr. 6; S. 235–238.
WOLF, E., 1978: Versuchsbericht über den Einsatz der Fällmaschine MELROE BOBCAT M 174. Int. Mitt. d. Abt. Arbeitswissenschaft und Forstbenutzung FVA Freiburg, Nr. 3.
WOLF, E.; PFEIL, CH., 1976: Versuchsbericht über den Einsatz eines mobilen Großhackers. Mitt. der FVA Baden-Württemberg, Heft 77, Freiburg.
ZIEGER, E., 1960: Technologie der Holzentrindung. Leipzig: VEB Fachbuchverlag.
ZIEGER, E., 1948: Untersuchungen über die Abhängigkeit des Arbeitsaufwandes beim Reppeln vom Schälwiderstand. Forstwirtschaft-Holzwirtschaft. Berlin: Deutscher Verlag.
ZÖTTL, H. W., 1981: Bodenverbesserung durch Schälrindenprodukte. AFZ, Nr. 36, S. 1246.
ZÖTTL, H. W., 1978: Die Kompostierung der Schälrinde. HZBl Nr. 104, 82. Jg., S. 1263.

4.2 Rücken – Holztransport vom Stock zur Waldstraße

4.2.1 Allgemeines

4.2.1.1 Begriffsdefinition

Unter dem Begriff Rücken wird der Transport des Holzes vom Stock bzw. Fällort zu den Lager- und Stapelplätzen an den Waldstraßen verstanden. Häufig setzt es sich aus zwei Arbeitsgängen zusammen.

Als Vorliefern wird die Bewegung des Holzes vom Fällort zur Rückegasse bzw. zum Maschinenweg bezeichnet. Verbunden ist dies meist mit der Bildung einer Last an der Rückegasse oder am Maschinenweg. Kurzholz wird in Rohbeigen aufgeschichtet, Langholz zu kleinen Poltern zusammengezogen, damit kann gleichzeitig eine gewisse Vorsortierung verbunden sein.

Als eigentliches Rücken wird der Weitertransport von dort zum Ort der Waldlagerung verstanden. Beendet wird der Rückevorgang mit der sortenweisen Lagerung der Hölzer auf mehr oder weniger ausgebauten Lagerplätzen an den Waldstraßen.

Im deutschsprachigen Raum werden neben dem Begriff „Rücken" mehrere andere, meist regional gefärbte Bezeichnungen für diese Transportphase benutzt. *Liefern* u. a. in Österreich für das Rücken der Bloche bergab von Hand an die Waldstraße; *Vorrücken* im Sinne von Vorliefern und im Gegensatz zur Nachlieferung; *Bringen* meist weitgefaßter Begriff, nicht definiert durch die Technik; *Schleifen* von Hand, mit Tieren oder mit Schleppern; geschleift werden nur lange Hölzer.

Der Begriff Rücken kann sprachlich wohl auf zwei verschiedene Quellen zurückgeführt werden. Eine Erklärung findet sich in dem Arbeitskommando „Hau-ruck", einem Kommando, das beim ruckweisen Bewegen schweren Langholzes mit Sappie oder Krempen von zumeist mehrköpfigen Holzhauergruppen angewendet wird. Eine mögliche zweite Erklärung besteht darin, daß das Holz auch heute noch regional von Menschen und Tieren auf dem Rücken getragen wird.

4.2.1.2 Entscheidungsaspekte

Zielsetzung ist in allen Fällen eine Maximierung der Rückeleistung bei einer Minimierung der Rückekosten. Beide werden nicht durch die gewählte Rücketechnik allein bestimmt, sondern zusätzlich durch die innere und äußere Erschließung, also die Dichte der Transportwege.

Frühzeitig erkannt wurde im übrigen, daß über die direkten Kosten hinaus eine Reihe von nur relativ zu bewertenden Faktoren in die Entscheidung einbezogen werden müssen:
- Die mehr oder weniger starke Beschädigung der verbleibenden Bäume, mit der Folge einer Wertminderung; ein Aspekt, der vor allem in empfindlichen jüngeren Beständen zu berücksichtigen ist.
- Die Bodenverwundung mit den Folgen der Beeinträchtigung der Bodenstruktur, der Rinnenbildung und Bodenverdichtung und einer Verstärkung der Erosion, insbesondere nach Zerstörung der Bodenvegetation.
- Wurzelschäden und Zuwachsminderung als Folge der Beschädigung der Wurzelsysteme in Durchforstungsbeständen beim Einsatz schwerer Schlepper und Erntemaschinen.

Ebenso müssen Gesichtspunkte der Arbeitshygiene berücksichtigt werden. Rückearbeit ist in vielen Fällen körperlich anstrengend und gefährlich. Auf diesen Arbeitsvorgang entfallen bei konventioneller Arbeit mehr als 20 % der Unfälle in der Holzernte.

4.2.1.3 Bewegungsarten

In Abhängigkeit von den unterschiedlichen Transportmedien bildeten sich Bewegungsarten heraus, die bei der Teilarbeit „Rücken" besonders deutlich erkennbar sind. Übersicht 22 soll dahingehend einen Überblick vermitteln.

Übersicht 22. Bewegungsarten bei der Teilarbeit Rücken

Transportmedium	Bewegungsart	Bringungskraft	Arbeitsmittel (Beispiele)
Land	Gehen	menschl. Kraft tier. Kraft	Mensch Tragtiere
	Gleiten	menschl. Kraft tier. Kraft Schwerkraft Motorkraft	Mensch Riesen Schlitten Zugtiere Bodenwinden Schlepper Luftkissenfahrzeuge Seilkran
	Fahren	menschl. Kraft tier. Kraft Schwerkraft Motorkraft	Handkarren Wagen Waldeisenbahn in natürlichem Gefälle Tragrückeschlepper LKW
Wasser	Schwimmen	Schwerkraft Wasserkraft Motorkraft	Drift Flößerei Schiffe
Luft	Fliegen	Auftriebskraft Motorkraft	Helikopter Luftschiffe

Häufig anzutreffen ist die Kombination verschiedener Bewegungsarten wie
- Schleifrücken von Hand, im Tierzug oder mit Schleppern,
- Schleiffahren mit Rückewagen, wobei hier das Gleiten mit dem Fahren verbunden ist,
- Trag-Schleifrücken mit Hebeschleifzügen und Seilkränen.

4.2.1.4 Transportgewichte und -dimensionen

Je nach Holzart, Holzdimension, Bearbeitungszustand und Grad der Austrocknung muß beim Rücken ein nach Gewicht und äußerer Form außergewöhnlich unterschiedliches und auch innerhalb derselben Sorte weit streuendes Gut vom Stock an die Waldstraße transportiert werden.

Übersicht 23. Holzgewichte nach Sorten (t)

Sorte	Frischgewicht		lutro F = 30 %		atro	
	Ndh	Lbh	Ndh	Lbh	Ndh	Lbh
Brennholzbündel (Fagots) 5–30 kg			–0,03	–0,03		
Waldhackschnitzel (Schüttkubikmeter)			0,24 –0,31	0,29 –0,35	0,10 –0,14	0,22 –0,23
Schichtholz (1 m) m^3			0,33 –0,40	0,48 –0,55		
Langholz m^3 o. R.					0,43	0,48
m^3 m. R.	0,93		0,75		0,48	–0,65
Vollbäume und Baumteile m^3 m. R.	1,02					
Ganzbäume mit Stock und Wurzeln m^3 m. R.	1,20					

Sowohl das Gewicht des einzelnen Stückes als auch das der zusammengefaßten Lasten orientiert sich in den meisten Fällen an ursprünglichen Rücketechniken, wie die folgenden Beispiele verdeutlichen sollen:

Bei Schichtholz müssen Rollen oder Scheite tragbar sein, so daß deren Gewicht 30 bis 35 kg je Einheit nicht überschreiten sollte. Das am Fällort entrindete Blochholz ließ man früher über den Sommer hinweg austrocknen, so daß es im frühen Herbst mit Sappie oder Ziehhaken meist mittels Schwerkraft bergab von 1–2 Arbeitskräften an die Waldstraße gebracht werden konnte.

Mit der Entwicklung der Motorisierung und damit der Steigerung der Zugkraft insbesondere der Seilwinden kommt heute einer frühen, größtmöglichen Lastbildung eine wachsende Bedeutung zu. Aufgrund der Auswirkungen des Stück-Masse-Gesetzes wird versucht, immer größere Lasten zu bewegen. Dies ist auch im Zusammenhang mit der zunehmenden Verlagerung größerer Teile der Aufarbeitung – besonders des Entastens, der Entrindung und der Sortierung – an die Waldstraßen oder auf feste Aufarbeitungsplätze zu sehen. Einen gewissen Endpunkt der Entwicklung stellt die Nutzung der gesamten Biomasse in Form von Voll- oder Ganzbäumen dar.

Mit dem Transportgewicht wächst gleichzeitig der technische Aufwand. Bei hohem Holzwert und extremen Geländeverhältnissen gewinnt sogar der Lufttransport an Bedeutung. Dies gilt auch für eine der ursprünglichen Transportarten, den Wassertransport, dem mit zunehmender Verteuerung der Energieträger wieder mehr Beachtung geschenkt werden wird.

4.2.1.5 Bodentragfähigkeit und Bodendruck

Bei den Bewegungsarten Gehen, Gleiten und Fahren üben Menschen, Tiere und Fahrzeuge einen bestimmten Bodendruck aus. Um den Transport von Holz zu ermöglichen, muß der Boden diesem Druck einen entsprechenden Widerstand entgegensetzen, d. h. die notwendige Tragfähigkeit aufweisen. Abhängig ist diese von der Korngrößenstruktur, dem Wassergehalt, dem Anteil an Hohlräumen und organischer Substanz, aber auch von der Durchwurzelung, der Auflage an Laub, Nadeln und Reisig und der bodendeckenden Vegetation. Als durchschnittliche Werte der Bodentragfähigkeit natürlicher Böden können gelten:

Moor	1,96 N/cm²	
Ton, trocken	49,00 N/cm²	(geschätzt)
Ton, naß	2,94 N/cm²	(geschätzt)
Sand, lose	4,90 N/cm²	
Sand, trocken	16,61 N/cm²	
Sand, feucht	39,23 N/cm²	
Lehm, naß	9,81 N/cm²	
Lehm, trocken	39,23 N/cm²	
sandiger Lehm, trocken	15,00 N/cm²	(geschätzt)
sandiger Lehm, naß	5,00 N/cm²	(geschätzt)
lehmiger Sand, trocken	25,00 N/cm²	(geschätzt)
lehmiger Sand, naß	7,00 N/cm²	(geschätzt)
feiner Kies	49,04 N/cm²	
Fels	> 245,18 N/cm²	

(geschätzte Werte: Autor, übrige von DE MEGILLE 1956)

Demgegenüber steht der von Mensch, Tier und Rückefahrzeugen ausgeübte Bodendruck:

$$P = \frac{G}{F} \text{ (in N/cm}^2\text{)}$$

P = Bodendruck, G = Gewicht des Rückemittels (N), F = Auflagefläche des Rückemittels auf dem Boden (cm²).

Zu berücksichtigen ist, daß sich F bei wachsendem oder abnehmendem G auf natürlichen Böden verändert: Beim Einsinken in den Boden vergrößert sich die Auflagefläche. Sie ist am kleinsten auf Felsböden (meßtechnisch kann dies auf Kunststoffmatten unterschiedlicher Dichte simuliert werden).

Die häufigsten rücketechnischen Lösungen weisen folgenden Bodendruck (Schätzwerte) auf:

menschlicher Fuß	2 N/cm²
Pferdehuf	14 N/cm²
Eselhuf	19 N/cm²
Ochsenhuf	7 N/cm²
bäuerlicher Radschlepper	10–14 N/cm²
bäuerlicher Radschlepper mit Breitreifen	1– 3 N/cm²
Knickschlepper normal bereift	6– 8 N/cm²
Knickschlepper breit bereift	2– 4 N/cm²
Tragrückeschlepper normal bereift	
– vorne	8 N/cm²
– hinten	10 N/cm²
– mit Band	4– 7 N/cm²

Spezialtragrückeschlepper für Durchforstungen	
– Basismaschine mit Kette, leer	2,16 N/cm²
beladen	3,33 N/cm²
– Anhänger, leer hinten	0,98 N/cm²
– Anhänger, beladen hinten	9,80 N/cm²
– mit Breitreifen, hinten leer	0,49 N/cm²
– mit Breitreifen, hinten beladen	4,90 N/cm²
Kran-Vollernter	5,39 bis 5,88 N/cm²
Raupenschlepper	2,94 bis 4,90 N/cm²
Raupenschlepper mit bes. breiten Raupenbändern	0,78 bis 1,18 N/cm²
geländegängiger Lkw 3,5 t Nutzlast	
– 2achsig, vorne	14,71 N/cm²
hinten	23,54 N/cm²
geländegängiger Lkw 15 t Nutzlast	
– 3achsig, vorne	24,52 N/cm²
hinten	34,32 N/cm²

Ausgehend davon, daß Waldböden in der Regel gut durchfeuchtet sind, daß aber auch ein möglichst ganzjähriger Einsatz der Rückemaschinen aus wirtschaftlichen Gründen erwünscht ist, lassen sich aus der Gegenüberstellung von spezifischem Bodendruck und Bodentragfähigkeit einige Regeln ableiten:

- Bei Böden mit geringer Tragfähigkeit wie Moore, Stauwasserböden, nasser Ton usw. bieten neben dem Tragen der Last durch Menschen Raupen- und Bandschlepper, aber auch mit Niederquerschnitts-Niederdruckreifen bestückte Fahrzeuge die Gewähr eines praktikablen Einsatzes.
- Hingegen können auf tragfähigeren Böden, bei sandigen Lehmen oder lehmigen Sanden mit entsprechend gemischter Korngrößenstruktur leistungsfähige, normalbereifte Lang- und Schichtholzschlepper, aber auch entsprechend ausgerüstete landwirtschaftliche Schlepper Verwendung finden.
- Bei hochtragfähigen wie beispielsweise skelettreichen Böden, feinen Kiesen, Felsböden, aber auch längerfristig trockenen oder gefrorenen Ton- und Lehmböden, z. B. in den Subtropen Afrikas und Südamerikas, kommt Lkw-Transport, evtl. in Verbindung mit sofortigem Weitertransport, zur Be- und Verarbeitung des Holzes in Frage.

4.2.1.6 Reibung

Unter Reibung wird der Widerstand verstanden, der überwunden werden muß, um einen Körper – im Falle der Holzernte Stammteile, Stämme, Vollbäume oder Fahrzeuge – auf einer Unterlage fortzubewegen. Reibung entsteht aufgrund der Oberflächenrauheit; diese bedingt die Haftung verschiedener Körper aneinander.

Reibungskoeffizient und Zugkraft

Einerseits wird die Reibung durch das Gewicht G bestimmt, welches den Körper auf die Bodenoberfläche drückt. Andererseits sind die artspezifischen Oberflächenmerkmale der übereinandergleitenden Körper von Bedeutung, die der Reibungswiderstand (W_R) zum Ausdruck bringt. Als Maß der Reibung wird unter Verwendung dieser beiden Faktoren der Reibungskoeffizient bezeichnet:

$$\mu = \frac{W_R}{G}$$

Neben dem Gewicht (G) des Gegenstandes oder Fahrzeuges wirken sich die spezifische Oberflächenbeschaffenheit der sich berührenden Flächen, also die Bodenart und Bodenoberfläche, aber auch die besonderen Eigenschaften des zu bewegenden Holzes, bedingt durch Rindenzustand, Teil- oder Vollbeastung usw. auf die Reibung aus. Der Reibungswiderstand kann unter diesen Bedingungen zwischen 44 und 90 % des zu schleifenden Stammgewichtes betragen.

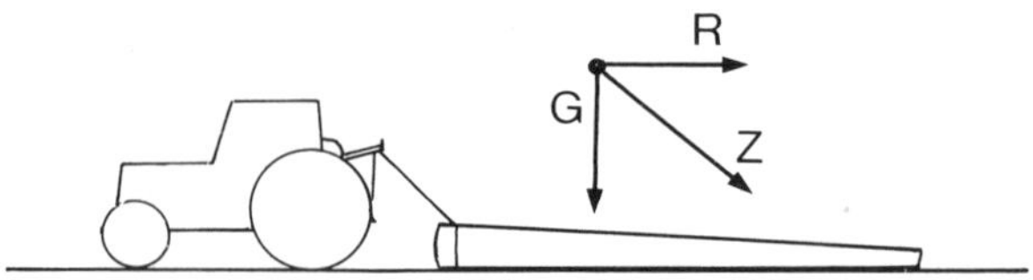

Abb. 20. Wirkende Kräfte beim Rücken von Holz.

Die Zugkraft (Z) ist in diesem Sinne die Kraft, die erforderlich ist, um die Wirkung der Kraftkomponenten G und R aufzuheben. Sie muß stets größer als der Reibungswiderstand sein, wobei zwischen demjenigen der Ruhe (= Haftreibungswiderstand) und dem der Bewegung unterschieden werden muß. Umgekehrt errechnet sich der Haftreibungsbeiwert aus der Beziehung:

$$\mu_o = \frac{Z}{G} \times 100$$

Der Reibungsbeiwert der Bewegung, der dann auftritt, wenn ein Körper bereits in gleitender oder rollender Bewegung ist, errechnet sich in gleicher Weise. Er ist praktisch immer niedriger als der Haftreibungsbeiwert (vgl. Übersicht 25.)

Für die Praxis des Rückens spielt die Hangneigung eine wichtige Rolle. Gewicht (G), Neigung (α) und Reibung (R) sind die bestimmenden Faktoren. Nach dem Parallelogramm der Kräfte entspricht der hangabwärts wirkende Teil der Last (G) dem Abtrieb (A):

$$A = G \cdot \sin \alpha$$

Je kleiner die Hangneigung, also je kleiner der Neigungswinkel α, desto geringer ist die Wirkung des Abtriebes und umgekehrt. Die dabei senkrecht zur Hangfläche wirkende Kraft $G \cdot \cos \alpha$ ist die Kraftkomponente, welche die Reibung (R) bestimmt:

$$R = \mu \cdot G \cdot \cos \alpha$$

Die für die Bewegung hangabwärts erforderliche Zugkraft (Z) errechnet sich sodann aus der Beziehung:

$$\begin{aligned} Z\,(\text{abw.}) &= R - A = \mu \cdot G \cdot \cos \alpha - G \cdot \sin \alpha \\ &= G\,(\mu \cdot \cos \alpha - \sin \alpha) \end{aligned}$$

Den Winkel, bei dem eine Last am Hang gerade noch in ihrer Lage verharrt, ohne sich abwärts zu bewegen, nennt man den Reibungswinkel der Ruhe oder Haftreibungswinkel. Nach Untersuchungen von Steinlin und Zehntner (siehe Übersicht 24) wurde deutlich, daß vor allem entrindetes Langholz bei Frost und bestimmten Schneeeigenschaften ohne Sicherung eine außerordentliche Gefährdung talabwärts liegender Siedlungen, Verkehrseinrichtungen usw. darstellt. Selbst unentrindetes Langholz gerät immer wieder ins Gleiten und richtet entsprechende Schäden an.

Dies ist unter anderem einer der Gründe dafür, daß heute Holz an den Hängen zunehmend nach oben gerückt wird. Dank kräftiger Schlepper, die mittels hydraulisch ausfahrbarer Bergstützen auf Hangwegen einen sicheren Stand einnehmen, und deren hohem Seileinlauf und der Steuerung der Seilwinde mit Hilfe von Funkanlagen erweist es sich als günstiger, die Schlepperseile leer bergab auszuziehen und dann die Hölzer nach oben zu seilen. Die Rückeschäden werden vermindert, und es entfällt das körperlich außerordentlich anstrengende Ausziehen des Seiles hangaufwärts.

Während bei Bewegungen hangabwärts die Zugkraft um den Abtrieb verringert wird, muß bei Bewegungen hangaufwärts der Abtrieb zusätzlich von der Zugkraft überwunden werden:

$$Z\,(\text{auf}) = R + A = \mu \cdot G \cdot \cos\alpha + G \cdot \sin\alpha$$
$$= G \cdot (\mu \cdot \cos\alpha + \sin\alpha)$$

Hinzu kommt die negative Wirkung der Gewichtsverlagerung am Schlepper: Die senkrecht auf die Bodenoberfläche wirkende Gewichtskraft nimmt mit zunehmender Steigung ab, die Haftreibung der Räder am Boden verringert sich, die Räder drehen durch.

Reibungskoeffizienten für Stammholz

Hafner (1964), Lünzmann (1964), Steinlin/Zehnter (1953), de Megile (1956) u. a. haben sich experimentell ausgiebig mit der Frage der Reibungskoeffizienten für Stammholz befaßt. Hinweise auf die Fülle möglicher, beim praktischen Rückebetrieb auftretender Varianten sind in Übersicht 24 festgehalten.

Übersicht 24. Reibungskoeffizienten und kritische Hangneigung bei verschiedenem Bodenzustand (nach Steinlin und Zehnter 1953)

Bodenzustand	Stammzustand	Reibungs-koeffizient	Kritische Hangneigung
steinig-sandig, trocken	mit Rinde	0,61	61 %
	ohne Rinde	0,49	49 %
lehmig-sandig, trocken	mit Rinde	0,59	59 %
	ohne Rinde	0,47	47 %
Kies, naß	mit Rinde	0,49	49 %
	ohne Rinde	0,39	39 %
lehmig-sandig, naß	mit Rinde	0,40–0,65	40–65 %
	ohne Rinde	0,29–0,52	29–52 %
lehmig-sandig, oberflächig gefroren	ohne Rinde	0,30	30 %
kiesig, hart gefroren	ohne Rinde	0,28	28 %
lehmig-sandig, hart gefroren	ohne Rinde	0,23	23 %
lockerer Neuschnee auf gefrorener	mit Rinde	0,32	32 %
Unterlage	ohne Rinde	0,18	18 %

Zusammenfassend kann festgestellt werden, daß die Haftreibungskoeffizienten bzw. Koeffizienten der Reibung der Ruhe zwischen 55 und 90 %, diejenigen der Gleitreibung zwischen 45 und 60 % des Gewichtes schwanken. Die Werte für Holz in Rinde liegen um ca. 25 % höher als für diejenigen ohne Rinde; für trockenen, unebenen Boden gilt im Gegensatz zu nassem, glattem Boden entsprechendes. Glatte Schneebahn und Eis mindern Haft- und Gleitreibung erheblich und senken diese auf 10 bis 20 %.

Die notwendige Zugkraft läßt sich beispielhaft überschlägig taxieren. Beim Schleifzug von unentrindetem, aber entastetem Fichten-Stammholz auf typischen frischen Waldböden bewegt sich die Zugkraft in folgendem Rahmen:

$G = 750$ kg (ca. 1 Kubikmeter waldfrisches Nadelholz)
$\mu = 0{,}70$ (Loycke 1954)

ebenes Gelände: $Z = 7355\text{ N} \times 0{,}70 = 5148{,}5\text{ N}$

hangabwärts: $Z = R - A$
$\mu = 15°$ $= G\,(\mu \cdot \cos\alpha - \sin\alpha)$
$=$ rd. 33 % $= 7355\text{ N}\,(0{,}70 \times \cos 15° - \sin 15°)$
$= 3081{,}85\text{ N}$

hangaufwärts: $Z = R + A$
$\alpha = 15°$ $= G\,(\mu \cdot \cos\alpha + \sin\alpha)$
$= \text{rd. } 33\,\%$ $= 7355\ \text{N}\ (0{,}70 \times \cos 15° + \sin 15°)$
$= 6906{,}58\ \text{N}$

Für Buchenstammholz kann die obige Berechnung analog durchgeführt werden. Wird Buchenstammholz mit Rinde auf sandigem Lehm mit Laubstreu bei schmierigem Oberboden gerückt, können folgende Werte unterstellt werden:

$G = 950$ kg (ca. 1 Kubikmeter waldfrisches Buchenstammholz)
$\mu = 0{,}50$ (LOYCKE 1954)
$\alpha = 15° = \text{rd. } 33\,\%$

ebenes Gelände: $Z = 9316{,}65\ \text{N} \times 0{,}50$
$= 4658{,}33\ \text{N}$

hangabwärts: $Z = R - A$
$= G\,(\mu \cdot \cos\alpha - \sin\alpha)$
$= 9316{,}65\ \text{N}\ (0{,}50 \cdot \cos 15° + \sin 15°)$
$= 2096{,}25\ \text{N}$

hangaufwärts: $Z = R + A$
$= G\,(\mu \cdot \cos\alpha + \sin\alpha)$
$= 9316{,}65\ \text{N}\ (0{,}50 \cdot \cos 15° + \sin 15°)$
$= 6940{,}90\ \text{N}$

Übersicht 25. Anhaltswerte für die Beurteilung der benötigten Zugkraft bei der Bewegung von Lasten (STREHLKE, STERZIK, STREHLKE 1970)

Last × Reibungskoeffizient = Reibungswiderstand		
(Holzgewicht) G (kg)	(Reibungsbeiwert) μ veränderbar durch	(Zugkraft) Z [N]
Zerkleinern Trocknen Entrinden	Oberflächenbeschaffenheit von Holz und Boden Hangneigung und Reibungsart	Zuschläge nach: Rindenzustand borkig oder glatt, entrindet oder unentrindet Bodenbeschaffenheit trocken, naß, Schnee, Eis, steinig, sandig, lehmig usw. Reibungsart bei Gleitreibung oder Rollreibung (Radgröße, Reifenprofil usw.) Hangneigung hangaufwärts, hangabwärts
	Haftreibungsbeiwert $\mu_0 = 0{,}75$ (bei Bewegung aus Ruhe)	wirksam beim „Anschleifen" (Schleifrücker) (Skidder)
	Gleitreibungsbeiwert $\mu = 0{,}50$ (bei Bewegung im Gleiten)	wirksam beim „Schleifen" (Schleifrücker) (Skidder)
	Rollreibungsbeiwert $\mu = 0{,}20$ (bei Bewegung auf Rollen oder Rädern)	wirksam beim Fahrrücken „Fahren" (Vorbringer) (Forwarder)
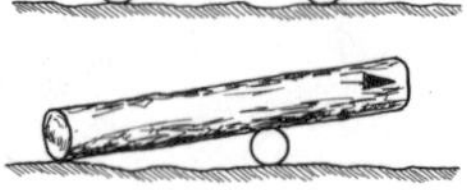	Gleit-Rollreibungsbeiwert $\mu = 0{,}30$ (bei Bewegung des vorderen Lastteils auf Rädern, des hinteren im Gleiten)	wirksam beim Fahrschleifen „Schleiffahren" (Schleifrücker) (Skidder)

Hinsichtlich der Abschätzung der notwendigen Zugkraft ist zu berücksichtigen, daß der Zugansatz infolge hoher Seilanläufe oft nicht parallel zur Rückerichtung, sondern schräg zu derselben erfolgt. Hierdurch erhöht sich die zur Überwindung der Haftreibung benötigte Zugkraft weiter, und zwar bei Langholz um immerhin 15 bis 20 %.

Zusammenfassend bestimmen also eine Vielzahl von Faktoren die benötigte Zugkraft und damit die Schlepperstärke, den Treibstoffverbrauch, aber auch die Abnutzung sowohl der Schlepper als auch der Zusatzgeräte und Zusatzausrüstung wie Seilwinden und Seile. Dementsprechend zahlreich sind deshalb Versuche der Forschung und Praxis, für den Rückevorgang möglichst günstige Voraussetzungen zu schaffen; sei dies durch Senkung des Holzgewichts, der Veränderung der Holzoberfläche, der Ausnutzung jahreszeitlicher Verschiedenheit der Böden, der Schwerkraft an Hängen o. a.

4.2.2 Rücken von Hand

Weltweit gesehen stellt das Tragen von Holzlasten eine der häufigsten Transporttechniken dar. In Westafrika werden rund 80 % des geernteten Holzes als Brennholz verwendet. Aufgearbeitet wird dies in Form sogenannter Fagots, d. h. Bündel, umschnürt mit Pflanzenfasern. Diese Brennholzbündel weisen bis zu 30 kg Gewicht auf. Sie werden auf dem Kopf getragen, meist von Frauen. Die Marschgeschwindigkeit ist selbst bei großer Hitze und hoher Luftfeuchtigkeit hoch. In anderen Regionen der Erde, z. B. Ostasien, werden die Brennholztraglasten von Männern auch über große Entfernungen transportiert. Abweichend von Afrika werden hier die Brennholzbündel mit Hilfe gegabelter Stangen auf den Schultern getragen.

K. Gayer und H. Mayr beschreiben 1909 in dem Standardwerk „Forstbenutzung“ detalliert das Rücken von Hand, d. h. den Transport des Holzes vom Stock zur Waldstraße. Im Jahre 1982 veröffentlichte die FAO (Rom) Hinweise: „Basic Technology in Forest Operations“, die ebenfalls menschliche Transporttechniken beschreiben. Der Vergleich beider Publikationen macht deutlich, daß sich an der Technik, aber auch an der Problematik menschlicher Tragearbeit wenig geändert hat. Das Tragen von Holz gehört zu den körperlich anstrengendsten, zeitraubendsten, gefährlichsten und unwirtschaftlichsten Teilarbeiten der Holzernte.

Gayer und Mayr (1909) systematisieren wie folgt: Pflegliches Rücken von Hand: Tragen, Schleifen, Schlitteln, Abseilen, Fahren. Als unpfleglich werden bezeichnet: Reisten und Treiben, Schießenlassen sowie Wälzen, Stürzen und Bocken, wobei unter pfleglich sowohl eine weitgehend schadensfreie Behandlung des Produkts als auch der Bestände, der Bodenvegetation und des Bodens verstanden wird.

4.2.2.1 Tragen und Schleifen

Die Maximalgewichte tragbarer Sortimente betragen 30 bis 50 kg, bei Zweimannarbeit 60 bis 80 kg. Gewichtsgrenzen werden durch die Gefährdung der Gesundheit gezogen, so ist z. B. beim Tragen von Lasten von mehr als 60 kg auf Dauer mit gesundheitlichen Schäden zu rechnen; 50 kg gelten aus medizinischer Sicht als noch vertretbar. Dieses Gewicht entspricht bei waldfrischer Buche einer Stückmasse von 0,04–0,05 m^3, bei frischem Nadelholz 0,05–0,06 m^3. Beim Langholz-Rücken können Stückmassen bis 0,1 m^3 bewältigt werden. Werden die Hölzer, vor allem solche mit drei oder mehr Metern Länge, beim Schleifen einseitig angehoben, z. B. Industrielangholz oder Stangen, beträgt die notwendige Zugkraft bei einem Reibungskoeffizienten von 0,3 bis 0,5 etwa 15 bis 20 kg.

Von Hand wird unter folgenden Bedingungen gerückt:

- Industrieschichtholz in Erst- und Zweitdurchforstungen in ebenen Lagen. Die Arbeit erfolgt sehr pfleglich. Mit Hilfe von engen Rückegassennetzen sollen die Distanzen minimiert werden. Bei einem Rückegassenabstand von 25 bis 40 m liegen die mittleren Rückeentfernungen bei rechtwinkliger Fällung zur Rückegasse bei 6 bis 7 m.

- Auch bei der Aufarbeitung des Holzes in den Rückegassen mit Hilfe von Processoren kann – in Konkurrenz zu Zugtieren, Kleinseilwinden und Hydraulikkränen – Schwachholz von Hand vorgerückt werden. Dies erfolgt rechtwinklig zur Rückegasse, wobei das dicke Ende den Rückegassenrand erreichen sollte. Durch den Einsatz von Langkränen kann die Rückedistanz weiter verringert werden. Entsprechend enge Rückegassennetze ermöglichen hier den Verzicht auf Vorliefern per Hand.
- Auch beim Einsatz mobiler Hacker in Rückegassen bietet sich das Rücken der Hölzer per Hand im rechten Winkel zur Rückegasse als eine mögliche Lösung an. Es entfällt das Einschwenken des Holzes. Langkräne erweisen sich als vorteilhaft.
- Von Hand wird häufiger schwaches Langholz (z. B. Stangen, Industrieholz – lang) an Steilhängen bergab zu den Waldstraßen bzw. Maschinenwegen gerückt. Es handelt sich hierbei um eine kraftraubende Tätigkeit, da nach jedem Rückevorgang wieder bergan gestiegen werden muß.

Handarbeit kann dort günstig sein, wo niedrige Löhne und Lohnnebenkosten gelten und Arbeitskräfteüberschuß vorhanden ist. Man wird handarbeitsintensive Aufarbeitungssysteme wählen, also an Ort und Stelle entasten, entrinden und einschneiden, so daß nur der verwertbare Rohstoff transportiert wird.

Auch in den für die Bundesrepublik geltenden Hauerlohntarifen werden noch Zeitbedarfswerte für das Vorliefern bestimmter Holzsorten (z. B. Stangen, IL, Schichtholz) von Hand ausgewiesen, so im Holzerntetarif (HET 1970) bzw. im Erw. Sortentarif (EST 1979).

Eingangsgrößen bilden hierbei die Rückedistanz, ausgedrückt in Rückestufen, die Holzdimension (Durchmesser, Länge) und der Aufarbeitungsgrad (unentrindet, entrindet). Weiter beinhalten die Systeme Minuten-Vorgabezeiten für das Abwerfen des Holzes, dessen Ablegen in Rauhbeigen oder Setzen desselben in Beigen.

Für Arbeitserschwernisse bei Hangneigung, Schneelage, Gelände und Bewuchs sowie für besondere Bestandesmerkmale werden Zuschläge für das Vorliefern und Lagern gewährt (EST 1979).

Schichtholz und Reisigbündel werden teils ohne Hilfsmittel, teils mit Schultertraggurten, Rückentragen, Rückenkörben, Traghölzern und Tragstangen bewegt. Für den Handtransport von Langholz werden gelegentlich Tragezangen verwendet.

Übersicht 26. Beispiele für Vorgabezeiten nach dem EST 1979 (inkl. Änderung vom 18. 12. 84) Schichtholz (Ndh), unentrindet/entrindet/m^3 mR/oR (Vorliefern)

	Mittlerer Rollendurchmesser mR/oR (cm)	Arbeiterzeiten in Min./m^3 mR/oR Vorlieferentfernung in m					
		1–3	4–6	7–10	11–15	16–20	21–30
		Entfernungsstufe 1	2	3	4	5	6
Tab. 34	10	21	29	36	44	53	68
Rollen	15	15	20	25	30	37	47
1 m lang	20	12	16	19	23	29	37
SR SB	25	10	13	16	20	24	30
SS		9	12	15	18	22	28
Tab. 35	10	16	21	26	32	39	
Rollen	15	11	15	18	22	27	
2 m lang	20	8	11	14	17	21	
SR SB	25	7	10	12	14	18	

SB = Schichtholz Baum, SK = Schichtholz Krone, SS = Schichtholz Spaltstücke

Fortsetzung Übersicht 26. Schichtholz (Lh) unentrindet/m³ mR/oR (Vorliefern)

	Mittlerer Rollendurchmesser mR (cm)	Arbeiterzeiten in Min./m³/mR Vorlieferentfernung in m 1–3	4–6	7–10	11–15	16–20	21–30
		Entfernungsstufe 1	2	3	4	5	6
Tab. 36	10	24	32	39	48	58	74
Rollen	15	16	22	27	33	41	52
1 m lang	20	13	17	21	26	31	40
SR	25	11	14	18	21	26	33
Tab. 39	10	17	23	29	35	43	
Rollen	15	12	16	20	25	30	
2 m lang	20	9	12	15	19	23	
SR	25	8					
SS		8	10	12	15	18	

SR = Schichtholz Rollen, SS = Schichtholz Spaltstücke

Schichtholz unentrindet/entrindet/m³ mR/oR, Setzen, Ablegen in Rauhbeigen, Bündeln

Tab. 40[1]	Durchschnittliche Stoßlänge Stufe	lfd. m	Arbeiterzeiten in Min/m³ mR/oR Nadelholz	Laubholz
Setzen	1	bis 1	22	17
	2	über 1 bis 2	16	13
	3	über 2 bis 5	13	11
	4	über 5	11	10
Ablegen in Rauhbeigen[2]			6	5
Bündeln			18	16

[1] Es sind nur die Zuschläge der Tabelle A anzuwenden
[2] Nur bei SR und SS. Bei SB nur bei einem mittleren Rollendurchmesser von mehr als 13 cm

Zum Ziehen von längeren Hölzern wie z. B. Stangen werden Handhaken, Rückezangen und Sappie benutzt. Eine Besonderheit stellt die Fortbewegung schwerer Stämme mit Hilfe von Krempen (schwere Sappies in rechtwinkliger Ausführung) dar. Auf ein gemeinsames Kommando hin wird auf diese Weise die schwere Last durch ruckweises Abwinkeln der Krempen bewegt. Diese Technik diente früher dazu, lange Hölzer aus ebenen Lagen zur Abbruchkante von Hängen zu bringen, um von dort aus die Schwerkraft nutzen zu können.

4.2.2.2 Treiben, Reisten, Schießenlassen

Das Treiben, Reisten und Schießenlassen, bei dem die Haftreibung der Hölzer von Hand überwunden wird, gilt als unpfleglich. Der Schwerkraft folgend erreichen die Hölzer im Zuge ihrer selbständigen Talwärtsbewegung z. T. hohe Geschwindigkeiten und beschädigen sich gegenseitig, stehende Bäume, künstliche Anlagen sowie die Bodenoberfläche einschließlich der Bodenvegetation. Die Beschädigung der Bloche oder Langhölzer an den Enden wird durch teilweise erhebliche Übermaße kompensiert. Üblich sind am 4 bis 5 m langen Bloch jeweils Zugaben von 50 mm. In der Regel wird diese Zugabe gespranzt bzw. geschneuzt.

Von Hafner (1964) wird das Treiben allerdings als unentbehrlich für den Gebirgswald bezeichnet. Erfahrene, gut ausgebildete Arbeitskräfte seien imstande, die Schäden gering

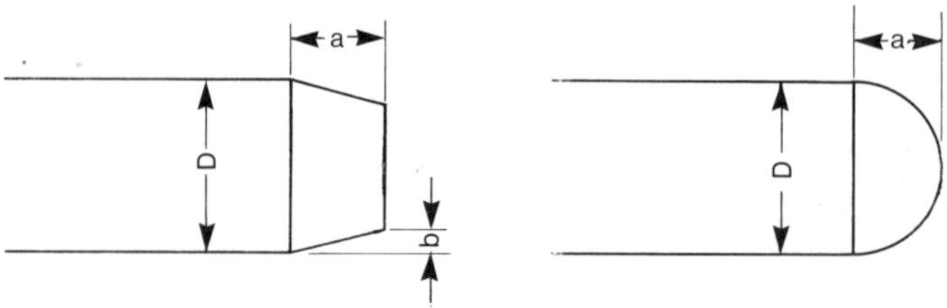

Abb. 21. „Spranzen“ bzw. „Schneuzen“ von Holz (HAFNER 1964).

zu halten. Einem Merkblatt der Waldarbeitsschule Laubau/Bayern ist zu entnehmen, daß das sorgfältige und überlegte Treiben des geschlägerten Holzes heute genauso wichtig wie früher sei (1982). Das Merkblatt weist darauf hin, daß Voraussetzung für das Treiben von Holz eine entsprechende sorgfältige Planung und Vorbereitung ist, die in folgenden Kernpunkten zum Ausdruck kommt:

1. Sorgfältige Einhaltung der Fällrichtung
2. Sauberes Beischneiden der Wurzelanläufe und Spranzen des Holzes
3. Schneiden von Verlegern an den Stellen, wo das Holz gebremst oder abgeleitet werden soll, d. h. an Steilstufen, Felswänden, Felsblöcken usw.
4. Entfernung von Ästen aus der Treibstrecke und Einbau derselben in die bergseitigen Stammachseln stehender Bäume
5. Berücksichtigung der Tatsache, daß langes, starkes und frisch entrindetes Holz schneller läuft als schwache, kurze und ausgetrocknete Bloche
6. Beachtung der Bremswirkung trockenen und rauhen Bodens; entgegengesetzte Verhältnisse wirken beschleunigend
7. Berücksichtigung der starken Schadenszunahme beim Treiben des Holzes durch den Bestand nach ca. 60 m
8. Im Bedarfsfalle möglichst getrenntes Treiben schwachen und starken Holzes
9. Herrichten und Korrektur des Arbeitsplatzes und der Treibstrecke jeweils beim Aufstieg
10. Zur Vermeidung von Unfällen ist auf eine ungestörte gegenseitige Verständigung der Arbeitskräfte zu achten

Die Waldarbeitsschule Laubau nennt für Treibarbeiten folgende Gefällewerte (vgl. HAFNER 1964):

18 %	=	flüssiges Treiben nur auf glatter Unterlage (z. B. feuchtes Holz, Loite)
18–27 %	=	Mindestgefälle für einen Loitenbau
27 %	=	Höchstgefälle für einen Loitenbau ohne Bremsen (Starkholz wird schon sehr schnell)
33–40 %	=	günstiges Gefälle für das freie Treiben, geschältes Starkholz kann bereits unangenehm schnell werden
über 40 %	=	im Bestand nur noch bei Trockenheit treiben
über 45 %	=	unbedingt in Rinde treiben
über 60 %	=	freies Treiben verboten

Zusammenfassend können die Nachteile des Treibens und Schießenlassens durch folgende Maßnahmen verkleinert werden:

- Durch die Wahl der Holzlänge: Bloche gleiten langsamer, halten eher an Hindernissen, können leichter bewegt werden. Langholz gleitet schneller und leichter, ist aber eher steuerbar.
- Durch die Bearbeitung: Holz mit Ästen und Aststummeln gleitet auch an Steilhängen nur ruckartig, in Rinde bewegt sich das Holz langsamer als entrindet und hier wieder frisch

schneller als abgetrocknet. Spranzen und Schneuzen, d. h. das Brechen von Kanten, läßt Hindernisse leichter überwinden und verringert die Bodenverwundung.
- Durch die Hiebsform: Üblicherweise werden natürliche oder künstliche Auffanglinien, Mulden usw. benutzt, aber auch die Schlagform variiert, um Schäden zu minimieren. Vor allem wirkt sich hier die Treibdistanz stark aus.
- Durch Berücksichtigung der Jahreszeit und des Bodenzustandes: Die Wahl des Rückezeitpunktes in Abhängigkeit vom witterungsbedingten Boden- und Holzzustand eröffnet ebenfalls eine Reihe von Möglichkeiten, die Leistung zu steigern und Schäden gering zu halten.

Der Vollständigkeit halber sollen auch Transporttechniken wie Wälzen und Rollen von Blochhölzern erwähnt werden. So werden z. B. in Ostasien (Indonesien, Burma, Malaysia) von Fall zu Fall Hölzer auf vorbereiteten Querhölzern von Hand gerollt bzw. geschoben (Hafner 1964).

4.2.2.3 Handabseilen

Um Schäden insbesondere beim Hangabwärtsrücken von stärkerem und damit besonders wertvollem Langholz in Grenzen zu halten, wurde bereits im Mittelalter versucht, die Hölzer mit Hilfe von Seilen beim Bergab-Rücken abzubremsen.

Die Seile wurden an sog. Lott-Schrauben oder Seilhaken, die in das dicke Stammende eingetrieben wurden, befestigt und dann eineinhalb- bis zweifach um stehende Bäume geschlungen. Das Abbremsen erfolgte durch mehr oder weniger festes Anziehen der Seilschlaufen. Die Ausrüstung der zwei- bis dreiköpfigen Seilrotte besteht aus einem 40 bis 50 m langen Stahlseil hoher Qualität, dem Lotteisen oder Seilhaken, einem Bohrer, zwei bis drei Krempen und einem Griff. Mitgeführt wird darüber hinaus eine Axt, um beim Einbohren das dünne Ende des Langholzes jeweils kappen zu können.

Die Technik des Abseilens erfordert erfahrene Arbeitskräfte und muß als besonders gefährlich betrachtet werden. Es wurde deshalb frühzeitig versucht, den Bremsvorgang auf Abseilwinden zu übertragen.

4.2.2.4 Fahren mit Hilfe menschlicher Arbeitskraft

Frühzeitig wurde versucht, das körperlich anstrengende Tragen von Lasten oder das Schleifen derselben durch das Fahren zu ersetzen. Dies setzt entsprechend einfaches Gelände, tragfähige Böden oder aber künstliche Bohlen-Fahrbahnen und kurze Rückedistanzen voraus. Ursprünglich wurden breite Holzräder oder Eisenräder mit breiter Auflagefläche benutzt. Die Entwicklung luftgefüllter Reifen erwies sich als besonders günstig.

Kurzholz wird mit Hilfe von Schubkarren unterschiedlichster Bauart, in Ostasien aber auch in Zweimannarbeit mit Einradwagen transportiert.

Langholz läßt sich mit einachsigen Rückewagen und Handsulkies rücken. Flaschenzüge, Gewinde-Hebeeinrichtungen oder aber das Kippen des Sulky-Bogens ermöglichen das Anheben der Last am dicken Ende, aber auch vollständiges Hochheben. Zum Ziehen werden ergonomisch günstigere Schulterzuggurte benutzt (Fao 1982).

4.2.2.5 Rücken mittels Handschlitten

Mit Handschlitten wird sowohl im Bestand als auch auf Schlittbahnen und Schlittwegen gerückt. Schlittwegsysteme für Handschlitten weisen beim Rücken auf Schnee- und Eisbahnen ein Gefälle von 5 bis 20 % auf. Bei Neigungen bis max. 8 % genügt die menschliche Bremskraft, darüber hinaus werden Schleppäste, Schlepphölzer (sog. Hunde), Sperrketten und Sperrtatzen zum Abbremsen benutzt.

Die historischen Holzschlitten ähneln sich auffällig. Trotzdem haben sich regional unterschiedliche Formen herausgebildet. Gayer/Mayr (1909) nennen für den Transport von

Schichtholz Schlittenformen der Rhein-Main-Gegend, den Mährischen Waldschlitten, den Alpenschlitten sowie Schlittenformen des nördlichen und südlichen Schwarzwaldes. Erwähnt werden von ihnen schon damals sog. Rollschlitten, die zusätzlich zu den Kufen mit einer Achse und kleinen Rädern ausgestattet waren. Weltweit weist die FAO (1982) auf regionale Formen von Schlitten hin, die für das Handrücken von Brennholz geeignet erscheinen.

Berühmt geworden ist die historische Art und Weise, Blochholz in den Alpen, aber auch in den Mittelgebirgen des bayrischen Waldes und der CSSR (Böhmerwald, Riesengebirge) zu schlitteln. Die Bringung erfolgt bei dieser Technik fast ausschließlich bei Schneelage. Die Ladung erreicht einen Umfang von 1,5 bis 2,0 m^3.

Während im bayrischen Wald das Holz vollständig auf den Schlitten geladen wurde, sattelte man in Oberbayern und Österreich hingegen nur das vordere Ende auf, wodurch eine entsprechende Bremswirkung erzielt wird. Die Leistung betrug bei 5 km Rückedistanz zwei bis vier Kubikmeter Langholz bzw. drei bis fünf Kubikmeter Kurzholz täglich.

Diese Art der Schlittenarbeit setzte große körperliche Gewandtheit voraus. Die Schlitten wurden bergauf getragen, eine Teilarbeit, die später versuchsweise mit kleinen Einachsschleppern durchgeführt wurde. Gängig war die Arbeit in Gruppen, d. h. in Schlittenpartien, auch um sich in Notlagen gegenseitig helfen zu können.

Erwähnt werden soll hier das gelegentlich in Ostasien übliche Kuda-Kuda-Schlittensystem, bei dem der beladene Schlitten auf befeuchteten hölzernen Schienen gezogen bzw. geschoben wird. Rücken von Hand und Schlitteln gelten als besonders anstrengend, aber auch als unfallträchtig. In diesem Zusammenhang weist die Unfallverhütungsvorschrift Forsten (1982) bei „Holzrücken und Stapeln" auf folgendes hin:

Für das Rücken von Hand gilt folgendes:

1. Handarbeiten beim Rücken sind mit Hilfsmitteln auszuführen, es sei denn, die zu bewegenden Holzlasten sind so gering, daß die Versicherten beim Rücken ohne Hilfsmittel nicht überanstrengt werden und körperlichen Schaden erleiden.
2. Wird Holz durch mehrere Versicherte gemeinsam getragen, so gibt der letzte das Zeichen zum Aufheben und Abwerfen. Die Last muß einheitlich auf der rechten oder auf der linken Schulter, am Hang nur auf der Talseite, getragen werden. Das Abwerfen über den Kopf ist verboten.
3. Das Rollen und Schießenlassen von Stamm- oder Schichtholz ist nur zulässig, wenn der Anordnungsbefugte dies angeordnet hat und sichergestellt hat, daß niemand gefährdet werden kann.
4. An Hängen darf nur geschlittelt werden, wenn die Ladung fachgerecht gesichert ist und ausreichende Bremsvorrichtungen vorhanden sind.
5. Schlitteln darf nur bei Tageslicht und nicht bei Glatteis durchgeführt werden.

Durchführungsanweisung:

1. Hilfsmittel i. S. v. Nr. 1 sind z. B. Rückezangen, Floßhaken, Wendehaken und Sappie.
2. Zur fachgerechten Sicherung der Ladung gehört auch, daß die Ladung die Sicht nicht behindert. Das Mitfahren von Personen außer dem Schlittenführer kann nicht gestattet werden.
3. Ausreichende Bremsvorrichtungen i. S. v. Nr. 4 sind z. B. Sperrtatzen, -krallen, Sperrketten, Schleifbündel oder Bremsbündel.

4.2.3 Riesen und Loiten

4.2.3.1 Definition und Geschichte des Loitenbaus

Unter Laaß (Schweiz), Gleitbahn (Schwarzwald), Riesen (Österreich) oder Loiten (Bayern) (GAYER/MAYR 1909) versteht man aus Holz, Stahlblech oder Kunststoff gebaute oder in die

Erde gegrabene Rinnen, in denen Stammteile wie Schichtholz und Bloche oder Langholz unter Ausnutzung der Schwerkraft und der ggf. verminderten Reibung weitgehend selbständig zu Tal gleiten. Rieswege stellen eine Kombination von Erdriesen und seitenbegrenzenden Stämmen dar.

Die Riestechnik ist uralt. Im 7. Jahrhundert v. Chr. baute Nebukadnezar II eine Holzrutsche im Libanon zum Transport von Zedern (Hafner 1964). Wie Hafner weiter erwähnt, werden kunstvoll gebaute Holzriesen im Mittelalter häufig erwähnt. Man sprach damals von Riesen, Rieseln, Rutschen, Glitschen, Holzgleiten oder Holzleiten. 1729 benutzte man bei Urach in Württemberg eine aus Gußröhren zusammengesetzte Brennholzriese. Riesen wurden zu allen Zeiten auch von den Kulturvölkern Ostasiens benutzt. Eindrucksvoll sind die japanischen Hänge- oder Geflechtriesen.

Ausführlich beschreibt Jägerschmid (1827/1828) den Bau von Riesen. Er unterscheidet mehrere verschiedene Riestypen und weist auf ihre unterschiedliche Eignung für bestimmte Holzsortimente hin.

4.2.3.2 Bauformen

Unterschieden werden Schnee- und Eis-, Trocken- und Wasserriesen.

Gayer/Mayr (1909) nennen für entrindetes Langholz die notwendigen Mindestgefälleprozente für Erdriesen bzw. Rieswege:

bei Eisbahn	5 %
bei Schneebahn	13 %
bei frischem Lehmboden	
– nasses Holz	17 %
– trockenes Holz	36 %
bei trockenem Lehmboden	
– trockenes Holz	49 %

Das Gefälle muß also dem jeweiligen Zweck, d. h. der Holzstärke, dem Holzzustand, der Jahreszeit usw. angepaßt werden. Ggf. wird der Reibungswiderstand künstlich z. B. durch Wasserzugabe verändert.

Unterschieden werden folgende Bauformen:

1. Holzriesen:
   Als Baumaterial dienen Stämme, Stangen oder Bretter, wobei diese als Mulden- oder Hangriesen gebaut werden.
2. Stahl- oder Gußblechriesen
3. Kunststoffriesen:
   Bekannt geworden ist hier die Kunststoffriese Leykam Logline. Hierbei handelt es sich um Halbschalen aus Polyäthylen, 5 m lang, lichte Weite 35 cm, 9 mm Wandstärke mit einem Gewicht von 25 kg je Schale, versehen mit Keilverschlüssen.
4. Wasserriesen und Schwemmkanäle:
   Meist feste Anlagen, hergestellt aus Holzbrettern, Blech oder Kunststoff. Diese Wasserriesen dienen häufig der Versorgung von Großverbrauchern. Sie weisen verschiedene Querschnitte auf, wobei sich der V-förmige als wasser- und materialsparend erwiesen hat.
   Schwemmkanäle sind im Gegensatz zu den Wasserriesen dauerhafte Anlagen mit hoher Leistungsfähigkeit zur Beförderung von Holz. Sie werden in der Erde verlegt oder in Stein oder Beton errichtet.
5. Spezialriesen: Japanische Hängeriesen usw. Diese Anlagen werden durch zwei Tragseile gebildet, zwischen denen trogförmige Konstruktionen aus Holz gehängt werden. Sie sind

sehr kostspielig, außerdem können nur kurze Strecken überwunden und nur leichte Sortimente (Kurzholz, Blochholz) befördert werden.

In allen o. g. Fällen werden Kunstbauten zur Überwindung von Hindernissen wie Tälern, Mulden, Bächen usw. errichtet.

6. Erdriesen sind heute bedeutungslos geworden. Sie entstanden beim Ausbau von schmalen Wegen durch das ein- oder zweiseitige Verlegen von Abweishölzern. Erd- oder Wegriesen weisen meist ein starkes Gefälle auf. Üblich war hier das Riesen auf glatter Schneebahn.

Ries- und Loitenbetrieb beschränken sich heute auf Steilhänge im Gebirge, die nur unter hohen Kosten durch Waldstraßen und Maschinenwege erschließbar sind. Er muß als arbeitsaufwendig, körperlich anstrengend und gefährlich bezeichnet werden und setzt Arbeitskräfte voraus, die ein entsprechendes Ausbildungsniveau und Maß an Erfahrung haben. Technische Einzelheiten lassen sich einem Merkblatt der Waldarbeitsschule Laubau (1982) entnehmen. In diesem Merkblatt wird besonders auf Gesichtspunkte zur Wahl der Loitentrassen hingewiesen:

- Der Lagerplatz, zu dem die Loite führt, soll genügend groß sein, vor allem wenn das Holz sortiert werden muß.
- Berücksichtigt werden muß der jahreszeitliche Zustand des Holzes, insbesondere die Auswirkungen von Frost und Schnee.
- Die Trasse der Loite soll dort gewählt werden, wo im Hieb das meiste Holz anfällt.
- Hangloiten können bis etwa 40 % Gefälle im Gelände gebaut werden.
- Im steilen Gelände fasse man das Holz fischgrätenartig zusammen und verwende möglichst Erdriesen.

Die Unfallverhütungsvorschrift Forsten (1982) schreibt für Holzbeförderung in Riesen (Rutschen) in § 14 folgendes vor:

(1) Riesen sind so anzulegen, daß Stämme nicht aus der Bahn geschleudert werden können. Bei stärkerem Gefälle sind in der Riese ausreichende Bremsvorrichtungen (Wölfe) einzubauen. Das Begehen der Riese während der Bringung ist verboten.
Durchführungsanweisung: Der Schutzforderung ist genügt, wenn in Krümmungen die Bahn überhöht wird oder entsprechend hohe Seitenwände vorhanden sind.

(2) In der Riese darf jeweils nur ein Stamm abgelassen werden. Vor dem Ablassen des nächsten Stammes hat sich der Anordnungsbefugte davon zu überzeugen, daß der vorher abgelassene Stamm am Ende der Riese weggeräumt ist. Kann die Talseite nicht eingesehen werden, darf der nächste Stamm erst abgelassen werden, wenn von der Talseite ein vorher zu vereinbarendes Freisignal gegeben worden ist.

4.2.4 Rücken mit Tieren

4.2.4.1 Allgemeines

Tiere wurden vom Beginn ihrer Domestizierung an als Trag- und Zugmittel verwendet. Weltweit transportieren Pferde, Esel, aber auch Hornvieh und in Ostasien Elefanten Holz vom Stock zu den Waldstraßen oder den Lagerplätzen an den Flüssen. In den semiariden Landschaften Nordafrikas und Asiens belädt man Kamele und Dromedare, in Südamerika Lamas mit Holz, wobei diese Tiere dort weniger zum Rücken als zum Transport über längere Strecken benutzt werden. Ebenso verhält es sich mit den in Skandinavien eingesetzten Rentieren, die je einen mit Kurzholz beladenen Schlitten ziehen, wobei mehrere Gespanne zu einer Kolonne zusammengestellt werden können.

Welche Gründe sprechen auch heute noch – nach der Einführung leistungsfähiger Rückemaschinen in Form von Seilwindenschleppern, Kranschleppern, Hebeschleifzügen, Seilkränen, Hubschraubern usw. – für den Einsatz von Zugtieren?

LEINERT (1979) weist darauf hin, daß sich insbesondere bei Pferden mit dem Übergang von arbeitsintensiver Stallhaltung zu extensiver Weidehaltung der Zwang zur dauernden Betreuung erheblich verringern ließ. Unter diesen Voraussetzungen sieht er Chancen vor allem für den Pferdeeinsatz bei der Durchforstung jüngerer Nadelholzbestände und stellt besonders heraus:

- die Pfleglichkeit der Arbeit im Vergleich zu Schleppereinsätzen, insbesondere die Verringerung der Schäden am Boden und am verbleibenden Bestand,
- niedrigere anfängliche Investitionskosten,
- Vereinfachung der Lastenbildung, die evtl. mit einer gewissen Vorsortierung verbunden werden kann,
- die größere Beweglichkeit des Rückemittels in schwierigem Gelände, Rückewege können in ihrer Breite und ihrem Ausbau gering dimensioniert sein,
- die Senkung der körperlichen Belastung im Vergleich zur Verwendung funkgesteuerter Kleinseilwinden,
- Wegfall der Belästigungen durch Motorabgase und Lärm.

EFTHYMIOU (1973) ergänzt diese Vorteile durch die Betonung der hohen Geländegängigkeit von Zugtieren, die bis zu 35 % Hangneigung bewältigen und sich in Beständen mit Geröll, Vernässungen und Gräben bewähren.

Spanische Autoren (DE LA MAZA, MARTIN, FUENTES 1967) haben sich ebenfalls intensiv mit der Frage des Tierzuges befaßt. Die Aussagen gelten für die ehemals spanisch-portugiesischen Kolonien, wo heute noch Pferde, vorwiegend aber Maultiere, Esel, aber auch Hornvieh zum Rücken von Holz Verwendung finden. Der Einsatz von Zugtieren verbilligt den forstlichen Wegebau erheblich. Sogar Saumpfade können ohne wesentlichen Ausbau zum Tragen und Schleifen des Holzes benutzt werden.

Grundsätzlich gilt, daß für das Ausscheiden des Tierzuges vor allem der Wechsel von den „low-capital-high-labour-ratio" zu den „high-capital-low-labour-ratio-systems" ausschlaggebend war. Kennzeichnend ist deshalb, daß der Tierzug in hochentwickelten Ländern mit entsprechenden Lohn- und Lohnnebenkosten in der Regel nur dort empfohlen wird, wo der Kapitaleinsatz in Form teurer Schleif- oder Tragrückeschlepper in Relation zum Wert des manipulierten Holzes zu hoch ist, um diesen das Zusammenziehen des Holzes, also das Vorliefern als Sammelfunktion zu übertragen.

4.2.4.2 Tierarten

Pferde

Pferde werden am häufigsten als Zug-, teilweise auch als Tragtiere eingesetzt. Am geeignetsten erscheinen nach GLÄSER (1951) Kaltblutpferde, die folgende Gewichte aufweisen: leichte Rassen 370–400 kg (z. B. Schleswigsches Kaltblut), mittelschwere Rassen 600–650 kg (z. B. Rheinisches und Westfälisches Kaltblut), schwere Rassen 700–800 kg (z. B. Ardenner-, Pinzgauer Kaltblut).

Auch schwere Warmblüter wie z. B. die Oldenburger Rasse haben sich bewährt, ebenso Haflinger und Fjordpferde. Die Zugkraft (zu messen mit Hilfe eines Dynamometers) und damit die Rückeleistung hängt wesentlich vom Tiergewicht ab. Das natürliche Lebensalter von Pferden liegt bei 30 Jahren. Einsatzfähig ist das Tier vom 4., 5. oder 6. bis zum 15. Lebensjahr.

GLÄSER (1951) weist auf erwünschte Eigenschaften wie hohe Zugleistung, Zugfestigkeit und ruhigen Zug bei schweren Kaltblutrassen hin. Hohe Marschgeschwindigkeit ist weniger erwünscht. Kanadische Quellen erwähnen die im Vergleich zu Mulis und Eseln bessere Widerstandsfähigkeit gegen Kälte. LEINERT (1979) berichtet über die gute Eignung des norwegischen Fjordpferdes für Rückearbeit, dank seines guten Charakters, stetigen Temperaments, vor allem aber seiner Genügsamkeit.

Bewährt hat sich eine Kreuzung belgischen (Ardenner) Kaltblutes mit dem norwegischen Fjordpferd. Die Eigenschaften des Kaltblutes ergänzen sich hier mit der problemlosen Haltung des nordischen Pferdes.

Nach GLÄSER (1951) beläuft sich die Zugkraft eines Pferdes auf 20 bis 25 % des Körpergewichts, bei schweren Rassen also auf 140 bis 160 kg, wobei die Marschgeschwindigkeit 0,8 bis 1,1 m/s beträgt. Werte, die bei längeren Distanzen realistisch sind, entsprechen einer Leistung von 980,7 N m/s bzw. 0,98 kW.

Bei schweren Zugaufgaben werden mehrere Pferde im Gespann eingesetzt. Nach GLÄSER wirkt sich hier das Gesetz vom abnehmenden Gruppenwirkungsgrad aus, so daß ein Zweigespann nicht zweimal 100 %, sondern nur noch 196 %, ein Vierergespann statt 400 % nur hoch 320 % der Einspännerleistung aufbringt. Ein mittelschweres Arbeitspferd benötigt bei schwerer Arbeitsleistung eine Ernährung von täglich 800 bis 900 g verdaulichem Reineiweiß, 7500 bis 9000 g Stärkewert, 12 bis 15 kg Trockenmasse und 4,5 bis 5,5 kg Ballaststoffe. Dies entspricht bei konventioneller Heu-Hafer-Fütterung 8 kg Hafer, 5 kg Wiesenheu mittlerer Qualität und 3 bis 5 kg Häcksel und Futterstroh täglich (bei schweren Kaltblütern bis zu 10–12 kg Hafer, 5–10 kg Wiesenheu mittlerer Qualität, 6–7 kg Spreu und Häcksel). Der teure Hafer kann durch preiswertere Futterstoffe (z. B. Rüben, Kartoffel, Luzerne, Klee) teilweise ersetzt werden.

Nach GLÄSER (1951) muß ein guter Hufbeschlag für die Pferde als Voraussetzung hoher Zugleistung betrachtet werden. Bei Rückearbeiten im Sommer werden flache Eisen ohne Griffe und Stollen, sog. Pantoffeleisen verwendet. Bei glattem Boden im Winter oder bei feuchtem, glattem Lehm werden Griffe (am Vorderrand des Eisens) und Stollen aufgebracht, letztere an den hinteren Enden des Eisens oft als Schraubstollen.

Holländische Erfahrungen (LEINERT 1979) nennen für das Fjordpferd folgende zumutbare Lastmengen an der schleifenden Rückekette in Abhängigkeit von der Rückedistanz:

Holzmenge	0,25 m^3	0,35 m^3	0,50 m^3
Rückedistanz	80,0 m	40,0 m	20,0 m

Während Schwachholz mit dem dicken Ende voraus geschleift wird, rückt man stärkere Stämme dünnörtig oder dickörtig mit Hilfsmitteln (z. B. Rückepfanne oder Rückehaube).

Esel

DE LA MAZA, MARTIN und FUENTES (1967) vergleichen Pferde, Maultiere, Esel und Ochsen in ihrer Einsatzfähigkeit. Esel ertragen hohe Temperaturen ohne Schaden, sind hingegen weniger widerstandsfähig gegen Niederschläge und Kälte. Sie erreichen ein Lebensalter von 25 Jahren, wovon 15 Jahre für Zug- und Tragarbeit genutzt werden können, sind anspruchslos bezüglich Haltung und Fütterung. Esel haben eine hohe Trittsicherheit, ein besonderer Vorzug an Steilhängen. Nachteilig ist der kleine Hufquerschnitt, der einen relativ hohen Bodendruck verursacht.

Maultiere

Maultiere, im bayrisch-österreichischen Sprachraum Muli genannt, sind Nachkommen der Kreuzung von Eselhengst und Pferdestute. Wie bei kleineren, schwächeren Mauleseln, einer Kreuzung von Pferdehengst und Eselstute, sind die Hengste unfruchtbar. Beide werden in Süd- und Südosteuropa und Nordafrika als Trag-, Zug- und Reittiere gezüchtet. Wie Pferde erreichen die Maultiere ein maximales Lebensalter von drei Jahrzehnten bei einer nutzbaren Zeit zwischen dem 4. bzw. 5. und 12. bzw. 14. Jahr. Maultiere weisen die Vorzüge beider Eltern auf: Sie sind kräftiger, zugfester und bei Belastung ausdauernder als Esel, gleichzeitig genügsamer, trittfester, weniger ängstlich und ruhiger als Pferde. Esel und Mulis reagieren zwar empfindlich auf Weichböden, erweisen sich aber als außerordentlich geschickt auf Geröll und steinigen Saumpfaden.

Ochsen

Ochsen weisen im Vergleich zu Pferden mit einer Zugkraft von 60 bis 70 kp bei 0,6 bis 0,8 m/s zwar geringere Zugkräfte und eine geringere Marschgeschwindigkeit auf. Sie sind jedoch ruhiger im Zug und scheuen nicht. Ferner erlauben sie eine extensive Haltung und sind in bezug auf Fütterung und Tränkung weniger anspruchsvoll. So kann z. B. der Weidegang auch bei Nacht erfolgen. Hinzu kommt der für Paarhufer typische geringere Bodendruck (0,7–0,8 kp/cm^2). Klauenvieh ist allerdings empfindlich gegen kleine Äste und Steine, die sich in die Hufspalten setzen und Lahmheit verursachen können.

Ein nicht zu vernachlässigender Vorzug des Hornviehs besteht in dessen Nutzung als hochwertiges Schlachtvieh, ein Gesichtspunkt, dem in den entlegenen Holzhauercamps früherer Zeiten besondere Bedeutung zukam.

Arbeitsochsen von 600 bis 700 kg Gewicht benötigen nach Gläser (1951) bei schwerer Arbeit täglich 0,9 bis 1,0 kg verdauliches Roheiweiß, 8 kg Stärkewerte und 16 bis 18 kg Trockenmasse, also etwas mehr Futter als Arbeitspferde. Dies entspricht einer Futterzusammenstellung von 5 kg Heu, 5 kg Stroh und Spreu, 30 kg Futterrüben, 3 kg Hafer und 2 kg Kleie. Wie Pferde sollen auch Ochsen täglich dreimal nach vorhergehender Tränkung gefüttert werden.

Auch Zugochsen werden beschlagen. Bewährt haben sich Federklaueneisen; beide Klauen werden einzeln mit einem Flacheisen beschlagen, dessen seitlicher Fortsatz um die Klauenspitze gebogen wird. Die Zugkraft wird übertragen mit dem Stirnjoch, dem einzelnen oder doppelten Schulterjoch oder dem Kummetgeschirr, das für jedes Tier passend gearbeitet sein muß. Spanische Untersuchungen zeigen, daß mit Hilfe des Kummets bei allen Zugtieren die größte Zugkraft bei weitgehender Schonung der Tiere ausgeübt werden kann.

4.2.4.3 Hilfsmittel zum Tierzug

Bereits Jägerschmid (1827/28) erwähnt Hilfsmittel, um das Schleifen langer Stämme mit Tieren zu erleichtern. Aufgeführt werden von ihm Prügelschuhe, Lottbäume, einfache Schlitten usw. Auch Gayer/Mayr (1909) nennen Lottbäume, Mähnehaken, Prügelschuhe, Schleifvorrichtungen und Rückewagen.

Gläser (1951) weist auf die Anwendung von Rückezangen für Gespannzug mit Wirbel und Ring, schwedische Rückezangen, Lottnagel und -schrauben, aber auch auf Stoßfänger zur Schonung der Zugtiere hin. Ferner erwähnt er verschiedene Rückepfannen, Rückeschlitten, eine Gleitsohle sowie Baumschlepphauben. Die Praxis entwickelte also eine große Zahl von Hilfsmitteln, um das dicke Stammende anheben und die Gleitreibung vermindern zu können. Diese Hilfsmittel dienen zugleich dem einfacheren Überwinden von Hindernissen wie Stöcken, Wurzeln oder Felsblöcken.

4.2.4.4 Tierzug im Vergleich

Im Vergleich der Tiere untereinander weist die nachfolgende, auf Gläser (1951) zurückgehende erweiterte Übersicht auf die Besonderheiten der Arten hin:

Übersicht 27. Zugkraft und Leistung von Pferden in Abhängigkeit von der Marschgeschwindigkeit (Gläser 1951)

m/s	1,6	1,3	1,1	0,8	0,6	0,5	0,3	0,2	0,1
Zugkraft kg	20	40	60	80	100	120	140	160	180
Leistung mkg/s	32	52	66	64	60	60	42	42	18

Übersicht 28. Vergleich verschiedener Zugtierarten (Quelle: nach GLÄSER 1951)

	Gewicht (kg)	Zugkraft (N)	Geschw. (m/s)	Leistung W	(PS)	Geschätzte Tagesleistung kW/h
Pferd, Kaltblut	700–800	980,7	1,0	980,7	1,33	4,66
Pferd, Warmblut	600–650	735,5– 784,6	1,0– 1,2	784,56– 882,63	1,1– 1,2	4,12
Ochse	400–800	588,4– 784,6	0,6– 0,8	353,05– 627,65	0,48– 0,85	2,57
Kuh	400–500	588,4– 686,5	0,7	411,90– 480,54	0,6	1,47
Maultier	250–350	490,3	1,1	539,39	0,73	2,57
Esel	120–200	392,3	0,8	313,82	0.43	1,47

Pferde üben demnach sowohl kurz- als auch längerfristig die größten Zugkräfte aus. An zweiter Stelle werden Maultiere, aber auch schwerere Ochsenpaare notiert, während Kuh und Esel in der Leistung abfallen.

Beim Vorliefern schwachen Holzes aus Durchforstungen vom Stock zum Rückeweg konkurrieren Zugtiere und Kleinseilwinden. Auf die Vor- und Nachteile der konkurrierenden Lösungen wurde bereits hingewiesen. Die Seilwinden erfordern höhere Investitionen, scheinen körperlich höhere Anforderungen an das Personal zu stellen und weisen eine geringfügig erhöhte Unfallgefährdung auf. Demgegenüber ist der selbst bei extensiven Zugtierrassen notwendige Aufwand für die Tierhaltung zu berücksichtigen.

Die Gegenüberstellung der Rückekosten von Pferd und Schlepper (KÖPF 1968) zeigt deutlich sowohl eine Abhängigkeit von der Stückmasse als auch vor allem von der Rückedistanz. Vergleichskalkulationen zeigen, daß der Tierzug u. a. als Folge der geringen Lastgröße und insbesondere der niedrigen Marschgeschwindigkeit nur bis zu einer Rückedistanz

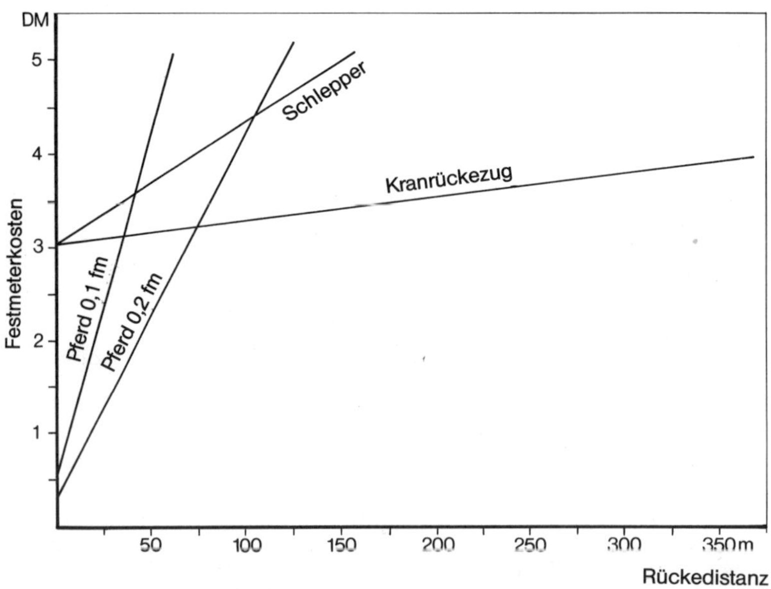

Abb. 22. Rücken – Kostenvergleich zwischen Pferd und Maschinen (schematisch). Quelle: KÖPF (1968).

von 80 bis 100 (150) m wirtschaftlich ist. Schlepper erweisen sich als günstiger, wenn über größere Entfernungen hinweg große Lasten geschleift oder getragen werden müssen.

4.2.4.5 Schlußfolgerungen zum Tierzug

Tierzug eignet sich dort, wo in empfindlichen Jungbeständen pfleglich vorgeliefert, für Schlepperzug geeignete Lasten gebildet oder teilweise auch vorsortiert werden soll. Einsatzmöglichkeiten ergeben sich in schwierigem Gelände, bei teurem Waldwegebau und in Gebieten, in denen eine Beschränkung auf Saumpfade besteht.

Erfahrene Rücketiere besitzen den Vorzug einer selbständigen Suche nach geeigneten Rückewegen mit dem Erfolg, daß sie nicht nur zwischen Wurzelanläufen von Bäumen hindurchfinden, sondern die Last ohne anzuecken hinter sich herziehen.

Beim Einsatz von Tieren ist zu beachten, daß geringe Marschgeschwindigkeiten und Maximallast die Rückedistanz sehr einschränken. Ferner sollen die Zugtiere entweder möglichst nahe dem Einsatzort untergebracht sein oder aber dorthin mit geeigneten Transportanhängern mitgeführt werden.

Weltweit gesehen bietet sich Tierzug überall dort an, wo die Lohnkosten gering sind und Agrargesellschaften vorherrschen.

4.2.5 Rücken mit Schlepper

4.2.5.1 Die Bedeutung

In der Bundesrepublik Deutschland werden jährlich zusammen rund 27 bis 30 Mio. Kubikmeter Holz geerntet, die vom Stock zur Waldstraße zu transportieren sind. Folgende Dimensionen (Anteile geschätzt) sind dabei zu bewältigen:
- Kurzholz (1, 2, [3] m lang) etwa 15 %,
- Blochholz, insbesondere Laubholz, etwa 10 %,
- Langholz, insbesondere Nadellangholz länger als 7 m und Laublangholz, 75 %.

Ein hoher Prozentsatz des Langholzes wird mit Hilfe landwirtschaftlicher oder forstlicher (Spezial)Schlepper gebracht, nur ein geringer Teil wird mittels Zugtieren, Seilkränen oder auch Helikoptern transportiert.

Nach LEINERT (1980, unveröffentlicht) werden die Rückearbeiten wie folgt bewältigt:

Übersicht 29. Bewältigung der Rückearbeiten (jeweils Anzahl der Betriebe) Quelle: LEINERT 1980

Geländetransport	Forstbetriebe in Regie	Einschlag-unternehmer	Landwirte	Wald-arbeiter	Sonstige	zusammen
landwirtschaftliche Schlepper	121	128	1137	126	4	1536
landw. Schlepper mit Forstausrüstung	184	385	259	20	7	855
Forstspezialschlepper	124	134	26	2	3	289
Schichtholzrückezüge	20	16	–	–	–	36
Schichtholznachläufer	128	39	64	–	–	231
Seilkrananlagen	17	3	–	–	–	20
Kippmastseilkräne	7	3	–	–	–	10
Hebelschleifzüge	8	–	–	–	–	8
Kleinseilwinden	72	25	26	–	–	121
Sonstiges	46	–	3	–	–	49

Für Österreich ergeben sich sowohl für private und für körperschaftliche Forstbetriebe als auch für die Bundesforste (ÖBF) mit über 200 ha Betriebsfläche folgende Zahlen:

Übersicht 30. Bewältigung von Rückearbeiten in Österreich

	Erhebungsjahr	Betriebe Besitzkategorie (Waldfläche in ha) 200–500	501–2000	2001–5000	über 5000	ÖBF	Betriebe + ÖBF Summe bzw. Durchschnitt
Holzrückung, durchgeführt vom Betrieb							
von Hand	1975	21,9	19,0	14,3	18,4	21,2	19,1
	1980	14,5	12,6	12,6	13,7	16,8	14,7
mit Tieren	1975	2,5	4,9	1,8	1,8	1,4	2,0
	1980	0,5	1,0	0,9	1,2	0,4	0,8
mit Schleppern	1975	31,5	35,4	39,7	44,5	23,1	33,3
	1980	36,0	36,1	35,5	49,0	20,9	32,9
mit Seilgeräten	1975	2,2	2,0	2,5	8,8	5,0	5,1
	1980	0,4	2,1	6,6	14,8	13,9	10,7
Holzrückung, durchgeführt von Betriebsfremden (Bauern, Unternehmer usw.)							
von Hand	1975	8,0	4,8	3,6	2,5	15,2	8,5
	1980	9,0	5,2	4,2	3,3	9,0	6,2
mit Tieren	1975	3,2	4,6	7,3	4,7	5,6	5,4
	1980	4,0	1,8	4,7	2,2	2,2	2,7
mit Schleppern	1975	28,8	25,7	28,5	16,0	24,7	23,3
	1980	32,2	37,5	32,0	12,9	31,5	27,8
mit Seilgeräten	1975	1,9	3,6	2,3	3,3	3,8	3,3
	1980	3,4	3,7	3,5	2,9	5,6	4,2
Gegenüberstellung							
betriebseigene Rückung	1975	58,1	61,3	58,3	73,5	50,7	59,2
	1980	51,4	51,8	55,6	78,7	51,7	59,1
betriebsfremde Rückung	1975	41,9	38,7	41,7	26,5	49,3	40,8
	1980	48,6	48,2	44,4	21,3	48,3	40,9
Anzahl aller Radschlepper	1975	114	161	140	130	162	707
	1980	144	188	148	145	171	796
Durchschnittliche Anzahl aller Schlepper je gemeldeten Betrieb	1975	0,8	1,1	2,4	3,6	1,8	1,5
	1980	0,9	1,5	2,5	4,3	2,1	1,8
daher Zunahme in %		+12,5	+36,4	+ 4,2	+19,4	+16,7	+20,0
1000 ha Wirtschaftswaldfläche	1975	2,7	1,4	0,9	0,6	0,4	0,8
	1980	3,3	1,8	0,8	0,6	0,5	0,8
1000 Efm Eigeneinschlag	1975	1,2	0,4	0,3	0,1	0,1	0,2
	1980	1,3	0,5	0,2	0,2	0,1	0,2
Prozentverteilung der Radschlepper nach Bauart							
Normalschlepper (kleinere Vorder- und große Hinterräder)	1975	81,6	69,6	54,3	41,5	48,8	58,6
	1980	84,0	71,8	51,4	37,9	43,8	58,0
Schlepper vom Unimog-Typ (gleich große Vorder- und Hinterräder)	1975	16,7	25,5	24,3	22,3	11,1	19,9
	1980	14,6	24,5	23,6	17,9	9,4	18,1
Knickschlepper	1975	1,7	4,9	21,4	36,2	40,1	21,5
	1980	1,4	3,7	25,0	44,2	46,8	23,9

Quelle: MEYR et al. (1981)

Diese Übersichten von MEYR et al. (1981) lassen eine Reihe interessanter Erkenntnisse zu. Auffällig ist der Rückgang des Rückens mit Tieren, während das Rücken mit Schleppern bei Regiearbeit von 1975 bis 1980 nahezu gleich blieb und bei Arbeit von Betriebsfremden um rund 4 % anstieg.

Auf Schlepperrücken entfallen 1980 insgesamt knapp ⅔ der Rückearbeit. An zweiter Stelle steht das Rücken von Hand, bedingt durch die Arbeit im Hochgebirge, an dritter Stelle der Einsatz von Seilkränen, an vierter Stelle der Tierzug. Informativ ist die Gegenüberstellung von betriebseigenem und betriebsfremdem Rücken. Knapp 60 % des Holzes werden mit betriebseigenen Maschinen gebracht, rund 40 % von betriebsfremden. Hier besteht ein direkter Gegensatz zur Bundesrepublik Deutschland, in der 1979 rund 80 % mit betriebsfremden Maschinen gerückt wurden.

Von Interesse ist ferner, daß in Österreich in den Bezirkskategorien über 200 ha, bezogen auf die Schlepperzahl, knapp 25 % auf Knickschlepper, rund 20 % auf Schlepper mit gleichgroßen Vorder- und Hinterrädern und rund 60 % auf bäuerliche Schlepper entfallen.

ABEGG (1983) weist für die Schweiz folgende Verhältnisse nach:

Rücken mit bäuerlichen Schleppern	78 %
Rücken mit Forstspezialschleppern	3 %
Rücken mit Seilkrananlagen und Hebeschleifzügen	14 %
Tierzug	12 %

Die Rückearbeit verteilt sich auf rund 15 % Schichtholz, vorwiegend 1 m lang und auf rund 85 % Stammholz, sowohl Nadel- als auch Laubholz. Damit zeigt sich auch in der Schweiz die besondere Bedeutung des bäuerlichen Schleppers und seiner Ausrüstung für die Rückearbeit. Naturgemäß streuen die Eigenschaften der Schlepper entsprechend den Geländeverhältnissen und Holzstärken stark nach Bauart, Motorstärke, Anbaugeräten und Zusatzausrüstung.

Die Variationsbreite ist außerordentlich groß: Waldarbeiter arbeiten im Werkvertrag mit eigenen Schleppern, bäuerliche Kleinunternehmer in der arbeitsarmen Winterperiode mit Hilfe ihrer primär für die Landwirtschaft beschafften Schlepper; ebenso sind aber auch auf Lang- oder Schichtholztransport spezialisierte Rückeunternehmer tätig. Diese setzen meist zwei bis drei, selten mehr Schlepper ein. Gelegentlich werden von diesen Pferde zum Vorliefern genutzt.

4.2.5.2 Generelle Anforderungen an Schlepper für den Forsteinsatz

An Forstschlepper werden hohe Anforderungen gestellt:

- große Bodenfreiheit (erwirkt durch große Räder, Portalachse oder Radvorgelege, Vermeidung von Bauteilen unterhalb der Achse),
- ausreichende Wendigkeit (kurzer Achsabstand, Vorderräder mit weitem Radeinschlag, Knicklenkung, Einzelradbremsen bei konventionellen Schleppern),
- Steigfähigkeit (ausreichende Motornennleistung, entsprechend abgestuftes Getriebe, große Reifen mit Hochstollenprofil, Allradantrieb, Differentialsperre),
- Verwindungsfähigkeit (Pendelachsen vorn, großer Federweg),
- geringer Bodendruck (Breit- oder Zwillingsbereifung, Halbraupen),
- Kippsicherheit (tiefer Schwerpunkt, breite Spur),
- Schutzvorrichtungen für Bremsanlage, Ventile, Spurstangen, Hydraulikanlage (Bodenplatte oder -wanne),
- Hohe Zugkraft, die ein sicheres Abstützen des Schleppers während des Rückevorganges erfordert,
- ausreichende Geschwindigkeit bei weiten Anfahrwegen zum Einsatzort, zur zügigen Lastfahrt beim Rücken und zum Überwinden von Steigungen,

- Ausnutzung des Drehmoments durch entsprechend abgestufte Getriebe,
- hydraulische Getriebe, die eine elastische Verbindung zwischen Motor und arbeitendem kraftübertragendem Maschinenteil herstellen, zwecks Schonung der Maschine bei sich schlagartig verstärkendem Arbeitswiderstand,
- Wendegetriebe, das Vorwärts- und Rückwärtsfahrt bei gleicher Geschwindigkeit ermöglicht,
- Schutzvorrichtungen (Sturzbügel, Drahtschutzgitter zwischen Winde und Führerstand zum Schutz des Fahrers vor zurückschnellenden Seilenden bei Seilbruch, körpergerechter, vibrationsarmer Fahrersitz in bedienungsgünstiger Position, Abgasemission oberhalb der Führerkabine zum Schutz des Bedienungspersonals vor Abgasen),
- Arbeitserleichternde Ausstattung (gute Sicht, hydraulische Lenkhilfe, wetterfeste, schallisolierte, beheizbare Kabine, ergonomisch günstige Position der Bedienungselemente),
- Anbaumöglichkeit für Zusatzgeräte: hydraulisch heb- und senkbarer Dreipunktgeräteanschluß,
- Möglichkeit der Kraftabnahme über Zapfwellenanschlüsse (häufigste Form des Antriebs von Zusatzgeräten). Je nach der Kraftabnahme unterscheidet man zwischen Motorzapfwelle, Wegezapfwelle und Getriebezapfwelle.

4.2.5.3 Gesetzliche Vorschriften für Schlepper (Straßenverkehrs-Zulassungsordnung der Bundesrepublik Deutschland)

Allgemeines

Da weitgehend Unsicherheit hinsichtlich der bei Forstschleppern geforderten Zulassung, Versicherung und Ausstattung (Kennzeichnung, Bremsen usw.) sowie hinsichtlich der Bestimmungen des Technischen Überwachungsvereins (TÜV) und der notwendigen Führerscheine besteht, wird nachfolgend ein Überblick über die wesentlichen Vorschriften der Straßenverkehrszulassungsordnung (StVZO) gegeben. Die Bestimmungen gewinnen mit dem verstärkten Übergang zu schnelleren und schwereren Forstschleppern (Verringerung der Umsetzzeiten) bei steigendem Umfang der Fahrten auf öffentlichen Straßen und Wegen zunehmend an Bedeutung (Denninger 1979).

Die gesetzlichen Bestimmungen der Länder der Europäischen Gemeinschaft entsprechen diesen Vorschriften. Die Bestimmungen in Österreich und in der Schweiz weichen nur in einzelnen Fällen geringfügig von diesen ab.

Betriebserlaubnis

Schlepper und Anhängerfahrzeuge (ein-, zwei- bzw. mehrachsig) unterliegen nach § 18 Abs. 1 der StVZO ab einer bauartbedingten Höchstgeschwindigkeit von 6 km/Std. der Betriebserlaubnispflicht. Die bauartbedingte Höchstgeschwindigkeit wird von der Nenndrehzahl des Motors, der Getriebe- und Achsenuntersetzung sowie von der Reifengröße bestimmt; sie schwankt bei den heutigen Forstschleppern zwischen 18 und 80 km/h. Nach der StVZO wird wie folgt gegliedert:

Übersicht 31. Einteilung von Schleppern nach Höchstgeschwindigkeit und Gesamtgewicht (StVZO)

Schleppergruppe	Höchstgeschwindigkeit	Zulässiges Gesamtgewicht
1	bis 25 km/h	ohne Beschränkung
2	über 25 km/h	bis 7,5 t
3	über 25 km/h	über 7,5 t

TÜV-Überwachung

Nach der StVZO (Anlage VIII zu § 18 Abs. 1 und 2) werden Forstschlepper als Zugmaschinen behandelt. Nach den Bestimmungen des TÜV sind für Zugmaschinen und Anhängerfahrzeuge folgende Untersuchungen vorgeschrieben:

Übersicht 32. Untersuchungen für Schlepper und Anhängerfahrzeuge nach den Bestimmungen des Technischen Überwachungsvereines (TÜV)

	Haupt-untersuchung	Zwischen-untersuchung	Bremsen-sonderprüfung
a. Schlepper			
Höchstgeschwindigkeit bis 40 km/h	alle 24 Monate	nein	nein
Höchstgeschwindigkeit über 40 km/h bei zulässigem Gesamtgewicht bis 6 t	alle 12 Monate	nein	alle 12 Monate
über 6 t	alle 12 Monate	alle 6 Monate	alle 12 Monate
b. Anhängerfahrzeuge			
hinter Schleppergruppe 1		TÜV frei	
hinter Schleppergruppe 2 und 3		TÜV frei	
bei zulässigem Gesamtgewicht			
bis 6 t	alle 12 Monate	nein	nein
über 6 t bis 9 t	alle 12 Monate	nein	alle 12 Monate
über 9 t	alle 12 Monate	alle 6 Monate	alle 12 Monate

Bei landeseigenen Fahrzeugen wird die technische Überwachung in der Regel von dem jeweiligen technischen Prüfbeauftragten durchgeführt.

Zulassung, Versicherung

Nach § 18 Abs. 1 StVZO sind alle Schlepper über einer bauartbedingten Höchstgeschwindigkeit von 6 km/h zulassungspflichtig. Diese Zulassungspflicht besteht jedoch nicht für Anhängerfahrzeuge bis 25 km/h, wenn diese ausschließlich für land- und forstwirtschaftliche Zwecke eingesetzt werden.

Versicherungspflicht besteht uneingeschränkt für alle Schlepper (auch unter 6 km/h). Bei Anhängerfahrzeugen besteht sie erst über einer bauartbedingten Höchstgeschwindigkeit von 25 km/h.

Selbstfahrende Arbeitsmaschinen sind nach § 18 Abs. 2 Ziffer 1 StVZO in Verbindung mit § 58 und § 64b StVZO bei Vorliegen der Betriebserlaubnispflicht zulassungs- und steuerfrei, wenn mit diesen Fahrzeugen kein Personen- und Gütertransport (fehlende Anhängerkupplung) stattfinden kann und nicht schneller als 20 km/h gefahren wird.

Anzahl und Art der zulässigen Anhängerfahrzeuge

Folgende Anhängerfahrzeuge dürfen hinter Schleppern der jeweiligen Gruppe mitgeführt werden:

Schleppergruppe 1: bis zu zwei auflaufgebremste, zulassungsfreie Anhänger

Schleppergruppe 2: ein schnellaufender, zulassungspflichtiger Einachsanhänger (über 25 km/h)
oder
zwei zulassungsfreie, mehrachsige Anhänger – einer davon druckluftgebremst. Letztere dürfen aber nur mit einer Geschwindigkeit von höchstens 25 km/h gefahren werden!

Schleppergruppe 3: ein schnellaufender, zulassungspflichtiger Anhänger
oder
zwei zulassungs- und versicherungspflichtige Anhänger mit eigenem Kennzeichen

Notwendige Führerscheine

Führerschein Klasse 4: Für die Schleppergruppe 1 in Verbindung mit zwei auflaufgebremsten, zulassungsfreien Anhängern (mehrachsig) oder einem schnellaufenden Einachsanhänger bzw. zwei zulassungsfreien, mehrachsigen Anhängern.
Führerschein Klasse 3: Schleppergruppe 2 in Verbindung mit denselben Anhängerfahrzeugen.
Führerschein Klasse 2: Schleppergruppe 3 in Verbindung mit denselben Anhängerfahrzeugen.

Unterlegkeile

Unterlegkeile müssen sicher zu handhaben, ausreichend wirksam und im oder am Fahrzeug mit Halterungen leicht zugänglich angebracht sein. Haken und Ketten dürfen als Halterungen nicht verwendet werden.

Übersicht 33. Zahl der mitzuführenden Unterlegkeile

Anzahl der mitzuführenden Unterlegkeile (je Fahrzeug)	Schlepper	Anhänger
0	bis 4,0 t zulässiges Gesamtgewicht	einachsig, bis 750 kg zulässiges Gesamtgewicht
1	über 4,0 t zulässiges Gesamtgewicht	zweiachsig
2	–	3- und mehrachsig und einachsig über 750 kg zulässiges Gesamtgewicht

4.2.5.4 Schlepperbauarten

Baumerkmale

Zur Klassifizierung der Schlepper bieten sich verschiedene Merkmale an:
- Einsatzbereiche, d. h. z. B. Rücken von Langholz, Schichtholz, Waldhackschnitzel usw.
- kW-Gruppen, Leistungsklassen
- Achszahl
- Antriebsart
- Radgröße
- Laufwerk
- Schleppergewichte
- Fahrkomfort

Dank vielfältiger Steigerungsmöglichkeiten der Zugkraft, zweckentsprechender Zusatzausrüstung, der Ausstattung mit Anbaugeräten und Anhängern lassen sich die recht unterschiedlichen Basistypen erfolgreich der jeweiligen Aufgabe, z. B. dem Rücken von Lang- und Kurzholz, Schichtholz aber auch von Schüttgut oder Vollbäumen anpassen.

Schlepper-Bauarten zum Rücken von Langholz

Einachsschlepper. Kleinschlepper (geringes Gewicht, kleine Räder, Schmalspur) mit oberhalb der Achse kopflastig angeordnetem Motor und Getriebeblock. Die Lenkung erfolgt mittels Ausschwenkungen der Lenkholme, die auch die Kupplungs- und Gashebel tragen. Während bei den leichteren Ausführungen der Maschinenführer die Maschine bedient, indem er gehend folgt, weisen die schweren Ausführungen einen Sitz mit Stützrad auf. Unter ergonomischen Aspekten sind diese Maschinen aufgrund der hohen Vibrations- und Erschütterungsbelastung bedenklich. Anbaugeräte mit und ohne Zapfwellenantrieb für vielseitige Boden- und Transportarbeiten sind verfügbar.

Konventionelle landwirtschaftliche Schlepper. Es handelt sich um Vierradschlepper, die technisch durch größere Räder auf der angetriebenen Hinterachse und kleinere Räder auf der nicht angetriebenen Vorderachse, Spurstangenlenkung, Führerstand oberhalb der Hinterachse und Lastaufnahme durch Aufsatteln oder Anhängen hinter der Hinterachse gekennzeichnet sind. Die technische Konzeption bedingt eine ungünstige Gewichtsverteilung von rund 30 % auf der Vorderachse und rund 70 % auf der Hinterachse, die sich bei Lastaufnahme zunehmend verschlechtert.

Landwirtschaftliche Allradschlepper. Die technische Konzeption entspricht weitgehend der konventioneller landwirtschaftlicher Schlepper. Jedoch steigert der zusätzliche Vorderradantrieb die Zugleistung und verbessert die Steuerungsfähigkeit unter Last. Leistungsstärke und Gewichtsverteilung sind in der Regel günstiger als bei der vorher beschriebenen Gruppe.

Halbraupenschlepper. Bezüglich der Konstruktion bauartgleich mit konventionellen landwirtschaftlichen Schleppern. Zusätzlich wird vor der Hinterachse eine Achse mit zwei kleineren Rädern montiert, über die und die Hinterräder Gummiraupen geführt werden, mit deren Hilfe der Bodendruck verringert und die Haftreibung erhöht wird. Halbraupenschlepper eignen sich für den Einsatz auf moorigen Böden und bei Schneelage.

Raupenschlepper. Schlepperbauform, die vorwiegend als Basisfahrzeug für Baumaschinen dient. Kennzeichnend sind die beidseitig über zwei Antriebszahnkranzräder und mehrere kleinere Lauf- bzw. Stützrollen geführten Gleisketten. Die Lenkung erfolgt über Kettenbremsen. – Häufig werden Rückemaschinen dieser Art in nicht erschlossenen Beständen schwierig zu befahrender Lagen (z. B. Tropen und Subtropen bei der Exploitation) eingesetzt, wobei im Zuge des Rückevorgangs eine Rückeschneise durch den Bestand geschoben werden kann. Die Maschinen zeichnen sich durch hohe Zugleistungen sowie umfangreiche Einsatzmöglichkeiten auch außerhalb des Rückebetriebes aus. Dies ist unter anderem deshalb positiv zu bewerten, da aufgrund beachtlicher Investitionen eine möglichst ganzjährige Auslastung anzustreben ist.

Universalschlepper. Im Gegensatz zu den oben beschriebenen landwirtschaftlichen Allradschleppern konventioneller Konzeption werden auf dem Markt auch sogenannte echte Allradschlepper angeboten. Sie sind gekennzeichnet durch vier gleich große Räder (deutliche Zugkraftverbesserung durch vier gleiche Aufstandsflächen), auf der Vorderachse liegendes Hauptgewicht, das sich unter Last auf beide Achsen gleichmäßig verteilt, Differentialsperren in beiden Achsen, drei Anbauräume für Zusatzgeräte (vorne, hinten, in der Mitte) mit Heck- und Frontkraftheber, Heck- und Frontzapfwelle sowie Geräteaufbau-Rahmen und ergonomisch sinnvoll ausgestattete Führerkabine oberhalb der Vorderachse bzw. in der Mitte des Fahrzeugs.

Schleifrückeschlepper. Für den speziellen Forsteinsatz konzipiert und im skandinavischen und angloamerikanischen Sprachraum als „Skidder“ bezeichnet, zeichnet sich durch vier gleich große Antriebsräder, große Bodenfreiheit, hydraulische Rahmenknicklenkung und schwingende Vorderachse aus. Die Skidder sind häufig mit Wandlergetriebe mit einer Vielzahl von Übersetzungen ausgerüstet. Letzteres bedingt eine hohe Steigfähigkeit und

Geländegängigkeit. Die Ausrüstung mit Frontpolterschild, Bergstütze, Doppeltrommelseilwinde und Sicherheitszubehör komplettieren diese Fahrzeuge derart, daß sie den Anforderungen des Forsteinsatzes auch unter schwierigsten Arbeitsbedingungen wirksam gerecht werden. Zwecks Erweiterung des Einsatzbereiches ist der Anbau von Zusatzaggregaten wie z. B. hydraulischen Rückezangen möglich.

Klemmbankschlepper. Von der technischen Konzeption her handelt es sich um Forstspezialschlepper mit Knicklenkung, ähnlich den Tragrückeschleppern, dergestalt modifiziert, daß die Ladefläche auf dem mit Tandemachsen ausgerüsteten Heckteil durch zwei gegenüberliegende sichelförmige, hydraulisch in ihrem Abstand zueinander variable Rungen ersetzt wurde. Diese sogenannte Klemmbank ist auf einem Drehschemel montiert. Ein hinter der Führerkabine des Schleppers montierter Ladekran legt das zu manipulierende Langholz mit dem stärkeren Ende zwischen diese Rungen, die es festklemmen, so daß das zu rückende Holz, mit seinem Zopfende den Boden berührend, nachgeschleift wird.

Abb. 23. Schlepper-Bauarten zum Rücken von Langholz.

Schlepper-Bauarten zum Rücken von Kurzholz und Schüttgut

Für den Kurzholztransport gelangen in Mitteleuropa im Gegensatz zu Skandinavien und insbesondere Schweden vorwiegend konventionelle Schlepper mit ebensolchen Ein- und Zweiachsanhängern zum Einsatz. Dies mag einerseits in der Einfachheit der Manipulation dieser Sorten (Be- und Entladen von Hand), andererseits historisch bedingt sein; zur Energiegewinnung wurde das Holz in früheren Zeiten überwiegend in kurzer Form angeboten.

Rohholz wird vielfach – insbesondere zur industriellen Verwendung – in kurzer Form vermarktet. In Skandinavien werden überwiegend Kurzholz-Sortimente aufgearbeitet. Um die Rückeleistung zu erhöhen, die Kosten zu senken und gleichzeitig auch Be- und Entladevorgänge zu erleichtern und zu beschleunigen, wurden spezielle Tragrückeschlepper

Abb. 24. Schlepper-Bauarten zum Rücken von Kurzholz und Schüttgut.
a. Einachsschlepper mit Triebachsanhänger, b. Landwirtschaftlicher Schlepper mit Schichtholzanhänger, c. Allradschlepper mit Huckepackvorrichtung (Zange oder Windenseile), d. Landwirtschaftlicher Allradschlepper mit Kurzholzrückewagen und Ladekran, e. Tragrückeschlepper mit Ladekran, f. Tragrückeschlepper mit Aufbau für Baumteile und Schüttgut (ggf. mit Hebevorrichtung für den Container)

entwickelt; diese sind gekennzeichnet durch Wendigkeit, große Bodenfreiheit, hohe Geländegängigkeit und große Ladekapazität.

Tragrückeschleppern wird ihre Wendigkeit durch eine Rahmenknicklenkung zwischen Triebwerk- und Nachläuferteil verliehen. Diese sogenannten Forwarder werden auf dem internationalen Markt je nach Einsatzbereich in verschiedenen Größenklassen angeboten. Für Durchforstungen in mitteleuropäischen Bestandesverhältnissen wurden leichtere Fahrzeuge dieser Art in Schmalspurausführung mit erfreulich geringem Bodendruck entwickelt.

Die für das Kurzholzrücken konzipierten Fahrzeuge können auch für das Rücken von Schüttgut verwendet werden. Hier reicht die Angebotspalette von konventionellen landwirtschaftlichen Transportfahrzeugen mit Hochaufbau bis zu Maschinen mit modifizierten Hubaufbauten (z. B. für die Aufnahme von Hackschnitzelsäcken oder -containern).

4.2.5.5 Schleppereigenschaften und Schlepperausrüstung

Allgemeines

Das Bilden von Lasten nimmt beim Rücken einen hohen Anteil an der gesamten Arbeitszeit ein (bei Starkholz 20–30 %, bei Schwachholz mehr als 50 %). Deshalb sind Zusatzausrüstung und Zubehör des Rückeschleppers – vor allem Güte und technische Eigenschaften der Anhängemittel – für die Rückeleistung bzw. für kostengünstiges Rücken von entscheidender Bedeutung. Sicherheit, Materialgüte und Eignung müssen bei allen Hilfsmitteln geprüft werden:

Bruchfestigkeit: Beim Rücken steigt die Belastung aller Teile, insbesondere von Seilen und Ketten, kurzzeitig stark an, z. B. wenn die Last gegen Hindernisse läuft. Die Bruchfestigkeit der Anhängemittel muß deshalb auf die Zugkraft von Seilwinde und Rückefahrzeug abgestimmt sein. Für Seile wird ein dreifacher Sicherheitsfaktor gefordert (UVV-Forst § 14 Abs. 2 Nr. 4), d. h., bei einer mittleren Windenzugkraft von 5 t muß das Seil eine Bruchfestigkeit von mindestens 15 t erbringen. Das führt bei starken Winden zu dicken und schweren Seilen, die auf weite Strecken oder bergauf nicht mehr von einer Arbeitskraft ausgezogen werden können. Die Hersteller sind daher bemüht, die Seildurchmesser und damit die Seilgewichte bei gleicher Bruchfestigkeit zu verringern.

Alterungs- und Kältebeständigkeit: Anhängemittel sollten über die volle Lebensdauer alterungsbeständig sein und eine annähernd gleichbleibende Bruchfestigkeit garantieren. Im Gegensatz zu schmiedeeisernen Ketten bewahren sogenannte hochfeste Ketten ihre Bruchfestigkeit bis ca. −40 °C.

Verschleißfestigkeit: Die Verschleißfestigkeit bzw. der Verschleiß hängt von den Materialeigenschaften (Güte, Stärke), den standörtlichen Gegebenheiten (z. B. Blocküberlagerung), dem Rückeverfahren (Bodenzug und Tragseilbringung) sowie der Eignung und den Fähigkeiten des Bedienungspersonals ab. Sie wirkt sich auf die Lebensdauer, den Reparaturaufwand, die Standzeiten, die Rückeleistung und damit auf die Kosten aus. Durch Verwendung hochfester Ketten der Güteklassen 8 lassen sich bis zu 70 % Gewicht einsparen. Da die Hände des Bedienungsmannes beim Umgang mit Seil und Ketten in hohem Maße verletzungsgefährdet sind, müssen die Anhängemittel mit Schutzhandschuhen bedient werden können.

Radhaftzahl und Schlupf: Soll eine Last gezogen werden, muß der Reibungswiderstand zwischen Schlepper und Boden größer sein als der zwischen Last und Boden. Zugkraft kann auf dem Boden nur insoweit abgestützt werden, als die Verzahnung zwischen Reifen und Fahrbahn bzw. das Gewicht auf den angetriebenen Rädern es erlaubt.

Der Grad der Bodenhaftung eines Fahrzeuges drückt die Radhaftzahl aus, die folgendermaßen formuliert ist:

$$f = \frac{Z}{G}$$

Z = Zugkraft, G = Gewicht auf der Antriebsachse.

Die Radhaftzahl wird vor allem durch das Reifenprofil bestimmt. Gewisse Einflüsse übt dabei der Luftdruck aus. Gleitschutzketten, Schneeketten, Gliedergreifer, Klappgreifer aber auch Raupen dienen ebenfalls der Erhöhung der Haftzahl. Eine Erhöhung des Gewichts ist u. a. möglich durch Zusatzgewichte, durch das Füllen der Reifen mit Wasser, aber auch durch das Aufsatteln und Tragen von Lasten.

Bedingt durch ungünstige Bodenart oder Fahrbahnoberfläche bzw. Lasten mit verhältnismäßig hoher Haftreibung kann die abstützbare Zugkraft so gering werden, daß es zum Schlupf kommt. Bei schwierigen Böden und hoher Kraftausübung legen die Räder eine größere Fahrstrecke (a) zurück, als dies der tatsächlichen Fortbewegung (b) entspricht.

Dies kommt in der Formel:

$$S = \frac{a - b}{a} \times 100$$

zum Ausdruck. Der Schlupf (S), der bei einem Pkw normalerweise nur 1 bis 3 % beträgt, beläuft sich bei Schleppern während der Lastfahrt auf 10 bis 15 %, unter ungünstigen Umständen sogar auf 30 bis 60 % und darüber (Loycke 1962). Wie Zugkraftmessungen zeigen, wird jedoch eine maximale Haftreibung angetriebener Räder erst bei einem gewissen Schlupf erreicht (s. Abb. 25).

Gewichtsverlagerung. Beim Rückevorgang mit schwebenden Lasten, beim Aufsatteln des Stammfußes auf der Tragbergstütze, erfolgt eine Gewichtsverlagerung in zweifacher Hinsicht; einmal von der Vorder- auf die Hinterachse und außerdem eine zusätzliche

Belastung der Hinterachse. Bedeutung gewinnt die Gewichtsverlagerung im Hinblick auf die Vorderachsentlastung, die bei konventionellen landwirtschaftlichen Schleppern konstruktionsbedingt beachtlich sein kann. Zur Erhaltung der Lenkfähigkeit müssen aber mindestens 20 % des Schleppergewichtes auf der Vorderachse erhalten bleiben. Verbunden mit der Gewichtsverlagerung von vorn nach hinten, die bis zum Aufbäumen des Schleppers führen kann, sind erhebliche Leistungsverluste.

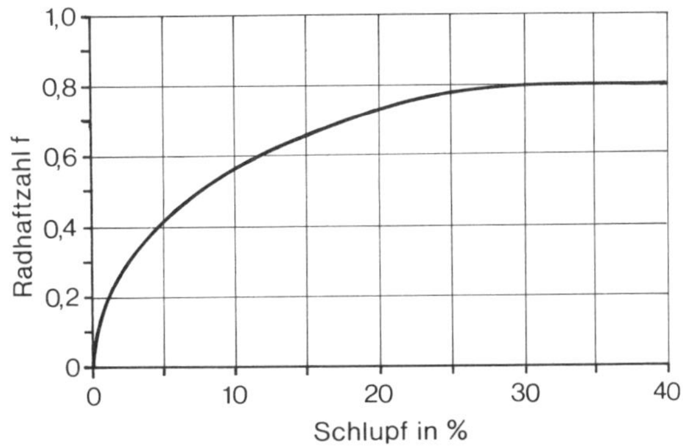

Abb. 25. Radhaftzahl und Schlupfprozent (Firmenangabe LANZ, Mannheim).

Zugkrafterhöhung. Die Zugkraft entspricht: $Z = f \times G$, wobei (f) die Haftreibung und (G) das Gewicht des ausgerüsteten Schleppers darstellt. Dies läßt zwei Wege der Zugkrafterhöhung erkennen; einerseits über die Erhöhung des Dienstgewichtes und andererseits mittels einer Vergrößerung der Haftreibung.

Steigerung des Dienstgewichtes auf den angetriebenen Achsen erfolgt durch: Füllen der Reifen mit Wasser, Anbringung von Zusatzgewichten, Aufsatteln der Last beim Schleifen von Langholz, Huckepackrücken, insbesondere von Schichtholzbündeln, oder Belastung über die Anhängerkupplung.

Bei konventionellen landwirtschaftlichen Schleppern tritt – besonders ausgeprägt – im Zustand der Bewegung in Abhängigkeit von der Höhe des Zugpunktes und vom Zugwiderstand am Schlepper eine dynamische Gewichtsverlagerung von der Vorder- auf die Hinterachse auf, welche die Antriebsachse zusätzlich belastet.

Erhöhung des Reibungskoeffizienten erfolgt durch Vergrößerung der Reifenauflagefläche durch Einsatz von Reifen größeren Durchmessers und größerer Breite, die Verwendung von Hochstollenprofilen zur besseren Verzahnung mit der Bodenoberfläche, Niederdruckreifen mit höherer Walkarbeit, Gleitschutzketten (zusätzlich wirksam in Verbindung mit Hochstollenprofilen), Klappgreifer.

Hohe Haftreibungskoeffizienten weisen Raupenfahrzeuge auf, deren Einsatz jedoch mit Verletzungen von Boden und Wurzeln verbunden ist. Halbraupensysteme stellen einen Kompromiß beider Lösungen dar. Die Zugkraft von Schleppern mit Allradantrieb liegt auf höherem Niveau als diejenige von Schleppern mit Einachs- bzw. Hinterradantrieb. Ähnlich wirkt sich die Bestückung von Schleppern mit gleich großen Rädern aus, wobei gleichmäßige Lastverteilung auf sämtliche Antriebsräder die Haftreibung erhöht. Positiv beeinflussen die Zugkraft ferner Differentialsperren und Wandlergetriebe. Während die zuschaltbare oder dauernd wirkende Differentialsperre ein Durchdrehen einzelner Antriebsräder verhindert, verhilft die hydraulische Lastschaltung, vor allem bei langsamen Fahrgeschwindigkeiten, zu einer kontinuierlichen Kraftübertragung. Die Maschine muß nicht gestoppt werden, was eine erneute Überwindung der wesentlich höheren Haftreibung vermeidet.

Dem Aufbäumen kann durch Verlängerung des Radstandes, durch das niedrigere Anbringen des Zughakens, aber auch generell durch andere Schlepperbauformen entgegengewirkt werden. Spezialrückeschlepper (Knickschlepper, Allradschlepper mit gleichgroßen Rädern) weisen heute auf der Frontachse 60 %, auf der Hinterachse 40 % des Gewichtes auf, wobei die Hinterachse zusätzlich durch Seilwinde oder Kranaufbau belastet wird.

Rückeschlepper, die oftmals abseits befestigter Wege schwere Lasten zu ziehen und zu tragen haben, sind so zu konzipieren und auszustatten, daß ein größtmöglicher Anteil der

Motorleistung in Fahrleistung umgesetzt werden kann und Leistungsverluste, z. B. durch Schlupf oder Aufbäumen, minimiert werden.

Niederdruck-Niederquerschnittsreifen. An Stelle von Raupenfahrzeugen gewinnen mit Niederdruck-Niederquerschnittsreifen ausgerüstete Rückeschlepper bei der Befahrung wenig tragfähiger Waldböden ($< 0,5$ kp je cm^2) immer mehr an Bedeutung (Dieterle 1982; Nipkow 1984; Mellgren 1984; Heidersdorf 1984). Im Angebot sind eine Vielfalt von Reifentypen bis zu einer Reifenbreite von 173 cm. Mit diesen extrem breiten Reifen konnte selbst auf tiefgründigen organischen Böden mit hohem Wassergehalt und Wurzelfilz im Norden Kanadas Holz gerückt werden.

Die Benutzung von Breitreifen verlangt eine gewisse Umrüstung bzw. Änderung der Schlepperbauweise. Es werden stärkere Vorderachsen benötigt. Automatische Differentialsperren wirken beim Wenden der Fahrzeuge nachteilig, deshalb werden manuelle Differentialsperren vorgezogen. Der Betriebsluftdruck soll so gering wie möglich gehalten werden. Die Vorteile der Breitreifen sind: Steigerung der Arbeitsproduktivität gegenüber normalbereiften Schleppern, auf extremen Böden bis zu 60 %. Höhere Leistungen können auch auf steilen und oberflächenrauhen Standorten erwartet werden; die Kraftstoffersparnis kann bis zu 40 % betragen; die Bodenzerstörung läßt sich auch bei mehrmaligem Befahren der Fahrtrassen reduzieren, auch verringert sich die Bodenverdichtung mit dem Ergebnis einer schnelleren Regeneration der Bodenvegetation und der Bodenfauna.

Als Folge leisten kleinere Maschinen vergleichbare Arbeit. Hinzu kommt eine verbesserte Stabilität des Schleppers, verbunden mit einer komfortableren Fahrweise. Zu erwarten ist eine längere Lebensdauer der Breitreifen. Generell gilt, daß mit derartigen Reifen bisher nur zeitlich begrenzt zugängliche oder gar unzugängliche Waldteile einer Nutzung zugeführt werden können.

Niederdruck-Niederquerschnittsreifen weisen auch gewisse Nachteile auf: sie sind teurer; bei Tiefschnee werden die Vorteile fraglich, bei kaltem Wetter scheinen sie für Pannen anfälliger zu sein. Mit der Anwendung verbunden ist eine größere Achsbelastung, und es werden stärkere Achsen notwendig. Das Fahrzeug weist eine größere Breite auf, weshalb sich die Manövrierfähigkeit verringert. Es werden zusätzliche Werkzeuge und Ausrüstung für Reparaturen und Unterhalt benötigt.

In Frage gestellt wird in diesem Zusammenhang immer stärker, inwieweit es vertretbar ist, unter Ausnutzung des technischen Fortschritts Teile des Waldes zu ernten, die sich bisher unbeeinflußt entwickeln konnten.

Drahtseile

Drahtseile sind unentbehrliche Hilfsmittel des Rückebetriebes. Sie finden ihren Einsatz
- beim Fällen: in Seilzügen, als Verankerungs- und Anhängeseile
- beim Rücken: als Winden-, Choker- und Verankerungsseile
- beim Seilbahn- und Seilkranbau: als Trag-, Zug-, Hilfs-, Montage- und Abspannseile
- bei Bauarbeiten: in Seilzügen und Baumaschinen.

Zur Herstellung von Drahtseilen verwendet man Seildraht, Seileinlage und Drahtseilfett. Als Seildraht dient gezogener Rund- oder Formdraht mit Festigkeitswerten zwischen 980,7 und 1765,3 N pro mm^2. Ein Schutzüberzug (z. B. aus Zink) soll der Korrosion vorbeugen. Die Seileinlage besteht entweder aus Stahl oder Kunststoff. Pflanzliche Fasern wie z. B. Hanf oder Baumwolle werden praktisch nicht mehr verwendet. Für die umgebenden Litzen dient die Seileinlage als Träger. Zur Vermeidung eines starken Seitendruckes und übermäßiger Reibung zwischen den einzelnen Litzen muß sie eine entsprechende Dicke aufweisen. Das Seilfett hat die Funktion, die Reibung zwischen den Drähten, Litzen und Seilen zu verringern, den Stahlseilen einen gewissen Korrosionsschutz zu gewähren sowie das Eindringen von Feuchtigkeit in das Seilinnere weitgehend zu verhindern. Als Schmierstoffe gelangen besonders haftfähige, säurefreie Fette zur Anwendung.

Aufbau von Seilen und Seilarten. Aufgebaut sind Seile aus einzelnen Litzen, wobei eine Litze aus einer oder mehreren konzentrischen Lagen von Einzeldrähten besteht, die schraubenlinienförmig um den Kern liegen. Die Richtung der Schraubenlinie der Drähte, die Schlagrichtung, kann rechts- oder linksgängig sein. Sie wird, rechtsgängig, mit dem kleinen Buchstaben (z), linksgängig mit dem kleinen Buchstaben (s) bezeichnet. Beim Seil erfolgt die Bezeichnung der Drehrichtung sinngemäß mit den gleichen Großbuchstaben. Diese Buchstabenreihe gibt Hinweise für den Aufbau des Seiles.

Die Litze kann als Rund-, Dreikant- oder Flachlitze ausgebildet sein. Analog dem der Litze erfolgt der Aufbau der Seile, die aus einer Lage von Litzen bestehen, die sich schraubenlinienförmig um den Kern winden. Die Schlagrichtung von Litze und Seil kann dabei gleich oder entgegengesetzt sein. Im ersteren Fall spricht man vom rechts- oder linksgängigen Gleichschlag; solche Seile führen die Bezeichnung „s/S“ oder “z/Z“. Äußerlich ist ein solches Seil daran zu erkennen, daß die Einzeldrähte stark geneigt zur Seilachse liegen. Läuft die Schlagrichtung der Litze gegen die des Seiles, so handelt es sich um den Kreuzschlag, der die Bezeichnung „s/Z“ führt, wenn es rechtsgängig ist, bzw. „z/S“, wenn es linksgängig ist. Die Einzeldrähte laufen dabei im wesentlichen parallel zur Seilachse.

Für Seilwinden werden nur Kreuzschlagseile verwendet.

In Abhängigkeit von den Konstruktionsmerkmalen kennt man verschiedene Seilarten. Grundsätzlich ist zwischen den einfachen und den Verbundseilen zu unterscheiden, wobei letztere nur bei größeren Durchmessern Bedeutung haben. Es sind dem Aufbau nach Seile mit mehrfacher Verseilung.

Die häufigste Form des einfachen Seiles ist das einlagige *Rundlitzenseil,* bestehend aus der Seele und einer Lage Litzen. Die Steifheit ist abhängig vom Querschnitt des Einzeldrahtes. Die Nomenklatur ergibt sich aus der Anzahl der Litzen und der Anzahl der Einzeldrähte in ihnen. Ein Drahtseil mit der Bezeichnung 6×19 besteht zum Beispiel aus 6 Litzen, wobei jede Litze 19 Einzeldrähte aufweist.

Neben diesem Normalseil sind Seile für Sonderzwecke im Handel. Das *Fülldrahtseil* besteht aus Litzen, deren Einzeldrähte unterschiedlichen Durchmessers in mehreren Lagen zur Litze verseilt sind. Die beim Verseilen zwischen den einzelnen Drahtlagen auftretenden Zwischenräume sind durch Drähte kleineren Durchmessers, den sogenannten Fülldrähten, ausgefüllt. Dieser Aufbau erhöht nur unwesentlich die Steifheit, dagegen erhöht sich der Gesamtquerschnitt der Drähte und ergibt gegenüber dem einfachen Seil eine höhere Zugfestigkeit bei gleichem Durchmesser.

Ein *Sealeseil* hat Litzen aus zwei Lagen von Einzeldrähten. Dabei bestehen der Kern und die äußere Lage aus Drähten gleichen Durchmessers, während die innere Lage Drähte kleineren Durchmessers aufweist. Dieser Aufbau ergibt ein sehr flexibles Seil bei ausreichenden Festigkeitswerten. Die Verwendung von Einzeldrähten hohen Durchmessers in der Außenlage der Litze verleiht dem Seil eine hohe Verschleißfestigkeit.

Das *Warrington-Seil* hat ebenfalls Litzen aus mehreren Lagen von Einzeldrähten. Kerndraht und innere Lage bestehen aus Drähten gleichen Durchmessers. Die äußere Lage besteht jedoch aus einer doppelten Anzahl alternierend angeordneter dicker und dünner Drähte. Mit Hilfe dieses Aufbaus werden ähnlich wie bei der Fülldrahtmachart bei relativ kleinem Durchmesser eine große Querschnittsfläche der Drähte und damit günstigere Festigkeitswerte erzielt.

In den letzten Jahren wurden Seile der *Seale-Warrington-Machart* entwickelt. Sie kombiniert die Vorzüge beider Seile und ergibt somit hohe Festigkeitswerte bei guter Abriebfestigkeit. Die Litze besteht aus mehreren Lagen, wobei Kerndraht und innere Lage aus gleich dicken Drähten bestehen. In der zweiten Lage sind abwechselnd Drähte mit kleinem und großem Durchmesser angeordnet, die äußerste Lage weist wiederum Drähte gleichen Durchmessers auf. Dabei sind die Drähte der inneren Lage dünner als diejenigen der Außenlage, so daß deren größerer Durchmesser die Verschleißfestigkeit erhöht.

Neben all diesen Arten des Litzenseiles hat auch das sogenannte *Spiralseil* eine gewisse

Bedeutung. Das Seil gleicht im Aufbau der Rundlitze. Es besteht aus mehreren Lagen gleich dicker, abwechselnd rechts- und linksgängig geschlagener Drähte. Diese Machart kann recht spannungsarm sein und ergibt ausreichende Festigkeitswerte bei großer Drehungsfreiheit. Da Spiralseile zum Aufdrehen neigen, sind sie für den Rückebetrieb nicht geeignet.

Übersicht 34. Vergleich einiger gebräuchlicher Litzenseile verschiedener Stärke, Machart und Materialgüte

Machart/Einlage Drahtanzahl	Einzeldrahtstärke (mm)	Seildurchmesser (mm)	Seilgewicht (kg/lfd. m)	Rechnerische Bruchkraft des Seiles (N) Zugfestigkeit des Einzeldrahtes (kN/mm²)		
				1569,12	1765,26	837,36
Normalmachart mit Fasereinlage						
6 × 7 = 42 Drähte	1,3	12,5	0,53	87,28	98,07	
6 × 19 = 114 Drähte	0,8	12,5	0,54	89,24	101,01	
6 × 37 = 222 Drähte	0,6	13	0,59	98,56	110,82	
Seale-Machart mit Fasereinlage						
6 × 19 = 114 Drähte	0,75	12	0,50		90,81	
6 × 19 = 114 Drähte	0,90	14	0,68		123,57	
6 × 37 = 222 Drähte	0,55	12	0,50		90,81	
6 × 37 = 222 Drähte	0,65	14	0,68		123,57	
Seale-Machart mit Stahlseileinlage						
6 × 19 = 114 Drähte	0,95	12	0,63			132,39
6 × 19 = 114 Drähte	1,00	13	0,72			156,91
6 × 19 = 114 Drähte	1,10	14	0,85			181,43
6 × 19 = 114 Drähte		14	0,83		155,93	
Seale-Warrington-Machart mit Stahlseileinlage						
6 × 37 = 222 Drähte		12	0,60		115,72	
6 × 37 = 222 Drähte		13	0,71		136,32	
6 × 37 = 222 Drähte		14	0,82		157,89	

Sicherheitstechnische Eigenschaften. Drahtseile im Rückeeinsatz werden so hohen Belastungen ausgesetzt, daß gewisse Anforderungen an ihre Festigkeit gestellt werden müssen, die wiederum von der Belastbarkeit des Einzeldrahtes abhängt. Die Behandlung des Stahldrahtes beim Verzinken führt zu einer Verminderung seiner Zugfestigkeit, die somit auf 1,47 kN pro mm² beschränkt wird. Für starke Winden werden deshalb nur blanke, nicht verzinkte Seile mit Stahleinlage verwendet, die bis zu 1,96 N/mm² belastbar sind. Sie korrodieren zwar schneller, da Windenseile jedoch bei Dauerbetrieb selten länger als ein Jahr im Einsatz sind, ist dies unerheblich.

Andererseits ist auch der Seildurchmesser ausschlaggebend für die Belastbarkeit, die auf die Windenzugkraft abzustimmen ist. Die Seilwindenhersteller sind verpflichtet, an den Winden den Mindestseildurchmesser anzugeben. Nach Angabe des Kuratoriums für Waldarbeit und Forsttechnik (KWF) wurde durch den Fachausschuß „UVV-Winden, Hub- und Zuggeräte" festgelegt (Krohn 1979), daß zur Ermittlung des Seildurchmessers von der „mittleren" Zugkraft der Winde ausgegangen werden kann.

Die mittlere Zugkraft ist vom Verhältnis des äußeren zum inneren Windentrommeldurchmesser abhängig. Nach Messungen des KWF liegt dieses Verhältnis bei 2,0 bis 2,4. Beträgt es – im ungünstigsten Fall – 2,0, muß die rechnerische Bruchkraft des Seiles rund

Übersicht 35. Mittlere Zugkraft von Schlepperseilwinden und rechnerische Bruchkraft von Drahtseilen in Abhängigkeit vom Verhältnis des äußeren zum inneren Windentrommeldurchmesser für verschiedene Seilwindenstärken (Krohn 1979)

Maximale Zugkraft der Seilwinde N	Verhältnis der Trommeldurchmesser außen : innen	Mittlere Zugkraft der Seilwinde N	Aufgrund der UVV notwendige rechnerische Bruchkraft des Drahtseiles N
29,4	2,0	19,6	58,8
29,4	2,2	17,7	53,9
29,4	2,4	15,7	49,0
39,2	2,0	26,5	78,5
39,2	2,2	24,5	72,6
39,2	2,4	22,6	66,7
58,8	2,0	39,2	117,7
58,8	2,2	36,3	107,9
58,8	2,4	34,3	101,0
78,5	2,0	53,0	156,9
78,5	2,2	49,0	147,1
78,5	2,4	46,1	137,3

doppelt so hoch sein wie die maximale Zugkraft der Winde. In der Übersicht 35 sind die Werte für verschiedene Windenstärken gerundet dargestellt. Die Grunddaten wurden aus dem ebenfalls abgebildeten Schaubild des KWF übernommen.

Windenseile müssen drallarm und spannungsfrei sein. Ein drallarmes Seil zeichnet sich dadurch aus, daß es nach dem Abschneiden nicht aufspringt.

Seilzubehör. Der Markt bietet eine Vielzahl von Zubehör wie Seilösen, Haken, Würgehaken, Seilknöpfe usw. für den Seileinsatz beim Holzrücken an.

Eine Kausche verhindert Seilknicke und Brüche. Aufsteckkauschen erlauben die Schlaufenverfestigung nach dem Spleißen. Bei Keilösen wird das Seilende um einen Keil gelegt und mit dem Zug im Ösengehäuse festgeklemmt. Man kann mit Keilösen nach Seilrissen am

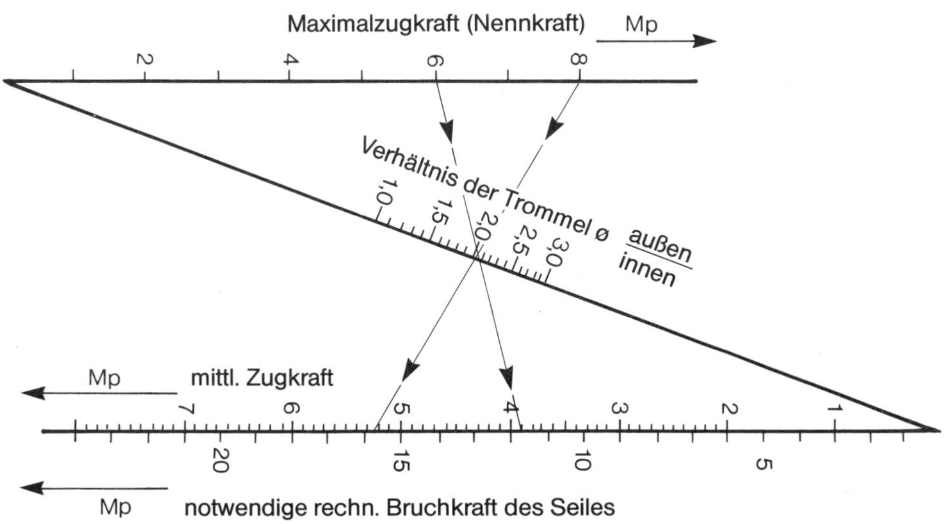

Abb. 26. Zusammenhang zwischen Maximalzugkraft, rechnerischer Bruchkraft und Windendurchmesser (Krohn 1979).

Einsatzort im Wald schnell weiterarbeiten. TALURIT-Preßklemmen werden mit hydraulischem Druck um das Seil gepreßt. Mit Hilfe des Federkeiles ist eine einfache Reparatur einer Seilschlinge ohne Werkstattgerät schnell möglich.

Zwei mit SOLO-Haken verbundene Seile können sich bei normaler Zugstellung nicht lösen. Die abgerundete Form vermeidet das Festhaken an Ästen und Reisig. Sie erlaubt bei Rollen besonderer Art den Durchlauf.

Offene Haken werden als vielseitig einsetzbare Ringelhaken, offene Haken mit Halbmond oder rundem Zapfen oder als beweglich am Seil sitzende Haken verwendet. Offene Haken erleichtern das Ein- und Aushaken der Schlaufe. Geschlossene Haken verhindern ein ungewolltes Öffnen der Seilschlinge bei nicht gespanntem Seil. Lose mitgeführte Haken behindern nicht die Handhabung des Seiles, gehen aber leichter verloren als am Seil befestigte. Von Lasthakenformen, die an den Enden der Seile oder Ketten montiert werden, ist der SF-Sicherheitshaken aus Unfallverhütungsgründen zu empfehlen. Während sich ein einfacher Lasthaken beim Nachlassen der Zugspannung leicht öffnet bzw. die Last freigibt, ist dies beim SF-Haken nicht möglich. Mit dem Seilrohrhaken kann ein gerissenes Seil vom Waldarbeiter in wenigen Minuten wieder einsatzbereit gemacht werden.

Chokerseile weisen zwar gegenüber Chokerketten höhere Bruchfestigkeitswerte im Verhältnis zu Gewicht und Stärke auf, verschleißen aber insbesondere auf steinigen Böden schneller. Außerdem ist der Würge- und Halteeffekt nur bei größeren Holzdurchmessern ausreichend. Beschädigte Seile stellen eine hohe Verletzungsgefahr dar.

Das Einhaken und Lösen von Nebenseilen an einem Hauptseil wird durch Würgehaken (Choker) ermöglicht. Diese müssen sich rasch schließen und lösen lassen und widerstandsfähig gegen Eis, Schnee, Schmutz, Abnutzung und seitliche Verdrehung sein, sie sollen das teure Zugseil nur wenig auf Querdruck beanspruchen. Keilsicherungen erlauben eine rasche Reparatur abgerissener Seilköpfe. Hierzu kürzt man das Seil sauber, zieht es durch die Hülse des Seilkopfes, entfernt die Seele, börtelt die Drahtenden und treibt mit Hammerschlag den Keil ein. Sicherungs- und Spiralkeile können auch mehrfach verwendet werden.

Rollen sind bei der Seilarbeit zur Umlenkung des Zuges oder zur Zugkraftverstärkung notwendig. Beim Einsatz von Umlenkrollen darf sich keine Person im Innenwinkel (Gefahrenwinkel) des Seiles aufhalten (§ 7 Abs. 7 UVV).

Anhängeketten

Zum Holzrücken gibt es einfache Rückeketten, Spezialrückeketten und Chokerketten. Einfache schmiedeeiserne Rückeketten werden nur noch selten verwendet. Sie sind zu schwer, zu langgliedrig und für Starkholz zu schwach. Spezialrücke- und Chokerketten bestehen aus hochfestem, gehärtetem, legiertem Stahl und haben eine hohe Bruchfestigkeit. Die Festigkeitswerte bleiben auch bei niederen Temperaturen erhalten. Die Ketten sind alterungsbeständig, ihr Gewicht steht in einem günstigen Verhältnis zur maximalen Zugbelastung. Der Würge- und Halteeffekt ist aufgrund kurzer Kettenglieder gut.

Übersicht 36. Bruchkraft bei Rückeketten in Abhängigkeit von Gliedstärke und Güteklasse

Gliedstärke mm	Bruchkraft (N) Güteklasse 5	Güteklasse 8
6	–	43 739
8	51 977	78 456
10	83 360	122 588
11	103 954	147 105

Man unterscheidet nach Bruchkraft die Güteklassen 5 und 8. Ketten der Güteklasse 8 haben höhere Festigkeitswerte, sind aber auch teurer. Bedeutsam für den praktischen Einsatz ist das Gewicht. Eine Spezialkette der Güteklasse 5 mit 11 mm Gliedstärke und 2,5 m Länge wiegt je nach Kettentyp 8 bis 9,3 kg/lfdm. Zum Vergleich weist eine 10 mm starke Kette der Güteklasse 8 eine höhere Bruchfestigkeit auf und ist um ca. 0,5 kg leichter. Aus Gründen der Unfallverhütung sollten Ketten der Güteklasse 8 verwendet werden.

Bei der Wahl einer Kette ist von der Nenndicke des Kettengliedes auszugehen, woraus sich Kettenteilung und Nutzlast ableiten lassen. Die Nutzlast hängt von der Stahlgüte ab. Im allgemeinen wird bei Ketten mit einer drei- bis vierfachen Sicherheit der angegebenen Bruchlast gearbeitet (s. Übersicht 36).

Die Kettenhersteller bieten einerseits fertige Ketten (mit Haken und Ring) unterschiedlicher Länge und Stärke an, andererseits auch Meterware, wobei die Kettenzubehörteile (Seilhaken, Schlinghaken, Ringe, Chokerhaken, Verkürzungshaken usw.) ausgewechselt werden können. Diese Systembauweise hat den Vorteil der Wiederverwendbarkeit der besonders teuren Zubehörteile. Bewährt haben sich Schlinghaken oder Wirbelseilsattel. Mit ihrer Hilfe kann das An- und Abhängen schneller und leichter erfolgen.

Kettenzubehör. Ebenso wie für Seile sind auch für Ketten eine Reihe von Zubehörteilen erhältlich. Hier sind insbesondere Verbindungsglieder und Zugwirbel zu nennen.

Notglieder erlauben, gerissene Ketten schnell wieder zu verbinden. Nach dem Gebrauch können sie mit Hammerschlag wieder gelöst und wiederverwendet werden. Nietglieder bestehen aus einem seitlich nicht geschlossenen Kettenglied, das am Ende eine Öffnung besitzt, in die das andere Ende eingepaßt und kalt vernietet wird. Schäkel sind verschließbare Ösen, die der Verbindung von Ketten und Drahltseilen dienen. Kettenschlösser bestehen aus hakenförmig ausgebildeten Halbgliedern, die in die Aussparung von Platten oder Gehäuseteilen passen, die durch Schrauben fest verbunden werden. Das CM-Hammerlok-Glied ist ein zerlegbares Kupplungsglied, das durch die Nietung widerstandsfähig gegen Verschmutzung ist. Eine ähnliche verschließbare und lösbare Ketten- und Gehängeverbindung ist der DEMAG-Schäkel mit Federmutter. Auf den SF-Sicherheitshaken wurde bereits bei der Darstellung des Seilzubehörs eingegangen. Dieses Zubehör hat den Vorteil, daß es sich bei Nachlassen der Seilspannung nicht öffnet und somit die Unfallgefahr vermindert.

Werden Ketten in veränderlicher Form als Schlinge benötigt, verwendet man die Verkürzungsklaue. Beim Holzrücken kann die Kette unerwünscht auf Verdrehung beansprucht werden; ein zwischengeschalteter Zugwirbel beseitigt auftretende Verdrehung und verschont die Kette vor nicht zulässiger Beanspruchung.

Seilwinden

Seilwinden sind unverzichtbare Hilfsmittel für das Holzrücken. Sie bestehen aus einer Stahltrommel zur Seilaufnahme, manuellem, hydraulischem oder mechanischem Antrieb und Bremsvorrichtungen (im Ölbad laufende Rücklaufsperren, federbelastete Schlingbandbremsen etc.) zur Arretierung schwebender Lasten. Die Verbindung zwischen Antrieb und Windentrommel wird mit Hilfe einer Kupplung hergestellt oder gelöst. Diese Kupplung ist als Rutschkupplung konzipiert, deren Anpassung mechanisch, pneumatisch (Luftdruck über eine Gummimembran), hydraulisch oder elektromagnetisch erfolgt. Gleichzeitig gewährleistet sie eine Zugkraftbegrenzung bei Überbelastung, indem sie automatisch die Verbindung freigibt. Eine vor der Seiltrommel angebrachte Spulvorrichtung sorgt für ein pflegliches Aufrollen des Seiles. Um die körperliche Belastung des Benutzenden zu mindern, müssen Seilwinden über eine gute Seilführung verfügen, die ein leichtes Ausziehen des Seiles erlaubt.

Man unterscheidet nach der Bauweise: Eintrommelwinden und Doppeltrommelwinden, mechanisch, hydraulisch oder pneumatisch angetrieben, die mechanisch oder elektrisch gesteuert werden. Elektrisch gesteuerte und pneumatisch oder hydraulisch angetriebene Winden können über Funk betätigt werden.

Um Zugkraft bzw. Arbeitsfortschritt zu erhöhen, sind Seilwinden im Rückebetrieb oft in Doppeltrommelausführung fest auf den Schlepper gebaut. Daneben kommt Anbauwinden, die in die 3-Punkte-Hydraulik eines landwirtschaftlichen Schleppers eingehängt und wieder demontiert werden können, eine große Bedeutung zu. Sie ermöglichen dem Teilzeitrücker den Schlepper für den Forsteinsatz schnell umzurüsten, ohne den sonstigen Gebrauchswert des Fahrzeuges zu beeinträchtigen.

Bei den im Rückebetrieb verwendeten Winden werden Zugleistungen zwischen 2,5 und 8,0 t gewählt. Bestimmend für die Auslegung der Winde ist das am Abtrieb zur Verfügung stehende Drehmoment. Die Windenkraft stellt ihrerseits auch Anforderungen an die Standfestigkeit des Trägerfahrzeugs.

Die Verringerung des Leistungsgewichts – im Zuge der technischen Weiterentwicklung der Schlepper – ging mit einer Verringerung der Standfestigkeit einher. Die Trägerfahrzeuge werden deshalb mit entsprechenden Hilfsmitteln (z. B. Bergstütze) ausgerüstet, um die nötige Standfestigkeit sicherzustellen. Des weiteren werden die Winden zur Verbesserung der Standfestigkeit zwischen den beiden Achsen, meist hinter der Fahrerkabine, aufgebaut.

Ein hydraulisch heb- und senkbarer Seileinlauf verbessert die Eignung des Fahrzeugs im Hinblick auf Standfestigkeit, Rückeschäden und Sicherheit. Horizontal und vertikal schwenkbare Seileinlaufrollen ermöglichen den Seileinlauf in einem größeren Winkel (bis zu 90 °).

Bei der Beurteilung von Seilwinden sind folgende Faktoren zu beachten:
- die Zugkraft ist bei ausgezogenem Seil am größten,
- die Seilstärke ist auf die Zugkraft der Winde abzustimmen,
- hohe, regulierbare Seileinlaufgeschwindigkeiten sind wünschenswert,
- aus ergonomischer Sicht möglichst geringer Kraftaufwand für das Ausziehen des Seiles,
- die Betriebssicherheit muß beim Windenbetrieb gewährleistet sein.

Rückewinden werden auch für Frontmontage angeboten. Dies ist bei konventionellen Schleppern im Hinblick auf die Gewichtsverteilung vorteilhaft. Seilführung und Arbeitsablauf können allerdings Probleme aufwerfen. Leichtere Frontwinden eignen sich als Bergungswinden.

Rückholwinden sind tragbare Kleinseilwinden, mit denen das schwere Schlepperseil und möglicherweise ein bis zwei Anhängerketten bergauf in den Bestand gezogen werden. Dazu wird die Kleinseilwinde mit einem Manschettenband oder einem Hanfseil an stehenden Bäumen, Baumstöcken oder großen Steinen befestigt. Kleinseilwinden können aber auch am Rückefahrzeug fest montiert sein und in einem geschlossenen Seilzug das Rückeseil zum Anhängen des Holzes in den Bestand zurückbefördern. Die körperlich stark belastende und teure Arbeit, das schwere Seil von mehreren Arbeitskräften bergauf auszuziehen, kann dadurch vermieden werden.

Tragbare Rückholwinden haben folgende technische Daten:

– Antrieb	Motorsägenmotor mit einer Leistung von mindestens 2,5 kW (3,5 PS)
– Seileinlauf	0,7–1,2 m/s
– Übersetzung	im Verhältnis 1:48
– Zugkraft	150–1000 kg je nach Ausführung
– Seilstärke	3–5 mm
– Sicherung	Rutschkupplung für Überlastung
– Gesamtgewicht	25–40 kg nach Ausführung und Seilstärke

Funkfernsteuerung

Elektrohydraulisch oder elektropneumatisch gesteuerte Seilwinden können mit einer Einrichtung ausgerüstet werden (Funkfernsteuerung), die dem Bedienungspersonal die Windensteuerung auch von außerhalb des Führerstandes des Trägerfahrzeuges ermöglicht. Mit einem Sender werden Schaltbefehle an einen Empfänger drahtlos übertragen, der diese über ein Relais in die Auslösung einer Arbeitsfunktion umsetzt.

Die Deutsche Bundespost – Fernmeldetechnisches Zentralamt (FTZ) – hat in einem

Merkblatt über das Erteilen von Genehmigungen zum Errichten und Betreiben von Fernwirk-Funkanlagen folgende Frequenzen als Gemeinschaftsfrequenzen zugeteilt. Die Wahl der Frequenz bleibt dem Betreiber freigestellt.

Frequenzgruppe D:
169,43 Megahertz 2-m-Band
169,47 Megahertz

Frequenzgruppe E:
40,665 Megahertz 7-m-Band
40,676 Megahertz
40,685 Megahertz
40,695 Megahertz

Frequenzgruppe F:
433,100 Megahertz 70-cm-Band, 67 Einzelfrequenzen
433,125 Megahertz
433,150 Megahertz
. . .
434,750 Megahertz

Bei diesen Einzelfrequenzen benutzen mehrere Funkteilnehmer oder Bedarfsträger die gleiche Frequenz. Daher können Anlagen mit gleicher Grundfrequenz nicht nebeneinander arbeiten, weil sie alle auf die gesendeten Impulse ansprechen würden. Um die möglichen Mindestabstände von Funkanlagen so gering wie möglich zu halten, werden die Geräte mit geringer Sendeleistung (= Funkreichweite) ausgestattet.

Die Hersteller von Funkfernsteuerungen benutzen verschiedene Systeme, um ihre Anlagen vor Einwirkungen anderer Steuerungen mit gleicher Grundfrequenz zu schützen. Diese Sicherheitssysteme gewährleisten (je nach Wirksamkeit des Verfahrens), daß Fremdbefehle auf gleicher Grundfrequenz nicht ausgeführt werden. Die Anlagen gehen bei Empfang eines falschen Schlüssels auf Sicherheitsschaltung. Ein Arbeitsbefehl kann dann wieder ausgeführt werden, wenn das Störsignal nicht mehr besteht. – Einen wesentlichen Schritt zur Sicherheit mit Funkfernsteuerungen konnte durch die Freigabe der Frequenzgruppe „F“ mit 67 Einzelfrequenzen erreicht werden.

Die Funkfernsteuerung besteht aus:
- einem tragbaren Sender von etwa 600 g Gewicht mit aufladbarem Akku,
- einem am Schlepper fest montierten Empfänger,
- einem Magnetventil für die Fernsteuerung der Motordrehzahl (Ferngas),
- einem Batterieladegerät und gegebenenfalls Ersatzbatterien.

Je nach Bauart trägt der Maschinenführer den Sender auf der Brust oder an der linken Körperseite. Die Tasten des Funktionsschalters sollten nicht seitlich, sondern geschützt auf der Oberseite des Gerätes angebracht sein, um Fehlauslösungen bei Stürzen zu vermeiden.

Mit Hilfe des Senders können alle Funktionen einer Seilwinde ferngesteuert werden: Bremse lösen oder Bremse schließen; Kupplung betätigen, Winde zieht, Ferngas.

Bei Sonderausführungen sind zusätzliche Befehle möglich, z. B. Motor starten bzw. stoppen, Notruf aktiv, Zeitrückstellung für Notruf passiv.

Wie erwähnt, gehört das Rücken zu den unfallträchtigen Arbeiten im Forstbetrieb. Während dies ursprünglich im Zweimannbetrieb erfolgte, ermöglicht die Funkfernsteuerung den Einmannbetrieb.

Alleinarbeit setzt allerdings bestimmte technische Einrichtungen voraus: So darf die Taste für das Beiziehen nicht feststellbar sein. Sobald der Maschinenführer die Taste freigibt, stoppt die Winde, das Seil mit der angehängten Last wird arretiert. Daneben ist ein

Notrufsystem wirksam, das Alleinarbeit gemäß UVV Forst zuläßt; eine Sprechfunkanlage bietet hier die Grundvoraussetzung. Man hat beim Notrufsystem zu unterscheiden:

a. *Aktiver Ruf:* im Notfall wird ein Notruf vom Verunglückten manuell über Funkfernsteuerung ausgelöst.

b. *Passiver Ruf:* Der Notruf wird nicht durch Tastendruck am Gerät ausgelöst, sondern durch eine Zeitschaltung im Sprechfunkgerät. Die Zeitschaltung ist je nach Einstellung im Zeitraum von 2 bis 30 Minuten auf Null zu stellen, da sonst der automatische Notruf ausgelöst wird. Diese Zeitrückstellung wird vom Sender der Funkfernsteuerung mit dem Befehl der Zeitrückstellung oder der Drehzahlregulierung bewirkt.

Polderschilde und Frontpoldergabeln

Das Poldern bzw. Zwischenlagern des Langholzes vor dem Transport zur Weiterverarbeitung am Rand der Waldstraße kann beim Maschinenrücken bis zu 30% der reinen Arbeitszeit beanspruchen. Sorgfältige Arbeitsvorbereitung und eine geeignete technische Ausrüstung beeinflussen den Zeitaufwand für diese Teilarbeit erheblich.

Hydraulisch heb- und senkbare Bergstützen sind heckseitig angebracht und dienen dem Abstützen des Schleppers während des Beiziehens und gleichzeitig als Anschlag für die aufgehängte Last. Sieht die Schlepperkonstruktion das freie Pendeln der Last während der Fahrt nicht vor, weil der Seileinlauf nicht nach hinten über die Bergstütze hinausragt, so muß eine Tragbergstütze das Aufsatteln der Last auf einer herausragenden Platte gewährleisten.

Rücke- bzw. Panzerschilde können nicht gehoben und gesenkt werden. Sie dienen lediglich als Anschlag für die aufgehängte Last bei Schleppern, bei denen eine Abstützung nicht notwendig ist. Schlepper mit Rückeschild sind bei Lastfahrt wendiger als solche mit Berg- und Tragbergstütze.

Mit Bergstützen und Rückeschildern kann auch gepoldert werden. Sie sind jedoch einer frontseitig angebauten Poldergabel unterlegen. Die Frontpoldergabel erspart Rangieren am Lagerplatz und trägt dazu bei, Schäden an Holz und Weg zu verringern.

Der Beurteilung einer Frontpoldergabel dienen folgende Kriterien: Breite, Hubkraft, Hebe- und Senkgeschwindigkeit sowie Übersicht vom Fahrersitz aus.

Auch bei Poldergabeln gibt es verschiedene technische Varianten mit unterschiedlicher Eignung. Vorteilhaft sind schrägstehende Hubzylinder und ein abkippbares Schild, wodurch das Ablegen der Last relativ weit vor den Vorderrädern auf das Lager gewährleistet wird.

Rückezangen und Ladekräne

Rückezangen sind meist hydraulisch gesteuert und werden zum Rücken von Langholz, aber auch von Schwachholzbündeln eingesetzt. Bei Ladekränen unterscheidet man von der Konstruktion her verschiedene Typen. Für den Rückeeinsatz werden sie entweder auf dem Schlepper über oder hinter dem Fahrersitz aufgesattelt oder in die Dreipunkthydraulik eingehängt. Eine weitere Variante sieht den Aufbau auf der Deichsel des Rückewagens vor. Der Antrieb erfolgt über die Schlepperhydraulik.

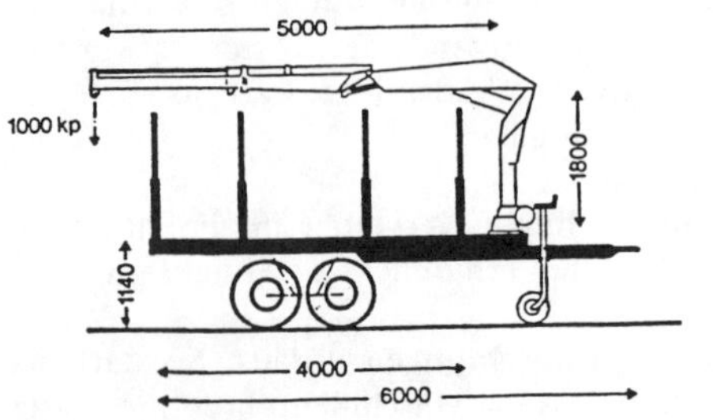

Abb. 27. Rückewagen.

Rückewagen

Man unterscheidet Rückewagen für Stammholz und Kurzholz. Anhänger zur Aufnahme von Kurzholz, ggf. mit hydraulisch ablaßbarer Portalachse, ausziehbarer Zugdeichsel, weit hinten sitzenden Rädern (zur Lastübertragung auf den Schlepper) und Kugelkupplung auf der Acker-

Abb. 28. Bündelwagen.

schiene finden sich in verschiedenen Aufbauvarianten. Es kann sich sowohl um Langrahmen für 1 m langes, loses Schichtholz handeln als auch um Bündelvorrichtungen für 1 oder 2 m langes Schichtholz sowie um kippbaren Rund- oder Langholzrahmen. Auswechselbare Aufbauvarianten erweitern die Palette der Einsatzmöglichkeiten.

Ebenso möglich ist die zusätzliche Ausstattung mittels hydraulischem Ladekran. Weitere mögliche Konstruktionsmerkmale sind: Niederdruck-(Niederquerschnittsbereifung), Bremsen mit kombiniertem Druckluft-Hydrauliksystem, Triebachsen und Tandemachsen.

Konstruktionsmerkmal der Tandemachse ist der geringe Abstand beider Achsen (< 1 m). Die beiden Räder einer Fahrzeugseite simulieren dabei ein größeres Rad mit seinen Vorteilen (z. B. beim Durchfahren von Querrinnen). Beim Überqueren von Hindernissen bleibt die Achsbewegung kleiner als beim großen Rad, was gleichzeitig eine geringere Querneigung der Last bewirkt. Die Gefahr einer Beschädigung von Randbäumen mit den Rungen oder der hochgeladenen Last wird damit geschmälert, ebenso die des Kippens beim Befahren von Hängen parallel zu den Höhenschichtlinien. Hinsichtlich des Bodendrucks bietet die Tandemachse infolge der größeren Standfläche einen Vorteil. Sie gilt im Sinne der StVZO als eine Achse, das hat Auswirkungen auf die benötigte Fahrerlaubnis.

ILON-Achsen (besonderer Typ von Kletterachsen) zeichnen sich durch trapezförmige Radaufhängung mit unabhängigem Lauf der Radpaare aus.

Kraftabnahme an der Zapfwelle

Es lassen sich die folgenden Arten des Zapfwellenantriebs unterscheiden:

Motorzapfwelle. Die Motorleistung wird vor dem Getriebe und vor der Fahrkupplung angezapft, entweder durch eine zweite Kupplung oder die als Doppelkupplung konstruierte Fahrkupplung.

Weg-Zapfwelle. Bei dieser Konstruktion erfolgt die Leistungsabnahme hinter dem Schaltgetriebe. Sie wird häufig für den Antrieb von Triebachsanhängern benutzt.

Getriebezapfwelle. Die Kraftabnahme erfolgt über eine verlängerte Vorgelagewelle. Verbunden werden Zapfwellen mit den entsprechenden Anschlüssen mittels Kreuzgelenken, die eine Kraftübertragung im Winkel bis zu 40 ° ermöglichen.

4.2.5.6 Rückeleistungen und Rückekosten

Rückeleistungen

Die Rückeleistungen schwanken im wesentlichen in Abhängigkeit von folgenden Faktoren in weiten Grenzen: Schleppertechnik, Holzstärke und Holzlänge, Rückedistanz, Gefälle bzw. Steigung (bergauf/bergab) des Rückewegs, Beiseilentfernung, Geländeverhältnisse, Qualifikation der Arbeitskräfte und Zahl der Arbeitskräfte. Übersicht 37 nennt Rahmenwerte für Durchschnittsleistungen beim Rücken von Langholz.

Lohnformen beim Schlepperrücken

Löhne. Als Entgeltsysteme kommen in Frage: zeitbezogener Lohn, Prämienlohn, Stücklohn. Den Maschinenführern wird beim Rücken im Zeitlohn ein technischer Sonderlohn gewährt. Reine Stücklöhne werden, da die Leistung der Mensch-Maschinen-Kombination durch die Maschine bestimmt wird, nur selten als Entlohnungsgrundlage gewählt. Aus-

Übersicht 37. Rückeleistungen in m^3/MAS (Durchschnittswerte) bei Bodenschleifzug (Beiseilen 15 m) (schwächeres Holz: Landwirtschaftlicher Allradschlepper und Forstausrüstung [35 bis 60 kW]; stärkeres Holz: Forstspezialschlepper [50 bis 90 kW]; eben leicht bis leicht geneigtes Gelände, Einmannarbeit, bei Spezialschleppern Funksteuerung)

Ø Stückmasse m^3 Stücke	Stückzahl	Rückeentfernung 250 m	1000 m
0.1	10	2.5–3.0 (1.0–1.5)[1]	1.5–2.0 (1.0–1.5)[1]
0.5	2	4.0–5.0 (2.0–2.5)[1]	3.0–4.0 (2.0–2.5)[1]
1.0	1	6.0–8.0 (3.0–4.5)[1]	5.0–6.0 (3.0–4.0)[1]
2.5	0.21	10.0–12.0 (3.5–7.0)[1]	7.0–8.0 (3.5–7.0)[1]
5.0	0.2	15.0–20.0 (3.5–7.0)[1]	10.0–15.0 (3.5–7.0)[1]

[1] Durchschnittliche Rückelast je Fahrt

schließlich zeitbezogene Lohnsysteme sind üblich und haben sich bewährt, weisen aber den Nachteil aus, daß unterschiedliche Arbeitsleistungen keine Berücksichtigung finden. Es bietet sich an, Prämienlohnsysteme anzuwenden. Diese setzen sich zusammen aus einem Lohnsockel und einer nach unterschiedlichen Maßstäben gewährten Prämie der Arbeitsleistung, außerdem der Qualität der Arbeit, z. B. der Anzahl und Schwere der verursachten Schäden.

Als Sockel wird der Zeitlohn vorgeschlagen. Dies hat den Vorteil, daß bei Arbeitsunterbrechungen dieser ohne zusätzliche Kontrolle weiterbezahlt werden kann.

Prämienlohnsystem und Richtleistung. Als Beispiel sei der Prämienlohnvorschlag „Holzrücken“ angeführt, der versuchsweise seit 1. Januar 1984 in Baden-Württemberg (Ministerium für Ernährung, Landwirtschaft, Umwelt und Forsten 1983) praktiziert wird. Dieser Prämienlohn besteht aus den Tabellen A (Grundzeit in Abhängigkeit von der mittleren Stückmasse) und B (Zu-/Abschlagstabellen). Die für die Entlohnung notwendige Vorgabezeit setzt sich aus der Grundzeit und der Summe der Zu- bzw. Abschläge zusammen.

Die Struktur des Prämienlohns ist so gewählt und vereinbart, daß die Lohndaten aus dem Tarifvertrag abgeleitet werden können:
- Höhe des Prämienlohns bei Durchschnittsleistung: Technischer Sonderlohn für Schlepperfahrer (40 % technischer Zuschlag),
- Zeitbezogener Lohnsockel: hier 60 % des technischen Sonderlohns,
- Prämie bei Durchschnittsleistung: 40 % des technischen Sonderlohns,
- Prämienfaktor: Prämie bei Durchschnittsleistung, dividiert durch 60,
- Verdienstgarantie: 90 % des technischen Sonderlohns,
- Verdienstbegrenzung: bei einer Leistung, die 180 % der Durchschnittsleistung übersteigt.

Erläuterungen zu „Grundzeit“ (Tabelle A): Die Grundzeiten geben den Zeitbedarf in Minuten je m^3 ohne Rinde der gerückten Holzmasse an. Sie gelten für
- Schleppergruppe 2
- mittlere Beizugsentfernung 1 bis 10 m
- durchschnittliche Beizugsrichtung (eben, bergauf sowie bergab bis zu einer mittleren Hangneigung von 15 %)
- mittlere einfache Fahrentfernung 0 bis 50 m
- Einmannarbeit (ohne Mithilfe)
- ohne besondere Erschwernisse

Bei abweichenden Rückebedingungen müssen die entsprechenden Zu- bzw. Abschläge der Tabellen B hinzugerechnet werden. Eingangsgröße ist die mittlere Stückmasse des abzurechnenden Einsatzes in m^3 ohne Rinde, die aus der gerückten Stückzahl errechnet wird. Bei Sortierung und/oder Einschnitt nach dem Rücken kann die Stückzahl nicht der Holzliste entnommen werden, sondern ist gesondert zu erfassen.

Zu- und Abschläge (Tabellen B): Größen, die die Rückeleistung beeinflussen und deren Erfassung im Rahmen eines Prämienlohnes praktikabel erscheint, sind als Zu- und

Übersicht 38. Prämienlohn „Holzrücken" (ohne Änderungen vom 1. 1. 1985)

A. Grundzeittabelle

mittlere Stückmasse (m^3/oR.)	Grundzeit (Min/m^3/oR.)	mittlere Stückmasse (m^3/oR.)	Grundzeit (Min/m^3/oR.)
0,05	24,1	0,60	8,8
0,10	18,5	0,70	8,2
0,15	15,8	0,80	7,7
0,20	14,1	0,90	7,3
0,25	12,9	1,00	6,9
0,30	12,0	1,20	6,2
0,35	11,2	1,40	5,7
0,40	10,6	1,60	5,3
0,45	10,1	1,80	4,9
0,50	9,6	2,00	4,6

B. Zu- bzw. Abschlagstabellen

1. Schleppertyp

Gruppe	Maschinenart	%
1	Landw. Schlepper mit Forstausrüstung bis 60 kW (82 PS) MART 1211–1230 Universalschlepper mit Forstausrüstung bis 40 kW (54 PS) MART 1421–1429	25
2	Landw. Schlepper mit Forstausrüstung über 60 kW (82 PS) MART 1240 Universalschlepper mit Forstausrüstung über 40 kW (54 PS) MART 1431–1449 Forstspezialschlepper bis 58 kW (80 PS)	0
3	Forstspezialschlepper über 58 kW (80 PS)	20

2. Beizug

mittlere Beizugsentfernung	Beizugsrichtung eben, bergauf	bergab (15–40 %)
m	%	%
1–10	0	5
11–20	5	10
21–30	10	–
31–40	15	–
41–50	20	–

3. mittlere einfache Fahrentfernung

m	%
0– 50	0
51–150	5
151–250	10
251–350	15
351–450	20
451–550	25

4. Mithilfe

FAS : MAS	%
1,0	0
1,5	–5
2,0	–10

5. besondere Erschwernisse

bis 10 %

6. Bestandesschonendes Rücken

bis 10 %

Abschläge in Prozent der Grundzeit angegeben. Die Summe der einzelnen Zu- bzw. Abschlagsprozente ergibt den Zu- bzw. Abschlagsfaktor, der mit der Grundzeit zu multiplizieren ist.

Zu den Zu- und Abschlägen im einzelnen: Die vorhandenen *Schleppertypen* sind zu drei Gruppen zusammengefaßt, die sich in ihrer Leistung eindeutig unterscheiden.

Beizug: Eingangsgrößen sind die mittlere Beizugsentfernung in Metern und die Beizugrichtung. Der Zuschlag für die Beizugrichtung bergab, d. h. für den Seilauszug bergauf, ist auf eine mittlere Hangneigung von 15 % bis höchstens 40 % und auf eine mittlere Beizugentfernung von höchstens 20 m beschränkt.

Mittlere einfache Fahrentfernung: Die einfache Fahrentfernung ist die Strecke, die der Schlepper von der Lastaufnahme bis zum Poldern im Durchschnitt tatsächlich fährt (Mittel aus Leer- und Lastfahrt). Gemeint ist somit die um die mittlere Beizugsentfernung reduzierte Rückeentfernung.

Durch *die Mithilfe* einer zweiten Arbeitskraft wird die Leistung höher, d. h. die Grundzeit muß entsprechend verringert werden. Die Abschläge sind gering, da der zweite Mann in der Regel nur bei der Lastaufnahme (Seilausziehen, Anhängen, Beiziehen) sinnvoll und leistungsfördernd mitarbeiten kann.

Besondere Erschwernisse: Mit diesem Zuschlag können besondere Erschwernisse berücksichtigt werden, die z. B. aus der Witterung, der Sortenvielfalt, den Poldermöglichkeiten und dgl. entstehen. Es ist zu beachten, daß die genannten Erschwernisse auch in die Durchschnittsleistung eingegangen sind, und daß extreme Rückebedingungen mit den Vorgabezeiten des Prämienlohnes nicht erfaßt werden können und sollen.

Bestandesschonendes Rücken: Der Betrieb vergibt diesen Zuschlag nach Beendigung des Rückens. Dazu werden die Bestandesschäden im Anhalt an eine „Anweisung zur vereinfachten Aufnahme von Bestandes- und Bodenschäden“ eingeschätzt und in Zweifelsfällen aufgenommen. Sofern die Bestandesschäden innerhalb der Stufe 1 liegen, kann nach dem Grad der Bestandesschäden ein Zuschlag bis 10 v. H. gegeben werden. Für den Holzeinschlag muß die Einhaltung der Mindestanforderung des EST, daß die Schlagordnung, insbesondere die festgelegte Fällrichtung, einzuhalten ist (vgl. EST, Anlage 1, Ziff. 2,1), verlangt und kontrolliert werden.

Aus den Tabellen wird ersichtlich, daß die genannten Faktoren Schleppertyp, Rückeart, Rückeentfernung, Beizugsentfernung mit der Seilwinde und die Zahl der Mitarbeiter ausschlaggebend für die Leistung sind und damit die Kalkulation der Prämie weitgehend bestimmen.

Rückeschlepper-Kosten

Die Aussagen sollen sich hier auf einige wesentliche Grundlagen und Besonderheiten der Kostenvorkalkulation für Rückeschlepper beschränken. Eine Bezugsgröße für die Kostenermittlung ist die Schlepper-/Maschinenarbeitsstunde, die folgendermaßen definiert wird: Die Maschinenarbeitsstunde (MAS) setzt sich aus den produktiven Arbeitzeiten der Maschine mit Unterbrechungen aller Art bis zu 15 Minuten Dauer zusammen (LEINERT 1978).

An Grunddaten zur Kalkulation werden benötigt:

- Beschaffungskosten einschl. Zusatzausrüstung und Zubehör
- Kosten der Bereifung
- Nutzungsdauer der Maschine
- Nutzungsdauer der Bereifung
- Kapitalkosten (= Zinskosten)
- Abschreibung aus Beschaffungskosten (Investition, Nutzungsdauer und Restwert)
- Restwert (ggf. Wiederbeschaffungskosten)
- Kosten für Reparaturen und Pflege
- Unterstellkosten
- Versicherung
- Treibstoffe, Schmieröl und Fette
- Fahrerkosten einschl. Lohnnebenkosten

Beschaffungskosten. Übersicht 39 gibt die relativen Beschaffungskosten für unterschiedliche Schleppertypen an, wobei der landwirtschaftliche Allradschlepper mit Forstausrüstung

Übersicht 39. Relative Beschaffungskosten

		ohne Forstausrüstung	mit Ausrüstung für Langholz	mit Ausrüstung für Kurzholz
Landwirtschaftl. Schlepper konv. Bauart	bis 40 kW	50 %	83 %	70 %
	41–60 kW	67 %	100 %	87 %
	über 60 kW	89 %	122 %	109 %
Landwirtschaftl. Schlepper eigener Bauart	bis 60 kW	71 %	99 %	91 %
	über 60 kW	130 %	158 %	150 %
Raupenschlepper (mit Planierschild)	bis 140 kW	506 %	527 %	–
	über 140 kW	756 %	778 %	–
Forstspezial-Schleifrückeschlepper	bis 65 kW	–	153 %	–
	über 65 kW	–	229 %	–
Forstspezial-Tragrückeschlepper	bis 70 kW	–	–	254 %
	über 70 kW	–	–	329 %

für Langholz = 100 % gesetzt wird (dieser Wert wird im Einzelfall ohne größere Schwierigkeiten zu ermitteln sein).

Die Werte weisen je nach Schlepperart, Ausrüstung und Zubehör, Belastung durch Beschaffungssteuern, Einfuhrzölle usw. eine große Schwankungsbreite auf.

Kapitalkosten, Nutzungsdauer, Restwert und Abschreibung. Bei Forstschleppern wird eine übliche Nutzungsdauer von 10 000 Maschinenarbeitsstunden angesetzt. Dies entspricht auch weitgehend den tatsächlichen Betriebsergebnissen. Die Nutzungsdauer wird innerhalb von 5 bis 7 Jahren erreicht. Unterstellt werden Zinskosten für die Aufnahme von Fremdkapital.

Die Lebensdauer einer Bereifung oder einer Raupe beträgt i. D. 2000 bis 2500 Betriebsstunden. Der Restwert eines entsprechend abgeschriebenen Schleppers beträgt noch rund 15 bis 20 % der Beschaffungskosten; üblicherweise wird linear abgeschrieben.

Treibstoffkosten, Schmiermittel. Der Treibstoffverbrauch ist in Abhängigkeit von der Schleppernennleistung, der technischen Ausrüstung hinsichtlich der Kraftübertragung, den Geländeverhältnissen sowie der Art und Intensität der Belastung großen Schwankungen unterlegen. Der Rahmen kann gemäß Herstellerangaben wie folgt abgesteckt werden:

- landwirtschaftlicher Schlepper konv. Bauart 4,0–12,0 l Dieseltreibstoff/MAS
- landwirtschaftlicher Schlepper eig. Bauart 9,0–18,0 l Dieseltreibstoff/MAS
- Forstspezialschleifrückeschlepper 9,0–25,0 l Dieseltreibstoff/MAS
- Rückeschlepper mit Vollraupen 14,0–35,0 (bis 55,0 l Dieseltreibstoff/MAS)

Bezieht man den Kraftstoffverbrauch auf die Rückeleistung, verringert sich dieser pro Festmeter mit wachsender Schlepperstärke. Der Verbrauch von Schmieröl, Fetten und anderen Betriebsstoffen wird üblicherweeise in Prozent des Kraftstoffverbrauchs ausgedrückt (15–20 %).

Reparaturen und Pflegearbeiten. Der Reparaturkostenfaktor wird in Prozent der Abschreibung ausgedrückt. Rieger (1983) wies auf der Basis umfangreicher Statistiken folgende Werte nach:

- landwirtschaftliche Schlepper konv. Bauart 140 %
- landwirtschaftliche Schlepper eig. Bauart 79 %
- Forstspezial-Schleifrückeschlepper 88 %

Andere Untersuchungen (Leinert 1978) halten folgende Werte für angemessen:

- landwirtschaftliche Schlepper konv. Bauart 110 %
- landwirtschaftliche Schlepper eig. Bauart 100–110 %
- Forstspezial-Schleifrückeschlepper 100 %
- Fortspezial-Tragrückeschlepper 80 %

Die Unterschiede mögen damit zu begründen sein, daß LEINERT seine Werte auf die gesamte Lebensdauer der Maschine bezieht und RIEGER nur ein bestimmtes Kollektiv mittleren Alters betrachtet.

Technischer Standard der Maschine (Reparaturanfälligkeit), Beanspruchung durch den betrieblichen Einsatz und die Kosten für Ersatzteile und Löhne bestimmen die Höhe der Instandhaltungskosten. Bei deren Berechnung pro MAS ist der Grad der Auslastung der entsprechenden Maschine zu berücksichtigen.

In den Kostensatz für Instandhaltung fließen Reparatur-, Wartungs- und Pflegekosten ein, da eine exakte Trennung meist nicht möglich ist. So werden vielfach im Rahmen der Wartung kleinere Instandsetzungen vorgenommen, umgekehrt im Zuge von Instandsetzungen Pflegearbeiten mit ausgeführt.

Fahrerkosten. Die Fahrerkosten werden bezogen auf die Maschinenarbeitsstunde (MAS). Sie werden einschließlich der Lohnnebenkosten kalkuliert. Diese betragen derzeit in privaten Forstbetrieben in der Bundesrepublik Deutschland 70–80 %, in öffentlichen Forstbetrieben teilweise bis zu 130 %.

In der Bundesrepublik wird das Bedienungspersonal von Forstmaschinen mit Hilfe eines sog. „technischen Sonderlohns" vergütet, der sich als Zuschlag zum Ecklohn ergibt. Differenziert nach Qualifikation für Bedienung und Wartung der Maschine bzw. der mit der Maschinenarbeit verbundenen psycho-physiologischen Belastung besteht eine Abstufung der Zuschläge in vier Gruppen:

- einfache Maschinen (z. B. Kleinseilwinden) 15 % Zuschlag
- mittlere Maschinen (z. B. Klettersägen, landwirtschaftl. Schlepper konv. Bauart) 30 % Zuschlag
- große Maschinen (z. B. landwirtschaftl. Schlepper eig. Bauart) 40 % Zuschlag
- bes. große Maschinen (z. B. Forstspezial-Schleifrückeschlepper, Processoren, Entrindungsmaschinen) 46 % Zuschlag

Betriebsstundenkosten. Unter Ziff. 6 (Entscheidungsfindung) wird ein Schema zur Herleitung der Betriebsstundenkosten erläutert. Dies basiert auf der international üblichen Vorgehensweise, die den Vorzug einer möglichen Anpassung an die jeweils örtlichen Verhältnisse aufweist (KWF 1978).

In Übersicht 40 sind Anhaltswerte für typische Rückemaschinengruppen (einschl. Zusatzausrüstungen und Anbaugeräte) aufgeführt, wobei der landwirtschaftliche Schlepper ohne Zusatzausrüstung = 100 % gesetzt wird. In diesen Angaben sind die Fahrerlöhne nicht enthalten. Naturgemäß varriieren die Werte in Abhängigkeit von lokalen Preisen.

Übersicht 40. Relative Betriebsstundenkosten

Schleppertyp	Schlepperarbeitskosten
konv. landw. Schlepper, Hinderradantrieb (35 bis 60 kW)	100 %
konv. landw. Schlepper, Allradantrieb (45 bis 65 kW)	120 %
Knickschlepper, leicht (60 bis 80 kW)	140–160 %

4.2.6 Rücken mit Lkw

Bei günstigen Voraussetzungen, d. h. hoher Bodentragfähigkeit ist es möglich, für den Geländetransport Lastkraftwagen einzusetzen:

	Tragkraft N/cm^2
– Ton, trocken	50
– sandiger Lehm, trocken	25
– stark skeletthaltige Böden	35 bis 50

- Roterde, trocken 50 bis 245
- Fels 245

Voraussetzung sind weiter keine allzu große Hangneigung und das Fehlen von Gräben, Geländeeinschnitten oder grober Blochüberlagerung.

Bei Räumungsaufgaben im Zusammenhang mit einer Nutzungsänderung oder während des Übergangs zur Intensiv-Forstwirtschaft in Form von Plantagen, aber auch bei einer extensiven Nutzung der besseren Bestandesteile bietet es sich unter den genannten Voraussetzungen an, die Hölzer direkt mit geländegängigen Lastkraftwagen aufzunehmen und abzufahren. Zweckmäßigerweise benutzt man hierzu 4,5 bis 5,0 m breite, gelegentlich aufgebesserte Fahrtrassen (Pisten).

Eingespart werden kann im Vergleich zum üblichen Schlepperrücken und Zwischenlagern des Holzes an der Lkw-Straße ein Be- und Entladevorgang. Zu berücksichtigen ist die begrenzte Ladekapazität der geländegängigen Kraftfahrzeuge. Diese bringt bei größeren Distanzen im Ferntransport Nachteile gegenüber großen leistungsfähigen Fahrzeugen mit sich.

Vergleichskalkulationen zeigen, daß sich beim Geländetransport mit Lastkraftwagen die Beseitigung einfacher Hindernisse wie das Aufschütten von ausgetrockneten Wasserläufen, das Beiseiteschieben einzelner Felsblöcke, das gelegentliche Entfernen großer Stöcke und das Auffüllen von Naßstellen lohnt.

4.2.6.1 Lkw-Typen für den Geländetransport

In Frage kommen Lkw-Typen einfacher Bauart mit Hinterachsantrieb, vor allem aber Allradfahrzeuge.

Im einzelnen werden folgende Fahrzeugtypen angeboten:

- Konventionelle Pritschenwagen mit Rungenaufbau, Hinterradantrieb, Leistung 60–70 kW, Gesamtgewicht 6,5 t, Nutzlast 3,5 t, Pritsche 4,5 × 2,26 m, Bodendruck um 25 N/cm^2.
- Zweiachsiger Rungen-Lkw zum Transport von Kurz- und Blochholz (längs oder querbeladen), Allradzuschaltung wahlweise, Hinterkipper, wahlweise Ladekran bzw. Ladewinde, 95–125 kW, 13–14 t Gesamtgewicht, 6–7 t Nutzlast (wahlweise), Pritsche bis 4,0–5,0 m × 2,26 m.
- Dreiachsiger Rungen-Lkw, Allradantrieb, 200–250 kW, 22–25 t Gesamtgewicht, 10–15 t Nutzlast, Pritsche 4,5–5,0 m × 2,3 m, Seitenkipper (wahlweise).

4.2.6.2 Be- und Entladetechnik von Lkw im Gelände

Bei niedrigen Kosten und einem ausreichenden Angebot an Arbeitskräften wird Brenn- und Industrieschichtholz von Hand verladen. Säge- bzw. Furnierholz wird über Rollrampen oder Rollhölzer von Hand bewältigt. Einfache Ladehilfen sind Flaschenzüge und Handseilwinden.

Mit Hilfe von motorgetriebenen Ein- und Doppeltrommelwinden, hinter dem Fahrerhaus montiert, lassen sich auch schwere Lasten im Gelände bei geringem Verlust an Nutzlast, verladen.

Hydraulikkräne werden bei geländegängigen Lkw hinter dem Fahrerhaus montiert; sie werden aber nur dort in Erwägung gezogen, wo große Holzmengen in schneller Folge zu verladen sind und Arbeitskräfte fehlen und wo sich der Einsatz mobiler Lader nicht lohnt.

Ebenso ist die direkte Beladung von Lastkraftwagen mit Hackschnitzeln mit tiefem Schüttgut- bzw. Containeraufbau möglich. Die Schnitzel werden hierbei direkt vom Hacker in die Schnitzelboxen geblasen, geschleudert oder mit Hubcontainer gekippt.

4.2.7 Seilanlagen

4.2.7.1 Allgemeines

Vorzüge und Probleme

Seilanlagen, (Meyr 1982; Trzesniowski 1982) d. h. Bodenseilwinden, Seilbahnen, Seilkräne, aber auch die Sonderform des gelegentlich in den USA oder Kanada realisierten „balloon loggings“, weisen weltweit gesehen nur einen verhältnismäßig geringen Anteil auf. In der Bundesrepublik liegt dieser unter 1 %; in Österreich aufgrund des hohen Anteils an Bergland und Hochgebirge bei Betriebsgrößen über 200 ha im Falle betriebseigener Rückung immerhin bei 10,7 % (Meyr 1982). Bei betriebsfremder Rückung durch Landwirte oder Unternehmer beläuft sich der Anteil der Rückung mit Seilgeräten auf 4,2 %. Die Entwicklung zwischen 1975 und 1980 von 5,1 zu 10,7 % bzw. 3,3 zu 4,2 % zeigt, daß das Rücken mit Seilgerät an Bedeutung gewinnt.

Hier können mehrere Gründe den Ausschlag geben. Zum einen muß das Gelände, in dem Holz geerntet wird, nicht befahren werden. Seilanlagen werden deshalb vermehrt auch auf Böden mit geringer Tragfähigkeit und an Steilhängen verwendet. Ein zweiter Vorteil besteht darin, daß die Erschließung mit ökologisch nachteilig wirkenden, aber auch die Landschaft unter ästhetischen Aspekten beeinträchtigenden Waldstraßen nur noch in begrenztem Umfang erfolgt. Vor allem bei der Verwendung von Mittel- und Langstreckenseilkränen reicht eine wesentlich geringere Erschließungsdichte.

Nicht zuletzt sind bei der Verwendung von Seilanlagen nachteilige Folgen des Schlepperrückens wie Bodenverdichtung, tiefe Fahrrinnen mit Wurzelbeschädigungen, aber auch Schäden am verbleibenden Bestand zu vermeiden.

Ein weiterer Vorteil besteht darin, daß Seilkräne und Seilbahnen im Vergleich zu anderen Rücketechniken energieextensiv arbeiten, d. h., der Verbrauch an Treibstoff, Schmiermitteln usw. ist, bezogen auf die transportierte Einheit, wesentlich geringer als bei konkurrierenden Rücketechniken.

Demgegenüber stehen als Nachteile: Das Rücken mit Seilkränen ist arbeitsintensiv; bezogen auf die reine Rückeleistung liegt die technische Arbeitsproduktivität bei 0,5 bis 1,5 m^3/Arbeitsstunde. Vergleichsweise liegen die Leistungen mit Rückeschleppern bei gleicher Holzdimension, Rückedistanz usw. bei 2 bis 6 m^3/Arbeitsstunde. In Ländern mit hohen Lohn- und Lohnnebenkosten kann das Rücken mit Schleppern kostengünstiger erfolgen. Berücksichtigt man allerdings zusätzlich Nutzwertaspekte, (z. B. vermiedene Rückeschäden, ästhetische Merkmale usw.) in Verbindung mit den monetären Überlegungen, nähern sich die Bewertungen einander.

Neben der höheren Arbeitsintensität ist das Rücken mit Seilanlagen ausbildungsintensiv. Sorgfältige und effektive Arbeit setzt einen hohen Ausbildungsstand der Mitarbeiter voraus. Dies betrifft nicht nur den direkten Arbeitseinsatz, sondern auch die dem Seilkraneinsatz vorausgehende notwendige zeitliche und örtliche Planung.

Die Leistung beeinflussende Faktoren

Eine Reihe natürlicher, aber auch beeinflußbarer Faktoren bestimmen Leistung und Kosten bei Seilbringung stärker als z. B. beim Tragen von Lasten oder beim Rücken derselben mit Seilwinden oder Tragrückeschleppern.

Wirksam sind in diesem Zusammenhang die Dichte des Holzanfalls, die Stückmasse, die Holzlänge (Vollbaum, Rohschaft, Kurzholz), die Art des waldbaulichen Eingriffs, die Rückerichtung bergauf oder bergab, die mittlere Rückedistanz am Hauptseil, die Distanz des seitlichen Beizuges, aber auch Geländedaten wie Hangneigung und Hangform, Dichte von Hindernissen, Niederschläge und Temperatur, Ausbildungsstand und Leistung des Personals. Erst eine Gesamtbetrachtung ermöglicht eine Bewertung auch der Seilanlagen im Hinblick auf die betrieblichen Zielsetzungen.

4.2.7.2 Bodenwinden

Bei den Bodenwinden handelt es sich um eine einfache Windenkonfiguration. Ursprünglich handelte es sich um eine motorgetriebene Eintrommelwinde, deren Zugseil von Hand ausgezogen werden mußte. Um das Auflaufen des Seiles auf die Winde zu erleichtern, wurde es über eine oder mehrere Seilrollen geführt, die in gewissen Entfernungen von der Windentrommel angebracht wurden. Zur Erleichterung des Ausziehens des Seiles mit Seilhaken diente alsbald eine zweite Winde.

Der Vorzug der Bodenwinde besteht in der Einfachheit der Technik, also niedrigen Investitionen. Als Nachteile erweisen sich die kurze Rückedistanz, die beschränkte Zugkraft und die gelegentliche Beschädigung des Holzes durch das Schleifen auf dem Boden.

Nach und nach verlagerte sich der Einsatz der Bodenseilwinde auf das Vorliefern und Bündeln schwächeren Holzes in Durchforstungen zur Vorarbeit für den weiteren, mit Schleppern oder Seilkrananlagen durchgeführten Rückevorgang.

Bodenwinden werden in verschiedenen Ausführungen angeboten, als tragbare Winden, angetrieben u. a. mit Motorsägen-Motor, angebracht z. T. auf Stöcken; als Schlittenseilwinden und als selbstfahrende Seilwinden.

Praktisch alle Typen weisen Funksteuerung auf, die Alleinarbeit ermöglicht. Im einzelnen liegt die Motorkraft um 5 kW, die maximale Zugkraft bei 14 710 N, die mittlere Seilfassung bei 100 m für Rückedistanzen zwischen 5 und 30 bis 40 m. Der Seildurchmesser beträgt 6,0 bis 9,0 mm, die mittlere Seilgeschwindigkeit 0,8 bis 1,2 m/s. Das Gewicht schwankt je nach der Technik zwischen 35 kg (tragbar), 75 bis 100 kg bei Schlittenseilwinden und bis zu 1,5 t bei selbstfahrenden Winden. Bestimmte Bodenwinden bieten Windenein- und auszug mit zwei unterschiedlichen Geschwindigkeiten an.

Der Antrieb erfolgt mechanisch oder hydraulisch. Funksteuerung bietet den Vorzug, daß bei Einmannarbeit der Mann die Last begleiten und Hindernissen ausweichen kann. Der Sender wird am Gürtel getragen und weist zwei bzw. drei Kippschalter auf, je nach der Anzahl der Funktionen.

4.2.7.3 Seilbahnen

Seilbahnen sind fest installiert. Im Gegensatz zum Seilkran erfolgt die Lastaufnahme bzw. -ablage auf festen Be- und Entladestationen. Eine hohe Förderleistung geht mit hoher Betriebssicherheit einher. Der Umbau in eine andere Seiltrasse erfordert jedoch mehr als 40 bis 50 % der gesamten Transportzeit, während dieser Anteil bei Seilkränen mit Kippmasteinrichtung nur bei 10 bis 15 % liegt. Geschichtlich betrachtet weisen Seilbahnanlagen ein wesentlich höheres Alter auf als die technisch anspruchsvolleren Seilkransysteme.

Seilbahntechnik

Von der technischen Konzeption her ist zwischen Einseil- und Zweiseilbahnen zu unterscheiden. Bei ersteren (Paternostersystem) trägt und bewegt ein geschlossener Seilzug die Last, das stellt hohe Anforderungen an die Biegsamkeit des Seiles. Diese Eigenschaft besitzen naturgemäß nur dünnere Seile. Die Last muß deshalb beim Einsatz dieser Systeme begrenzt werden; das trägt gleichzeitig zur Verschleißminderung bei.

Zweiseilbahnen sind durch die Unterscheidung zwischen einem speziellen Trag- und einem speziellen Zugseil gekennzeichnet. Das Tragseil wird zwischen zwei fixen Punkten gespannt, sodaß an dessen Biegsamkeit keine Anforderungen gestellt werden. Der Querschnitt kann mithin größer gewählt werden. Das Zugseil muß besonders biegsam sein und bedingt einen geringeren Querschnitt. Diese Konzeption erlaubt den Transport größerer Lasten als bei der Einseilbahn.

Eine weitere Differenzierung erfolgt zwischen ein- und zweispurigen Seilbahnen. Während bei ersteren für Berg- und Talfahrt der Gehänge dasselbe Seil verwendet wird (Pendelbetrieb), bedient man sich bei zweispurigen Seilbahnen je Transportrichtung eines eigenen Seiles.

Seilbahntypen

Bei **Seilriesen** handelt es sich um eine einfache Konzeption, bei der sich die Last auf dem Seil mit Hilfe der Schwerkraft bergab bewegt. Befestigt wird die Last mit Haken aus Holz oder Metall, einfachen Laufrollen etc. Die Mindestseilneigung beträgt 18 %, die maximale Reichweite 1200 m (MEYR 1982). Diese historisch bedeutsame Lösung wurde vor allem zum Brennholztransport benutzt, wobei die Scheite jeweils einzeln angehängt waren. Es gibt Hinweise aus dem Altertum auf bereits festinstallierte Seilriesen; diese dienten zur Überwindung vergleichsweise größerer Strecken, besonders in schwierigem, auch gebirgigen Gelände.

Pendel-Seilbahnen. Bei der *einspurigen Pendel-Seilbahn* mit offenem Zugseil wird die Last an einen Seilwagen angehängt, der auf einem offenen Tragseil läuft. Das Zugseil bewegt die Last vorwiegend bergab, während der Laufwagen von einer am oberen Ende stationierten Seilwinde zurücktransportiert wird, das ermöglicht auch das gelegentliche Aufseilen schwächerer Lasten. Schwerkraftsysteme dieser Konzeption, bei denen die Last sich selbsttätig hangabwärts bewegt, benötigen ein Mindestgefälle von 20 %. Die Reichweite dieser Seilbahnen ist auf 1000 bis 1200 m begrenzt.

Vorteile: geringer Material- und Montageaufwand, Talfahrt des Laufwagens mittels Schwerkraft, Zugseil und Laufwagen sind während der Betriebspausen nicht der Witterung ausgesetzt.

Nachteile: geringere Betriebssicherheit: das Zugseil wird ausschließlich durch das Gewicht des Gehänges gespannt, was Seitenwindempfindlichkeit zur Folge hat, wodurch Zugseilrisse sowie ein Verhängen, Hochschnellen und Abwerfen des Seilwagens bewirkt werden können; das Zugseilgewicht ist bei Talfahrt zusätzlich abzubremsen, bei Bergfahrt mit zu befördern.

Die *einspurige Seilbahn* mit geschlossenem Zugseil, bei der der Laufwagen am Zugseil befestigt ist, kann sowohl bergauf als auch bergab rücken. Da die Schwerkraft nicht genutzt wird, ist die Anlage unabhängig von der Hangneigung zu installieren. Die maximale Länge beträgt 1500 m, in der Theorie bis zu 2500 m (MEYR 1982).

Vorteile: ein Antrieb ist an jedem Punkt der Seiltrasse möglich; das Zugseil ist gespannt, wodurch sich die Lastbewegung ständig unter der Kontrolle der Antriebsmaschine befindet; erhöhte Betriebssicherheit.

Nachteil: höhere Anschaffungs- und Montagekosten.

Zweispurige Pendel-Seilbahn: Diese Lösung beruht auf der Verwendung eines doppelten Tragseiles mit je einem Laufwagen. Beide sind gleichzeitig an einem geschlossenen Zugseil fest installiert. Dies erlaubt bei entsprechender Geländeneigung die Nutzung der Schwerkraft derart, daß der beladene Wagen den leeren bergauf zieht. Auch die Anwendung einer motorgetriebenen Seilwinde, die sowohl an den Berg- als auch an der Talstation installiert werden kann, ist möglich. Diese Seilwinde dient dann zugleich dem Aufseilen der Last bei Bergauftransport als auch ihrem Abbremsen bei Bergabtransport mittels Schwerkraft. Der Seilwindenbetrieb erhöht die Betriebssicherheit.

Umlaufseilbahnen. Umlaufseilbahnen bestehen aus einem geschlossenen Seilzug, auf dem Seilwagen fest montiert sind. Der Bergabtransport mittels Schwerkraft als auch der Transport in beiden Richtungen mit Hilfe von Motorseilwinden ist möglich.

Vorteile: erhöhte Leistung aufgrund kontinuierlichen Holztransports, der permanente Lastentransport verringert das Mindestgefälle zum Betrieb dieser Anlagen auf 15 %.

Dem stehen folgende Nachteile entgegen: ausschließlich Bergabtransport, Einsatz eines Motors zur Montage und Demontage, geringerer Arbeitsfortschritt infolge erhöhter Reibung. – Die Verwendung einer Motorwinde kompensiert weitgehend diese Nachteile dergestalt, daß Leistungsverbesserungen mit erhöhter Betriebssicherheit einhergehen. Ebenso wird eine gewisse Unabhängigkeit vom Geländeprofil bewirkt.

Serienseilbahnen. Dieser Sondertyp von Seilbahnen besteht aus einem geschlossenen Tragseil. Vergleichbar zu Schlepp- oder Sesselliften kann eine größere Zahl von Anhängeketten angebracht werden. Die Antriebsstation wird üblicherweise im Tal, möglichst nahe einer Straße gewählt.

Zusammenfassend gilt, daß mit dem rasch voranschreitenden Bau von Waldstraßen die fest installierten Seilbahnen schnell an Bedeutung verlieren. Diese werden nur noch in besonderen Fällen dort gewählt, wo z. B. extrem schwierige Geländeverhältnisse und lange Transportentfernungen die Dauereinrichtung von Be- und Entladestationen empfehlen.

4.2.7.4 Seilkräne

Konstruktionsprinzipien

Seilkräne werden in einer Vielzahl technischer Lösungen angeboten. Bemerkenswert ist der technische Fortschritt, der in jüngster Vergangenheit erzielt wurde, besonders bei Auf-, Abbau- und Umsetzzeiten; durch Kippmastseilkräne ließen sich diese entscheidend verkürzen.

Einige Konstruktionsmerkmale, die auch als Einteilkriterien für die nachfolgende Systematisierung dienen, sollen vorangestellt werden:

Das Kernstück des Seilbringungssystems ist die Motoreinheit mit den zugehörigen Winden. Während früher Schlittenwinden vorherrschten, sind heute mobile, auf Trägerfahrzeugen angebrachte Antriebseinheiten üblich. In Verbindung mit einem ebenfalls auf dem Trägerfahrzeug angebrachten Kippmast ermöglichen sie eine beträchtliche Beschleunigung der Arbeit.

Neben Kippmastseilgeräten mit einem senkrecht stehenden Mast werden in Nordamerika häufig Trägerfahrzeuge (ähnlich einem Mobilbagger) mit drehbarem Aufbau und einem schrägstehenden Gitterrohrmast eingesetzt. Vorteile dieser Lösung sind verkürzte Rüstzeiten (einfache Abspannung) und die Möglichkeit, das Holz seitlich aus der Seiltrasse herauszuschwenken.

Ein wesentlicher Vorzug der Seilkrananlagen gegenüber dem Rücken im Bodenzug ist, daß das zu transportierende Holz zumindest teilweise angehoben wird. Die Größe der hierzu notwendigen vertikalen Hubkräfte wird neben der Höhe des Mastes vor allem durch das Vorhandensein eines Tragseiles bestimmt. Während beim sogenannten Kopfhochsystem, das ohne Tragseil arbeitet, nur in der Nähe des Mastes vertikale Hubkräfte erzeugt werden, ist dies bei Bringungssystemen, die ein Tragseil verwenden, über die gesamte Rückedistanz möglich.

Bei allen Tragseilsystemen kommt ein Laufwagen zum Einsatz. Das Stoppen der Wagen an den Be- oder Entladestellen erfolgt durch Stellapparate mittels einer im Wagen eingebauten Automatik, die per Distanz- oder Zeitschaltung arbeitet oder über eine Funksteuerung. Zum Anhängen des Holzes werden Chokerseile oder eine Zange benutzt.

Bei Tragseilsystemen ist in der Regel ein seitlicher Beizug möglich. Das hierzu vorgesehene Hubseil kann von Hand, mit Hilfe eines weiteren Seiles vom Windenaggregat aus oder durch eine Kraftquelle im Laufwagen selbst ausgespult werden.

Die unterschiedlichen Lösungen unterscheiden sich auch bezüglich der möglichen Rückedistanz. Es werden Kurz-, Mittel- und Langstreckenseilkräne angeboten, wobei erstere bis zu Strecken von 250 bis 300 m arbeiten, Mittelstreckenseilkräne zwischen 500 und 600 m und Langstreckenseilkräne bis zu einer Distanz von 1000 bis 1500 m. Letztere operieren mit einer meist freihängenden Last, Kurz- und Mittelstreckenseilkräne eher im sogenannten

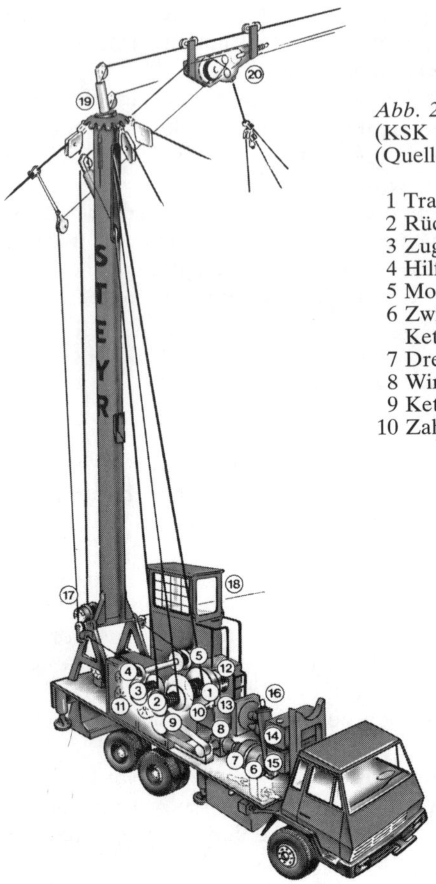

Abb. 29. Bezeichnungen der Bauteile von Kippmastseilkränen (KSK 16/20)
(Quelle: Werkphoto STEYR-DAIMLER-PUCH AG).

1 Tragseil
2 Rückholseil
3 Zugseil
4 Hilfsseil
5 Montageseil
6 Zwischengetriebe – Kettenkasten
7 Drehmomentwandler
8 Winkeltrieb
9 Kettentrieb
10 Zahnräder
11 Lamellenkupplungen
12 Scheibenbremsen
13 Bandbremsen
14 Kühlwassertank
15 Hydrauliköltank
16 Masthubzylinder
17 Abspannwinden
18 Kippkabine
19 Drehbare Mastspitze
20 Steyr-Laufwagen für Hubseilsystem

Kopf-Hoch-Verfahren, d. h., das Stamm- oder Baumende wird auf dem Boden nachgeschleift.

Die Kombinationsmöglichkeiten einzelner Konstruktionsmerkmale und die Erfordernis, das verwendete Bringungssystem auf die örtlichen Verhältnisse abzustimmen, erschweren die geschlossene, systematische Darstellung aller im Einsatz befindlichen Seilkrantypen. Nachfolgend werden die heute gebräuchlichsten Systeme mit ihrem Einsatzbereich sowie ihren Vor- und Nachteilen vorgestellt.

Systematik der Seilanlagen

Kopfhochsystem/Hochschleppsystem
Einfaches Kopfhochsystem
Kopfhochsystem mit seitlichem Zuzug
Tragseilsysteme
Tragseilverfahren mit fixer Tragseilspannung
    Einfaches Seitenzugsystem
    Doppeltes Seitenzugsystem
    Hubseilsystem
Tragseilverfahren mit variabler Tragseilspannung
    Einfaches Schwerkraftsystem

Schwerkraftsystem mit seitlichem Zuzug
Seitentragseilsystem
Lauftragseilsysteme
Einfaches Lauftragseilsystem, Hebeschleifzug
Greifersystem

Einfaches Kopfhochsystem: Auch inzwischen hochtechnisiert, ist dieses ursprünglich mittels einfacher Hilfseinrichtungen konzipierte Grundsystem als verbesserte Seilbringung zu finden. Das An- und Abhängen der Last erfolgt durch Nachlassen der Seilzugspannung.

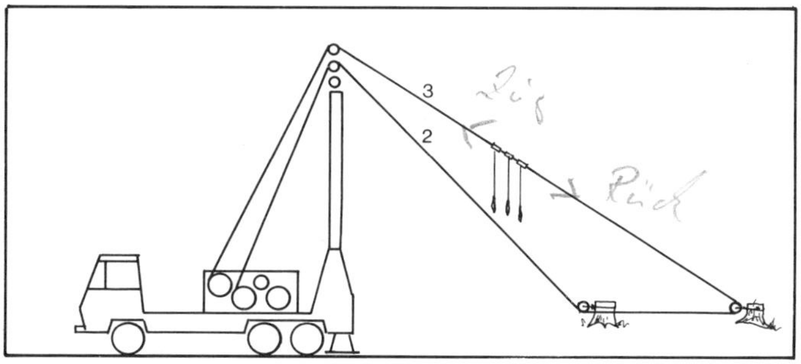

Abb. 30. Einfaches Kopfhochsystem.

2 Rückholseil
3 Zugseil
geeignet für Bergauf- und Bergabseilung, 2 Seilwinden
max. Reichweite: 300 m
opt. Reichweite: 150 m

Vorteile: einfache Konzeption, hohe Rückeleistung bei kurzen Entfernungen und hohem Massenanfall.

Nachteile: eingeschränkte Reichweite im Seitenzug; Last schleift auf dem Boden nach; nur für Kahlschlag oder vorkonzentrierte Lasten geeignet.

Kopfhochsystem mit seitlichem Zuzug: Durch die Hinzunahme eines Hilfsseiles kann das Zugseil seitlich ausgelenkt und so die Reichweite im Seitenzug erhöht werden. Mithin kann sich u. U. ein Vorkonzentrieren der Last erübrigen.

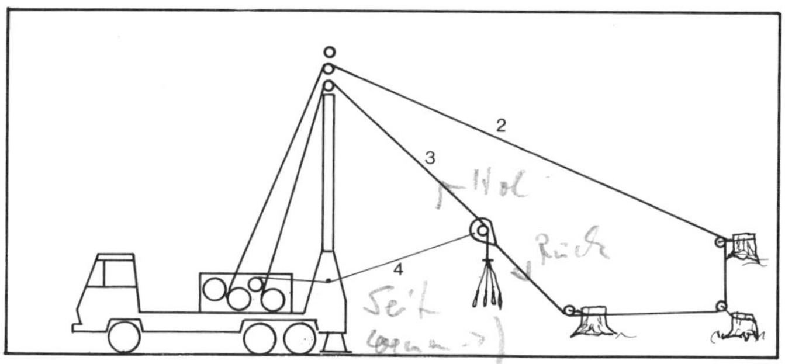

Abb. 31. Kopfhochsystem mit seitlichem Zuzug.

2 Rückholseil
3 Zugseil
4 Hilfsseil
geeignet für Bergauf- und Bergabseilung, 3 Seilwinden
max. Reichweite: 200 m
opt. Reichweite: 100 m

Vorteile: vergrößerter seitlicher Beizug.

Tragseilverfahren mit fixer Tragseilspannung: Den Tragseilverfahren gemeinsam ist ein fix gespanntes Tragseil und die Verwendung eines Laufwagens. Der Vorteil gegenüber den Kopfhochsystemen besteht v. a. in der größeren Reichweite und der freischwebenden Last.

Einfaches Seitenzugsystem. Durch entsprechendes Nachlassen und Spannen des Rückholseiles wird die Seilrolle mit den Chokern zur Anhängstelle gebracht.

Vorteile: freischwebender Transport, einfacher Laufwagen. – Nachteil: verhältnismäßig hohe Rüstzeiten.

Doppeltes Seitenzugsystem. Aufgrund der etwas modifizierten Führung des Zugseiles gegenüber dem vorigen Verfahren ergibt sich eine doppelte Zuzugkraft mit dem Vorteil der erhöhten Zugkraft bei seitlichem Beizug.

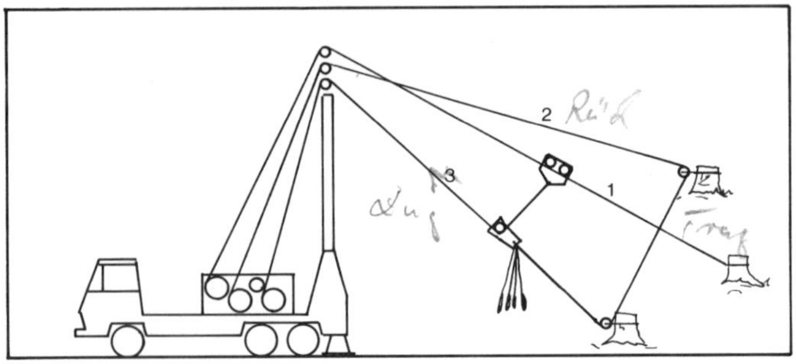

Abb. 32. Einfaches Seitenzugsystem.

1 Tragseil
2 Rückholseil
3 Zugseil
geeignet für Bergauf- und Bergabseilung, 3 Winden
max. Reichweite: 500 m
opt. Reichweite: 300 m

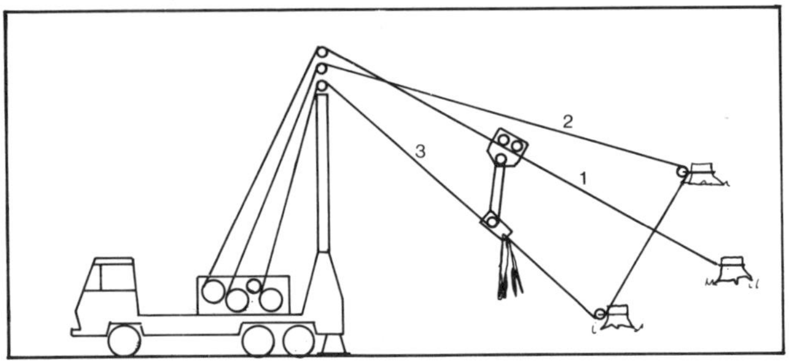

Abb. 33. Doppeltes Seitenzugsystem.

1 Tragseil
2 Rückholseil
3 Zugseil
geeignet für Bergauf- und Bergabseilung, 3 Winden
max. Reichweite: 500 m
opt. Reichweite: 300 m

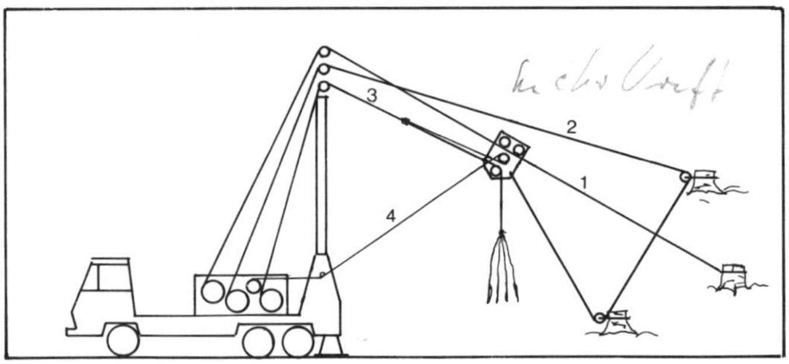

Abb. 34. Hubseilsystem.

1 Tragseil
2 Rückholseil
3 Zugseil
4 Hilfsseil
geeignet für Bergauf- und Bergabseilung, 4 Winden
max. Reichweite: 620 m
opt. Reichweite: 350 m

Hubseilsystem. Durch die Verwendung eines aufwendiger gestalteten Laufwagens kann bei diesem System ein Hubseil aktiv ausgespult werden, hierzu wird ein Hilfsseil benötigt.

Vorteile: universell einsetzbar; aktiv ausgespultes Hubseil ermöglicht größeren seitlichen Zuzug.

Nachteile: technisch aufwendig gestalteter Laufwagen, relativ hohe Rüstzeiten.

Tragseilverfahren mit variabler Tragseilspannung: Im Gegensatz zu den vorher vorgestellten Verfahren ist bei den folgenden Systemen das Tragseil nicht fix gespannt, sondern kann abgesenkt und wieder angehoben werden.

Einfaches Schwerkraftsystem. Einfaches Tragseilverfahren; Talfahrt der Seilplatte erfolgt mittels Schwerkraft. Zum Be- und Entladen wird das Tragseil abgesenkt.

Vorteile: einfache Montage, hohe Reichweite, hohe Seilgeschwindigkeit.

Nachteile: geringe Reichweite im Seitenzug, Mindesthangneigung von 20 % erforderlich.

Schwerkraftsystem mit seitlichem Zuzug. Prinzipiell gleiches System wie schon beschrieben, lediglich dahingehend modifiziert, daß die Seilplatte durch einen Laufwagen ersetzt ist, mit dem das Zugseil nicht fest verbunden ist, sondern über ein Rollensystem in dessen Innerem gelenkt wird. Ist der Laufwagen mittels automatischer Klemmvorrichtung auf dem

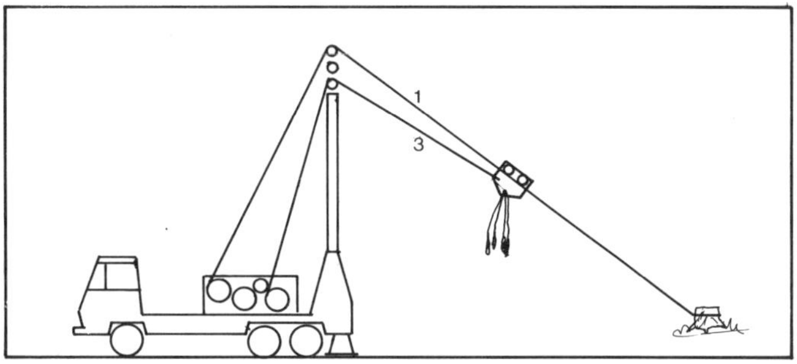

Abb. 35. Einfaches Schwerkraftsystem.

1 Tragseil
3 Zugseil
geeignet für Bergauf- und Bergabseilung, 2 Winden
max. Reichweite: 800 m und mehr
opt. Reichweite: 300 m

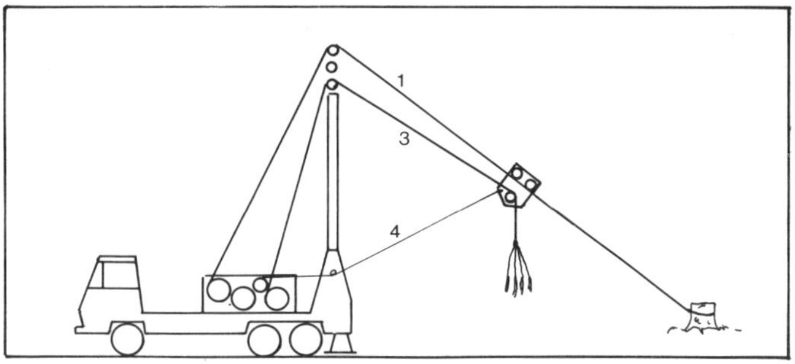

Abs. 36: Schwerkraftsystem mit seitlichem Zuzug.

1 Tragseil
3 Zugseil
4 Hilfsseil
geeignet für Bergauf- und Bergabseilung, 3 Winden
max. Reichweite: 550 m
opt. Reichweite: 200 m

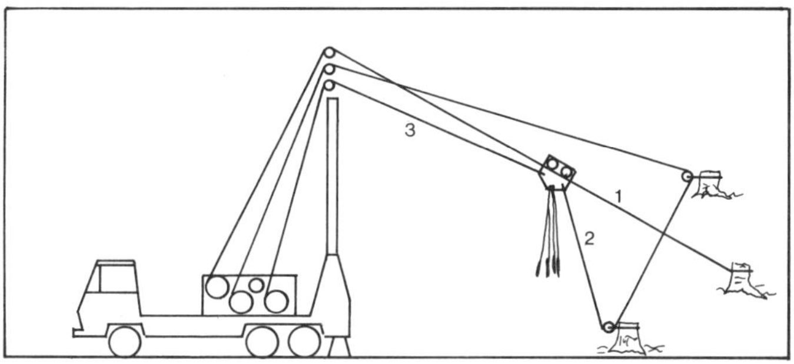

Abb. 37. Seitentragseilsystem.

1 Tragseil
2 Rückholseil
3 Zugseil
geeignet für Bergauf- und Bergabseilung, 3 Winden
max. Reichweite: 550 m
opt. Reichweite: 360 m

Tragseil arretiert, wird das Zugseil über die o. a. Rollen zum Beiseilen und Anheben der Last freigegeben. Bewegt sich der Laufwagen auf dem Tragseil, so ist das Zugseil arretiert. Die Arretierung des Zugseiles bedingt per Automatik die Freigabe des Laufwagens auf dem Tragseil und umgekehrt; das hat den Vorteil größerer Reichwerte im Seitenzug.

Seitentragseilsystem. Durch Spannen von Zug- und Rückholseil bei gleichzeitigem Nachlassen des Tragseiles kann der Laufwagen schnell an fast jedem Punkt der dreieckigen Bringungsfläche abgesenkt werden.

Vorteile: Betrieb auch in flachem Gelände möglich sowie seitliche Beizugsmöglichkeit.

Lauftragseilsystem. Diese Systeme nehmen eine Zwischenposition zwischen Hochschlepp- und Tragseilverfahren ein. Es entsteht ein geschlossener Seilzug aufgrund der festen Verknüpfung mit dem Laufwagen, der stets auf dem Rückholseil läuft, so übernimmt das Rückholseil die Funktion eines Tragseiles. Die Lastaufnahme erfolgt durch Absenken des Seiles.

Einfaches Lauftragseilsystem.

Vorteil: schnelle Montage.

Nachteil: nur geringer seitlicher Beizug möglich.

Greifersystem. Prinzipiell vergleichbar wie vor, modifiziert durch Greifer, welcher für seine Funktion ein zusätzliches Hilfeseil, verbunden mit dem Zugseil, benötigt.

Vorteile: höchstmögliche Tagesleistung; 1-Mann-Holzbringung möglich.

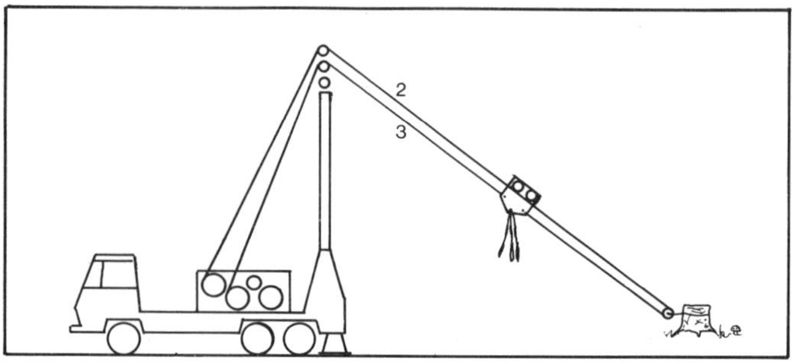

Abb. 38. Einfaches Lauftragseilsystem.

2 Rückholseil
3 Zugseil
geeignet für Bergauf- und Bergabseilung
max. Reichweite: 420 m
opt. Reichweite: 200 m

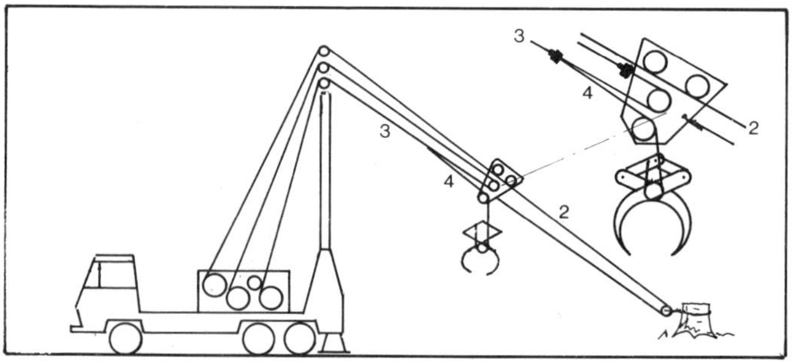

Abb. 39. Greifersystem.

2 Rückholseil
3 Zugseil
4 Hilfsseil
geeignet für Bergauf- und Bergabseilung
max. Reichweite: 500 m
opt. Reichweite: 175 m
Detaildarstellung: „Laufwagen mit Greifzange", aus: CONWAY, S., „Logging Practices", 1976

Arbeitsorganisation beim Seilkraneinsatz

TSZERNIOWSKI (1982) weist in seinem Beitrag zum FAO Forestry Paper 33 auf verschiedene beim Seilkraneinsatz zu berücksichtigende Gesichtspunkte hin:

Gesetzliche Regelungen im Zusammenhang mit der Installation von Seilkränen betreffen die spezielle Gesetzgebung zum Holztransport in Österreich, aber auch Regelungen über elektrische Installationen. Darüber hinaus weist er darauf hin, daß lokale Genehmigungen eingeholt werden müssen, bevor Radio- und Telefonsysteme benutzt werden. Dies gilt auch für die zulässige Gesamthöhe von Kabelanlagen über dem Erdboden. In Österreich muß vor Beginn eines Seilkraneinsatzes die Genehmigung des Landkreises eingeholt werden. Der Information dazu dienen Karten, Längs- und Querprofile, eine technische Beschreibung der Anlage, die Zertifikate des Maschinenherstellers, eine Liste der Landeigner, deren Grund und Boden der Seilkran überspannt sowie Angaben zu den Arbeitsbedingungen und der Überspannungshöhe über dem Boden.

Der Seilkran muß geerdet werden. Bei Überspannungen von öffentlichen Straßen sind Warnsignale aufzustellen. Alle beweglichen Teile der Anlage bedürfen eines besonderen Schutzes. Die Abnahme der Anlage durch eine technische Inspektion hat zu erfolgen.

Seilkrananlagen dienen ausschließlich dem Transport von Holz und anderem Material, der Transport von Personen ist verboten. Die Maximallast muß fixiert werden; diese soll maximal ein Fünftel der Tragkraft des Tragseiles betragen. Auch die Transportgeschwindigkeit muß festgelegt werden. Alle Mitarbeiter müssen am Gerät entsprechend ausgebildet werden. Die Kompetenz- und Verantwortungsbereiche sind klar zu definieren und abzugrenzen.

4.2.7.5 Balloon Logging

Das Balloon Logging muß als Sonderform der Seilkransysteme betrachtet werden. Überall dort, wo es nicht möglich ist, bei größeren Seildistanzen Tragseilstützen zu errichten bzw. stehende Bäume als solche zu benutzen, oder wo große Distanzen wie z. B. Taleinschnitte überbrückt werden müssen, werden in Ausnahmefällen gasgefüllte Ballons zum Hochhalten des Tragseiles benutzt.

Dies geschieht in zwei Formen; entweder wird der Ballon fest am Tragseil oder am Laufwagen fixiert, so daß er sich mit der Last mitbewegt und diese frei schwebend über dem Boden hält.

Die Lösung wird auch bei halbstationären Anlagen angewandt, d. h. dort, wo die oben erwähnten großen Distanzen überwunden werden müssen und wo es gleichzeitig aus ökonomischen Gründen nicht zweckmäßig ist, Waldstraßen anzulegen.

4.2.8 Bodenungebundener Holztransport durch die Luft

4.2.8.1 Luftkissenfahrzeuge

In Kanada wurde der Holztransport auf wenig tragfähigen Böden, vor allem auf Moor- und Wasserflächen, mit Hilfe von Luftkissenfahrzeugen untersucht. Dies zeigte einerseits die technische Praktikabilität dieses Verfahrens, ließ andererseits jedoch auch dessen Begrenzung aufgrund des erheblichen Energieeinsatzes und der Anfälligkeit gegenüber Bodenhindernissen erkennen.

4.2.8.2 Holzbringung mit Hubschraubern

Hubschrauber bieten im Forstbetrieb neben der Möglichkeit des Holztransports eine Reihe anderer Einsatzmöglichkeiten wie z. B. in der forstlichen Planung und bei der Forsteinrichtung, bei der Katastrophenbekämpfung, beim Auslösen von Lawinen, beim Materialtransport u. a. zur Lawinenverbauung, bei drohenden Schneebruchkatastrophen zum Abschütteln des Schnees von den Kronen, bei der Waldbrandbekämpfung zum Wassertransport usw.

Hubschrauber zeichnen sich aus durch hohe Wendigkeit, genaue Navigation, den Bedarf kleinster Start- und Landeflächen sowie die Fähigkeit, Material auch außenbords transportieren zu können.

Die im Forstbetrieb verwendeten Hubschrauber können wie folgt klassifiziert werden:
- klein; Eigengewicht 1,5 bis 3,0 t, Tragkraft 1,5–2,0 t.
- mittelgroß; Eigengewicht 3,0 bis 8,0 t, Tragkraft um 5,0 t.
- groß; Eigengewicht 8,0 bis 104 t, Tragkraft bis 40 t und mehr.

Die Holzbringung mit Hubschraubern verspricht Vorteile:

Für Waldstandorte, die aufgrund der natürlichen Gegebenheiten nur durch die Luft erreichbar sind und aus biologisch-ökologischen Gründen genutzt werden würden.

Auf Waldstandorten, wo andere Rücketechniken höhere Kosten verursachen müssen.

Für nicht erreichbare Waldstandorte, von denen Insektenkatastrophen ausgehen können.

Hubschrauberbringung wird deshalb vor allem dort in Frage kommen, wo auf nicht zugänglichen oder nur mit extrem hohen Kosten erschließbaren oder aber ökologisch besonders gefährdeten Waldstandorten vor allem wertvolle Hölzer genutzt werden müssen.

Zusatzgeräte

Hubschrauber bedürfen zur Holzbringung zusätzlicher Ausrüstung:

Stahlseil zum Anhängen der Last, wobei sich dessen Länge (7–40 m) nach der Art der

Holzerntemaßnahmen richtet, also ob Holz aus Beständen oder von der Kahlfläche, vom Steilhang oder von wenig tragfähigen Böden abtransportiert werden muß.

Chokerseile mit Schnellverschluß, von denen mindestens 10 bis 15 vorhanden sein sollten.

Sprechfunkgeräte, die eine Verbindung zwischen Pilot und Bodenpersonal auf der Bestandesfläche und dem Abladeplatz ermöglichen.

Sirene und Lautsprecher, die bei Ausfall des Sprechfunks benutzt werden können.

Elektrisch zu lösender Seilhaken, der ein zeitsparendes Ausklinken der Last durch den Piloten erlaubt.

Zur Minimierung der Tankzeiten sollte möglichst nahe beim Abladeort ein Serviceplatz eingerichtet werden.

Verfahrensablauf

Vorplanung: Wegen hoher Betriebskosten setzt der Einsatz von Hubschraubern zum Holztransport eine sorgfältige Planung voraus, wobei folgendes vorab zu klären ist:
- Bestimmung des Hubschraubertyps (Tragkraft),
- Jahreszeit und Zeitpunkt des Einsatzes im Hinblick auf zu erwartendes Flugwetter,
- möglichst hohe Auslastung des Fluggerätes,
- Schulung bereitgestellten Personals, insbesondere der örtlich zuständigen Revierbeamten und der sogenannten Chokermen, die das Holz zu transportgerechten Sorten vorkonzentrieren und anhängen. Da die Rotationszeiten (Last- und Leerflug, Be- und Entladen) kurz sind, gewährleisten diese Vorarbeiten einen reibungslosen Ablauf,
- örtliche Planung (Festlegung des Entladeplatzes). Dieser soll auf bzw. am Rande einer Lkw-befahrbaren Waldstraße liegen. Je kürzer die Distanz zum Beladeplatz, desto kostengünstiger gestaltet sich der Transport.

Der *Arbeitsablauf* läßt sich bei Hubschrauberbringung in fünf Phasen gliedern: Leerflug – Abnehmen der Last – Lastflug – Entladen – Tanken und Warten (im Durchschnitt zweimal je Stunde).

Die Rotationszeiten schwanken zwischen 2 und 3 min. Kostengünstige Arbeit setzt deshalb einen reibungslosen Arbeitsablauf voraus. Die meist vorgebündelte Last wird im Schwebeflug am Seil angehakt, aber auch im Schwebeflug entladen.

Als besonders leistungssteigernd hat sich die von der eigentlichen Bringung entkoppelte Vorbereitung optimaler Lasten erwiesen. Von Fall zu Fall empfiehlt es sich, bei Katastrophenfällen im Hinblick auf eine Auslastung ggf. zusätzlich Holz einzuschlagen und der Last hinzuzufügen.

Sind ausreichend Chokerseile vorhanden, sollten diese bereits beim Vorbereiten der Lasten angebracht werden. Leistungsfördernd wirkt eine ungehinderte Kontaktaufnahme zwischen Pilot und Chokermannschaft. Suchzeiten müssen vermieden werden.

Mindestpersonalbedarf: 2 Piloten (ein Abwechseln sollte aus psycho-physischen Gründen möglich sein) – 2 Chokermen im Bestand – 1 Organisator im Bestand – 2 bis 3 Mitarbeiter am Lagerplatz, die die Hölzer vermessen und stapeln (hier zeigt sich allerdings, daß bei einer Leistung von 15 bis 40 m^3/h ein gleichzeitiges Aufarbeiten und Stapeln der Hölzer am Entladeort nicht möglich ist. Die Gefährdung von Mitarbeitern und Maschinen ist zu groß.

Leistungen und Kosten. Beeinflussende bzw. bestimmende Faktoren sind Höhenlage (mit zunehmender Höhe über N.N. geht die Leistung zurück), Lufttemperatur (hohe Lufttemperaturen senken die Leistung), Luftfeuchtigkeit (hohe Luftfeuchtigkeit senkt die Leistung), Windgeschwindigkeit (hohe Windgeschwindigkeit mindert die Leistung bzw. stellt eine potentielle Gefahr dar).

Hieraus läßt sich erkennen, daß Holzbringung mit Hubschraubern im Hochgebirge sehr anfällig gegen äußere Einwirkungen ist, das hat Leistungsminderungen bei erheblichem Kostenanstieg zur Folge. Gewisse Abhilfemöglichkeiten bestehen hier vor allem in einer

Gewichtsverringerung des Luftfahrzeuges durch halbes Betanken und eine Erhöhung des Transportvolumens dadurch, daß das Holz vor dem Transport durch Entrinden und Austrocknen an Gewicht verliert (bis zu 35 %).

Bringungskosten liegen wesentlich über denen der Seilkranbringung, und denen der Bringung im Bodenschleifzug mit Seilwindenschleppern.

4.2.8.3 Helistats

In Nordamerika und in der UdSSR laufen Versuche zur Entwicklung von Holztransporteinrichtungen, die die Vorzüge von Luftschiffen und Helikoptern vereinen. Man geht davon aus, daß größere Lasten über große Entfernungen bei weitgehend horizontalem Gelände transportiert werden müssen.

Der sog. Cyclo-Crane wurde zu Beginn der 80er Jahre in den USA entwickelt. Er besteht aus einem mit Helium gefüllten, paraboloiden Zylinder, an dessen Außenseite zwecks Stabilisierung des Fluges rotierende Schwingen angebracht sind. Die Lastaufnahme erfolgt durch eine unterseitig angehängte Gondel.

Für das System werden folgende Vorteile angeführt:

1. Die Konzeption ist nicht unbedingt auf Gewichtsminimierung auszurichten, weil das Gesamtgewicht keinen Einfluß auf den Energieeinsatz hat: Es wird von dem Helium-Körper getragen.
2. Die Betriebskosten sind vergleichsweise zu konventionellen Luftfahrzeugen aufgrund der hohen Dauerhaftigkeit einzelner Baugruppen gering.
3. Selbst unter stürmischen Bedingungen ist die Kontrolle über das System vergleichbar mit der eines Helikopters. Bis zu Windgeschwindigkeiten von 80 Meilen/h ist das System sicher zu manövrieren.
4. Der Einsatzradius für eine Tankfüllung erstreckt sich über 3000 Meilen.
5. Ein Cyclo-Crane mit 16 t Nutzlast bedingt eine Investition in Höhe von 2,5 Mill. Dollar; die Betriebsstunde kostet 747 Dollar unter Zugrundelegung von 1500 Betriebsstunden/Jahr. Der größte Lastenhubschrauber mit 12 t Nutzlast kostet im Vergleich 7 Mill. Dollar und verursacht Kosten in Höhe von 3000 Dollar pro Betriebsstunde.
6. Maximalnutzlasten von bis zu 75 t sind konstruktionsbedingt realistisch.

4.2.9 Literatur

4.2.9.1 Literatur zum Rücken allgemein, von Hand und mit Tieren

ABEGG, B., 1983: Einfluß der Wegedichte auf Rückeverfahren und Rückedistanzen im Bergwald. Schweiz. Z. für Forstwes. 134, 8, S. 621–628.

ABEGG, B., 1975: Untersuchungen über das Rücken auf Maschinenwegen. Bericht Nr. 148 der Eidgen. Anstalt für das forstl. Versuchswesen, Birmensdorf.

ABEGG, B., 1974: Kalkulationsunterlagen für die Leistung beim Rücken mit Forsttraktoren und beim Reisten auf kurze Distanz. Bericht Nr. 124 der Eidgenöss. Anstalt für das Versuchswesen, Birmensdorf.

AFZ-Kurzbericht, 1980: Holzrücken mit Pferdegespannen im Thüringer Wald. Nr. 7; aus: Soz. Forstwirtsch., Nr. 7.

AFZ, 1981: Bestandesschonendes Holzrücken. AFZ-Thema, Nr. 12.

ALTHERR, E., 1978: Vorschläge für die Durchforstung von Buchenbeständen. FVA.

BACKHAUS, G., 1972: Rationelle Schwachholzbringung und Bestandespfleglichkeit – ein Gegensatz? FTI, Nr. 3.

BACKHAUS, G., 1979: Lassen sich die Probleme der Schwachholzbringung im Laubholz nicht lösen? FTI, Nr. 6.

BECKER, G.; MANNHEIMS, B., 1979: Wundbehandlung von Rückeschäden in Durchforstungsbeständen – Arbeitsverfahren, Leistung, Kosten. Forst- und Holzwirt Nr. 18, S. 405.

BECKER, G.; PFEIL, C., 1974: Ganzbaum-Waldhackschnitzel. Mitt. der FVA, Heft 62, Nr. 31.

Boesen, S.; Schlaghamersky, A., 1975: Rückeketten als Hilfsmittel beim Rücken. FTI, Nr. 4.
Bombosch, F., 1986: Die Benutzung von Superbreitreifen bei der Holzbringung im nassen und/oder feuchten Gelände. FTI Nr. 4, S. 27–29.
Booth, H., 1979: Einfluß der Schlagordnung auf die Rückeleistung – Ergebnisse einer Versuchsserie. FTI, Nr. 5.
Conway, S., 1976: Logging Practices. Principles of Timber Harvesting Systems. San Francisco.
de la Maza, J.; Martin, L. M. E.; Fuentes, M. G., 1967: El empleo de la Traccion Animal en los Approvechamientos forestales. Madrid.
de Megille, X., 1956: Tractors for Logging. FAO-Veröffentlichung, Rom.
Dieterle, G., 1982: Befahrung wenig tragfähiger Böden mit Breitreifen. HZbl, Jg. 108, S. 870–871.
Dietz, P., 1974: Die Holzernte als betriebswirtschaftliches, technisches und organisatorisches Problem. Forstarchiv, Nr. 6, S. 97.
Denninger, W., 1979: Langholzrückezangen – Technische Möglichkeiten und Eignung. FTI, Nr. 7.
Denninger, W., 1982: Einsatzerfahrungen mit Rückezangen für die Holzbringung. HZbl, Nr. 40.
Efthymiou, P. F., 1973: Das Stückmassegesetz beim Holzrücken mit Zugtieren im Gebirgswald. Forstarchiv 44. Jg., Nr. 10.
FAO, 1982: Logging in Mountain Forests. FAO Forestry Papers No. 33, Rome.
Fischer, H., 1982: Befahrung wenig tragfähiger Böden mit Breitreifen. Diplomarbeit Institut für Forstbenutzung und Forstl. Arbeitswissenschaft der Universität Freiburg, nicht publ.
Forest Service, USDA, 1979: Timber Sale Preparation. Helicopter Logging. Forest Engineering Institute, Corvalli, Oregon, Sept.
Forstdirektion Freiburg, 1981: Hinweise zum Holzrücken – Schulungs- und Arbeitsunterlagen. Stand 1. 3. 1981, nicht publ.
Forstdirektion Freiburg: Bringung mit Funksteuerung (Forstamt St. Märgen). Niederschrift über die Stützpunkttagung 1978 in Ettenheim (Erlaß vom 12. 3. 1979, Az.: 160.6/1 – 29113).
Forstliche Versuchs- und Forschungsanstalt, 1975: Entscheidungshilfen für die Durchforstung von Fichtenbeständen (Durchforstungshilfe Fichte 1975). Merkblatt der FVA, Nr. 13.
Forstliche Versuchs- und Forschungsanstalt, 1980: Vermeidung und Behandlung von Rückeschäden. Merkblatt der FVA, Nr. 18.
Fries, 1975: Ökologische Aspekte der mechanisierten Durchforstung. Forst- und Holzwirt Nr. 17, S. 315.
Gayer, K.; Mayr, H., 1909: Die Forstbenutzung. 10. Aufl. Berlin: Verlag Paul Parey.
Gayer, K.; Fabricius, L., 1919: Die Forstbenutzung. 11. Aufl. Berlin: Verlag Paul Parey.
Gläser, H., 1951: Das Rücken des Holzes. Eine Übersicht über Hilfsmittel und Arbeitsverfahren zum Rücken von Stamm- und Schichtholz in den Wäldern. München: BLV, S. 244.
Götz, R.; Klocke, R., 1974: Techn. und wirtschaftl. Konzeption für die Anlage von Rückewegen in schwer bringbaren Hanglagen. AFZ, 29. Jg., Nr. 14, S. 280–281.
Gutschick, V. u. a., 1971: Der Forstbetriebsdienst. Band 2 Waldbenutzung, München: BLV Verlagsgesellschaft.
Härle, E.; Herrenknecht, H., 1977: Rückeschäden – Folge der Mechanisierung. FTI, Nr. 3.
Hafner, F., 1964: Der Holztransport. Wien 1964.
Haschke, R., 1979: Zur Rationalisierung der Holzrückung an Steilhängen. Soz. Forstwirtschaft, 29. Jg., Nr. 7, S. 202–204.
HET, 1970: Richtwerttabellen zum Holzerntetarif 1970. Mitt. der KWF, Bd. XV Buchschlag.
Hocevar, M., 1975: Stammholztransport mit Sasso-Seilbahn. Bericht Nr. 149 der Eidgen. Anstalt für das forstl. Versuchswesen, Birmensdorf.
Hoffmann, R., 1985: Schonende Holzernte durch Breitreifen. Unveröffentl. Dipl.Arb. am Inst. f. Forstbenutzung und Forstl. Arbeitswissenschaft, der Universität Freiburg.
Jägerschmid, K. F. V., 1827/1828: Handbuch für Holztransport und Floßwesen. Chr. Fr. Müller; Karlsruhe, 2 Bde. 1927/1928.
Krapfenbauer, A.; Buchleitner, E., 1982: Holzernte, Biomassen- und Nährstoffaustrag. Nährstoffbilanz eines Fichtenbestandes. Cbl. ges. Forstwesen, 98. Jg., Nr. 4.
Köpf, E. U., 1968: Die Kostenstruktur des Rückens von Schwachholz mit Pferd und Maschine. FTI Nr. 12.
Kuhn, P., 1974: Praktische Erfahrungen mit Choker-Ketten. Bericht Nr. 127 der Eidgen. Anstalt für das forstl. Versuchswesen, Birmensdorf.
KWF, 1983: Informationen über technische Daten von Forstmaschinen. Mitt. der KWF, Band XXII, Wiesbaden.
KWF, 1983: FPA-Verzeichnis. Mitt. des KWF, Band VIII, 7. Aufl., Apr.
Laux, R., 1982: Befahrung wenig tragfähiger Böden mit Breitreifen, Leistungsvergleich mit einem herkömmlichen bereiften Schlepper. Unveröffentl. Dipl.Arb. an der Forstwiss. Univers. Freiburg.
Leinert, S., 1979: Einsatz verwaltungseigener Pferde beim Vorrücken von Schwachholz. FTI, Nr. 1.
Leutz, R. u. a., 1980: Oberflächenverdichtung bei Parabraunerden aus Lößlehm nach Einsatz schwerer

Holzbringungsmaschinen. – Mitt. des Vereins für Forstl. Standortskunde und Pflanzenzüchtung, Nr. 28, S. 11.

Loycke, H. J., 1954: Bringung von Stammholz mit neuen Rückewagen. Forstarchiv, Nr. 7.

Loycke, H. J., 1962: Maschineneinsatz im Forstbetrieb. 4.1.4. Mechanik des Schleppers im Forsteinsatz. FTI, Nr. 2.

Loycke, H. J., 1971: Untersuchungen über Rücken von Nadelschwachholz in kurzen und langem Zustand. Mitt. des KWF Band X.

Loycke, H. J., 1958: Die Maschinenbuchführung des Forstbetriebes. FTI, Nr. 7/8, S. 57–62.

Loycke, H. J.; Süssmann, K.; Schmidt, H., 1971: Untersuchungen über Rücken von Nadelschwachholz in kurzem und langem Zustand (Modellvergleich). Mitt. des KWF, Band 7.

Lünzmann, K., 1964: Der Widerstandsbeiwert beim Rücken von Rundholz und sein Zusammenhang mit der Bodenmechanik. Hamburg.

McMorland, B., 1985: Production and Performance of Ground Skidding Equipment in Interior British Columbia. FMC FT-180/ John Deere 550 System. FERIC Technical Note, No. TN-82, Jan.

Mahler, G.; Schelshorn, H., 1973: Befahrbarkeit und Bodentragfähigkeit beim Rücken – Untersuchung auf Keuperböden. Heft 57 der FVA.

Mellgren, P. G., 1984: A Proposed Modular Machine System for Wood Harvesting in Eastern Canada. FERIC Special Report No. SR-24.

Meng, W., 1978: Baumverletzungen durch Transportvorgänge bei der Holzernte – Ausmaß und Verteilung, Folgeschäden am Holz und Versuch ihrer Bewertung. Schriftenreihe der Landesforstverwaltung, Band 53.

Meyer, R.; Wenter, W.; Horst, M.: Entwicklung der Mechanisierung in der österreichischen Forstwirtschaft im Zeitraum von 1975–1980. AFZg., 7. Jg., S. 51–57.

Meyr, R.; Bernhard, A., 1976: Über die Mechanisierung in der österreichischen Forstwirtschaft. FTI, Nr. 12.

Ministerium für Ernährung, Landwirtschaft, Umwelt und Forsten, 1977: Richtlinien zur Feinerschließung.

Ministerium für Ernährung, Landwirtschaft, Umwelt und Forsten, 1972: Arbeitsmappe zur Waldarbeiterausbildung (AWA), Kapitel A 2.52.

Palmer, S.,: Einfluß der Technik auf den Waldbau der mittleren Schwäbischen Alb. AFZg. Nr. 34/35, S. 908.

Papst von Ohain, G., 1974: Rindenverletzungen beim Rücken von Bäumen mit Ästen in schwachen Fichtenbeständen. AFZg., Nr. 7, S. 141.

Pestal, E., 1981: Holzernte im Dienste der Produktionssteigerung und Energiegewinnung. Sonderdruck aus „Internationaler Holzmarkt“, Nr. 12.

Pfeiffer, K.; Abegg, B.; Kuhn, P., 1978: Richtwerttabellen für die Holzhauerei und das Schichtholzrücken. Separatdruck aus „Der Schweizer Förster“, Nr. 9.

Rotaru, C., 1983: Tassement du sol forestier et recolte mécanisée du bois. Courrier de l'Exploitant et du Scieur, Nr. 1, S. 1–12.

Sammer, M., 1977: Holzernte und Bringung im Gebirgswald. – Allg. Holzrundschau, 33. Jg., Heft 725/726, Wien.

Sanktjohanser, L., 1978: Die Holzbringung – Schlüssel zur funktionsgerechten Holzernte im Hochgebirge. AFZg., Nr. 29, S. 816–819.

Schlaghamersk, A.; Lehnhausen, H., 1978: Herleitung der Rückeleistungen von Schleppern durch EDV-Auswertung von Zeitstudien. AFZ Nr. 46, S. 1353–1356.

Skoksarbeten, 1980: Logging in Sweden 1980. Stockholm.

Steinlin, H.; Zehntner, K., 1953: Reibungswiderstände beim Schleifen von Stämmen auf horizontalen Versuchsstrecken. Mitt. der Schweiz. Anstalt für das forstl. Versuchswesen, XXIX. Band, 49. Jg., Nr. 6.

Strehlke, E. G.; Sterzik, H. K.; Strehlke, B., 1970: Forstmaschinenkunde. Hamburg und Berlin: Verlag Paul Parey.

Unfallverhütungsvorschriften Forsten, 1982: Arbeitstechnischen Merkheft Nr. 2 des Wirtschafts- und Forstverlags Euting KG.

Vyplel, K., 1977: Möglichkeiten und Voraussetzungen der Mechanisierung. Forst- und Holzwirt, Nr. 15, S. 282–286.

Waldarbeiterschulen, 1976: Der Forstwirt. – Unterlagen zur beruflichen Bildung (FOMA). Bad Segeberg.

4.2.9.2 Literatur zum Rücken mittels Schlepper und Lkw

Abegg, B., 1983: Einfluß der Wegedichte auf Rückeverfahren und Rückedistanzen im Bergwald. Schweiz. Z. für Forstwes. 134, 8, S. 621–628.

AFZ-Bericht (Brossmann), 1975: Durchforstung junger Buchenbestände am Hang und Rücken mit Kleinknickschlepper. AFZ, Nr. 18, S. 400.
Backhaus, G., 1977: Zum Einsatz von Forstschleppern in Eigenregie im Forstamt Weilburg. FTI, Nr. 8.
Denninger, W., 1979: Wichtige Bestimmungen der Straßenverkehrszulassungsordnung (StVZO) für Forstschlepper und gezogene Transportfahrzeuge. FTI, Nr. 11.
Denninger, W., 1983: Forstspezialschlepper. HZbl. Nr. 114.
Denninger, W., 1981: Forstschlepper mit automatischen Vorderachs-Sperrdifferentialen. FTI, 33. Jg., März.
Deutsche Bundespost – Fernmeldetechnisches Zentralamt, 1980: Merkblatt über das Erteilen von Genehmigungen zum Errichten und Betreiben von Fernwirk-Funkanlagen. FTZ 17 D/Juli 1980.
FAO, 1985: Informationsmaterial zum Internationalen Jahr des Waldes.
Forstdirektion Freiburg: Leistungen und Kosten beim Einsatz einer hydraulischen Rückezange. (Forstamt St. Märgen). / Leistung und Kosten beim Holzrücken mit Integration von Forstschleppern in den Holzerntevorgang. – (Forstamt Gengenbach). / Niederschrift über die Stützpunkttagung 1977 in Emmendingen. (Erlaß vom 10. 2. 1978, Az.: 160.6/1 – 19480).
Forsttechnische Umschau, 1980: Einsatz des landwirtschaftlichen Schleppers zur Holzbringung – Empfehlungen zur Maschinentechnik und Forstausrüstung. Forstarchiv, 51. Jg., Heft 12, Dez.
Guglhör, W.; Plettenberg, M., 1976: Rücken von Schwachholz aus Durchforstungen mit funkgesteuerter Farmi-Winde und Klemmbankschlepper. FTI, 28 Jg., Nr. 5.
Häberle, S.; Rausch, E., 1970: Das Rücken schwacher Langhölzer mit Schlepper und funkgesteuerter Kleinseilwinde. FTI, Nr. 4.
Haselgruber, F.; Boesens, S., 1974: Betrachtungen über das derzeitige Angebot von Rückeschleppern für Langholz. Der Deutsche Forstmann, Nr. 10.
Holzzentral-Blatt, 1983: Sondernummer Forsttechnik/Holzernte/Holztransport. Nr. 114.
König, W., 1968: Stärkere Schlepper – weniger Wege? FTI, Nr. 8.
Krohn, B., 1979: Das System „landwirtschaftlicher Schlepper-Anbauwinden“ (Beispiel Schlang & Reichart). FTI, Nr. 2.
Krohn, B., 1979: Das Kippverhalten eines Knickschleppers. FTI, Nr. 11.
Krohn, B., 1979: Landwirtschaftlicher Schlepper oder Spezialschlepper. FTI, Nr. 7.
KWF, 1978: Ergebnisniederschrift der Arbeitstagung „Grundlagen der Maschinenbuchführung“. Buchschlag.
Leinert, S., 1978: Vereinheitlichung der Maschinenbuchführung. Forstarchiv, 49. Jg., Nr. 6.
Loycke, H. J., 1970: Vorausschätzungen von Leistungen beim Rücken von Fichtenstammholz mit Forstschleppern. Mitt. des KWF Band 7.
Loycke, H. J., 1962: Mechanik des Schleppers im Forsteinsatz. FTI, Nr. 2.
Ministerium für Ernährung, Landwirtschaft, Umwelt und Forsten – Landesforstverwaltung Baden-Württemberg, 1983: Dienstvereinbarung mit dem Hauptpersonalrat. Forstverwaltung über einen „Prämienlohn Holzrücken“ auf Grundlage der Protokollnotiz zu § 16 Abs. (1) MTW.
Nipkow, F., 1984: Forsttechnik und gesunder Wald: Einwirkungen der Forsttechnik auf den Boden, speziell auf schlecht tragfähigen Böden. In: Les Colloques de l'INRA, Nr. 30, Strasbourg.
Oppold, A.; Schäfer, K., 1972: Ergebnisse einer Leistungsuntersuchung beim Holzrücken mit funkgesteuerter Schlepperseilwinde. AFZ 1972, S. 961–962.
Pestal, E., 1975: Vermeidung von Bodenschäden beim Einsatz von Rückeschleppern im Gebirge. AFZg. Nr. 5, S. 101.
Rieger, G., 1978: Bericht über einen Einsatz des Rückezuges TITAN HRZ 70.210. – Abt. Arbeitswiss. und Forstbenutzung, Int. Mitt. 1978/2, FVA Freiburg.
Rieger, G., 1983: Einsatz, Kosten und Leistung forstlicher Maschinen. Eine Analyse der Datenstruktur von Holzerntemaschinen aus dem Staatsforstbetrieb Baden-Württemberg.
Sundstedt, E., 1978: Anforderungen an Schlepper mit kombiniertem Einsatz in Land- und Forstwirtschaft. FTI Nr. 10/11.

4.2.9.3 Literatur über Seilanlagen und Lufttransport

Bernhard, A., 1983: Einsatzvarianten mit Kurzstreckenseilkransystemen in der Schwachholzernte. AFZg, Dez.
Bernhard, A., 1979: Arbeitsstudien bei der Holzrückung mit dem Steyr-Kippmastseilkran KSK 16. AFZg. 90. Jg., Nr. 3, S. 55.
Bernhard, A.; Lenger, A.; Lugmayr, J., 1982: Überlegungen zur Holzbringung mit Helikoptern aufgrund von Arbeitsstudien. Informationsdienst, 214. Folge, Okt., Forstl. Bundesversuchsanstalt Wien.
Bogumil, E., 1977: Erste Erfahrungen mit dem Einsatz von Hubschraubern zur Holzbringung auf

schwierigem Gelände im Staatsforstbetrieb Wernigerode. Soz. Forstwirtsch. Berlin, 27. Jg., Nr. 11, S. 338–339.
DENNINGER, W., 1978: Mobile Kippmast-Kurzstreckenseilkräne, eine Alternative zur Bringung von Schwachholz in Mittelgebirgsforsten? KWF-interner Bericht, nicht publ.
DENNINGER, W.; CSOLLAK, H. P., 1980: Starkholzbringung in Mittelgebirge mit dem Kippmastseilkran Steyr KSK 16. HZbl, Dez. Nr. 146.
Forstdirektion Freiburg: Leistungen und Kosten beim Einsatz einer hydraulischen Rückezange. (Forstamt St. Märgen). / Leistung und Kosten beim Holzrücken mit Integration von Forstschleppern in den Holzerntevorgang. (Forstamt Gengenbach). / Niederschrift über die Stützpunkttagung 1977 in Emmendingen. (Erlaß vom 10. 2. 1978, Az.: 160.6/1 – 19480).
Forstdirektion Freiburg: Leistung und Kosten sowie Erfahrung beim Vorliefern mit RADIOTIR. (Forstamt Bonndorf). / Leistungs- und Kostenvergleich beim Vorliefern mit der THEISSEN-Winde. (Forstamt Märgen). / Niederschrift über die Stützpunkttagung 1976 in Bonndorf. (Erlaß vom 8. 2. 1977, Az.: 160.6/1 – 9582).
FRITZSCHE, W.; SAGOWSKI, H., 1981: Schwachholzernte an Steilhängen mit Kleinseilwinden- und modifizierten Goldberger Verfahren. Forst- und Holzwirt 36. Jg., Nr. 10.
GERDSEN, G., 1985: Prüfung von mobilen Seilkrananlagen durch das KWF. FTI, Nr. 7/8.
HAUSKA, E., 1979: Holzbringung mit Helikopter im Gebirgsforst. Forstarchiv 50. Jg., Nr. 2, S. 42.
HAUSKA, E.; BERNHARD, A., 1978: Leistungsuntersuchungen bei der Holzbringung mit Helikopter im Gebirgsforst. AFZg., 89. Jg., Folge 12, S. 411, Wien.
HOCEVAR, M., 1975: Stammholztransport mit Sasso-Seilbahn. Bericht Nr. 149 der Eidgen. Anstalt für das forstl. Versuchswesen, Birmensdorf.
KOIDL, H., 1982: Holzseilen bergab. Der Mini-Urus mit Hydrostatikantrieb. Holz-Kurier Nr. 31/1982.
KROHN, B., 1979: Eine Regelung für die Ermittlung der Seildurchmesser bei Forstwinden. FTI, Nr. 3, 31. Jg., März.
LEITNER, A., 1976: Seilrückesysteme und Seilgeräte für den Gebirgsforst. Intern. Holzmarkt 67, Nr. 14. S. 1–6.
LITSCHER, R., 1981 (2): Wickelvorrichtung für Trag- und Zugseile von konventionellen Seilkrananlagen. Sonderdruck aus WALD + HOLZ 63; Nr. 11/12, S. 724/725.
LITSCHER, R., 1981: Rücken mit Kippmastanlagen. Schweiz. Z. für Forstwesen, 132. Jg., Nr. 8, S. 703/704.
LÖFFLER, H., 1973: Rücken von Schwachholz aus Steilhängen. FTI 25, Nr. 1.
MEISTER, G., 1978: Zum Kompromiß von Waldbau und Wirtschaftlichkeit bei der Seilbringung im Hochgebirge. AFZg., Nr. 18/19, S. 531–533.
MEYR, R., 1982: An Introduction to Cable Equipment Used for Wood Extraction. In: Logging of Mountains Forests. FAO Forestry Papers, No. 33, Rom.
MEYR, R., 1975: Überlegungen zum gegenwärtigen Seilkraneinsatz in Österreich. Forstarchiv, Nr. 3, S. 259–260.
MONTECUCCOLI, A., 1977: Seilkran – nur im Hochgebirge? Holzkurier 32, Nr. 36, S. 28.
PESTAL, E., 1983: Projektierung von Kippmastseilkranen. Sonderdruck aus Internationaler Holzmarkt Nr. 13, vom 23. Juni 1983.
PFEIFFER, K.; FLURY, J.; ABEGG, B., 1973: Rundholztransport mit Helikopter. Bericht Nr. 117 der Eidgen. Anstalt f. das forstl. Versuchswesen, Birmensdorf.
RUDAKOV, Y. A.; TSVETKOV, A. A., 1984: The Use of Different Types of Airkraft in Forest Operation. FAO; ECE, ILO Joint Committee on Forest Working Techniques and Training Forest Workers, 15th Session, Izmir-Cesme (Turkey), 22–25 May 1984.
SAMSET, I., 1984: Tommertransport med Luftskip og Ballong. Timber Transport with Airship and balloons. In: Driftsteknisk Rapport Nr. 26 des Norsk Institut for Skogforskning.
SANKTJOHANSER, L., 1979: Holzbringung mit dem Hubschrauber in den bayrischen Bergen. FTI, Nr. 3, 31. Jg., März.
SCHECHTNER, K., 1985: Grossauer Verfahren – neue Erntetechnik mit dem Radschlepper. AFZg., Nr. 2.
SCHECHTNER, K., 1985: Grundlagen und Entwicklungstendenzen der Seilkranmechanisierung in Österreich. Internationaler Holzmarkt 13.
SILVERSIDES, C. R.; REICHENHALLER, J., 1975: Helikopter Logging Trials in Temagimi. The forest Chronicle, Vol. 51, No. 3. June.
SCHLAGHAMERSKY, A., 1976: Zusammengefaßte Erfahrungen zum Einsatz des Urus-Kranes für Schwachholzbringung. FTI 28, Nr. 7.
STÖHR, H. G., 1974: Untersuchungen über die Eignung mobiler Kurzstreckenseilkräne bei Durchforstungen am Steilhang. Diss. Forstwiss. Fakultät an der Universität München.
TIMINGER, J., 1972: Leistungsuntersuchungen bei Seilbringung im Gebirge. FTI 24, Nr. 10.
TRZESNIOWSKI, A., 1982: Working Instruction für Cable Crane. Installation in Austria. In: Logging of Mountain Forests. FAO Forestry Papers No. 33, Rom.

Vyplel, K., 1976: Entwicklung und Einsatz von Kippmast-Seilkränen zur Holzbringung. AFZg., Nr. 1, Wien.
Willingshöfer, K., 1978: Erfahrungsbericht über den Einsatz des neuen Seilkranes „Mini Urus“ für Durchforstungen im Schwachholz und mittl. Baumholz. AFZ, Nr. 18/19, S. 531–533.
Zanetti, M., 1984: Holzernte per Hubschrauber – Erfahrungen aus der Zentralschweiz. HZBl, Nr. 123.

4.3 Feinerschließung

Bundesländer und diverse Organisationen haben Richtlinien zur Walderschließung erarbeitet und publiziert. Diese enthalten auch Hinweise zur Feinerschließung, d. h. Planung und Realisierung einer Infrastruktur im Bestandesinnern. Die Feinerschließung dient der rationellen und bestandesschonenden Bringung des Holzes vom Fällungsort zum Lkw-befahrbaren Waldweg. Je nach Geländeausformung sind Rückegassen oder Rückewege anzulegen.

Die Feinerschließung soll eine pflegliche Waldwirtschaft durch bestandesschonendes Rücken ermöglichen, sie ist Voraussetzung für die kostengünstige Aufarbeitung des Holzes mit geeigneten Maschinen und Geräten und mindert die ergonomische Belastung der Waldarbeiter sowie die Unfallgefahr. Die Erschließung des Waldes erfolgt demnach durch ein planmäßig aufeinander abgestimmtes Netz von Fahrwegen als Grunderschließung und wesentlich einfacheren Einrichtungen zur Feinerschließung der Bestände.

Die Mittel der Feinerschließung sind (baden-württembergische Anweisung Ziff. 3.1): Rückegassen und Maschinenwege, in Bayern und Österreich als Rückewege bezeichnet, Seiltrassen zum Einsatz von Seilkrananlagen, Lager- und Stapelplätze.

4.3.1 Rückegassen

Rückegassen sind das Standardmittel der Feinerschließung in befahrbaren Lagen. Es handelt sich um einfache, bestockungsfreie Trassen, die mit geeigneten Rückeschleppern befahrbar sind. Grenzen der Befahrbarkeit ergeben sich durch mangelnde Bodentragfähigkeit, durch Blocküberlagerung und durch Hangneigung über 25 bis 40 %. Bei Hangneigungen von über 10 bis 15 % sind Rückegassen in der Fallinie anzulegen. Die Planung erfolgt auf der Karte bzw. im Luftbild und wird im Gelände überprüft. Gründe der Bestandessicherheit sprechen in dichten Beständen für eine frühe Anlage. Zweckmäßigerweise erfolgt diese beim ersten Durchforstungseingriff. Rückegassen bereits bei der Kulturbegründung z. B. durch Auslassen einer Pflanzreihe anzulegen, hat sich nicht bewährt.

4.3.1.1 Rückegassenabstände

Die erforderlichen Rückegassenabstände werden durch die gewählten Ernteverfahren, d. h. abhängig von der jeweiligen Technik des Vorlieferns des Holzes vom Stock an die Rückegasse, aber auch dem Bestandesalter bestimmt. Da sich im Rückegassenbereich zwangsläufig eine gewisse Konzentration von Schäden an Boden und Bestand ergibt, sollten zu geringe Rückegassenabstände vermieden werden. In Abhängigkeit von der Erntetechnik betragen die Rückegassenabstände 25–40 m, im Altholz bis zu 60 m.

4.3.1.2 Rückegassenbreite

Die Breite richtet sich nach dem eingesetzten Rückemittel. Beim Schleifen von Langholz mit Seilwinde und Schlepper soll diese mindestens einen Meter breiter als das Fahrzeug sein. Werden Tragrückeschlepper angewendet, deren Lasten entsprechend der Bodenoberfläche nach links und rechts schwanken, wird von der Fahrzeugbreite zuzüglich 2,0 m ausgegangen.

Schmale Rückegassen behindern das Rücken und führen zu Schäden an Fahrzeug und Bäumen. Beschädigte Randbäume werden nach dem Hieb nicht entnommen, sie dienen zukünftig als Abweiser.

4.3.1.3 Die Linienführung

Bei möglichst gestreckter Linienführung wird die kürzeste Distanz zum Fahrweg angestrebt. Die Einmündung der Rückegassen in denselben soll in einem Winkel von 45–60° erfolgen. Sie sind bogenförmig mit entsprechend großem Radius anzulegen. Dieser richtet sich nach der zu erwartenden Holzlänge.

Zur besseren Befahrbarkeit der Rückegassen können folgende zusätzliche Arbeiten notwendig werden: Hieb einzelner Bäume, Entfernen größerer Steine, Nachsägen alter Stöcke, Befestigen von Weichstellen, Auffüllen oder Verdolen von Grabenübergängen. In der Rückegasse selbst ist auf bodenebene Stöcke bereits beim Hauen der Trasse zu achten. Das Belassen des Reisigs auf der Rückegasse führt zu einer Verbesserung der Tragfähigkeit des Bodens und einer Minderung der Bodenschäden. Die Kosten der Rückegassenanlage sind in der Regel gering.

Seilzugtrassen mit dem Ziel eines schadensarmen Rückens an die Rückegassen werden erst im Verlauf der einzelnen Durchforstung angelegt und sind nicht Bestandteil der inneren Infrastruktur der Bestände.

4.3.2 Rückewege am Hang

Hanglagen, deren Neigung zwischen 20 und 50 %, bei festem Untergrund auch darüberliegt, können durch maschinell erstellte, jedoch unbefestigte Rückewege erschlossen werden. Dies gilt auch für flaches Gelände, wenn das Rücken wegen extremer Hindernisse ohne nennenswerte Planierarbeiten nicht möglich ist. Soweit noch Gesamterschließungen durchzuführen sind, ist es günstig, die Maschinenwegabgänge gleichzeitig mit dem Bau des Fahrweges herzustellen. Auch hier entscheiden technische, wirtschaftliche und ökologische Gesichtspunkte.

4.3.2.1 Rückewegabstände

Der Abstand von Rückeweg zu Rückeweg bzw. zum Fahrweg beträgt am Hang in der Regel 80 bis 120 m. Das Konzept geht davon aus, daß bei Bodenschleifzug mit Schlepperwinde eine Baumlänge (25 bis 40 m) nach unten gerückt, die restlichen 55 bis 95 m Bestandesfläche hangaufwärts bewältigt werden. Der Rückeschlepper sollte demnach mit 80 bis 100 m Seillänge versehen sein.

Dies bedeutet, daß rund zwei Drittel des Holzes mit der Seilwinde nach oben, ein Drittel entsprechend der Länge der Bäume nach unten gerückt wird. Dies hat den Vorteil, daß Schlepperseil und Anhängevorrichtungen nur sehr begrenzt vom Rückeweg aus nach oben gezogen werden müssen. Arbeitsphysiologische Untersuchungen haben gezeigt, daß dies von der Arbeitsbelastung der Rücker her als günstigste Lösung betrachtet werden muß.

4.3.2.2 Rückewegbreite

Die Breite der Rückewege beträgt im Regelfall 3,0 m. Damit ist auch am Hang noch eine ausreichende Sicherheit und Beweglichkeit des Rückeschleppers gewährleistet.

Die Frage, ob Rückewege möglichst hangparallel oder mit größerem Gefälle anzulegen sind, muß im Einzelfall entschieden werden. Hangparallele Trassen stören das Landschaftsbild weniger, weisen geringere Bau- und Unterhaltskosten auf, erodieren weniger, führen aber in der Regel zu größeren Rückeentfernungen. Der Anschluß an die Abfuhrstraßen soll zugleich mit der Anlage von Lagermöglichkeiten verbunden werden.

An der Einmündung in die Abfuhrstraßen ist eine Gefälledifferenz von mindestens 15 % zum Fahrweg anzustreben. Wasserableitungen sind, wo unvermeidbar, durch Anlage von Quer- und Schrägmulden herzustellen. Die Einmündungen von Rückegassen oder -wegen in Waldwege sind in der Regel, auch wenn sie über Gräben führen, nicht zu verrohren.

Die richtige Wahl der Maschinenwegabgänge trägt entscheidend zu einem guten Erschließungseffekt bei. Geringe Böschungshöhen und Mulden sollten deshalb ausgenutzt werden. Die Einmündungen selbst müssen auf den letzten 20 bis 30 Metern Gefälleübergänge zum Fahrweg aufweisen, um das Rücken von Langholz nicht zu erschweren. Technische Schwierigkeiten bei Felsen, Rutschungen, steilen Hangpartien usw. sind aus wirtschaftlichen und ökologischen Gründen soweit als möglich zu umgehen.

4.3.2.3 Bauausführung

Die Bauausführung ist sowohl mit Hilfe von entsprechenden Planierraupen als auch Baggern möglich. Da die Raupe bergab mit wesentlich höherer Leistung arbeitet, sollte versucht werden, jeweils am oberen Ende der zu bauenden Rückegasse mit der Arbeit zu beginnen. Der Einsatz des Baggers hat sich bewährt. Der Einbau der Abtragsmassen erfolgt schonender und sorgfältiger als mit der Planierraupe. Er sollte überall dort benutzt werden, wo das Landschaftsbild nicht beeinträchtigt werden darf.

Das Planum soll etwa zwei Drittel im Abtrag liegen, ein Massenausgleich in der Längsachse findet normalerweise nicht statt. Im Normalfall erhält der Maschinenweg eine starke Innenneigung, dadurch wird die Fahrsicherheit erhöht. Im Auftragsbereich belassene Bäume und Baumstümpfe verhindern beim Rücken das Abrollen des Langholzes über die talseitige Böschung. Für die Entwässerung sorgen maschinell hergestellte Querabschläge im Abstand von 20 bis 30 Metern. Die dauernde Unterhaltung der Rückewege ist ebenso wie bei den Rückegassen nicht vorgesehen. Eine Eingrünung ist erwünscht. Notwendige Instandsetzungsarbeiten werden erst vor Beginn eines neuen Hiebs vorgenommen.

Ein besonderes Problem stellen wenig tragfähige Böden dar. Hier wird in der Regel ein dichteres Waldstraßennetz angestrebt. Eine wesentliche Erleichterung der Arbeit bringt hier die Entwicklung und Einführung von Niederdruck-Niederquerschnittsreifen mit sich.

4.3.3 Anlage von Trassen für Seilkräne

Der Einsatz mobiler Seilkräne als Rückemittel erfordert eine intensive Vorbereitung. Er kommt in folgenden Bereichen in Betracht:

- Gebirgslagen mit Hangneigung über 50 %
- in landschaftlich exponierten Hanglagen, bei denen die intensive Erschließung durch Waldstraßen und Rückewege einen nicht vertretbaren Eingriff in die Landschaft darstellen würde,
- in Biotopen, die durch Wegebaumaßnahmen nicht beeinträchtigt werden sollen,
- auf Standorten, die eine niedrige Tragfähigkeit aufweisen und auf denen eine konventionelle Erschließung hohe Kosten verursachen würde,
- im Gefährdungsbereich von Straßen und Gebäuden.

4.3.3.1 Trassenführung

Der Seilkran wird in der Regel auf dem Fahrweg aufgestellt. Verankerungsmöglichkeiten müssen vorhanden sein. Die Seiltrasse wird vor der Auszeichnung des Hiebs festgelegt und zwei bis drei Meter breit aufgehauen (2,0 m im Schwachholz, 3,0 m im Starkholz). Die

Fällung erfolgt im spitzen Winkel zur Seiltrasse, die seitliche Beizugsentfernung wird entsprechend der Holzdimension und der Seiltechnik gewählt (Schwachholz maximal 30 m, Starkholz maximal 50 m).

In den meisten Fällen wird das Holz hangaufwärts geseilt. Bergabseilen wird nur dort angewendet, wo die Erschließung durch die Waldstraßen dies erzwingt.

4.3.4 Anlage von Holzlagerplätzen

An den Nahtstellen zwischen Feinerschließung durch Rückegassen bzw. Maschinenwegen und der Basiserschließung durch Fahrwege erfolgt ein Transportbruch, verbunden mit einer Zwischenlagerung des Holzes. Hier sind Holzlagerplätze vorzusehen, deren Anlage gleichzeitig mit der Feinerschließung erfolgen soll. Ihnen kommt besondere Bedeutung zu, da die Kosten des Holzrückens und der Holzabfuhr sowie die Erhaltung der Qualität des gelagerten Holzes dadurch entscheidend beeinflußt werden. Es gelten die folgenden Grundsätze:

4.3.4.1 Langholzlagerplätze

Die Lagerung von Langholz sollte grundsätzlich direkt nach der Einmündung von Rückegasse bzw. Rückeweg in den Fahrweg erfolgen, um das Holz-Schleifen auf dem Fahrweg zu vermeiden. Hierzu genügen freie Lagerstreifen; in der Ebene beiderseits, am Hang unterhalb des Weges. Die Länge der Lagerplätze soll mindestens eine Stammholzlänge, bei maschineller Entrindung zwei Stammholzlängen betragen. Entsprechend der Reichweite moderner Ladekräne sollten sie 5 bis maximal 10 m breit sein. Die Tiefe soll maximal 2,5 m unter Straßenniveau liegen.

4.3.4.2 Schichtholzlagerplätze

Da Schichtholz beim Rücken gefahren wird, kommt der Entfernung der Schichtholzlagerplätze von der Einmündung Rückegasse/Rückeweg auf den Fahrweg eine untergeordnete Bedeutung zu. Die Breite der Schichtholzlagerstreifen soll 1 bis 3 m betragen und die Fläche einigermaßen eben sein.

4.3.4.3 Aufarbeitungsplätze

Für die Bearbeitung des Holzes am Rand der Waldstraßen durch Entastungsmaschinen, Entrindungsmaschinen, Processoren, Hacker usw. sind Aufarbeitungsplätze anzulegen, die der jeweiligen Technik entsprechen.

4.3.4.4 Sonstige Hinweise zur Gestaltung der Lagerplätze

Wo eine längere Lagerdauer zu erwarten ist und bei häufiger Benutzung sind die Lagerplätze mit Unterlagen auszustatten. Bei talseitiger Langholzlagerung am Hang sind geeignete Lagerbäume zu erhalten und ggf. zu schützen. Besondere Anforderungen werden an Lagerplätze gestellt, auf denen Langholz über längere Zeit durch Beregnung konserviert werden soll (Liese 1986).

Der Mindestabstand des gelagerten Holzes soll vom Fahrbahnrand aus einen Meter betragen. Das Lichtraumprofil soll auf eine Höhe von 5 m frei von Ästen, Leitungen und dergleichen sein. Entwässerungsgräben und sonstige Einrichtungen sind freizuhalten, gegebenenfalls durch ausreichend starke Auflagen zu überbrücken. Enge Kurven und Steilstrekken eignen sich nicht für die Anlage von Lagerplätzen.

4.3.5 Literatur

ABEGG, B.; HÜNERWADEL, D., 1983: Zur Methode der Walderschließungsplanung – ein Erfahrungsbericht. Bericht Nr. 252 der Eidgen. Anstalt f. d. Forstl. Versuchswesen.

BAYRISCHES STAATSMINISTERIUM FÜR ERNÄHRUNG, LANDWIRTSCHAFT UND FORSTEN Bayr. Staatsforstverwaltung, 1982: Richtlinien für die Erschließung des Staatswaldes in Bayern (RES).

BERNAUER, B.; DUMMEL, K., 1974: Mechanisierung und Walderschließung – eine Alternative? FTI Nr. 12.

CAPREZ, G.; STEPHANI, P. und Mitarbeiter der Forstwirtschaftl. Zentralstelle der Schweiz, 1981: Die Holzernte. Band 1 und 2, Basel.

DAHLIN, B., 1980: Winding Strip-Roads in First Thinnings. Report No. 136, Swedish University of Agricultural Sciences. College of Forestry, Garpenberg.

DIETZ, P.; KNIGGE, W.; LÖFFLER, H., 1984: Walderschließung. Hamburg und Berlin: Verlag Paul Parey.

GORTON, F., 1985: Die Böschungsbegrünung ist heute keine Kosmetik mehr. Internationaler Holzmarkt 22/1985.

GORTON, F., 1985: Österreichischer Weg der landschaftsangepaßten Trassierung von Forststraßen. Internationaler Holzmarkt 12.

GORTON, F., 1985: Praxis und Kosten einer landschaftsschonenden Bauausführung von Forststraßen. AFZg. Nr. 9, S. 241.

GORTON, F., 1985: Stand und Zukunft des Forststraßenbaus in Österreich. Wald- und Holzwirtschaft, August, S. 160–161.

JAURLARITZA, E.; VASCO, G., 1984: Manual de Manejo Florestal. Spanien.

KOOPERATIONSABKOMMEN zwischen Forstwirtschaft, Platten- und Papierindustrie (FPP), 1983: Holzernte in der Durchforstung. – Wien.

KROTH, W., 1973: Entscheidungsgrundlagen bei Walderschließungsinvestitionen. Forstwiss. Cbl. 92. Jg., Nr. 3, S. 132–151.

LIESE, 1986: Strategien zur Lagerung und Konservierung von Rohholz. Vortrag INTERFORST, München.

MINISTERIUM FÜR ERNÄHRUNG, LANDWIRTSCHAFT, UMWELT UND FORSTEN Baden-Württemberg, 1984: Richtlinien zur Walderschließung. 2. Entwurf, Stand 3/84.

PESTAL, E., 1984: Furten und ihre Anwendung in der Forstaufschließung. Sonderdruck Internationaler Holzmarkt, Nr. 13.

PESTAL, E., 1982: Forstaufschließung morgen – Optimierung und Alternativen. AFZg. Nr. 1.

PESTAL, E., 1981: Forstlicher Straßenbau zwischen Wirtschaftlichkeit und Umweltschutz. Internationaler Holzmarkt Nr. 16/17.

PESTAL, E., 1968: Forstwegebau unter Berücksichtigung der Knickschlepperrückung und mechanischen Entrindung. AFZ Nr. 6.

SCHECHTNER, K., 1985: Grundlagen und Entwicklungstendenzen der Seilkranmechanisierung in Österreich. Internationaler Holzmarkt, Nr. 13.

SCHÖNAUER, H., 1983: Forst- und Güterwege – Grundlage der Bewirtschaftung des ländlichen Raumes. AFZg., Nr. 10, A. 257–261.

STANG, H., 1962: Die Feinerschließung der Bestände und ihre Bedeutung für die waldbauliche Einzelplanung. Mitt. der FVA Baden-Württemberg, Heft 2.

STEINLIN, H., 1963: Die Feinerschließung von Beständen mit Rückegassen. FTI, Nr. 10.

4.4 Nachhaltige Holzernte

Bei der Holzernte betreten und befahren Menschen, Zug- und Tragtiere und Maschinen beim Schleifen, Tragen und Fahren von Lasten in unterschiedlicher Weise und aus wirtschaftlichen Gründen möglichst ganzjährig die Bestände und beeinflussen hierbei zum Teil mit schwerwiegenden Folgen Vegetation und Boden. Es zeigen sich drei Problemkreise:

- Die Einwirkungen des den Rohstoff Holz erntenden Menschen auf die Vegetation, d. h. den Bestand, Büsche, Kräuter, Gräser, Moose und Flechten (GRAMMEL 1984).
- Die Auswirkungen auf den Boden (NIPKOW 1984).
- Die Folgen des wachsenden Biomasseentzugs (KRAPFENBAUER 1984).

Die Vorzüge einer nicht geschädigten Waldbodenflora sind bekannt. Sträucher, Kräuter, Moose und Flechten erzeugen mit Hilfe der Photosynthese Biomasse. Beim Blattabfall bzw. -absterben entstehen im Schutze der Bodenvegetation durch tierische und pilzliche Tätigkeit den Bäumen leicht verfügbare Nährstoffe. Besondere Bedeutung besitzt die Waldbodenflora auch deshalb, weil sie den Waldboden vorzüglich gegen Erosion schützt.

4.4.1 Rückeschäden

Offensichtlich nahm die Zahl und die Schwere der Schäden, die beim Fällen oder Geländetransport des Holzes an den stehenden Bäumen entstehen, in den letzten Jahren entscheidend zu. Private und öffentliche Forstverwaltungen reagieren inzwischen, indem sie versuchen, Ursachen für die negative Entwicklung aufzuzeigen.

Es verstärkte sich der ökonomische Zwang, d. h., steigende Kosten und stagnierende Holzpreise zwangen zu stärkerer Mechanisierung durch verstärkten Einsatz auch schwerer Maschinen und zur Bewegung der Maschinen an die Stämme sowie zum Ersatz der menschlichen und tierischen Tragearbeit.

Ebenfalls aus ökonomischen Gründen wird heute ganzjährig gearbeitet. An die Stelle der Saisonarbeiter, die nur im Winter zur Verfügung standen, traten ganzjährig beschäftigte hauptberufliche Arbeitskräfte. Teure Maschinen und Anlagen müssen ganzjährig genutzt werden. Als Folge wird auch während der Saftzeit in größerem Umfang Holz geerntet. Die erheblich höhere Gefährdung wird hierbei bewußt in Kauf genommen.

Eine weitere Schadensursache ist darin zu sehen, daß an Stelle der früher üblichen kurzen Aushaltung von Brenn- und Industrieholz vermehrt langes Holz in Form von Rohschäften und Vollbäumen ausgehalten und gerückt wird.

4.4.1.1 Der Schadensumfang

Der Umfang der Rückeschäden wird zunächst bestimmt durch die natürlichen Gegebenheiten, unter denen die Holzernte stattzufinden hat. Dies betrifft die Geländeverhältnisse, also ob an Steilhängen oder auf weitgehend ebenen Waldflächen Holz genutzt wird. An zweiter Stelle stehen die Bestandesverhältnisse, das sind die Dichte des Bestandes, der Baumabstand, die Baumdimensionen. Zu berücksichtigen sind aber auch die Marktgewohnheiten bezüglich der Holzlänge, der Intensität der Sortenbildung und des zeitlichen und räumlichen Angebots von Rohholz an die Marktpartner.

Übereinstimmend wird festgestellt, daß an Steilhängen die Schäden größer als auf ebenen Flächen sind. Dies ist darauf zurückzuführen, daß bisher an Hängen in der Regel bei der Bringung die Schwerkraft ausgenutzt wurde. Dies führte dazu, daß beim Bergabgleiten stehende Bäume beschädigt wurden.

Auch zeigt sich beim Vergleich der Saftzeit mit der Nichtsaftzeit, daß zwar die Zahl der Rückeschäden nicht gesichert zunimmt, daß aber die einzelnen Schadflächen an den Bäumen deutlich größer werden.

Nachgewiesen werden konnte auch, daß sich die Struktur der Bestände auf die Zahl der Schäden und die Schadensgröße auswirkt. Dichtere Bestände sind stärker gefährdet als lichtere, stärkere leiden wiederum mehr unter Rückeschäden als schwächere. Wird auf eine dauerhafte Bezeichnung der Z-Stämme verzichtet, werden auch diese, da sie meist die größeren Brusthöhendurchmesser aufweisen, stärker beschädigt. Naturgemäß häufen sich Schäden am Rand der Bestände bzw. am Rand der Rückegassen und Rückewege.

Auch eskalieren mit dem Überschreiten einer bestimmten Eingriffsstärke bei der Durchforstung sowohl die Zahl als auch die Größe der Rückeschäden. Als gesichert kann auch gelten, daß sich insbesondere die Holzlänge auswirkt. Mit zunehmender Holzlänge wachsen die Schäden, vor allem in der Saftzeit, überproportional an.

4.4.1.2 Arbeitstechnik und Rückeschäden

Zusammengefaßt üben diese Randbedingungen (Gelände, Bestand, Jahreszeit und Holzdimension), verglichen mit der gewählten Erntetechnik, die geringeren Einflüsse aus. Dies wird sowohl bei KNUTELL (1983) als auch bei MENG (1978) deutlich. Bei KNUTELL liegt die Schadenshäufigkeit bei der Aufarbeitung von Kurzholz mit der Motorsäge und dem Tragen und Setzen der Kurzhölzer von Hand am Rand der Rückegasse um mehr als 50 % unter der Schadenshäufigkeit beim Vorliefern von Vollbäumen mit Hilfe von Seilwinden, der Aufarbeitung mit Processoren in der Rückegasse und anschließender Forwarder-Bringung.

MENG berichtet über dieselbe Tendenz: Beim Aufarbeiten von Industrieholz in kurzer Form von Hand liegt der Schaden bei 3,4 % bzw. bei 5,6 %; bei der Bringung von Vollbäumen mit Schlepper und Seilwinde hingegen bei 25,4 % bzw. 25,2 %. Versucht man, das Holz mit dem dünnen Ende (dünnörtig) voraus zu rücken, läßt sich der Schaden allerdings vermindern. Erschreckend ist, daß sich die Schadensfälle nach zwei bzw. drei Durchforstungen zwar nicht voll, aber doch zu einem hohen Anteil addieren.

Die Bringung mit Pferden unterscheidet sich in der Zahl der Schäden nicht im erwarteten Ausmaß von der Bringung mit Seilwindenschleppern, verursacht aber kleinere Schadflächen mit geringerer Fäulewahrscheinlichkeit.

Mit Fäll-Ablegemaschinen durchgeführte Versuche, bei denen mit Hilfe von Hydraulikarmen von Rückegassen aus in die Bestände gegriffen wird, zeigen auffällig geringe Fäll- und Rückeschäden. Schäden im Bereich der besonders gefährdeten Wurzelanläufe können dank des Anhebens der Bäume praktisch vollständig vermieden werden.

Die Angaben über die Entstehung von Rückeschäden bei der Anwendung von Seilkränen und Hebeschleifzügen gehen auseinander. Es besteht offensichtlich ein direkter Zusammenhang zur Distanz des seitlichen Beiziehens in die Seiltrasse (ERDIN 1981). Bei engen Seiltrassenabständen kann allerdings die beim Rücken von Langholz mit Schlepperseilwinden übliche Schadenshäufigkeit wesentlich unterboten werden.

Die Schadenshäufigkeit sagt zunächst wenig über die Folgeschäden, d. h. über die tatsächliche spätere Wertminderung des Holzes aus (MENG 1978). Die Auswertung größerer Versuche zeigt, daß nur ein kleinerer Teil der Rückeschäden zu einer Entwertung des Holzes führt; nur rund ⅓ aller mehr als 10 cm^2 großen Rückeschäden erwiesen sich unter mitteleuropäischen Verhältnissen nach einer mittleren Dauer von sechs Jahren als von Wundfäule befallen. Wichtig ist allerdings, ob die Rinde beim Schadensereignis noch anliegt, d. h. nur gequetscht, oder aber ob das Holz freigelegt oder gar der Holzkörper verletzt wird. Im letzteren Fall führen nicht weniger als 80 bis 90 % der Rückeschäden zu Holzfäule.

Bei einer Wundgröße kleiner als 10 cm^2 trat keine Fäule auf, bei einer Größe zwischen 11 und 30 cm^2 12 %, zwischen 31 und 50 cm^2 30 % und bei einer Wundgröße über 51 cm^2 zusammengefaßt 44 %. Kleinschäden sind also ohne größere Bedeutung. Auf der anderen Seite erweisen sich die für die Saftzeit charakteristischen großen Wundflächen als besonders gefährlich.

Eine besondere Bedeutung besitzt auch die Lage des Schadens am Baum. Eindeutig ist, daß die Rückeschäden im Bereich der Wurzelanläufe am stärksten durch Fäule bedroht sind.

4.4.1.3 Maßnahmen gegen Rückeschäden

Die Analyse der Schadensursachen und des Schadensverlaufes und dessen Abhängigkeit von bestimmten Schadensmerkmalen wie Schadenshäufigkeit, Schadensgröße, aber auch der Schwere des Schadens eröffnen Möglichkeiten, diese Schäden zu begrenzen oder zu verhindern:

Besonderes Gewicht kommt der persönlichen Motivation und Eignung der Arbeitskräfte zu. Wird das Rücken an Unternehmer vergeben, sollte die Begrenzung der Rückeschäden und die Minimierung derselben unbedingt Vertragsbestandteil sein. Prämien für gute und Schadensersatz für schlechte Arbeit sind denkbare Maßnahmen.

An zweiter Stelle ist die Wahl des Arbeitsverfahrens zu nennen. Bei empfindlichen Erstdurchforstungen, wenn diese gar innerhalb der Saftzeit durchgeführt werden müssen, sollte auf die Aushaltung von Langholz verzichtet und das Holz von Hand an die Rückegassen und Rückewege getragen werden.

Übergang zu „integrierten Verfahren", bei denen das Hauen und Vorliefern zusammen an eine Partie vergeben wird und zeitlich synchron abläuft.

In befahrbaren Lagen wird es auf Dauer möglich sein, mit Hilfe von hydraulischen Armen vorzuliefern oder aber in jungen Nadelholzbeständen mit Hackerköpfen zu arbeiten und die Späne pneumatisch über einen Hydraulikarm in Container zu blasen. Derartige Arme weisen bereits Reichweiten von 12 bis 15 m auf.

Auch die Verwendung von Hebeschleifzügen und Seilkränen verspricht eine Reduzierung der Rückeschäden; in geringerem Maße auch das Rücken mit hohem Seileinlauf am Schlepper und das Vorrücken des Holzes mit Hilfe von funkgesteuerten Seilwinden bei Einmannarbeit mittels Schlepphauben oder Pferdeeinsatz.

Auch Seilliniensysteme versprechen eine Minderung der Rücke- und Fällschäden, soweit diese konsequent angewendet werden.

Oft genug vernachlässigt wird die Einhaltung einer strengen Schlagordnung. Dies gilt sowohl für die Anlage von Rückegassennetzen in entsprechenden Abständen und die Anlage von Rückewegen an Hängen wie auch für die Einhaltung der Fällrichtung. Empfehlenswert ist das Anfertigen einer Schlagordnungs-Skizze, die Aufarbeitung in Form von Arbeitsstreifen mit Markierungen der Rückescheiden zur Orientierung sowie das Durchtrennen von quer zur Rückerichtung liegenden Stämmen.

Die Aufarbeitung von Vollbäumen in den Rückegassen weist ein besonders niedriges Schadensniveau auf. Die Vollbäume werden im rechten Winkel, d.h. in der kürzesten Entfernung und ohne daß dieselben geschwenkt werden müssen, an die Rückegasse herangebracht und im Processor aufgearbeitet. Bei Langholzsystemen muß, je näher der zu fällende Baum an der Rückegasse steht, der Winkel um so spitzer gewählt werden. Hierbei hat sich eine dauerhafte Bezeichnung der Z-Stämme besonders bewährt.

Als arbeitsorganisatorische und arbeitstechnische Ansätze zur Schadensreduzierung haben sich bewährt:

Sorgfältige Hiebsplanung und Bestandeserschließung mit schriftlicher Fixierung.

Gewährung einer gewissen Entscheidungsfreiheit im Einzelfall für den Waldarbeiter nach Z-Stammauswahl und -markierung.

Verwendung von Abweisern an gefährdeten Rand- und Z-Stämmen.

Überall dort, wo Schäden trotz dieser Gegenmaßnahmen auftreten, müssen diese nachträglich – beispielsweise mit Baumteer – therapiert werden.

4.4.2 Auswirkungen auf den Boden

Große Anteile der Waldböden können mit Fahrzeugen befahren werden; in der Bundesrepublik Deutschland ca. 60 bis 70 %, in Österreich 35 bis 40 %, in der Schweiz 50 bis 60 %.

Dies bedeutet, daß der Boden verdichtet, also vertikal gepreßt wird, ohne daß er ausweichen kann. Die einzelnen Korngrößen lagern sich dichter, das Porenvolumen nimmt ab. Dort, wo der Boden sich nicht verdichten läßt, entstehen tiefe Fahrspuren. Die Vegetation und Baumwurzeln werden beschädigt oder zerstört.

Tatsächlich läßt sich die Tragfähigkeit des natürlichen Bodens nur beschränkt verbessern,

Übersicht 41. Bestimmende Bodeneigenschaften für die Tragfähigkeit, Auswirkungen des Befahrens mit normal bereiften Fahrzeugen und Tragfähigkeitsverteilung der schweizerischen Waldfläche des Mittellandes und der Voralpen mit Hangneigungen unter 30 % (NIPKOW 1985)

Tragfähigkeit	CBR[1] %	Bestimmende Bodeneigenschaften						Auswirkungen des Befahrens mit normal bereiften Fahrzeugen	Flächenverteilung der Tragfähigkeit (Mittelland und Voralpen) %
		Ausquetschbarkeit	Wasser- Durchlässigkeit	Wasser- Sättigung	Schlüpfrigkeit (Schmierschicht)	Klebrigkeit (Kleben an Bereifung)	Scherfestigkeit (Widerstand gegen schiebende Kraft)		
1	2	3	4	5	6	7	8	9	10
sehr schlecht[2]	< 1	sehr groß	undurchlässig	meistens	sehr groß	sehr groß	sehr gering	das Fahrzeug bleibt stecken (nicht befahrbar)	10
schlecht	1–2	groß	gering bis undurchlässig	oft	groß	groß	gering	tiefe Spurbildung v. a. wenn wassergesättigt	40–50
mittel	2–3	mittel	gering bis mittel	selten	mittel	mittel	mittel	Spurbildung v. a. wenn wassergesättigt	10–20
gut	3–5	gering	mittel bis normal	sehr selten	gering	gering	groß	geringe Spuren v. a. wenn naß	10–20
sehr gut	> 5	sehr gering	normal	nie	sehr gering	sehr gering	sehr groß	keine Spuren	10–20

[1] CBR – % (California Bearing Ration) – Der CBR-Wert ist ein in Prozenten ausgedrücktes relatives Maß für die Tragfähigkeit im Vergleich zu einem Standardmaterial – [2] Am Beispiel des *sehr schlecht tragfähigen Bodens* sollen diese Zusammenhänge noch etwas erläutert werden. Der Grund- oder Hangwasserstand reicht meistens bis unter die Oberfläche (Kolonne 4) und bewirkt eine profilumfassende Porensättigung (5). Feinkörnige Böden bilden unter diesen Voraussetzungen an der Oberfläche eine ausgeprägte Schmierschicht (6). Sie sind vielfach stark tonhaltig und bleiben an der Bereifung kleben (7). Der Widerstand eines solchen Bodens gegen eine schiebende Kraft ist sehr gering (8). Die beschriebenen Eigenschaften führen einerseits zum Gleiten der Räder des Fahrzeuges (6, 8), weil sich die Stollen mit Erde füllen (7, 8). Andererseits sinkt das Fahrzeug ein, weil der Boden unter der Beanspruchung ausweicht (3). Der tonige Boden verfügt über ein großes Wasseraufnahmevermögen. Dadurch bleibt er nach Niederschlägen lange naß und nicht befahrbar. Der siltige Boden kann nur wenig Wasser aufnehmen. Deshalb ist er bei Niederschlägen schneller nicht mehr befahrbar, trocknet aber rasch wieder ab

beispielsweise mit Astauflagen oder durch Kalkzugabe zum Abtrocknen vernäßter Stellen. Übersicht 41 zeigt die Auswirkungen des Befahrens in Abhängigkeit von der Tragfähigkeit des Bodens und deren flächige Verteilung in der Schweiz (NIPKOW 1984).

Schlepper beanspruchen den Boden beim Rücken mit dynamischen Kräften. Es darf deshalb nicht nur die Reifen- oder Raupenaufstandsfläche, das Fahrzeuggewicht und der hieraus resultierende spezifische Bodendruck beurteilt werden. Ebenso bedeutungsvoll sind die Gewichtsverteilung, die Beschaffenheit der Aufstandsfläche, die Verformbarkeit der Reifen, die Federung und die hieraus entstehende Auflagefläche, die Stollen der Pneus, die Stege der Raupen, die Lenkung und der Schub.

4.4.2.1 Gegenmaßnahmen

Auch in bezug auf die Vermeidung von Bodenschäden lassen sich eine Reihe von Gegenmaßnahmen nennen, um diese zu verhindern oder wenigstens zu minimieren:

Die Wahl der Jahreszeit. Böden weisen im gefrorenen und besonders im trockenen Zustand eine wesentlich höhere Tragkraft auf. Kritische Böden mit geringer Tragfähigkeit können deshalb zu bestimmten Jahreszeiten und zum Teil ohne jegliche Bodenschäden befahren werden.

Die Befahrung ist grundsätzlich auf Rückegassen und -wege zu beschränken. Das Holz wird mit Hilfe von Seilwinden, Seilkränen, Hebeschleifzügen, Bodenseilwinden, gelegentlich auch mit Tieren oder von Hand an die Rückegassen herangezogen. Auf diese Weise läßt sich eine Befahrung völlig vermeiden. Selbst bei einer dichten Erschließung mit Rückegassen in einem Abstand von 25 m und einer Reifenbreite von 60 bis 80 cm werden nur 5 bis 10 % der Fläche befahren. Eine Regeneration der Fahrspuren ist deshalb verhältnismäßig leicht möglich.

Auch mit Hilfe der Schlepperausrüstung läßt sich der Schaden mindern. Dies betrifft die Anwendung von Niederdruck-Niederquerschnittsreifen, mit deren Hilfe der Bodendruck gesenkt werden kann, die zugleich aber auch eine Verringerung des Durchdrehens und damit der Zerstörung der Bodenoberfläche mit sich bringen.

Generell gilt, daß die Bodenflora und die Durchwurzelung der Bodenoberfläche eine nennenswerte zusätzliche Tragfähigkeit aufweisen. Vermieden werden sollte, diese durch zu häufiges Befahren oder durch zu hohen Bodendruck frühzeitig zu durchbrechen.

4.4.3 Die Gefährdung der Standorte durch Biomasseentzug

Die Frage des Biomasseentzuges bei verschiedenen Holzernteverfahren wird im Zusammenhang mit der Vollbaumnutzung interessant, da hier dem Bestand mehr zersetzbare Masse entzogen wird als bei anderen Verfahren. Damit gehen Nährstoffe verloren, besonders diejenigen, die überwiegend über die Zersetzung wieder in den Nährstoffkreislauf gelangen, wie Stickstoff und Phosphor (Übersicht 42).

Verschiedene Autoren wie KREUTZER (1979), YILDIRIM (1978) und KRAPFENBAUER (1985) haben sich mit dieser Frage auseinandergesetzt. Mit Hilfe von Modellrechnungen wurde versucht, Holzernteverfahren verschiedener Intensität im Hinblick auf ihren Einfluß auf den Nährstoffhaushalt von Beständen zu vergleichen. Als Ergebnis ist festzustellen, daß insbesondere die Ernte von Vollbäumen kritisch zu betrachten ist. Weniger gefährdend erscheint die Methode der kronengekappten Vollbäume, bei der ein großer Teil der Krone und damit auch der Biomasse im Bestand verbleibt.

Eine Gegenüberstellung der Werte der einzelnen Ernteverfahren mit den Bilanzwerten der Bodenanalysen zeigt die Schwäche des Vollbaum-Verfahrens, bei dem eine kompensierende Düngung in Betracht gezogen werden muß. Diese betrifft vor allem die Zufuhr von Stickstoff, Calzium und Phosphor.

Übersicht 42. Jährliche Nährelementbilanzen für eine Fichtenbetriebsklasse I. Bonität auf nährstoffreichen Standorten bei verschiedenen Erntesystemen (nach KREUTZER 1979, zitiert in REHFUESS 1981)

	N	P	K kg/ha	Ca	Mg
1. Gesamter Eintrag	18 (10–33)	0,4 (0,1–0,7)	4 (2–10)	16 (3–45)	3 (1–13)
2. Gesamter Austrag					
a) ohne Nutzung	6 (2–20)	0,03 (0,005–0,1)	6 (2–17)	18 (7–20)	4 (2–10)
b) einschließlich Nutzung d. Derbholzes o. Rinde	8	0,2	8	22	5
c) einschließlich Nutzung der Vollbäume	20	1,5	15	29	6
3. Bilanz					
bei Derbholznutzung o. Rinde	+10	+0,2	− 4	− 6	−2
bei Vollbaumnutzung	− 2	−1,1	−11	−13	−3

4.4.4 Schlagabraumbeseitigung

Schlagabraum, d. h. Kronen, Äste, Restholz und ggf. Stöcke zu beseitigen, kann in die Holzernte einbezogen werden. Die Maßnahme dient dazu, Pflanzarbeiten zu erleichtern, vorhandene Naturverjüngungen zu begünstigen und Gipfelstücke, Äste und Stöcke als Brutstätte für Insekten und Pilze zu beseitigen bzw. deren Anziehungskraft zu verringern.

Eine mit der Schlagabraumbeseitigung ggf. zu verbindende Bodenbearbeitung dient der Verbesserung der Ansamung, der Unkrautbekämpfung, bei Teil- und Vollumbruch der Aktivierung der Nährstoffe im Boden und schließlich durch Pflanzdämme der Bekämpfung von Stauwasser.

Auf die Gefahren der Schlagabraumbeseitigung und der Bodenbearbeitung wird hingewiesen: Nährstoffverluste als Folge des Abtransports des Materials, vorübergehend verstärkte Erosion, mit der zunehmenden Erwärmung verbundener rascher Humusabbau und Mineralisierung können eintreten.

4.4.4.1 Zusammenschieben oder Tragen auf Wälle

Als typisches Beispiel für die Arbeit von Hand gilt das Zusammentragen des Astmaterials auf Steirischen Schmalkahlschlägen; es wird in Streifen, der Hangrichtung angepaßt, abgelegt. Zum gleichen Zweck werden geländegängige Fahrzeuge mit frontmontierten Räumgabeln verwendet. In Katastrophenfällen, d. h. bei hohem Anfall von nicht verwertbarer Biomasse werden von Fall zu Fall Planierraupen eingesetzt. Da diese die gesamte Fläche befahren, ist auf niedrigen Bodendruck zu achten. Die Reisigwälle (Fratten) stellen günstige Lebensräume für Mäuse und Kaninchen dar. Gelegentlich werden diese Reisigwälle abgebrannt.

4.4.4.2 Häckseln und Mulchen

Das Häckseln oder Mulchen des Abraums erfolgt plätze-, streifenweise oder ganzflächig mit Hilfe von Mulchgeräten, Reisighäckslern und Fräsen, die je nach Restholzdimension mit einer unterschiedlichen Zahl meist beweglicher und abgefederter Messer, Ketten oder anderen Schlagwerkzeugen ausgerüstet sind. Als Geräteträger oder Zugfahrzeuge werden mittelschwere bis schwere Schlepper mit einer Motorleistung von 60 und mehr PS benötigt. Ein Teileinarbeiten des Materials in den Boden ist möglich.

4.4.4.3 Stockrodung

erfolgt bei schwachen Stöcken mit Hilfe von Zerhackwalzen, bei mittelstarken Stöcken einschließlich Resthölzern mit „Landbreakern" und bei starken Stöcken mit „Clearingblades", Stockfräsen und Baggern mit Rodezähnen.

4.4.4.4 Rodung mit Schiffsankerketten

Diese Technik der Rodung wird dort durchgeführt, wo großflächig Sekundärwald oder Bestandesreste gerodet werden müssen. Verwendet werden als Zugfahrzeuge Planierraupen (z. B. Typ DC 8) mit hoher kW-Zahl. Im Abstand von ca. 40 bis 50 m wird eine 70 bis 80 m lange Schiffsankerkette entsprechend schwerer Dimension in langsamem Fußgängertempo über die Fläche – im Bedarfsfall zweimal – gezogen. Bewältigt werden stehende Bäume bis zu einem Brusthöhendurchmesser von 30 cm.

Das übliche Abbrennen erfolgt nach einer vierzehntägigen bis dreiwöchigen Zeit des Austrocknens. Zweckmäßigerweise erfolgt das Brennen kurz vor Beginn der Regenzeit. Der Boden überzieht sich dann rasch mit neuer Vegetation, die eine weitergehende Erosion verhindert. Die Leistung des Verfahrens liegt mit 1,5 bis 2,5 ha/Arbeitsstunde sehr hoch, entsprechend lassen sich die Kosten begrenzen.

4.4.4.5 Buschrodung von Hand

Eine derartige Vorgehensweise wird dort in Betracht kommen, wo Lohnkosten niedrig sind und eine entsprechende Bevölkerungsdichte vorgefunden wird. Die Aufarbeitung erfolgt mit Hilfe von Äxten und Heppen (bei stärkeren Stammteilen aus arbeitsphysiologischen Gründen mit Motorsägen) in Form von Bündeln (frz. fagots). Bewährt hat sich ein Gewichtslimit von 25 kg. Die Fagots werden an Fahrtrassensysteme getragen und dort eingesammelt. Bei hinreichend genormtem Gewicht kann die Entlohnung nach der Stückzahl erfolgen.

4.4.4.6 Bodenbearbeitung

Diese wird angewendet beim Versuch, Naturverjüngung zu erreichen, aber auch bei der Räumung von Flächen für den plantagenartigen Anbau von schnellwachsenden Baumarten. Folgende Bearbeitungstechniken werden angewendet: Scheibeneggen und Grubber mit beweglichen oder biegsamen Werkzeugen; Fräsen; Scheibenpflüge bei flachgründiger plätze-, streifenweiser oder vollflächiger Bearbeitung; Pflüge beim Aufschütten von Pflanzstreifen; Tiefbettpflüge bei der Melioration degradierter Böden. Die Bodenbearbeitung verlangt schwere Zugfahrzeuge, meist Raupen, die einen geringen Bodendruck aufweisen sollten.

4.4.4.7 Beseitigung schwacher Bestockungen

Durch Brand, Schneedruck, Insekten oder Pilze geschädigte schwache Bestockungen können mit Hilfe von Landbreakern und Fräsen beseitigt werden. Zusammenstellung von Leistung und Kosten (nach Regel 1978):

	Arbeitsaufwand
Streifenweises Räumen per Hand	max. 20 Arbeitsstunden
Zusammenschieben auf Längsmahden	4–10 Std./ha
Zusammenschieben am Rand der Fläche (Kleinfläche)	4–12 Std.
ganzflächig einschließlich gleichzeitigem Verbrennen (3–6 Feuerplätze/ha)	4–12 Std. (à 80,–) + 2 Mann mit Motorsäge und Gabel (à 40,–)
Rodung mit Schiffsankerketten	Raupeneinsatz 0,4–1 Std./ha Verbrennen: arbeitsintensiv

4.4.5 Literatur

4.4.5.1 Allgemeine Literatur

BACKHAUS, G., 1972: Rationelle Schwachholzbringung und Bestandespfleglichkeit – ein Gegensatz? FTI Nr. 24.

BAYRISCHES STAATSMINISTERIUM für Ernährung, Landwirtschaft und Forsten – Bayrische Staatsforstverwaltung, 1982: Richtlinien für die Erschließung des Staatswaldes in Bayern (RES), vom 5. 3. 1982.

BECHMANN, A., 1976: Die Kosten-Nutzen-Analyse, ein Bewertungsinstrument für Landschaftsplaner? – Landschaft und Stadt, 8. Jg., Nr. 4, S. 179–186.

BENECKE, P.; VAN DER PLOEG, R. R., 1978: Wald und Wasser. I. Komponenten des Wasserhaushaltes von Waldökosystemen. Forstarchiv 49. Jg., S. 1–7.

BENECKE, P.; VAN DER PLOEG, R. R., 1978: Wald und Wasser. II. Quantifizierung des Wasserumsatzes am Beispiel eines Buchen- und eines Fichtenaltbestandes im Solling. Forstarchiv, 49, S. 26–32.

BERNAUER, B.; DUMMEL, K., 1974: Mechanisierung und Walderschließung – eine Alternative? FTI, 26. Jg., Nr. 12. S. 91–93.

BURSCHEL, P.; REDER, R.; KANTARCI, D.; REHFUESS, K. E., 1977: Wirkungen verschiedener Bodenbearbeitungsverfahren auf Wachstum, Phytomasseakkumulation und Nährelementvorräte junger Kiefernwaldökosysteme (*Pinus sylv.* L.). Forstwiss. Cbl. 96, S. 321–338.

DIETERLE, G., 1982: Befahrung wenig tragfähiger Waldböden mit Breitreifen. HZBl 108, S. 870 f.

DIMITRI, L., 1974: Erhöhung der Stabilität der Bestände und der Resistenz der Waldbäume als biologische Abwehrmaßnahmen von Schäden aller Art. AFZ, S. 40/41.

ERDAS, O., 1976: Bodenmechanische Probleme der Befahrbarkeit, der Bodentragfähigkeit und des Holzrückens in natürlichen Böden des Schweizerischen Mittellandes. Diss. ETH Zürich.

FRIES, J., 1975: Ökologische Aspekte der mechanisierten Durchforstung. Forst- und Holzwirt, 30. Jg., S. 315–320.

FRIES, J., 1969: Der Einfluß extrem starker Durchforstung auf den Ertrag und die Bestandessicherheit von Nadelholzbeständen. AFZ, S. 760–761.

GUIDICETTI, F., 1967: Die Befahrbarkeit natürlicher Böden. – Mitt. d. Vers.-Anstalt, Wasserbau und Erdbau ETH Zürich, Nr. 77, S. 84–104.

GRAMMEL, R. H., 1981: Versuche mit einer neuen Durchforstungs- und Fällablegemaschine. HZBl 107, Jg. Nr. 10, S. 150–152.

GRAMMEL, R. H., 1973: Umweltfreundliche Holzerntetechnik. AFZ, S. 227–230.

GRAMMEL, R. H., 1973: Dienstleistungsfunktion des Waldes und Arbeitskräftebedarf. Forstarchiv, Heft 2.

GRAMMEL, R. H., 1985: Forsttechnik und gesunder Wald: Einwirkungen auf die Vegetation. In: OSWALD, D. M. (Hrsg.): Impacts de l'homme sur la Forêt de l'INRA, No. 30, Strasbourg.

GRAMMEL, R. H.; BECKER, G.; v. FÜRSTENBERG, C., 1979: Der Einsatz von Fäll- und Vorliefermaschinen in der Durchforstung. Forst- und Holzwirt 34. Jg., Nr. 18, S. 393–401.

GRAMMEL, R. H.; WOLF, E., 1976: Zur hochmechanisierten Holzernte im Hinblick auf die forstliche Dienstleistungsaufgabe. AFZ 31, S. 336–339.

HÄBERLE, S., 1974: Die Durchforstungstechnik als Mittel und Problem einer pfleglichen Waldbewirtschaftung am Beispiel Fichte. Forstarchiv, S. 214.

HAKKILA, P., 1972: Mechanized Harvesting of Stumps and Roots. A Subproject of the Joint Nordic Research Program for the Utilization of Logging Residues. Commun. Inst. For. Fenn. 77.1.

HEDEN, S., 1969: Preliminary Report on an Investigation Concerning the Influence on Yield of Tractor Logging in Thinnings. IUFRO-Meeting, Stockholm.

HÖFLE, H. H., 1981: Notwendigkeit und Grenzen der Bodenbearbeitung im Mittelgebirge. Forst- und Holzwirt Nr. 12, S. 269–275.

Höfle, H. H., 1980: Zur maschinellen Bodenbearbeitung in der Lüneburger Heide. AFZ Nr. 11, S. 268–270.

Jüttler, H.; Schreiter, D.; Schubert, D., 1955: Operations-Forschung. – Arbeitsweise und Anwendungen in der Praxis. Verlag der Wirtschaft, Berlin.

Kooperationsabkommen zwischen Forstwirtschaft, Platten- und Papierindustrie (FPP), 1983: Holzernte in der Durchforstung. Wien.

Kramer, E., 1982: Bodendruck – Bereifung und Fahrzeuggewicht. Eidgen. Forschungsanstalt für Landtechnik und Betriebswirtschaft, Tänikon.

Kramer, H., 1974: Biologische Kriterien als Entscheidungshilfe für die Wahl stark mechanisierter Durchforstungssysteme. Forstarchiv, Nr. 11, S. 217–221.

Krapfenbauer, A., 1973: Holzernte und Nachhaltigkeit der Holzproduktion. AFZg. 84, S. 133–135.

Kroth, W., 1973: Entscheidungsgrundlagen bei Walderschließungsinvestitionen. Forstwiss. Cbl. 92, Heft 3, S. 132–151.

Kroth, W.; Löffler, H. D.; Timminger, J., 1976: Zur Analyse forstbetrieblicher Zielsysteme und Methodik der Entscheidung. Forstwiss. Cbl., 95. Jg., Heft 1, S. 20–44.

Kuonen, V., 1983: Wald- und Güterstraßen. Planung – Projektierung – Bau. Eigenverlag des Verf., CH-8122 Pfaffhausen.

Laatsch, W., 1971: Bodenschutz im Bergwald des bayrischen Alpengebietes. Forstwiss. CBl., 90. Jg., S. 159–174.

Löfler, H., 1974: Belastung von Waldökosystemen durch die Mechanisierung der Forstwirtschaft. Forstwiss. Cbl., 93. Jg., S. 19.

Mitscherling, G., 1971: Wald, Wachstum und Umwelt. Band 2. Waldklima und Wasserhaushalt.

Rehfuess, K. E., 1981: Waldböden. Entwicklung, Eigenschaften und Nutzung. Pareys Studientexte 29. Hamburg, Berlin: Verlag Paul Parey.

Rehfuess, K. E., 1974: Belastung von Waldökosystemen – Möglichkeiten der Vorbeugung und Abwehr – Forstwiss. Cbl., Nr. 1.

Schürholz, G., 1971: Negative Nebeneffekte von Konzessionshieben in British Columbia. AFZ 26, S. 1035–1037.

Symington, R. W., 1974: The Effects of Environmental Constrains on Logging Practices. Paper presented at the 1973 Annual Conference of the New Zealand Loggers Association and produced by ECE/FAO/ILO Study group on mechanization of forest work, 6 th session, Genf, 14–18. Januar 1974.

Zangemeister, Ch., 1971: Nutzwertanalyse von Projektalternativen. Industrielle Organisation, 40, Nr. 4, S. 159–168.

Zangemeister, Ch., 1971: Nutzwertanalyse in der Systemtechnik. Wittemannsche Buchhandlung, München 2. Aufl.

Zangemeister, Ch., 1975: Effectiveness-Measurement of Information-Systems through NAPSY. Nutzwertanalyse-Programm-System, Angewandte Informatik, 17. Jg., Heft 11, S. 457–466.

4.4.5.2 Literatur über Rückeschäden

Backhaus, G. (1971): Analyse der Baumverletzungen beim Rücken von Buchenindustrieholz in langer Form. – AFZ, Nr. 20, 26. Jg., S. 415–420.

Bredberg, C. J., Hakansson, S. G.; Moberg, L., 1976: Root and Soil Damages by Rubber and Steel Tracks. Research Notes, No. 101, Dep. of Operational Efficiency Garpenberg, Schweden.

Brossmann, L., 1981: Bodenschonende Breitreifen an Forstmaschinen. AFZg. 36, S. 763 f.

Campbell, R. G.; Willis, J. R.; May, J. T., 1973: Soil Disturbance by Logging with Rubber-Tired Skidders. Journal of Soil and Water Conservation **28**, S. 218–220.

Erdin, C., 1981: Bestandespfleglichkeit der Holzernte, insbesondere am Beispiel Hebeschleifzug und Seilbau. Unveröfftl. Dipl.-Arb., Freiburg.

Froehlich, H. A., 1976: The Influence of Thinning Systems on Demage to Soil and Trees. Aspects of Thinning. Forest Comm. Bull. No. 55 H.M.S.O. London.

FVA, 1980: Vermeidung und Behandlung von Rückeschäden. Merkblätter der FVA Baden-Württembg., Nr. 18.

Hatchell, F. E., Ralston, C. W.; Foil, R. R., 1970: Soil Disturbances in Logging. Journal of Forestry 68, S. 771–775.

Hatchell, E. G.; Ralston, C. W., 1971: Natural Recovery of Surface Soils Disturbed in Logging. Tree Planters Notes 22., S. 5–9.

Höfle, H. H., 1971: Zur Zahl, Art und Ursache von Rückeschäden in Durchforstungen schwacher Nadelholzbestände. Mitt. der Forstl. Versuchs- und Forschungsanstalt, Heft 33.

Isomäki, A.; Kallio, T., 1974: Consequences of Injury Caused by Timber Harvesting Machines on the Growth and Decay of Spruce (*Picea abies* [L.] Karst.). Acta Forestalia Fennica, 136.

KÄRKKÄINEN, M., 1973: On the Properties of Tree Wounds Due to Timber Transportation in Thinnings. Research Notes 22, Univers. of Helsinki, Dept. Logging and Utilization of Forest Products.
KARDELL, L.; DRAKENBERG, K., DEHLEN, R., 1977: Harvesting in Recreation Forests: Problems with Slash and Tractor Fracs. Garpenberg, Research Notes; Dep. of Operational Efficiency, Garpenberg, Schweden.
KHALISY, M.; OESTEN, G.; WÖLFLE, G., 1971: Fäll- und Rückeschäden in Buchen-Schwachholz in Abhängigkeit von Gelände, Jahreszeit, Sortenlänge und Rückeverfahren. Mitt. der Baden-Württ. Forstl. Versuchs- und Forschungsanstalt. Heft 38.
KNUTELL, H., 1983: Stand Damages in Thinnings – a Comparison of Some Swedish Thinning Methods. – Swedish University of Agricultural Sciences, Dep. of Operational Efficiency, Garpenberg/ Schweden.
LÖFFLER, H., 1975: Zur Ausbreitung der Wundfäule in Fichte. Forstwiss. Cbl. 94. Jg., S. 175–183.
MCMORLAND, B., 1985: Factors Influencing Butt Damage During Felling. – Conclusion from 35 Studies. FERIC Technical Report, No. TR-62.
MAHLER, G.; SCHELSHORN, H., 1973: Befahrbarkeit und Bodentragfähigkeit beim Rücken. Eine Untersuchung beim Rücken auf Keuperböden. Mitt. d. forstl. Versuchsanstalt Baden-Württembg., H. 57.
MEGAHAN, W. F., 1972: Subsurface Flow Interception by a Logging Road in Mountains of Central Idaho. In: Watershed in Transition, American Water Resources Ass. and Colorado State Univers., pp. 350–356.
MEGAHAN, W. F.; KIDD, W. J., 1972: Effects of Logging and Logging Roads on Erosion and Sediment Deposition from Steep Terrain. J. of Forestry, Vol. 70, p. 136–141.
MENG, W., 1978: Baumverletzungen durch Transportvorgänge bei der Holzernte. Ausmaß und Verteilung, Folgeschäden am Holz und Versuch ihrer Bewertung. Diss. Univers. Freiburg, Schriftenreihe der Landesforstverwaltung Baden-Württ., Band 53.
MOHR, C., 1981: Bringt das Rückefahrzeug mit Niederdruckreifen die Lösung? Wald und Holz 62, S. 476 f.
NIPKOW, F., 1979: Die Befahrbarkeit schlecht tragfähiger Waldböden. Bringt die Verwendung einer Spezialbereifung eine Lösung? Der Schweizer Förster 115, S. 391–197.
NIPKOW, F., 1983: Vorteile von Breitreifen für Forstschlepper auf schlecht tragfähigen Waldböden. Forstwiss. Cbl., 102. S. 126–142.
NIPKOW, F., 1984: Holzrücken auf schlecht tragfähigen Waldböden: Raupe oder Breitreifen? AFZ Nr. 4, S. 94–97.
NIPKOW, F., 1985: Einwirkungen der Forsttechnik auf den Boden, speziell auf schlecht tragfähige Böden. – In: OSWALD, D. M. (Hrsg.), 1985: Impacts de L'Homme sur la Forêt. – Les Colloques de l'INRA, No. 30, Strasbourg.
OHAIN, G. VON, 1974: Rindenverletzungen beim Rücken mit Ästen in schwachen Fichtenbeständen. AFZ 29, S. 141–143.
OLBERG-KALLFASS, R., 1983: Neue Versuchsergebnisse mit Wundverschlußmitteln an Fichte. Unveröffentl. Versuchsbericht der Forstl. Versuchs- und Forschungsanstalt Baden-Württembg., Abt. Waldschutz.
PAWSEY, R. G.; STANCOVICOVA, L., 1974: Studies of Extraction Damage Decay in Crops of Picea abies in Southern England. Eur. J. For. Path. 4, S. 129–137 und S. 203–214.
PESTAL, E., 1975: Vermeidung von Bodenschäden beim Einsatz von Rückeschleppern im Gebirge. AFZg, S. 101–103.
RIEGER, G., 1979: Zeitaufwand und Kosten bei der Wundbehandlung von Rückeschäden. Interner Versuchsbericht Nr. 6/1979 der FVA Freiburg, Abt. Arbeitswissenschaft und Forstbenutzung.
SCHÖNHAR, S., 1975: Untersuchungen über den Befall rückegeschädigter Fichten durch Wundfäulepilze. AFJZ 146, S. 72–75.
SCHULZ, H., 1973: Auswirkungen von Rückeschäden an jungen Buchen und Edelhölzern. Holzforschung Band 27, Heft 2.

4.4.5.3 Literatur zur Biomassenutzung

GRAMMEL, R. H., 1981: Verbreiterung der Rohstoffbasis Wald durch Aufarbeitung bisher wenig genutzter Biomasseanteile. Vortrag SOLENTEC.
KRAPFENBAUER, A., 1985: Harvesting a Large Part of the Forest Biomass. In: OSWALD, D. M. (Hrsg.), 1985: Impacts de l'Homme sur la Forêt. Les Colloques de l'INRA, No. 30.
KRAPFENBAUER, A., 1983: Von der Streunutzung zur Ganzbaumnutzung. Cbl. ges. Forstwesen, Wien, 100. Jg., Nr. 2/3., S. 148–174.
KRAPFENBAUER, A., 1976: Vollbaumnutzung und nachhaltige Produktivität. AFZg. 87, S. 115–116.

KRAPFENBAUER, A.; BUCHLEITNER, E., 1981: Holzernte, Biomassen- und Nährstoffaustrag, Nährstoffbilanz eines Fichtenbestandes. Cbl. ges. Forstwesen, Wien, 98. Jg., Nr. 4, S. 193–223.
KREUTZER, K., 1979: Ökologische Fragen der Vollbaumernte. Forstwiss. 98, S. 321–338.
MÄLKÖNEN, E., 1976: The Effect of Fuller Biomass Harvesting on Soil Fertility TIM/EFC/WP. 1/SEM. 3/R.6. – Vortrag bei: Symposium über die Verwertung eines größeren Anteils der forstlichen Biomasse, Kyvinkää (Finnland), 14.–16. Juni 1976.
MILLER, H. G.; MILLER, J. D.; COOPER, J. M., 1980: Biomass and Nutrient Accumulation at Different Growth Rates and Thinned Plantations of Corsian Pines. Forestry 53, S. 23–39.
NEBE, W., 1979: Zur Auswirkung von Biomassenutzung in Fichten- und Kiefernbeständen auf dem Nährelementkreislauf. Beitr. f. d. Forstwirtsch., Heft 4, S. 152–159.
PAVLOV, M. B., 1973: Tabellen der Biomasse, der Energie- und Bioelementgehalte der Buche in einem bodensauren Buchenwald (Luzulo-Fagetum) des Soll. Göttinger Bodenkundl. Ber. 29, S. 193–210.
PETRICEK, V., 1981: New Method of Mechanization in Young Coniferous Stands with Special Regard to Utilization of Biomass. – Proceedings Working Party (S 3.04.01) XVII IUFRO World Congress, Kyoto, Japan, 6.–17. September.
SMITH, C. R.; RYANS, M.; LEBLANC, J. D., 1985: Evaluation on Effect of Tree Length and Full-Tree Harvesting on the Performance of Tree Scarifiers. FERIC Joint Report, Nr. 6.
ULRICH, B., 1981: Destabilisierung von Waldökosystemen durch Biomassenutzung. Forstarchiv, 52. Jg., S. 199–203.
ULRICH, B.; MAYER, R.; SOMMER, U., 1975: Rückwirkungen der Wirtschaftsführung über den Nährstoffhaushalt auf die Leistungsfähigkeit der Standorte. Forstarchiv 46, S. 5–8.
YILDRIM, M., 1978: Der Nährstoffexport aus Fichtenbeständen in Abhängigkeit vom Holzernteverfahren. Diss. Univers. Göttingen.
ZÖTTL, H. W., 1978: Die Kompostierung von Schälrinde. HZBL 104, S. 1263.
ZÖTTL, H. W., 1977: Rinde, Abfall oder Rohstoff? AFZ 32, S. 154.

4.4.5.4 Literatur zur Schlagabraumbeseitigung

BEDA, G.; HOCEVAR, M., 1973: Rationelle Flächenabräumung. Bericht Nr. 100 der Eidgen. Anstalt für das Forstl. Versuchswesen, Birmensdorf.
BRACHER, B.; SCHLAGHAMERSKY, A. C. S., 1979: Beurteilung der Verfahren zur Schlagabraumbeseitigung nach Leistungen, Kosten und die Auswirkungen auf den nachfolgenden Bestand. AFZ, Nr. 37, S. 990–993.
DENNINGER, W., (1980): Schlagabraum-, Stock-, Aufwuchsbeseitigung und Bodenbearbeitung in einem Arbeitsgang mit dem Rotoclear-Landbreaker. Forstarchiv, Nr. 6, 53. Jg.
LANDESFORSTVERWALTUNG BAYERN: Schlagabraumbeseitigung. Arbeits- und Zeittafeln. München.
LIVANOV, A. P., 1984: Land Clearance and Soil Preparation in USSR. TIM/EFC/WP. 1/SM.18/R.4 (Summary), FAO/ECE/ILO Committee, Genf.
REGEL, F., 1978: Die verschiedenen Möglichkeiten der Schlagabraumbeseitigung. FTI, Nr. 9, 30. Jg.
WALDARBEITSSCHULE HACHENBURG, 1984: Empfehlungen zur Räumung von Schlagflächen. Merkblatt.

4.5 Ferntransport von Holz

4.5.1 Holztransport auf öffentlichen Straßen

4.5.1.1 Gesetzliche Bestimmungen

Für die Bundesrepublik Deutschland gelten die Bestimmungen des Straßenverkehrsgesetzes (StVG), der Straßenverkehrsordnung (StVO) und der Straßenverkehrszulassungsordnung (StVZO). Letztere regelt u. a. auch die zulässigen Abmessungen, Achslasten und Gesamtgewichte der Straßenfahrzeuge. So gelten beispielsweise folgende allgemeine Vorschriften: Höhe 4 m, Breite 2,5 m, Achslast Einzelachse 10 t, Achslast Doppelachse 16 t. Vorschriften für einzelne Fahrzeugarten:

Lastkraftwagen

ohne Anhänger mit zwei Achsen	16 t, Länge 12 m
mit drei oder mehr Achsen	22 t, Länge 12 m
mit einem Anhänger	38 t, Länge 18 m

Sattelkraftfahrzeuge	
mit drei Achsen	26 t, Länge 15 m
mit vier Achsen	36 t, Länge 15 m
mit fünf Achsen	38 t, Länge 15 m

Sonderbestimmungen für Langholztransporte

Mit Erlaß des Innenministeriums Baden-Württemberg Abt. III Landespolizeipräsidium vom 8. 12. 1982, AZ: III 6-4260/199, wurde eine gemeinsame Regelung für Langholztransporte in Baden-Württemberg und Bayern gefunden. Für erlaubnispflichtige Langholztrans-

Übersicht 43. Übersicht über die zulässigen Abmessungen, Achslasten und Gesamtgewichte der Straßenfahrzeuge (Nr. 1 zu § 34 StVZO 2)

	Belgien	Bulgarien	Cypern	Dänemark	Bundesrepublik Deutschl.
I. Allgemeine Vorschriften					
1. Höhe (m)	4	3,8	3,35	3,6	4
2. Breite (m)	2,5	2,5	2,28	2,5	2,5
3. Achslast a) Einzelachse (t)	13		5	8	10
b) Doppelachse (t)	20			14,5	16
c) andere Kriterien: Last je Rad (t)	5				
Last je cm Breite der Aufstandsfläche					
mittlere Last je cm^2 der Radaufstandsfläche (t)					
II. Vorschriften für einzelne Fahrzeugarten					
4. Lastkraftwagen ohne Anhänger					
a) mit 2 Achsen: Gesamtgewicht (t)	19	22,5	10		16
Länge (m)	11	11	7,92	10	12
b) mit 3 oder mehr Achsen: Gesamtgew. (t)	26	22,5	10		22
Länge (m)	11	12	7,92	12	12
5. Lastkraftwagen					
a) mit 1 Anhänger: Gesamtgewicht (t)	40				18
Länge (m)	18	18	–	18	18
b) mit 2 Anhängern: Gesamtgewicht (t)		36			–
Länge (m)		22	–		–
6. Anhänger					
a) mit 1 Achse: Gesamtgewicht (t)	13				10
Länge (m)	8				12
b) mit 2 Achsen: Gesamtgewicht (t)	20				16
Länge (m)	11		–		12
c) mit 3 Achsen: Gesamtgewicht (t)	26		–		22
Länge (m)	11		–		12
7. Sattelkraftfahrzeug					
a) mit 3 Achsen: Gesamtgewicht (t)	38	32	10		26
Länge (m)	15	14	12,2	14	15
b) mit 4 Achsen: Gesamtgewicht (t)	38	32	10		36
Länge (m)	15	14	12,2	14	15
c) mit 5 Achsen: Gesamtgewicht (t)	38	32	10		38
Länge (m)	15	14	12,2	14	15
8. Kraftomnibus					
mit 2 Achsen: Gesamtgewicht (t)	19		10		16
Länge (m)	12		7,92	12	12
9. Kraftomnibus					
mit 3 Achsen: Gesamtgewicht (t)	26		10		22
Länge (m)	12		7,92	12	12
10. Gelenkomnibus: Gesamtgewicht (t)	38		–		28
Länge (m)	15		–	14	18

porte (Langholz, Schnittholz, Holzleimbinder) gelten die Vorschriften zu § 29 Abs. 3 StVO jedoch mit folgender Maßgabe (Auszug aus Ziff. 6.6):

6.6.1 Verfahren/Kennzeichnung

6.6.1.1 Auf die Voraussetzung der Nr. IV 2 Buchstabe b (Unteilbarkeit der Ladung) der VwV zu § 29 Abs. 3 StVO wird verzichtet.

6.6.1.2 Das Anhörverfahren kann, abweichend von Nr. V 2 und 3 aaO. unterbleiben, wenn folgende Transportlängen nicht überschritten werden:

- Fahrzeug mit Nachläufer und Ladung 25 m,
- Fahrzeug mit nach vorne überstehendem Ladekran, Nachläufer und Ladung 27 m,

DDR	Finnland	Frankreich	Griechenland	Großbritannien	Irland	Italien	Jugoslawien	Luxemburg
4	4	–	3,8	4,6	4,57	4	4	4
2,5	2,5	2,5	2,5	–	2,5	2,5	2,5	2,5
10	10	13	8,10	10,2–11,2	10	10	10	13
16	16	21	14,5	20,3	16	14,5	16	20
				4,6–5,1	5			
			0,015					
						0,008		
16	14	19		16,3	16	14		19
10	12	11	10	11	10,97	10	11	10
22	19	26		24,4	22	18		26
12	12	11	10	11	10,97	11	12	12
40		38	32	32,5	32	–		40
18		18	18	18	16,46	18	18	18
40	–	–	–	–	32	–		–
22	–	–	–		21,94	–	–	–
10	18	13	–	10,2–11,2	10	6		–
–	7	11	–	7	7	6	–	–
16	16	19	–	16,3	16	14		–
–	12	11	–	12	7	7,5	–	–
24	–	26	–	24,4	22	18		–
–	12	11	–	12	7	8	–	
26		38	32	24,4	22	18		36
15	13	15	14	15	14,94	14	15	14
32		38	32	32,5	25	28		36
15	15	15	14	15	14,94	14	15	14
38		38	32	32,5	25	32		36
15	15	15	14	15	14,94	14	15	14
16	14	19	14	16,3	16	15		19
11	12	11	11	12	12	11		11
22	19	26	20	16,3	22	19		26
12	12	11	11	12	12	11		12
24	–	38						
16,5	18	18						

wenn die Ladung nicht mehr als 6 m über die letzte Achse hinausragt und das Fahrzeug den Richtlinien für die Prüfung von Langholzfahrzeugen sowie der Richtlinie 10 zu § 70 StVZO in der jeweiligen Fassung entspricht.

6.6.1.3 Es sollen, soweit möglich,
- das Fahrzeug als Frontlenker ausgebildet und
- der Nachläufer mit zwei Achsen und einer automatischen Lenkung ausgestattet sein.

6.6.1.4 Wird ein anderer Nachläufer verwendet, dann muß dieser lenkbar und mit einem Beifahrer, der gute Sicht nach vorne hat und sich mit dem Fahrzeugführer gut verständigen kann, besetzt sein.

6.6.1.5 Übersteigt die Länge von Fahrzeug (ggf. einschl. Kran) und Ladung zusammen 24 m oder/und ragt die Ladung mehr als 3 m nach hinten oder mehr als 4 m über die letzte Achse hinaus, so ist der Transport zusätzlich (vgl. § 22 Abs. 4 StVO) zu kennzeichnen.

6.6.2 Dauererlaubnisse

6.6.2.1 Für Transporte in den Grenzen der Vorschrift 6.6.1.2 können Dauererlaubnisse für höchstens 1 Jahr unter folgenden Voraussetzungen erteilt werden:
- Die Erlaubnis ist auf Fahrten zu beschränken vom Einschlagsort (Wald) zum Holzbearbeitungsbetrieb (Sägewerk) bei Stammholz,
  vom Holzbearbeitungsbetrieb (Sägewerk) zum Empfänger bei Schnittholz,
  vom Hersteller zur Baustelle bei Holzleimbinder.
- Die Beförderungsstrecke darf nicht länger als 150 km sein.

Ferner dürfen Sammeleinzelerlaubnisse für die Dauer von höchstens 6 Monaten für Stammholztransporte mit einer Gesamtlänge von Fahrzeug und Ladung bis zu 28 m, bei Fahrzeugen mit nach vorne überstehendem Ladekran von 30 m, erteilt werden, wenn es sich um den Verkehr von einem bestimmten Forstbezirk oder Teilen davon [unter Bezeichnung des/oder der einzelnen Distrikt(e)] zu einem bestimmten Holzbearbeitungsbetrieb (Sägewerk) handelt und die Beförderungsstrecke nicht länger als 150 km ist. In diesen Fällen sind die Polizei, die Straßenbaubehörden und, falls der Fahrtweg über einen Bahnübergang führt, das Bundesbahnbetriebsamt zu hören. Die Fahrstrecken und die Fahrzeiten sind, wo nötig, zu bezeichnen. Die Fahrstrecken können auch dadurch festgelegt werden, daß bestimmt wird, welche Straßen nicht befahren werden dürfen. Während der Dunkelheit sind solche Transporte nicht zuzulassen.

6.6.3 Genehmigungsverfahren

Dieses Verfahren ist auch anzuwenden, wenn eine genehmigungspflichtige Fahrt nach § 46 Abs. 1 Nr. 5 StVO vorliegt.

(Aus: Arbeitsgemeinschaft baden-württembergische Sägewerksverbände, Sonderrundschreiben 15. 2. 1983)

Die gemeinsame Regelung erleichtert den Transport von Langholz insoweit, als vor allem die Längen des Holzes variabler gestaltet werden können. Dies wird mit der Tatsache begründet, daß vor allem die Unteilbarkeit der Ladung bei Langholz, bei langem Schnittholz oder Leimbindern gegeben ist, wobei fahrzeuglängenbedingte Einkürzungen zu entscheidenden Wertverlusten führen würden. Im Zusammenhang mit den größeren Transportlängen erlangt die Kurvenläufigkeit der Fahrzeuge eine größere Bedeutung sowie die seitliche Kennzeichnung von Langmaterialtransporten.

4.5.1.2 Transportgut und Fahrzeugart

Rohholz wird auf öffentlichen Straßen als
- Industrie- und Brennschichtholz in 1 und 2 m sowie Zwischenlängen,
- Säge- und Furnierholz in Form von 3,5 bis 6,0 (15 m) m langen Abschnitten oder aber in 6,0 bis 18 m (24 m) langen Langhölzern Heilbronner- bzw. Mittelstärken-Sortierung,

– in Form von 6,0 bis 18 m (24 bis 27 m) langen Rohschäften oder kronengekappten Vollbäumen

transportiert.

Wachsende Bedeutung erlangt der Straßentransport von Schüttgut in Form von Waldhackschnitzeln. Als Maßeinheiten (Verkaufsmaße) dienen bei Industrieholz Raummeter (Rm) in/ohne Rinde, Festmeter (Fm) in/ohne Rinde, Tonnen (t) atro und (t) lutro und Schüttkubikmeter (Schütt m^3). Bei Langholz Festmeter in/ohne Rinde, eventuell die Stückzahl oder die Anzahl laufender Meter.

Die Stückmassen schwanken beim Säge- und Furnierholz zwischen 0,05 und 5 bis 10 m^3.

Der Güternahverkehrstarif (GNT) unterstellt nach Tafel III (Anlage 4) folgende Umrechnungsfaktoren in Abhängigkeit von der Holzart und dem Trockenheitsgrad:

Fichte, Tanne	ganz frisch mit Rinde	1 m^3 = 0,93 t
Fichte, Tanne	ganz frisch ohne Rinde	1 m^3 = 0,90 t
Fichte, Tanne	waldtrocken	1 m^3 = 0,70 t
Fichte, Tanne	lufttrocken	1 m^3 = 0,55 t
Kiefer, Lärche	ganz frisch ohne Rinde	1 m^3 = 0,90 t
Kiefer, Lärche	waldtrocken	1 m^3 = 0,80 t
Kiefer, Lärche	lufttrocken	1 m^3 = 0,60 t

Für Laubholz werden folgende Werte geschätzt:

Buche	ganz frisch mit Rinde	1 m^3 = 1,10 t
Buche	waldtrocken mit Rinde	1 m^3 = 0,90 t
Buche	lufttrocken mit Rinde	1 m^3 = 0,70 t

Transporttechnik (Abb. 40, S. 175–177)

Der Aufgabenstellung, ein vielfältiges und viel Laderaum beanspruchendes Gut über unterschiedliche Entfernungen auf Straßen verschiedenen Ausbaugrades (wassergebundene Waldstraße, Landstraße, Bundesstraße, Autobahn) bei maximalen Steigungen von 17 bis 20 % bei Waldstraßen, bzw. bis zu 30 % bei öffentlichen Straßen, transportieren zu müssen, entspricht ein vielfältiges Angebot an Fahrzeugarten.

1. Zwei- bzw. dreiachsiger Rungen-Zugwagen zum Transport von Kurz- und Blochholz (per Hand längs- oder querbeladen) sind in Ländern mit niedrigen Lohnkosten üblich. In Industrieländern mit fahrerhausmontiertem Ladekran mit einer Belastbarkeit von bis zu 1 Tonne bei einer Reichweite von 7 bis 10 m. Die Nutzlast beträgt 4,5 bis 15,0 Tonnen bei einer Motorleistung von 88 bis 132 kW. Nach Aufbau von Seitenwänden oder auswechselbarem Container ist auch Transport von kurzem Schichtholz und Waldhackschnitzeln möglich.

2. Rungen-Zugwagen mit dreiachsigem Rungenanhänger für Kurz- und Blochholz bei einfachen Verhältnissen; heckmontierter Ladekran mit 10 m/t und einer Nutzlast bis zu

25 t, Motorleistung 120 bis 165 kW. Es handelt sich hier um die unter europäischen Transportbedingungen günstigste Konfiguration.

3. Dreiachsiger Rungen-Zugwagen mit Allradantrieb, 2-Achs-Anhänger. Für schwierige Straßenbedingungen. Mit einer Nutzlast von 22,5 t und einer Motorleistung von 160 bis 235 kW zum Transport von Schicht- und Blochholz geeignet.

4. Dreiachsiger allradgetriebener Zugwagen und zweiachsiger Anhänger, mit Seitenwänden für den Transport von Baumteilen. Zugwagen mit heckmontiertem Ladekran mit bis 7 m/t. Nutzlast bis zu 23 t bei einer Leistung von 160 bis 235 kW.

5. Dreiachsiger allradgetriebener Zugwagen mit zweiachsigem Anhänger und aufgesattelten Containern zum Transport von Biomassehackschnitzeln, kurzem Schichtholz und Waldrestholz, mit Hydraulikarm zum Selbstverladen der Container. Nutzlast bis 22,5 t, 80 bis 100 Schüttkubikmeter, Leistung 235 bis 295 kW.

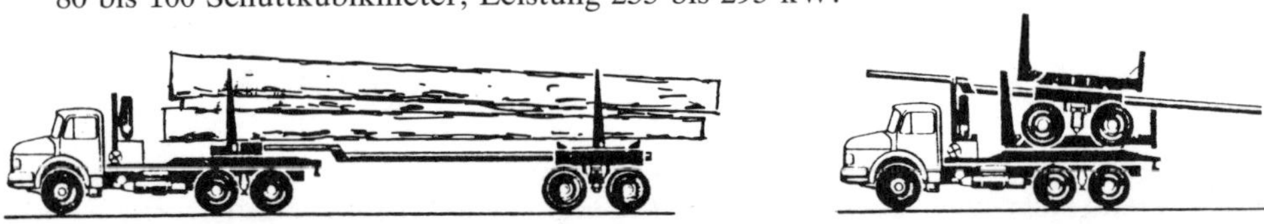

6. Dreiachsiger Drehschemel-Zugwagen mit zugrohrgesteuertem Nachläufer. Auch Kombination Zugrohrsteuerung und Selbstlenker möglich, wird häufiger für Schwertransporte in tropischen Regenwäldern benutzt. Nutzlast in Europa 22,5 t, bis 35 t in Afrika. Beladung entweder mit fahrzeugeigener Seilwinde oder mit Hilfe von mobilen Ladern. Der Nachläufer ist aufsattelbar (vgl. auch 7).

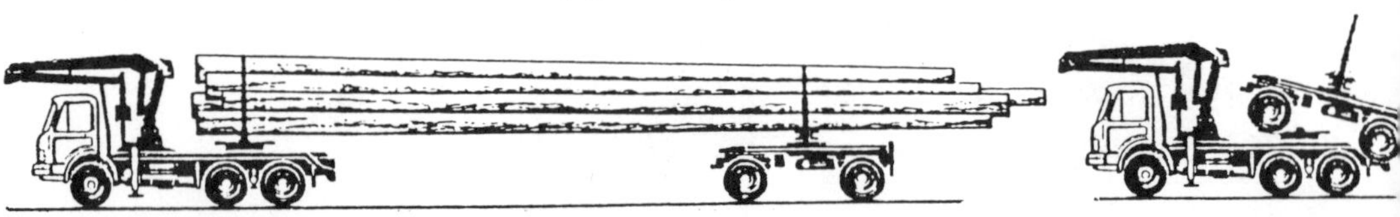

7. Dreiachsiger Drehschemel-Zugwagen mit Drehschemelselbstlenker-Nachläufer (Nachläufer auch 3achsig möglich bei 2achsigem Zugwagen, zum Transport von Langholz).

Nachläufer ist aufsattelbar. Beladung mit hinter dem Fahrerhaus montiertem Ladekran, bis zu 10 m/t. Nutzlast bis 22,5 t, Leistung 205 bis 235 kW.

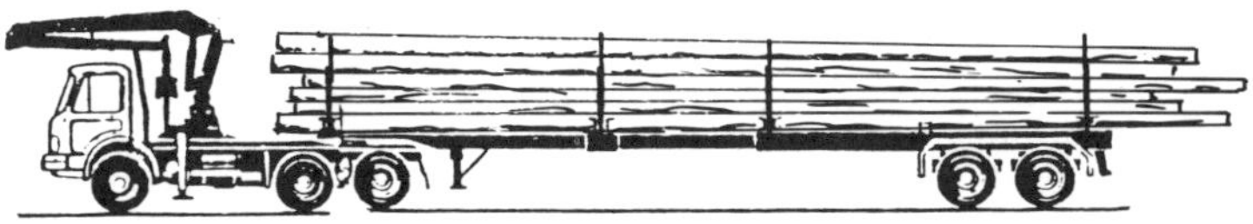

8. Sattelauflieger mit Rungenplattform. Zugfahrzeug 3achsig, Allradantrieb möglich. Nachläufer 2- oder 3achsig für Kurz- oder Langholztransporte. Nutzlast bis 20,5 t (Europa). Hinter dem Fahrerhaus montierter Ladekran bis 10 m/t (15 m).

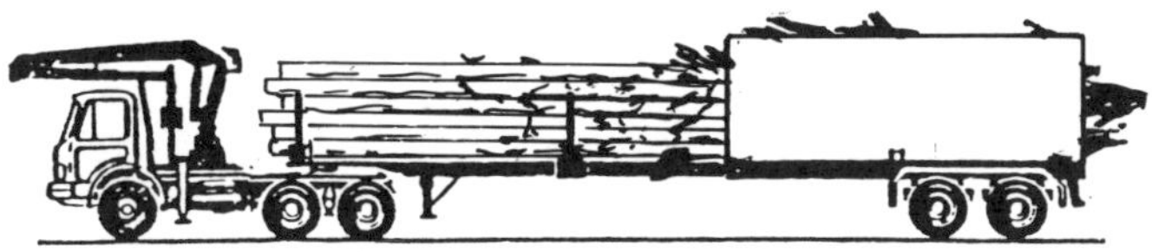

9. Sattelauflieger mit 3achsigem Allradantrieb-Zugwagen, Rungenplattform mit Teilboxen (Teilseitenwände für Vollbäume bzw. kronengekappte Vollbäume), Nutzlast bis 22,5 t, Ladekran bis 10 m/t (15 m). Gesamtfahrzeuglänge hydraulisch verlängerbar bis 18,0 m.

Abb. 40. Fahrzeugarten.

10. Sattelauflieger für Schüttguttransporte wie Waldhackschnitzel, kurzes Schichtholz, Waldrestholz usw. Als Kipper oder mit Roll- oder Kratzboden ausrüstbar. Nutzlast bis 22,5 t, Fassungsvermögen 80 bis 100 m^3, Leistung 160 bis 295 kW.

Sind bei konzentriertem Holzanfall unabhängige Ladeeinrichtungen wie mobile Bagger vorhanden, kann auf die Ausstattung mit Hydraulikkränen, Seilwinden und hydraulischen Hebeeinrichtungen für Container verzichtet werden; die Ladekapazität erhöht sich dann um 1,5 bis zu 3,0 t.

Die Fahrzeugkonfiguration, insbesondere die Zahl der Achsen und die Ladekapazität streut beträchtlich. In den USA und Kanada finden auf betriebseigenen nichtöffentlichen Waldstraßen Fahrzeuge Anwendung, die Ladekapazitäten von bis zu 65 und mehr Tonnen aufweisen. In Brasilien werden auch auf öffentlichen Straßen Fahrzeuge mit bis zu sechs Achsen und einem Gesamtgewicht von 42 Tonnen generell zugelassen. Für Fahrzeuge mit bis zu neun Achsen und Gesamtgewichten von 73 Tonnen sind Ausnahmegenehmigungen zulässig.

4.5.1.3 Ladetechnik

Die fahrzeugeigene Ladetechnik bedingt einen Nutzlastverlust in Abhängigkeit von der technischen Lösung zwischen 1,5 und 3,0 Tonnen. Gleichzeitig erhöhen sich die Beschaffungskosten um 10 bis 20%. Dies wirkt sich wiederum auf die Gesamtbetriebsstundenkosten des Fahrzeuges aus. Demgegenüber stehen die Kosten für mobile, unabhängige

Ladeeinrichtungen, die immerhin rund 50 bis 70 % der Betriebsstundenkosten der Transportfahrzeuge betragen.

Die Entscheidung, ob fahrzeugeigene Ladeeinrichtungen oder unabhängige benutzt werden sollen, ist deshalb anhand der Dichte des Holzanfalls je Abfuhrort, der Transportdistanz und der Transportfahrzeug- bzw. der Ladekosten zu entscheiden.

Bei dichtem Holzanfall, wachsender Transportdistanz und dem Einsatz mehrerer Fahrzeuge im Wechsel an einem Belade- bzw. Nutzungsort kommt der unabhängigen Ladetechnik wachsende Bedeutung zu. Deutlich wird dies an Großregionallösungen. Während in Nordamerika fahrzeugeigene Ladeeinrichtungen selten sind, herrschen diese in Mitteleuropa, entsprechend der dort kleinflächigen Nutzung und dem Holzanfall, in geringeren Mengen vor.

Eine Zwischenlösung stellt der kfz (meist heck)-montierte Ladekran dar, der nach dem Beladen abgestellt wird. Entscheidend sind hierbei die Montage bzw. Demontagezeit, das Krangewicht und die Transportdistanz.

Fahrzeugeigene Ladetechniken

Benutzt werden:
- Ein- oder Doppeltrommelseilwinden. Bei einer Zugkraft von bis zu 3,5 t erfordern diese Zweimann-Bedienung. Der Vorteil besteht darin, daß auch weiter entfernt liegende Stämme und solche aus tieferen Gräben an das Fahrzeug und auf dieses gebracht werden können. Sie sind zudem kostengünstiger als andere Ladeeinrichtungen. Nachteilig ist die höhere Arbeitsintensität (höhere Lohnkosten), die Notwendigkeit einer bündigen Stammpolterung und die höhere Unfallgefahr.
- Seilladekräne, die heute jedoch kaum noch Anwendung finden.
- Hydraulikkräne weisen eine Reichweite von bis zu 15 m (18 m) auf und bewältigen bei einer Reichweite von 10 bis 15 m noch Lasten bis zu einer Tonne. Im Angebot befindet sich eine Vielzahl unterschiedlicher Typen. Sie unterscheiden sich nach dem Ort der Montage (auf oder hinter dem Fahrerhaus oder am Fahrzeugheck montiert), der Transportstellung (quer oder längs zum Fahrzeug), der Art und Weise der Abstützung usw. Der Vorteil der Ladekräne liegt in der Möglichkeit der Einmann-Bedienung mit niedrigen Arbeitskosten, der geringeren Unfallgefahr, der leichteren Arbeit und der Möglichkeit, auch ungeordnete Polter verladen zu können. Ihr Nachteil ist in höheren Anschaffungskosten und dem größeren Gewicht zu sehen.
- Hydraulische Hebeeinrichtungen für Container: Mit Hilfe von Seilwinden oder Hebearmen kann sowohl das Zugfahrzeug als auch der Hänger beladen werden. Im letzteren Fall schiebt der Arm die Last vom Zugfahrzeug auf den Hänger.

Unabhängige Ladeeinrichtungen

Vorrangig benutzt werden Radlader und Laderaupen. Die Lader bewältigen verschiedene Ladeebenen. Es wird nach Frontladern, Mehrseitenladern oder Hydraulikbaggern unterschieden.

Entladen

Das Entladen des Holzes kann erfolgen durch
- *Abrollen der Ladung* von Hand oder durch Schrägstellung der Ladefläche. Die Ladung rollt nach dem Öffnen der Rungen auf das Polter. Hierunter fallen auch Kippereinrichtungen, die vor allem beim Transport von Schüttgut Anwendung finden.
- *Roll- und Kratzböden* bei Transport von Schüttgut, kurzem Schichtholz oder Waldrestholz.
- Fahrzeugeigene *Hydraulikkräne* oder *Seilwinden.*

- Mobile, unabhängige Entladeeinrichtungen wie *Frontlader, Hydraulikbagger* usw.
- festinstallierte Entladeeinrichtungen wie *Portal-, Turmdreh-, Hydraulikkräne* usw.

4.5.1.4 Holztransporttarife

Güternahverkehrstarif (GNT)

Der Güternahverkehrstarif betrifft den Transport von Gütern innerhalb der Nahzone. Diese umfaßt einen 50-km-Radius. Der GNT enthält 25 Paragraphen, von denen für Rundholz nur wenige in Frage kommen, sowie entsprechende Leistungssätze.

Der GNT ist ein Margentarif, der in freier Vereinbarung um +10 bis −30 % über- bzw. unterschritten werden kann. Über ein Dauervertragsverhältnis ist eine Unterschreitung bis 40 % möglich, sofern beim Vorliegen entsprechender Verhältnisse ein Vertrag der Erlaubnisbehörde, z. B. dem Landratsamt, vorgezeigt wird. Ohne Anzeige ist die 30%- Marge bindend.

Bei Langholztransporten wird das Gewicht der Ladung zur Abrechnung grundsätzlich um 15 % erhöht (§ 13 Abs. 3). Auf diesem Wege werden die Besonderheiten dieser Spezialfahrzeuge und ihres Einsatzes abgegolten.

Der Verband Badischer Säge- und Holzindustrie e. V. (Mitt. 5/80 II/83) empfiehlt, folgende Punkte zu beachten:

Für Be- und Entladearbeiten ist eine „angemessene Vergütung“ nach § 12 Abs. 2 zu vereinbaren; da das Be- und Entladen grundsätzlich Sache des Versenders und nicht des Fuhrmannes ist, andererseits bei Spezial-Langholzfahrzeugen zumindest das Beladen nur vom Fuhrmann vorgenommen werden kann, ist diese Frage rechtlich mit letzter Sicherheit nicht entschieden; vorsorglich sollte man zur Abdeckung eines derartigen Zuschlages nicht an die äußerst möglichen Margen von 30 bis 40 % herangehen.

Zu den Umrechnungsgewichten ist zu bemerken, daß dies grobe Durchschnittswerte sind, die sämtliche vorkommende Streuungen einschließen. Für jede Fuhre sollte im Hinblick auf die Anwendung der Umrechnungsgewichte (Anlage 4 zum GNT) die Holzart und der Trockenheitsgrad vermerkt werden. Für Rundholz ist im übrigen nach „ganz frisch“ oder „waldtrocken“ zu unterscheiden. Da das Rundholz zwischen Fällung, Holzaufnahme, DV-Stelle, Rücklauf an das Forstamt, Verkaufsverhandlungen und Abfuhr insgesamt längere Zeit im Wald lagert, wird man in aller Regel von dem Zustand „waldtrocken“ ausgehen können.

Die Umrechnungsgewichte dienen ausschließlich der Tarifierung im Hinblick auf mangelnde Verwiegemöglichkeiten. Selbstverständlich können sie nicht für die Gewichtsermittlung im Hinblick auf das Problem einer Überladung herangezogen werden. Empfohlen wird, die Allgemeinen Beförderungsbedingungen für den gewerblichen Güternahverkehr mit Kraftfahrzeugen (AGNB) zu vereinbaren. Nach diesen beträgt die Verjährungsfrist z. B. 0,5 Jahre, nach BGB andernfalls 2 Jahre.

Auch bei Sammelabrechnungen muß für jede einzelne Fuhre die Entfernung und das Gewicht hervorgehen. Im Hinblick auf eine mögliche Überprüfung ist eine Pauschalierung, ohne daß jede einzelne Fuhre nachkontrolliert werden kann, nicht zulässig.

Zu obigen Ausführungen ist weiterhin anzumerken, daß nach § 12 GNT die Beschäftigung eines Beifahrers mit einem angemessenen Zuschlag vereinbart werden kann. Durch die zuständigen Ministerien (Ministerium für Verkehr/Wirtschaft) wurde entschieden, daß „der Zuschlag für den Beifahrer nach § 12 Abs. 1 GNT bei Holztransporten nur zu bezahlen ist, wenn dessen Beschäftigung zwischen Verlader und Fuhrunternehmer vereinbart ist“.

Güterfernverkehrstarif (RNT)

Der Güterfernverkehr wird durch den Reichskraftwagentarif (RKT) in der Fassung vom 1. 6. 1983 geregelt und gilt für den Transport von Gütern über die Nahzone hinaus. Die

Überwachung des Tarifs obliegt der Bundesanstalt für den Güterfernverkehr (BAG). Er gliedert sich in zwei Teile, und zwar in die Kraftverkehrsordnung für den Güterfernverkehr mit Kraftfahrzeugen (KVO) mit allgemeinen Grundsätzen sowie in den speziellen Teil mit Vorschriften für die Frachtberechnung.

Diese basiert auf dem Gewicht der Ladung, auf Gewichtsklassen und Mindestgewichten sowie auf Leer- und Lastkilometersätzen. Diese Kilometersätze sind nach Nutzlast-Gruppen unterteilt. Aufgeführt sind weiter Gebühren für das Verladen und Abladen von Stammholz sowie die Einstufung der Güter in entsprechende Ladungsklassen. Der Teil II des RKT, Frachtentafel und Frachtensätze, führt u. a. Frachtsatzzeiger für Güter der Ladungsklassen auf. Diesen können die Frachtsätze in Pfennig je 100 kg nach Ladungsklasse und Entfernungskilometern entnommen werden. Die Entfernungen sind in 5-km-Stufen, die Ladungsklassen in sechs weitere Gewichtsklassen eingeteilt. (Reichskraftwagentarif [RKT, gültig vom 1. 6. 1983] Bundesverband des Deutschen Güterfernverkehrs, Frankfurt.)

4.5.2 Rundholztransport auf Schienenwegen

4.5.2.1 Waldbahnen

Bereits im Jahre 1810 wurde eine Pferdebahn auf Holzschienen in Österreich erwähnt (Hafner 1964). Diese Transportweise hielt sich bis in die 70er Jahre des vergangenen Jahrhunderts. Zu dieser Zeit setzte sich auch im Waldbahnbau die Stahlschiene mit dem sog. Vignol-Schienenprofil allgemein durch.

Nach Hafner (1964) können mit Lokomotiven betriebene Waldbahnen bis zu 7 % und in Grenzfällen bis zu 9 % Steigung bewältigen.

Der Vorteil der Waldbahn besteht darin, daß ihr Bau in ebenem Gelände, wo wenig Erdarbeit notwendig wird, billiger ist als der Bau von Waldstraßen. Die weiteren Vorteile sind die Unabhängigkeit von der Witterung sowie die Möglichkeit des einfachen Unterbaus an Ort und Stelle. Nicht zuletzt aber auch, daß das Material, also Schienen und Waggons, einer geringen Abnutzung unterliegt.

Unterschieden werden sowohl transportable Einrichtungen als auch Dauerlösungen. Bei den transportablen Einrichtungen wird das Gewicht der einzelnen Elemente so gewählt, daß diese von Hand versetzt werden können (35 bis 45 kg).

Obwohl die Bedeutung der Waldeisenbahnen stark zurückgegangen ist, existieren derartige Anlagen heute noch in Nordamerika, der UdSSR, in Jugoslawien und in Ostasien; neu eingerichtet wurde eine leistungsfähige Anlage ausschließlich für Holztransport im JARI-Projekt im Amazonasgebiet/Brasilien (Eisenhauer 1984).

4.5.2.2 Bedeutung des Holztransports auf Schienenwegen

Rundholztransport erfolgt in Europa im Nahverkehr zu 80 % auf der Straße. Im Fernverkehr beträgt der Anteil der Bahntransporte in der Bundesrepublik Deutschland rund 950 000 Tonnen, das sind über 20 %. Auch hier entfällt der größere Teil auf den Straßenverkehr. Knapp 5 % bleiben der Binnenschiffahrt.

Hingegen wird nahezu die gesamte Stammholzeinfuhr in Form von Tropenholz durch die Bundesbahn transportiert. Es ist davon auszugehen, daß vor allem bei Katastrophen mit regional nicht zu bewältigenden Rohholzmengen dem Bahntransport eine wachsende Bedeutung zukommt.

4.5.2.3 Waggontypen und Transportgut

Zur Beförderung von Stammholz werden bei der Deutschen Bundesbahn Waggontypen verschiedener Gattungen eingesetzt. Im einzelnen werden die Waggons wie folgt beschrieben (Werthwein 1984):

1. Gattung E: Ladegewicht 28,5 t, geeignet für den Transport von Hackschnitzeln, Schichtholz, Blochlängen bis zu einer max. Länge von 8,5 m. Ladungssicherung erfolgt gegebenenfalls durch das Ladegut, z. B. durch kranzförmig hochgestellte Hölzer an den Stirnwänden, wenn über die Höhe der Bordwände geladen wird.
2. Gattung Eao: Der Wagen eignet sich zum Transport von Schüttgut, Schichtholz in kurzer Form, Blochlängen doppelt à 6 m bzw. 12 m Länge. Das Ladegewicht beträgt 57,5 t. Die Ladungssicherung entspricht derjenigen der Gattung E.
3. Gattung Ks: Die Ladelänge beträgt 12,5 m, das Ladegewicht 27,5 t. Die Rungen sind einsteckbar beim Typ „Kbs", die Bordwände abklappbar (Stirnwandklappen dürfen bei der Fahrt nur in Ausnahmefällen abgeklappt sein). Der Wagen eignet sich zum Transport von Schichtholz, Mindestlänge 2,88 m, bis zu 6 m langen Blochen doppelt oder Langholz bis zu 12,5 m.
4. Gattung Laas als Doppelrungenwagen: Ladelänge 12,5 m, Ladegewicht 2 × 27 t. Es handelt sich um eine zweigliedrige, kurzgekoppelte Wageneinheit mir Rungen und halbhohen Stirnwänden. Der Rungenabstand beträgt 1,38 m. Geeignet zum Transport v. a. von Kurzholz von 2–3 m Länge. Ladungssicherung durch engstehende Rungen und kreuzweise Niederbindung.
5. Gattung Rs: Ladegewicht 54 t, Ladelänge 18,66 m. Die Seitenrungen sind abklappbar; der Wagen ist mit aus dem Ladenboden hochklappbaren Ladeschwellen ausgerüstet. Geeignet zum Transport von Langholz, das eine Mindestlänge von 2,88 m aufweist.
6. Gattung Sps: Sonderwaggon mit einem Ladegewicht von 63 t, Ladelänge 19 m (auf max. 19,60 m verlängerbar). Ladungssicherung durch feststehende Rungen mit eingebauten Niederbindegurten. Geeignet zum Transport von Langholz mit einer Mindestlänge von 2,88 m. Auch Hölzer mit mehr als 0,7 m Durchmesser dürfen an die Rungen angeladen werden.

4.5.2.4 Lademaße und -gewichte

Die angegebenen Ladegewichte gelten für den Binnenverkehr der Deutschen Bundesbahn. Aus dem an jedem Güterwagen angeschriebenen Lastgrenzenraster kann das zulässige Ladegewicht in Abhängigkeit von der Geschwindigkeit und der zu befahrenden Strecke abgelesen werden.

Die Buchstaben A, B, C usw. geben verschiedene Streckenabschnitte an, die die maximal zulässige Radsatzlast (Gesamtgewicht des Wagens dividiert durch die Zahl der Radsätze) und die Meterlast festlegen. Die Bezeichnung S, SS bezeichnet die Geschwindigkeitsklasse (80, 100, 120 km/h). So darf ein zweiachsiger Wagen auf dem Streckenabschnitt der Klasse A bei einer Geschwindigkeit von 100 km/h ein Höchstgewicht von 18,5 t nicht überschreiten.

Der internationale Güterverkehr auf Eisenbahnen ist zur Erleichterung durch verschiedene Übereinkommen geregelt. Um eine problemlose Beförderung zu garantieren, müssen bestimmte Voraussetzungen beachtet werden. Lademaße sind Begrenzungslinien, über welche die Ladung eines Waggons nicht herausragen darf. Für die meisten europäischen Länder gilt das deutsche, für die übrigen das internationale Maß.

4.5.2.5 Beladetechnik und Sicherung der Ladung

Das Be- und Entladen der Waggons erfolgt wie beim Lkw-Transport. Auch hier kommen mobile oder stationäre Kräne, Stapler usw. zum Einsatz. Von Vorteil ist es, wenn die

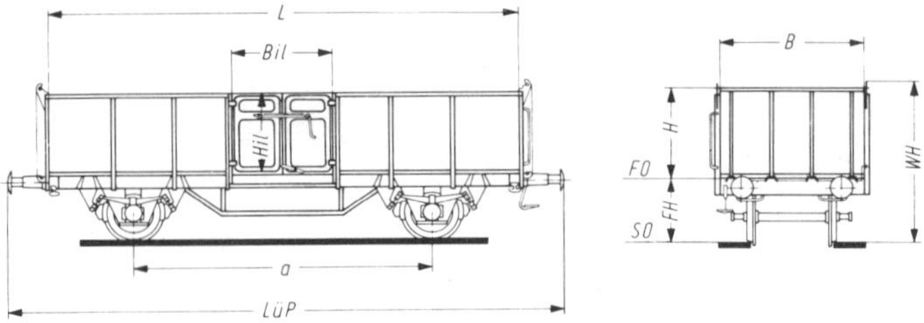

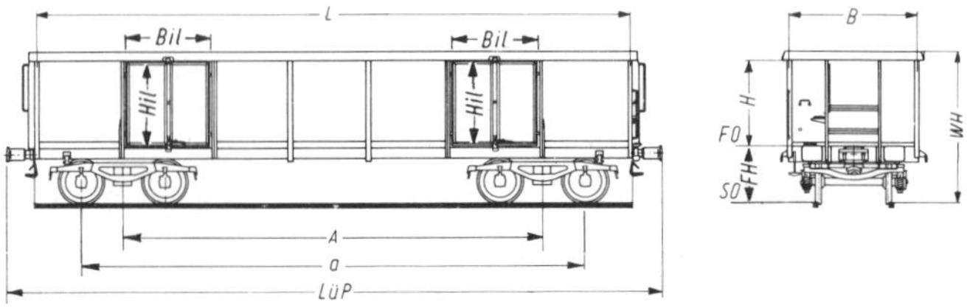

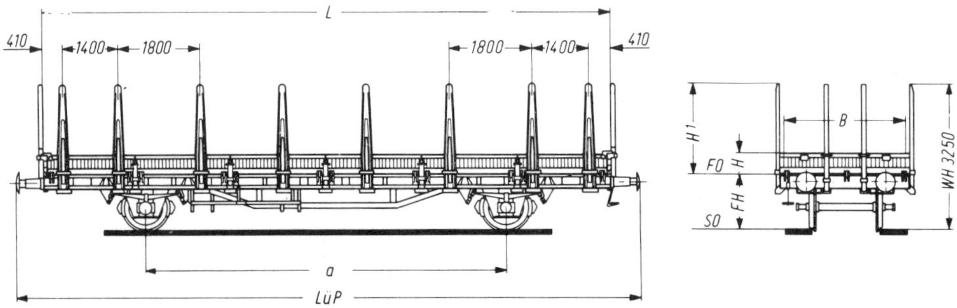

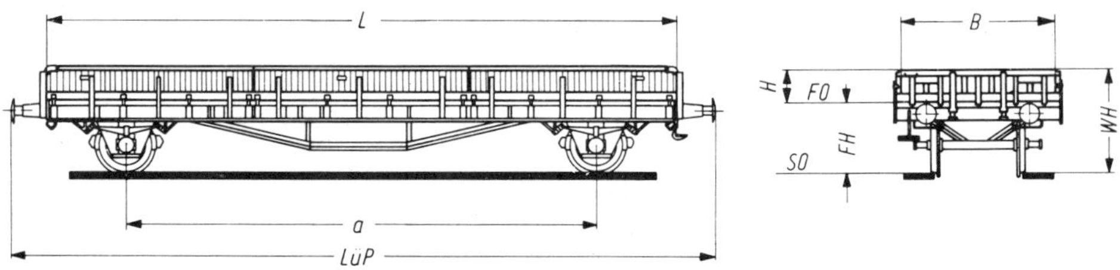

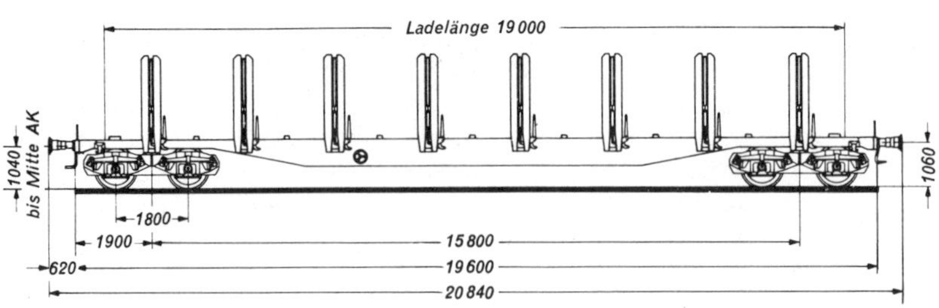

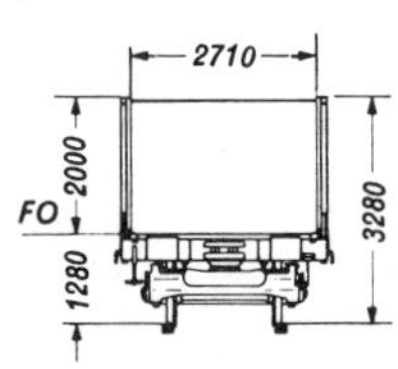

Abb. 41. Waggontypen.

Umladung des Holzes vom Lkw auf die Bahn durch den Lkw-eigenen Hydraulikkran erfolgt.

Die Sicherung der Ladung erfolgt beim E- oder Eao-Waggon durch kranzförmig hochgestellte Hölzer oder durch Niederbindevorrichtungen. Es werden Polyestergurte oder Seile verwendet, die wie beim Sps-Waggon auch fest installiert sein können. Zum Spannen dienen Seilspannvorrichtungen.

Beispiel für zweiachsige Wagen:

	A	B	C	zulässig bis:
	18,5 t	22,5 t	26,5 t	← 80 km/h
S	18,5 t	22,5 t		← 100 km/h
SS	18,5 t			← 120 km/h

Abb. 42. Lastgrenzenraster für zweiachsige Wagen

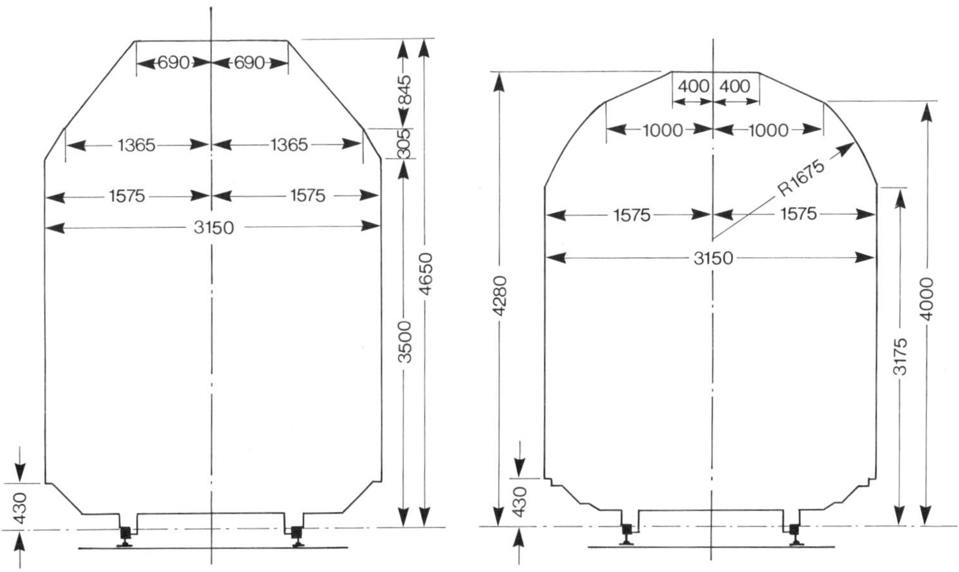

Deutsches Lademaß

Internationales Lademaß

Abb. 43. Lademaße.

Im übrigen sind folgende Grundsätze beim Beladen der Waggons zu beachten.

- Bei Flachwagen muß das Ladegut seitlich von wenigstens 2 Rungen gehalten werden. Als Ersatz für die zweite Runge kann doppelt niedergebunden werden.
- Stammholz mit rauher Rinde muß unter bestimmten Voraussetzungen nicht niedergebunden werden. Dies ist der Fall, wenn die einzelnen Stämme ungefähr gleichen Durchmesser aufweisen, die Länge der Ladeeinheit mindestens dem Abstand von drei hintereinanderstehenden Rungen entspricht und die oberste Schicht der Ladung nicht mehr als mit dem halben Durchmesser über die Rungen hinausragt.
- Drähte, die zum Niederbinden verwendet werden, müssen mindestens 3 mm Durchmesser aufweisen und geglüht sein.
- Hölzer mit mehr als 0,7 m Durchmesser dürfen nur beim Sps-Waggon ohne zusätzliche Sicherung an die Rungen geladen werden.
- Unter bestimmten Voraussetzungen darf das Ladegut das Lademaß und/oder die Ladelänge des Waggons überragen.

Auskünfte über geeignete Waggon-Typen, Vorschriften bei der Beladung usw. erteilen:

Güterabfertigungen; Kundenberater bei den Generalvertretungen der DB; Verladeberater bei den Bundesbahndirektionen.

4.5.2.6 Tarife

Der Transport von Gütern auf Eisenbahnstrecken ist durch den Deutschen Eisenbahn-Güter- und Tiertarif (DEGT, letzter Stand bei Manuskripterstellung dieses Buches 1. 6. 1983) und durch verschiedene Ausnahmetarife geregelt. Der Tarif ist ähnlich aufgebaut wie die Tarife für den Kraftfahrzeugverkehr. Für Rohholz ist der Ausnahmetarif AT 101 vom 1. 12. 1984 gültig. Die Berechnung erfolgt über Gewichtsabteilungen (20, 32 und 38 t) und Entfernung anhand der Frachtentafel. Darüber hinaus können Zuschlagfrachten über Zuschlagsätze der Güterklasse B des DEGT Teil II berechnet und auf die nach dem AT 101 bestimmte Fracht hinzugerechnet werden.

4.5.3 Holztransport zu Wasser

Historisch betrachtet ist der Holztransport zu Wasser – abgesehen vom Tragen des Brennholzes – diejenige Transportmethode, die wohl am häufigsten angewendet wurde. Nach Hafner (1964) wurde bereits um 2350 v. Chr. auf der Gudea-Tonzylinder-Inschrift der Transport von Zedernholz in Flößen für den Bau eines Tempels am Tigris erwähnt. Auch die Bibel berichtet vom Transport großer Stammholzflöße entlang der Küste des Mittelmeeres (1. Buch der Könige, Kap. 5, Vers 23). Im gleichen Zeitraum segelte die Handelsflotte Salomos auch über das Rote Meer bis nach Südarabien oder Somalia, um große Ladungen kostbarer Edelhölzer aufzunehmen (1. Buch der Könige, Kap. 10, Vers 11–12; 2 Chr 9, 10–11). Es ist davon auszugehen, daß vor allem während des Altertums im Mittelmeerraum für den Bau der großen Flotten riesige Holzmengen verarbeitet und zu diesem Zweck über weite Strecken transportiert wurden. Die Flößerei bot sich hierzu als energiesparend und als am wenigsten gefährdende Transportart an.

In Mitteleuropa nahm die Flößerei vor allem im Mittelalter zu. Wie Jägerschmid (1800), Förster (1885) und Barth (1895) berichteten, wurden zunächst vor allem wertvolle und lange Hölzer transportiert. Die Verbrauchszentren an den großen Flüssen und den Küsten benötigten Schiffsbauholz starker Dimension und großer Länge sowie Holz für den Hafenausbau. Während nach dem 30jährigen Krieg die Bedeutung vorübergehend zurückging, wuchs diese ab Mitte des 18. Jahrhunderts erneut an und verlor erst an Gewicht, als mit dem Bau von Eisenbahnen und dem Ausbau der Überlandstraßen als Folge der Industrialisierung begonnen wurde (Scheifele 1986). Kürzere Holzdimensionen wurden vor allem im Einzugsbereich der Salinen geflößt. Die Versorgung der großen Siedlungen und Städte erfolgte zwar ebenfalls zum Teil mit Hilfe des Wassertransportes, allerdings nur über relativ kurze Entfernungen.

In heutiger Sicht weist der Wassertransport von Holz, und hier vor allem die Flößerei, aber auch der Transport auf Lastkähnen, eine Reihe von Nachteilen auf, die regional deren Anwendung einschränken oder verhindern.

Als Nachteile müssen genannt werden, daß bei dem Bestreben, zunehmend frisches Holz der Verwertung zuzuführen, der Anteil der Sinker erheblich zunahm, was bei wachsendem Wert des Holzes zu einem Anwachsen der Verluste führte. Die Werke erwarten eine ganzjährige Versorgung, Wassertransport auf Bächen oder Flüssen ist aber oft nur zu bestimmten Jahreszeiten möglich. Darüber hinaus ist der Ausbau der Floßwege, und hier vor allem der kleineren wasserarmen Bäche, als Folge des notwendigerweise hohen Einsatzes menschlicher Arbeit teuer geworden. Auch das Flößen selbst, sei es in Form von gebundenen Flößen oder die Trift, erweist sich als arbeitsintensiv.

Eine weitere Ursache des Rückgangs ist sicher auch, daß die Hölzer verhältnismäßig lange unterwegs sind und damit zum Teil erheblich durch Insekten und Pilzbefall gefährdet sind. Dies betrifft vor allem diejenigen Holzteile, die nicht dauernd von Wasser bedeckt bleiben.

Demgegenüber stehen aber auch viele Vorteile, die in einzelnen Flußgebieten und an den Küsten zu einer Zunahme des Holztransportes auf dem Wasser führen.

Wassertransport ist bei entsprechenden Vorbedingungen kostengünstig: SEGERSTRÖM (1979) nennt z. B. für eine Distanz von 100 km und eine Floßeinheit von 1000 m^3 für
- Handflößen 0,50 \$ je m^3
- mit Schubboot schneller bewegte Floßeinheit 5,30 \$ je m^3
- bei Verladung auf Frachtkähne, Schubboot 5,65 \$ je m^3

GU und TSANG berichten für China, daß dort, verglichen mit Lkw-Transport und Energieverbrauch, der Wassertransport in Form von Flößen nur ein Zehntel bis ein Fünftel an Kosten verursacht. Denselben Hinweis gibt HEIKKERÖ (1979) für den Transport von frischem Zellstoffholz in Form von Bündeln.

Bezüglich der Kosten können die Ergebnisse von GAGNE, LEMIEUX und LEVESQUE (1979) herangezogen werden:

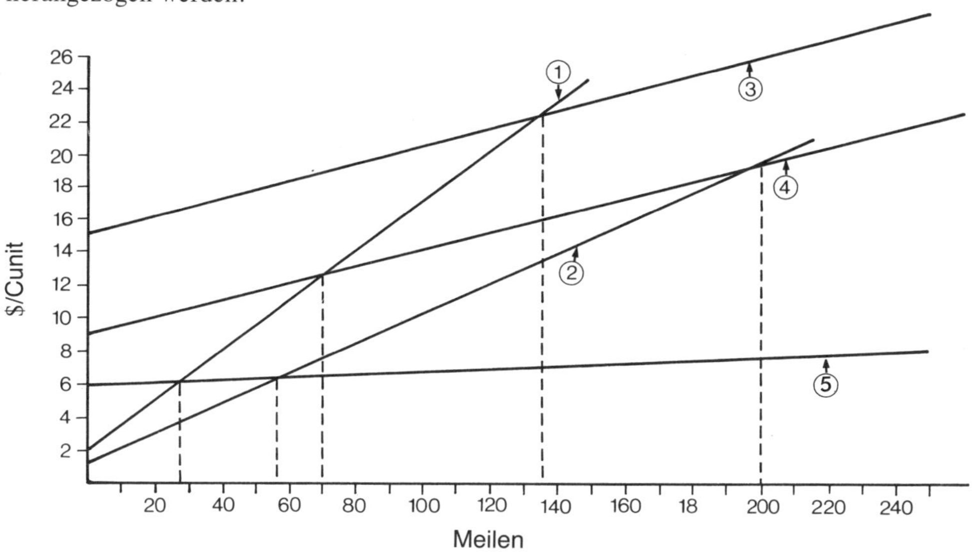

Abb. 44. Vergleich der direkten Kosten für verschiedene Arten des Holztransportes (GAGNE, LEMIEUX, LEVESQUE 1979).
1 Cunit = 2,83 m^3, 1 Meile = 1,6 km
① Lkw-Transport auf öffentlichen Straßen, ② Lkw-Transport auf privaten Straßen (inkl. Unterhaltskosten), ③ Eisenbahntransport mit Lkw-Anlieferung bis zu 20 Meilen, mit Wechsel (Umladen von einer Eisenbahn auf eine andere), ④ Eisenbahntransport mit Lkw-Anlieferung bis zu 20 Meilen, ohne Wechsel, ⑤ Flößerei nach Vorliefern mit Lkw bis zu 30 Meilen

Zusammenfassend gilt deshalb als besonderer Vorzug des Wassertransports, daß er überall dort, wo es Bäche, Flüsse oder Seen erlauben, besonders kostengünstig ist. Dies ist nicht zuletzt darauf zurückzuführen, daß für die Bewegung der Flöße und Lastkähne im Wasser nur ein Bruchteil der Energie im Vergleich zu Eisenbahn- und Lkw-Transport benötigt wird. Zusätzlich wird heute zunehmend berücksichtigt, daß die Flößerei in kontrollierter Form als gebundenes Langholzfloß oder im Bündelschleppzug als besonders umweltfreundlich gilt. Anzumerken ist, daß die Vorzüge dieser Transporttechnik vor allem in größeren Flüssen und Seen zum Tragen kommen.

4.5.3.1 Wo wird geflößt?

Die Ergebnisse des Symposiums Helsinki (1979) über Wassertransport von Holz weisen darauf hin, daß die Flößerei auch heute noch weltweit gesehen eine große Bedeutung besitzt.

In Skandinavien ist es vor allem Finnland, in dem allein rund 40 000 km flößbare Wasserstraßen und Seen genutzt werden. In Nordamerika findet vor allem in östlichen Staaten wie Quebec und Neu-Braunschweig ein Transport großer Holzmengen auf größeren Flüssen statt. Allein im Staat Quebec wurden jährlich 2,8 Mill. m^3 über eine Durchschnittsentfernung von 110 km getriftet. Auch die UdSSR meldet einen hohen Anteil geflößten Holzes, dank der Erschließung der großen Waldgebiete an wasserreichen Flüssen. In den tropischen Regenwäldern werden, auch als Folge mangelnder Erschließung durch Straßen, aber auch niedriger Kosten, große Holzmengen geflößt, so z. B. auf dem Kongo in Zaire oder auf dem Amazonas in Südamerika, aber auch in Ostasien in Laos, Thailand und Indonesien. China meldet, daß nicht weniger als rund 10 Mill. m^3 Holz je Jahr in Form von Flößen mit Hilfe des Wassers transportiert werden.

Fluß- und Küstenschiffahrt mit Schub- und Zugbooten findet vor allem im Westen Kanadas, in Britisch-Kolumbien und in den tropischen Regenwäldern statt, wo schwere, nicht schwimmfähige Hölzer in größerer Menge transportiert werden müssen. Üblich ist ansonsten das Zusammenbinden schwimmfähiger und nichtschwimmfähiger Stämme. Ein bemerkenswertes Beispiel findet sich in Indonesien, wo Holz heute noch in großem Umfang mit Hilfe von Segelschiffen zwischen den Inseln transportiert wird.

Übersicht 44. Technik des Wassertransports

(1) Flußtransport und Binnenseetransport
- (1.1) Trift (ungeordnet)
- (1.2) Flößerei (geordnet)
  Flößerei ohne motorische Schub- oder Zugkraft
  Langholzflößerei
  Bündelflößerei
- (1.3) Transport auf Frachtkähnen, mit Schub- oder Zugboot

(2) Binnenseetransport
- (2.1) Flößerei mit Schub- und Zugbooten
  gebundene Langholzflöße
  Bündelflöße
- (2.2) Frachtkähne, Zug- und Schubboote

(3) Küstenschiffahrt
- (3.1) Flöße mit Schub- oder Zugbooten
  Langholzflößerei
  Bündelflößerei
- (3.2) Frachtkähne mit Schub- oder Zugbooten
- (3.3) Spezielle Holzfrachter, u. a. selbstentladend mit Hilfe von Ballasttanks, Last bis 15 000 m^3

(4) Hochseeschiffahrt
- (4.1) Holzfrachter konventioneller Bauart sowie Spezialschiffe

4.5.4 Literatur

AMSTUTZ, U., 1981: Die Holztransporte in der Schweiz. Bericht Nr. 222 der Eidgen. Anstalt für das forstl. Versuchswesen, Birmensdorf.

BARTH, L., 1895: Die Geschichte der Flößerei im Flußgebiet der oberen Kinzig. Diss. an der Univers. München, Karlsruhe.

Bundesbahn-Zentralamt Minden: Mitteilung über ein Verladebeispiel. Blatt Nr. 2 80-109-82, Rundholz m. R. 1,25 m, 2 80-110-82, Rundholz m. R. 2 m, 2 80-11-82, Rundholz m. R. 3 m.
Bundesbahn-Zentralamt Wiesbaden: Beladetechnik. Blatt Nr. 200/80-003-82, 200/80-005-82, 100/80-003-81.
Bundesbahn-Zentralamt Wiesbaden: Deutscher Eisenbahn-Güter- und Tiertarif. AT 101 (Rohholz), gültig vom 1. 12. 1984.
Bundesministerium für Verkehr, Straßenverkehrsordnung (StVO) vom 16. 11. 1970: BGBl I, S. 1565, letzte Änderung vom 28. 4. 1982.
Bundesministerium für Verkehr, Straßenverkehrs-Zulassungs-Ordnung vom 15. 11. 1974, BGBl I, S. 3193, ber. 1975 I, S. 848, letzte Änderung 15. 5. 1983, BGBl I, 602.
Bundesministerium für Verkehr, Tarif für den Güternahverkehr mit Kraftfahrzeugen vom 29. 12. 1958, Verordnung TS Nr. 11/58.
Bundesverband des deutschen Güterfernverkehrs (Hrsg.): Reichskraftwagentarif (RKT), gültig vom 1. 6. 1983, Frankfurt.
Butora, A., 1978: Stammholztransport mit Lastwagen. Bericht Nr. 192 der Eidgen. Anstalt für das forstl. Versuchswesen, Birmensdorf.
Denninger, W., 1979: Wichtige Bestimmungen der Straßenverkehrs-Zulassungs-Ordnung (StVZO) für Forstschlepper und gezogene Transportfahrzeuge. FTI Nr. 11.
Dietz, P.; Boltz, E., 1984: Die Arbeit mit Kransägen. HZBl Nr. 51.
Deutsche Bundesbahn, 1982: Güterwagen.
Eisenhauer, G., 1984: Versuch zur Nutzung des Amazonas-Urwaldes. AFZ 39. Jg., Nr. 42, S. 1307–1340.
Eskelinen, A., 1984: Calculation System for Alternativs in Long-Distance Timber Transport. Metsätho Review No. 3, Helsinki, Finnland.
Foerster, G. R., 1885: Das forstliche Transportwesen. Wien.
Gagne, G.; Lemieux, G.; Levesque, Y., 1979: Should River Driving of Wood be Abandoned in Quebec? In: Proceedings of IUFRO (1979): a.a.O.
Garner, G. J., 1978: Study of a Contractor Hauling System. FERIC Technical Report, No. TN-24.
Grammel, R. H., 1984: Central Tree Processing. IUFRO Projektgruppe 3.01.07, Orono/Maine (USA), Fredericton/NB (CDN).
Gu, J.; Zhang, C., 1979: Brief Introduction on Water Transport of Wood in China. Proceedings of IUFRO, 1979: a.a.O.
Hafner, F., 1964: Der Holztransport. Handbuch für Rückung, Lagerung, Ladeverfahren und Haupttransport. Österr. Agrarverlag, Wien.
Hafner, F., 1955: Zur Geschichte des Wassertransports von Holz, besonders in Österreich und Deutschland, von den Anfängen bis zur Jetzt-Zeit. CGF.
Hamilton, D. D., 1983: Full Tree Processing Complex: A Design for Canada. Can. For. Ind., No. 12, S. 14–19.
Heikkerö, T. E., 1979: Economics of Water Transport and its Impacts on other Transport Alternatives. Proceedings of IUFRO (1979): a.a.O.
Hengartner, F., 1982: Die Bringung langen Industrieholzes mit Krananhängerzug. Untersuchungsbericht der Schweiz. Interessengemeinschaft Industrieholz, Birmensdorf.
Innenministerium des Landes Baden-Württemberg: Gemeinsame Regelung für Langholztransporte in Baden-Württemberg und Bayern. Erlaß vom 8. 12. 1982. Az III-6-4260/199.
Jägerschmid, K. F. V., 1800: Das Murgtal besonders in Hinsicht auf Naturgeschichte und Statistik. Nürnberg, Reprint-Ausgabe Magstadt 1977.
Kuitto, P. J.; Pulkki, R. E. (Ed.), 1979: Proceedings of IUFRO S3.01-04, Long Distance Transport of Wood Products. Helsinki.
Ljubic, D. A., 1982: Analysis of Productivity and Cost of Forestry Transportation. Part One. FERIC Technical Report, No. TR-53.
Ljubic, D. A., 1984: Analysis of Productivity and Cost of Forestry Transportation. Part Two. FERIC Technical Report, No. TR-55.
Ljubic, D. A., 1985: Analysis of Productivity and Cost of Forestry Transportation. Part Three. FERIC Technical Report, No. TR-61.
Powell, L. H., 1981: Interior Limbing, Bucking and Proceeding Study. Evaluation of Barker 450 Loader. FERIC Technical Note, No. TN-46.
Scheifele, M., 1986: Zur Geschichte der Flößerei in Süddeutschland. Allg. Forst- und Jagdzeitung, 157. Jg., Nr. 1.
Segerström, G., 1979: Water Transports of Wood in the Tropics. Proceedings of IUFRO, a.a.O.
Sinclair, A. W., J., 1984: Recovery and Transport of Forest Biomass in Mountain Terrain. FERIC Special Report. No. SR.22.
Smith, D. H., 1979: The Survival of Log Bundles During Barking. Proceedings of IUFRO, a.a.O.
Verband badischer Säge- und Holzindustrie e. V., Freiburg: Mitt. Nr. 5/80, Nr. 11/83, Nr. 5/84.

Werthwein, R., 1984: Vortrag über Probleme und Problemlösungen bei Ladungssicherung von Stamm- und Schnittholz. Unveröffentl. Manuskript, Karlsruhe.
Wibstad, K., 1979: Water Transport of Wood: Regional Report from Europe. Proceedings of IUFRO, a.a.O.

4.6 Mehrzweck-Holzerntemaschinen

4.6.1 Arbeitsweise

Der Entwicklung von Mehrzweck-Holzerntemaschinen liegt das Konzept jeder Automation zugrunde. Es sollen mehrstufige Arbeitsgänge, miteinander verbunden durch vollmechanisierte Transporteinrichtungen, selbständig ablaufen. Der Maschinenführer beschickt die Maschine nur noch, überwacht dieselbe und kontrolliert die ggf. sortenweise Ablage. Die Auslösung der einzelnen Be- oder Verarbeitungsstufen erfolgt teils ferngesteuert und ggf. programmiert. Bei den Mehrzweck-Holzerntemaschinen handelt es sich demnach um mobile, z. T. geländegängige, z. T. auf Waldstraßen oder provisorischen Aufarbeitungsplätzen eingesetzte Automaten oder Teilautomaten.
Miteinander gekoppelt werden können die Teilarbeiten:
- Fällen und zu Fall bringen (gesteuert bis teilautomatisiert) mit
- Beschicken (gesteuert bis teilautomatisiert) mit
- Entasten (automatisiert) mit
- Entrinden (automatisiert) mit
- Maßermittlung (automatisiert) mit
- Kappen (gesteuert bis automatisiert) und
- Sortieren und Stapeln (gesteuert bis automatisiert).

Der Automatisierungsgrad ist unterschiedlich. Einfachen Aufarbeitungsmaschinen, bei denen nur die beiden Teilarbeiten Entasten und Kappen automatisiert bzw. teilautomatisiert erfolgen, stehen mähdrescherartige Vollautomaten gegenüber, die praktisch sämtliche Teilarbeiten in einem Aggregat vereinen. Man spricht hier von sogenannten Vollerntern. Bei der Hackschnitzelherstellung übernehmen diese Erntemaschinen Teilarbeiten vom Fällvorgang bis zum Absacken, beim sog. Swather (Mäher) vom Umschneiden und automatischen Aufarbeiten zu Schwachholzsortimenten bis zum Stapeln bzw. Transportieren an die Waldstraße. Hier tritt an die Stelle einer diskontinuierlichen eine kontinuierliche Arbeitsweise, d. h., die Maschine stoppt am einzelnen Baum nicht mehr ab, sondern nimmt diesen bei gleichbleibender Fortbewegung ohne Halt auf (Mellgren 1984).

Die Entwicklung der unterschiedlichen Mehrzweck-Holzerntemaschinen verläuft schnell. Dies betrifft die Kombination der Teilarbeiten, das technische Niveau, die Geländegängigkeit, die bewältigbare Durchmesserstreuung usw. Vorliegende Systematik und Charakterisierung kann sich deshalb bezüglich der technischen Daten schnell verändern.

4.6.2 Systematik und Entwicklung der Mehrzweck-Holzerntemaschinen

Mobile Erntemaschinen verlangen
- einen hohen Ausbildungsstand der Arbeitskräfte,
- eine gute Infrastruktur bezügl. des Services,
- eine gute zeitliche und räumliche Organisation.

Als Nachteil muß betrachtet werden, daß ebenso wie bei der Automatisierung der Be- und Verarbeitung des Holzes auf zentralen Aufarbeitungsplätzen (Holzhöfen) sich der Ausfall eines einzelnen Aggregates auf praktisch alle übrigen voll auswirkt (Grammel 1984).

4.6.2.1 Fällerbündler (Fällerableger)

Funktionen: Fällerbündler (engl. feller-buncher) dienen in Altholzbeständen, aber auch bei der Durchforstung dem Fällen, Vorliefern und Stapeln von Vollbäumen. Trägerfahrzeug ist in der Regel ein geländegängiger Knickschlepper schwerer Bauart.
Gewicht und Bodendruck: 15 000 bis 20 000 kg; 5,9 bis 9,8 N/cm^2.
Motorleistung: 110 bis 150 kW.
Kran: Knickarm-Hydraulikkran, Reichweite 6,0 bis 10,0 m (15,0 m mit Stützrad).
Schneideeinrichtung: Scheren, 300 bis 700 mm Schnittbreite.
Sägen (Kettensägen, Kreissägen): 500 bis 700 mm Schnittbreite.
Fräsen: bis 500 mm Schnittbreite.

Fällerbündler können mit steuerbarem Fällkopf ausgerüstet werden, der die Last, bzw. den Vollbaum zunächst aufrecht hält, an die Maschine heranbringt und kontrolliert ablegt.

4.6.2.2 Fäller-Klemmbankschlepper (engl.: feller-skidder)

Als Trägerfahrzeug dienen schwere Sortimentsschlepper (Forwarder). Anstelle der Ladepritsche ist hinter einem Hydraulik-Fällkran ein hydraulisch schließbarer Klemmschemel aufgebaut. Der Lastquerschnitt der Klemmbank liegt zwischen 1 und 3 m^2, die Ladekapazität beträgt damit 5 bis 25 m^3. Dank der Tatsache, daß die Last zu wesentlichen Anteilen angehoben wird, verringern sich Zugkraft und Rückeschäden.
Gewicht: 10 000 bis 15 000 kg.
Nutzlast: 10 000 bis 15 000 kg.
Bodendruck (leer): 5,9 bis 14,7 N/cm^2, mit Band auf den Hinterrädern: 590 bis 690 N/cm^2.
Kran: Knickarm-Hydraulikkran mit 6 bis 10 m Reichweite, Hubkraft 6–9 tm.
Fällkopf: Scheren oder Sägen (s. Fällbündelmaschinen).

Fäller-Klemmbankschlepper dienen zum Fällen, Vorliefern und Rücken in der Endnutzung aber auch in der Durchforstung.

4.6.2.3 Entastungs- und Stapelmaschinen

Dieser Maschinentyp dient zur Entastung einschließlich Kappen der Krone von Langholz und dem geordneten Ablegen in Bündeln. Es handelt sich um geländegängige, allradangetriebene Aggregate, bei denen die Entastung mit Hilfe von am Teleskoparm angebrachten, gekrümmten, hydraulisch angepreßten Messern vollzogen wird. Als typisches Beispiel gilt hier der Entastungsprozessor LOGMA 85/41. Der Einsatz erfolgt auf der Kahlfläche oder am Rand der Waldstraße.
Gewicht und Bodendruck: 22 000 kg, 7,5 bzw. 11,8 N/cm^2 (mit Band 5,1 N/cm^2).
Motorleistung: 132 kW (167 PS).
Teleskoparm: Auslage 12 m, 1,25 bzw. 2,5 m/s.
Entastungswerkzeug: max. Öffnung 750 mm.
Zopfschere: 125 mm.

4.6.2.4 Einschneide-, Sortier- und Stapelmaschinen

Der sog. Slasher dient zum Einschnitt von Langholz und zum Stapeln einer begrenzten Anzahl von Sorten. Der Einsatz mobiler Slasher erfolgt auf Waldstraßen oder provisorischen Aufarbeitungsplätzen. Die Zuführung der Langhölzer geschieht mit Hydraulikkränen, der Einschnitt in der Regel mit Kreissägen, evtl. in Mehrfachausfertigung. Sammelboxen werden mit Hilfe eines zweiten Hydraulikkrans entleert und die Hölzer am Wegrand gestapelt. Slasher sind auch Bestandteil einfacher Holzplätze.

Gewicht: 15 000 bis 20 000 kg.
Motorleistung: 120 bis 200 kW.
Kran: Knickarmkräne mit 6,0 bis 10,0 m Reichweite.
Leistung: abhängig von der Stückmasse, 10 bis 50 m^3/Stunde.

Einschneide- und Stapelmaschinen finden vor allem dort Anwendung, wo gleichmäßig meist schwaches Nadelholz in großen Mengen genutzt und zu einheitlichen Sortimenten, insbesondere zu Papier- und Zellstoffholz, aufgearbeitet wird. Eine weitergehende Sortierung ist nicht Zielsetzung.

4.6.2.5 Prozessoren, Entastungs-, Einschneide- und Stapelmaschinen

Die sog. Prozessoren stellen den Schwerpunkt der Entwicklung mobiler, geländegängiger Holzerntemaschinen dar. Als Prototyp galt zunächst die in Kanada entwickelte ARBOMATIK, die die Vorstellung, möglichst viele Teilarbeiten zu automatisieren, repräsentierte. Die von Schleppern herangebrachten Vollbäume wurden mit einem Teleskopkran der Maschine zugeführt, entastet, entrindet, in genormte Längen gekappt, in zwei Qualitäten (gesund, krank) sortiert und mit Hilfe eines Knickarm-Hydraulikkranes gestapelt. Eine in Österreich entwickelte Erntemaschine entsprach dieser Konzeption, wobei allerdings die Sortiermöglichkeit wesentlich erweitert wurde. Ursache für diese Weiterentwicklung waren die großen Preisdifferenzen zwischen Industrie- und Sägeholz und die Notwendigkeit, letzteres konsequent auszusortieren.

Mit der Verlagerung der Entrindung ins Werk entstand der Prozessor heutiger Form: Vollbäume werden mit einem Hydraulikkran zugeführt, maschinell entastet (gekrümmte Hydraulikmesser, Messerbänder, Fräsentaster) und in Sortimente gekappt. Üblich ist die Sortierung in die drei Sorten: Stammholz, Industrieholz gesund und krank. Die Ablage in Poltern erfolgt in der Regel sortenweise und rückegerecht vorbereitet für den Transport mit Tragrückeschleppern.

Gewicht und Bodendruck: 10 000 bis 20 000 kg, 5,8 bis 9,8 N/cm^2, bei der Verwendung von Bändern Senkung auf 4 bis 5 N.
Motorleistung: 90 bis 150 kW.
Kran: Knickarmkran, Reichweite 6 bis 10 m.
Max. Schnittdurchmesser: 50 bis 55 cm, mit Kettenschwenksäge.
Prozessoraggregat Vorschubgeschwindigkeit: 2 bis 3 m/s, zum Vorschub wurden früher Stachelwalzen, heute Gummiräder usw. verwendet.
Meß- und Steuerausrüstung: mechanisch mit Laufrollen, Lichtschranken mit Längen- und Durchmesseranzeige.

4.6.2.6 Vollernter

Unter Vollerntern werden geländegängige, mit Allradantrieb versehene Fäll- und Aufarbeitungsaggregate verstanden, die (dem Mähdrescher vergleichbar) verkaufsfertige Rohholzprodukte herstellen. Sie stellen eine Kombination aus Fällaggregat und Prozessor dar. Leistungen und Maße entsprechen diesen beiden Gruppen. Besondere Bedeutung erlangen sog. Kran-Vollernter (Greifer-Vollernter). Eine als Krankopf konstruierte Maschine fällt, entastet, kappt in vorgegebene Längen und stapelt sortimentsweise in Form von Rohbeigen. Für einen exemplarischen Kran-Vollernter gelten die folgenden Angaben: 11 000 kg Gesamtgewicht, 80 kW DIN, 2- bzw. 3achsig, knickgesteuert, Kranreichweite 9,5 m. Der Erntekopf wiegt nur knapp 500 kg, und er bewältigt Stammdurchmesser bis rund 50 cm. Die Maschine arbeitet in der Durchforstung von der Rückegasse aus. Die Leistung liegt in mittleren Holzdimensionen bei 15 Festmeter m. R. pro Stunde reiner Arbeitszeit (RAZ).

Gewicht und Bodendruck: 5,9 bis 11,8 N. Die Vollernter sind mit Bändern ausstattbar, damit sinkt der Bodendruck auf 0,059 bis 0,118 N.
Motorleistung: 120 bis 200 kW.
Fällaggregat: Rotoraufhängung bzw. steuerbare Festaufhängung mit Kettensäge oder Scheren, max. Schnittdurchmesser 0,50 bis 0,70 cm.
Prozessoraggregat: max. Durchmesser 55 cm, Zopfdurchmesser 12 cm, Vorschubgeschwindigkeit 2 bis 6 m/s.
Kappeinrichtung: Kettensäge oder Kreissäge, max. Durchmesser 50 cm.
Meß- und Steuerausrüstung: mechanisch, teil- oder vollautomatisiert, elektronische Längen- und Durchmesserkontrolle und Anzeige.

4.6.2.7 Biomasse-Vollernter

- Petricek (1980) entwickelte einen Hackkopf an einem 12 bis 15 m langen Hydraulikarm, mit dem bei der Dickungspflege und bei der ersten Durchforstung einzelne Bäume selektiv entnommen werden können. Produziert werden sog. grüne Hackschnitzel, bestehend aus einem Gemisch aus Holz, Rinde, Nadeln und Knospen.
- Bioerntemaschine für Laubholz-Stockausschläge: Die finnische Forschungsanstalt MET-SÄTEHO entwickelte Biomasse-Vollernter zur Nutzung von Laubholz-Stockausschlägen, insbesondere von Grünerle, Birke und Pappel. Mit Hilfe einer Doppel-Kreissäge werden die Laubholzruten kontinuierlich, d. h. ohne Zwischenhalte abgetrennt und automatisch einem Hacker zugeführt. Die Hackschnitzel werden in einen Kipp-Container geblasen und mit der Maschine an den Rand der Waldstraße transportiert. Dort erfolgt die Umladung in Container-Lkws.
- Biomasse-Ernter für Laubholz-Niederwald: Die französische ARMEF (Association pour la Rationalisation et la Mécanisation de l'Exploitation Forestière) entwickelte einen Biomasse-Vollernter zur Nutzung von Niederwäldern als Vorarbeit zum Aufbau neuer Hochwaldbestände. Der Fällvorgang erfolgt mit Hilfe einer Frässcheibe. Der vom Stock getrennte Baum wird automatisch einer Hacke zugeführt, die Holzdurchmesser bis zu 25 cm bewältigt.

In allen Fällen werden sog. grüne Hackschnitzel produziert. Weitgehend ungelöst ist hier die Frage der Separierung von Rinde, Nadeln und Knospen vom Holz. Sollte dies technologisch möglich werden, wäre eine getrennte Verwertung der einzelnen Bestandteile nicht nur in der Platten- sondern auch in der Zellstoff- und Papierindustrie einerseits und zur Energieerzeugung andererseits denkbar.

4.6.2.8 Holzernteroboter

Erste Versuche werden angestellt, Bäume von Robotern automatisiert fällen und bereitlegen zu lassen. World Wood (1982) berichtete über entsprechende Forschungsarbeiten des Sowjetischen Forschungsinstituts für Forstliche Mechanisierung. Der Roboter arbeitet mit drei Teleskoparmen, an denen Fällköpfe angebracht sind, die vom Maschinenführer über Radiosignale kontrolliert bzw. gesteuert werden.

Der Roboter soll fällen und rückegerecht gebündelt ablegen. Die Reichweite der Einzelarme soll 7 m, die Hubkraft 3 t betragen. Die Maschine soll sowohl auf ebenem Gelände als auch an Hängen arbeiten können. Der Zeitbedarf wird mit 066/100 Min./Baum angegeben.

4.6.3 Literatur

Becker, G., 1978: Probleme und Chancen des Processoreinsatzes unter mitteleuropäischen Bedingungen. Forstarchiv, 49. Jg., Nr. 1, S. 18–20.
Becker, G.; Witt, G., 1977: Processor-Einsatz im Bergwald. Der Forst- und Holzwirt, 32. Jg., Nr. 24, S. 489–496.
Bernhard, A.; Meyr, R., 1982: Leistungs- und Kostenstudien beim Schwachholzprozessor, Strenab 35. Forstarchiv, 33. Jg., Nr. 4, S. 153–155.
Canadian Forest Industries, 1970: Logging Progress Report.
Denninger, W., 1982: Neue Tendenzen bei den Forstmaschinen in Finnland. HZBL Nr. 88, S. 1259 ff.
Denninger, W., 1981: Stand und Entwicklung der mechanisierten Nadelschwachholzernte in der DDR. AFZ Nr. 19, S. 474 f.
Eisbacher, J., 1978: Wie wirkt sich der Einsatz des STIHL-SIFER-Processors 103 auf die Leistung und Kosten in der Schwachholzernte aus? AFZg., 89. Jg., Nr. 3, S. 91–94.
Eisbacher, J., 1979: Leistung und Kosten des Kleinprocessors SIFER SALEV. 103 in der Schwachholzernte. Forstarchiv, 50. Jg., Nr. 3, S. 61.
Folkema, 1977: Evaluation of KOCKUMS 880 „Tree King" Feller-Buncher. FERIC Technical Report, No. TR-13.
Folkema, M. P., 1981: The KOEHRING Roll Delimber: Longer Term Data Collection from Three Machines. TERIC Technical Note, No. TN-44.
Folkema, M. P.; Giguire, P., 1981: The KOEHRING Bunch Limber: Longer Term Data Collection from Two Operations. FERIC Technical Notes, No. TN-43.
Folkema, M. P.; Holawacz, J., 1985: Mechanized Logging in the Soviet Union – 1984. FERIC Special Report, No. SR-29.
FVA, 1976: Mechanisierung der Holzernte durch den Einsatz mehrfunktionaler Holzerntemaschinen. Mitt. der FVA Baden-Württemberg, Nr. 79.
Grammel, R., 1975: Aspects of Multi-Purpose Logging Machines in Central Europe. Summary FAO/ECE/ILO, Symposium on Multi Purpose Logging Machines, Sweden.
Grammel, R., 1984: Central Tree Processing. IUFRO-Projektgruppe 3.01-07, Orono/Maine (USA), Fredericton/NB (CDN).
Greene, W. D.; Lanford, B. L., 1985: A Grapple Processor for Plantation Thinning. Forest Products Journal, Vol. 35, No. 3, März.
Hakkila, P., 1975: Multi-Purpose Logging Machines as Related to the Trend of Fuller Utilization of the Trees. FAO/ECE Report TIM/EFC/WP.1/SEM.2/R. 15.
Hedman, L., 1986: Vimek G 30 – A Thinning Processor for Limited Scale Forestry. In: Small Scale Forestry 1/86, Garpenberg, Schweden.
Heilig, J., 1985: Einsatz des Kleinprocessors „Stripper III", jetzt „Jäpro". In: Niederschrift über die Arbeitstagung der Forsttechnischen Hauptstützpunkte am 23. und 24. 10. 1985 in Bonndorf.
Heidersdorf, E., 1978: The KOEHRING Feller-Forwarder, Model KFF. – FERIC Technical Report No. 7.
Klingelhöfer, H., 1981: MAKERI 33 T – ein Vollernter für Schwachholz. HZBL, 107. Jg., Nr. 75, S. 1207.
Kockums Industri AB, 1983: Skogsmaskiner. Logging Mashines. Forstmaschinen. Prospekt.
Legault, R., 1976: Evaluation of KOEHRING Feller-Forwarder, Model KFF. FERIC Technical Report, No. 7.
Mellgren, P. G., 1984: A Proposed Modular Machine System for Wood Harvesting in Eastern Canada. – FERIC Special Report, No. SR-24.
Meng, W.; Stoll, H. P., 1976: Versuchseinsätze mit dem ÖSA-Processor. Mitt. der FVA Baden-Württemberg, Heft 79.
Pestal, E., 1980: Möglichkeiten des Prozessoreinsatzes in Österreich. HK Wien 4/1980.
Petricek, V., 1980: New Method of Mechanization in Young Coniferous Stands, Esspecial Regard to Utilization of Biomass. BRNO, Tschechoslowakei.
Petricek, V., 1980: Research into Technical and Technological Parameters of Cleaning-Harvesters. Projekt VI-5-8/1 BRNO / Tschechoslowakei.
World Wood, 1982: Russian Develop Forest „robot". Nr. 10.
Zimmermann, W., 1978: Ergebnisse vom Einsatz des Durchforstungssystems „Kockums GP 822" in der Bundesrepublik Deutschland. AFZ 33. Jg., Nr. 50, S. 1470.

4.7 Die Technik der zentralen Rohholzaufarbeitung

Bei zentralen Rohholzaufarbeitungsplätzen (Holzhöfen) handelt es sich im Gegensatz zur Technik der mobilen, d.h. geländegängigen Holzerntemaschinen um fest installierte Einrichtungen, auf denen, abweichend von der traditionellen Holzaufarbeitung, Holzsortierung und Holzvermarktung im Wald, Rundholz in roher Form konzentriert wird, um dort mindestens einen Bearbeitungsvorgang und/oder mindestens einen Aushaltungs- bzw. Sortiervorgang mit der Zielsetzung einer optimalen Massen-, Sorten- und Wertausbeute durchzuführen sowie die produzierten Sorten zu vermarkten bzw. zu verteilen. Jede Funktion erfordert bestimmte Arbeitsvorgänge technischer Art.

Investitionen in Form von zentralen Aufarbeitungsplätzen können von den Waldeigentümern, von unabhängigen Unternehmern und der Holzindustrie – hier integriert, z.B. als sägewerksvorgeschaltete Lösung – getätigt werden.

Das System der zentralen Rohholzaufarbeitung ist nicht neu. Bereits im Mittelalter, vor allem in der Zeit des Merkantilismus, wurden Holzhöfe, Holzgärten, Holzmagazine und Holzplätze in den Städten eingerichtet. Diese Holzplätze lagen praktisch ausschließlich an Flüssen. Das herangeflößte Rohholz wurde auf diesen in eine Vielzahl von Sorten eingeteilt und von den Holzplätzen aus vermarktet bzw. verteilt. Da das Holz einen hohen Trockengrad aufweisen sollte, um flößbar zu sein, und es deshalb bereits im Wald weitgehend bearbeitet werden mußte, lag das Schwergewicht bei der Herstellung von einzelnen Gebrauchssorten, der Vermarktung und nicht zuletzt einer Marktkontrolle in Zeiten großen Holzmangels.

4.7.1 Technik in Abhängigkeit von der Form des angelieferten Rohholzes

Die Technik richtet sich an der gesetzten Aufgabe aus. Diese wird wiederum bestimmt durch die Art und Weise der Anlieferung des Rohholzes. Wie Abb. 45 zeigt, kann diese in sehr verschiedenen Formen erfolgen.

Wird Kurzholz – weltweit gesehen das Standardsortiment – in Form von Blochen angeliefert, konzentrieren sich die Aufgaben der zentralen Aufarbeitung auf die Entrin-

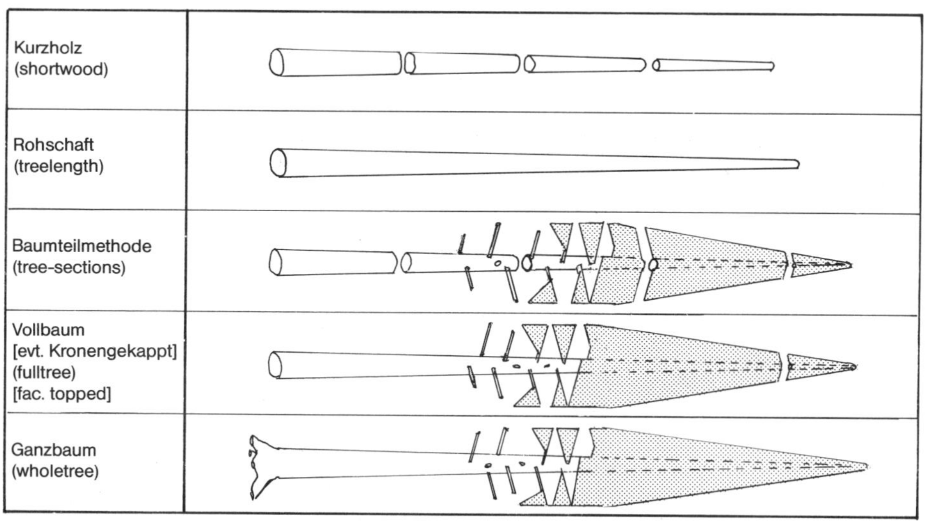

Abb. 45. Formen der Anlieferung von Rohholz auf Holzhöfe.

dung, die Feinentastung, vor allem aber auf die Sortierung nach Durchmesser-, Längen- und Qualitätsklassen.

In der Bundesrepublik, Teilen der Schweiz, Österreichs, aber auch innerhalb der osteuropäischen Länder wird vorwiegend Langholz in Form von Rohschäften, d. h. in entasteten, aber nicht sortierten, auch nicht vermessenen, möglichst großen Längen angeliefert. Zielsetzung ist hier vor allem eine optimale Ausbeute nach Masse, Sorten und Wert, aber auch die Verarbeitung der Resthölzer mit Hilfe von Hackern usw.

In Skandinavien wurden Versuche mit der sogenannten Baumteilmethode durchgeführt, d. h., die Vollbäume werden in beastete Bloche eingeteilt. Der zentralen Aufarbeitung fällt die Entastung und Entrindung der Bloche sowie die Sortierung derselben nach Länge, Durchmesser und Qualität zu. Auch hier besteht die technische Schwierigkeit darin, diese Baumteile zu transportieren. Pennanen (1983) wies bei finnischen Versuchen nach, daß die Transportkosten, verglichen mit konventionellen Blochhölzern und bezogen auf den Festmeter Nutzholz, bei Nadelholz um 67 % und bei Laubholz um 25 % höher lagen. Verluste traten ein beim Be- und Entladen sowie durch die verminderte Nutzlast. Letztere Verlustquelle versucht man durch ein Zusammenpressen der Baumteile mit hydraulischen Armen zu minimieren.

Bei Vollbäumen konzentriert sich die Technik zunächst auf die Bearbeitung, d. h. die Entastung, Entrindung, das Vermessen nach Länge, Durchmesser, Oualität und Krümmungen, die Optimierung des Sortenschnittes und die Sortierung in die Sortierboxen, wiederum nach Gebrauchssorten. Die anfallende Biomasse wird wie bei der Baumteilmethode gesammelt, gehackt, separiert, evtl. fraktioniert und unterschiedlichen Verwendungszwecken zugeführt. Bewährt hat sich das Kappen der Krone im Bestand. Dies hat verschiedene Vorzüge. So ist es – aus ökologischen Gründen – erwünscht, daß wenigstens ein Teil der Biomasse im Bestand zurückbleibt. Ferner verringert sich die Länge des Holzes, was sich beim Transport, aber auch bei der Bearbeitung günstig auswirkt.

Während die Bearbeitung, also Entastung und Entrindung, technisch keine Probleme mit sich brachte, bestanden zunächst Schwierigkeiten beim Transport von Bäumen mit Ästen auf öffentlichen Straßen. Diese konnten durch die Entwicklung von Boxen im hinteren Teil von Sattelaufliegern gelöst werden.

Denkbar wäre auch die Anlieferung von Ganzbäumen, also mit den Stöcken, auf zentrale Aufarbeitungsplätze. Während die Verarbeitung technisch sicher ohne Schwierigkeiten gelöst werden könnte, werden sich die am Stamm befindlichen Stöcke nur unter Schwierigkeiten auf den üblichen Lkws und Waggons transportieren lassen.

4.7.2 Funktionen der zentralen Aufarbeitung und Technik im einzelnen

Abb. 46 gibt einen Überblick über die Funktionen der zentralen Aufarbeitung und über die Arbeitsvorgänge zur Bewältigung dieser Funktionen.

4.7.2.1 Sammeln und Konzentrieren

Straßentransport

Der Definition des zentralen Aufarbeitungsplatzes folgend, ist der Straßentransport als vorgelagerte Phase, nicht als eigentliche Funktion des zentralen Aufarbeitungsplatzes zu betrachten. Der Transport des Rohholzes kann ausschließlich durch Fuhrunternehmer, durch eigene Fahrzeuge oder auch als gemischte Lösung erfolgen, die technischen Spezifikationen der Transportfahrzeuge werden hierdurch nicht berührt.

Langholztransportfahrzeuge: Den Regelfall bei der Beschickung zentraler Aufarbeitungsplätze stellt der Transport möglichst langer, rohbelassener Hölzer dar. Zum Einsatz

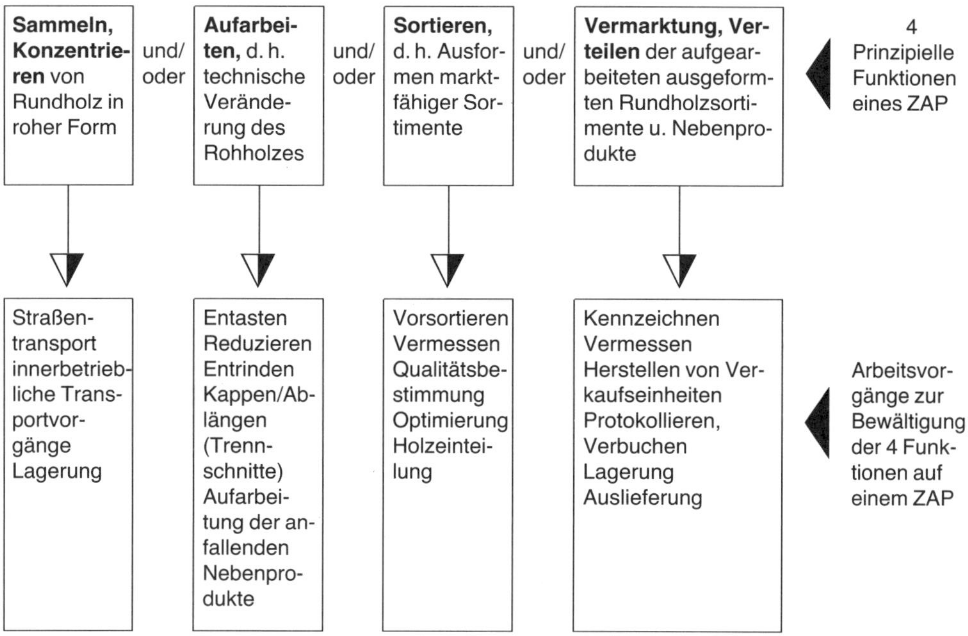

Abb. 46. Funktionen und Arbeitsvorgänge eines zentralen Aufarbeitungsplatzes (GRAMMEL, BECKER 1981)

kommen Langholzfahrzeuge mit Nachläufer, zum Teil auch Sattelauflieger. Der Maschinenwagen ist mit einem hydraulischen Ladekran ausgestattet, häufig zusätzlich mit Winden, um außer Reichweite des Krans lagerndes Holz laden zu können. Der Nachläufer besitzt eine elektrohydraulische oder -pneumatische Zwangssteuerung, die insbesondere bei Langsamfahrt den erforderlichen Wendekreisdurchmesser entscheidend herabsetzt. Bei Langholzfahrzeugen richten sich die höchstzulässigen Gewichte und Abmessungen nach der Straßenverkehrszulassungsordnung:
zulässiges Gesamtgewicht: 38 t (40 t),
zulässige Achslast: Einzelachse 10 t, Doppelachse 16 t,
Nutzlast je nach Ausrüstung: ca. 17 bis 23 t.

Beim Holztransport im regionalen Verkehr sind befristete Ausnahmegenehmigungen der Landratsämter möglich, die höhere Gewichte und maximale Längen bis zu 27 m erlauben.
Transport von Vollbäumen: Der Transport von Bäumen mit Ästen stellt wegen des höheren Gewichts sowie der über die seitlichen Fahrzeugbegrenzungen hinausragenden Äste ein Problem dar. Bewährt haben sich bisher Sattelaufliegerfahrzeuge, die in ihrem hinteren Teil feste Seitenwände (Wannen) aufweisen, so daß Äste nicht in die Fahrbahn hineinragen können. Wenn Bäume unterschiedlicher Länge transportiert werden, haben sich in der Länge verstellbare Sattelauflieger bewährt. Die Beladung erfolgt mit einem auf dem Maschinenwagen montierten Hydraulikkran.

Die Straßenverkehrs-Zulassungs-Ordnung schreibt für Sattelfahrzeuge folgende Begrenzungen vor:
zulässiges Gesamtgewicht: 38 t,
zulässige Gesamtlänge: 15 m.
Mit Ausnahmegenehmigungen sind im regionalen Verkehr auch hier höhere zulässige Gesamtgewichte und Längen bis zu maximal 27 m möglich.
Nutzlast je nach Ausrüstung: ca. 15 bis 19 t.

Die hinteren Achsen der Sattelauflieger können lenkbar ausgestaltet werden. Damit ergibt sich ein kleinster Kurvenradius von rund 8 m (mit Fahrbahnverbreiterung auf 7,5 m).

Kurzholztransportfahrzeuge: Seltener wird Rohholz dem zentralen Aufarbeitungsplatz in kurzen Längen (Abschnitte, Bloche) von 4 bis 8 m zugeführt werden; besonders im Gebirge kann dies jedoch aus Bringungs- oder Transportgründen der Fall sein. Hier kommen Lkw mit Anhänger zum Einsatz; Gesamtlänge und höchstzulässiges Gesamtgewicht richten sich nach der Straßenverkehrs-Zulassungs-Ordnung und dem Ausbaustandard der zu befahrenden Waldstraßen.
Zulässiges Gesamtgewicht: 38 t (40 t),
Höchstlänge: 18 m,
kleinster Kurvenradius (mit Fahrbahnverbreiterung auf 7,5 m): rund 8 m,
Nutzlast je nach Ausrüstung: ca. 19 bis 21 t.

Der Maschinenwagen ist mit einem hydraulischen Ladekran ausgerüstet. Wird ausschließlich kurzes Holz transportiert, ist die Heckmontage des Krans vorteilhaft, so daß auch der Anhänger be- und entladen werden kann.

Innerbetriebliche Transportvorgänge

Innerbetriebliche Transportvorgänge finden bei der Beschickung der Anlagen, auf diesen Anlagen selbst und bei der Abnahme der ausgeformten Rundholzsortimente statt. Außerdem sind vor- und nachgeschaltete Sortierphasen sowohl beim Rohholz wie auch beim ausgeformten Rundholz mit Transportvorgängen verbunden; zusätzlich werden auf einem zentralen Aufarbeitungsplatz außer Holz Nebenprodukte, Hilfs- und Betriebsstoffe sowie Maschinenteile, z. B. im Rahmen der Wartung, bewegt.

Die innerbetrieblichen Transportvorgänge vor und nach den stationären Einrichtungen können durch stationäre, schienengebundene Krananlagen und/oder mit Hilfe von Radfahrzeugen (Ladern usw.) durchgeführt werden. Bestimmungsgründe für die Wahl des geeigneten Transportmittels sind u. a. Platzgröße, Form des Platzes, Jahreskapazität und Lagermengen, Dimensionen und Gewichte der zu manipulierenden Stämme, notwendige Flexibilität sowie die verfügbaren Investitionsmittel.

Kräne. Portalkräne (Bockkräne): *Einsatzmöglichkeiten:* ebene Plätze mit der Form eines langgezogenen Rechtecks. Die Länge des erfaßten Bereiches wird u. a. begrenzt durch das Fassungsvermögen der Kabeltrommel und die Arbeitsgeschwindigkeit.
Aktionsbereich: Länge der Kranbahn zwischen 50 und max. 500 m. Wirtschaftlich lassen sich Breiten von ca. 40 bis 60 m überspannen; seitliche Ausleger sind bis zu einem Drittel der Spannbreite üblich.
Tragkraft: sollte nicht unter 10 t gewählt werden. Sie ist an jedem Punkt des vom Kran erfaßten Bereichs realisierbar.
Stapelhöhe: Bei kabinengesteuerten Portalkrananlagen sind Polterhöhen von 8 bis 10 m üblich. Dementsprechend ergeben sich auch die maximalen Hubhöhen bis Unterkante Greifer. Zur geordneten Polterung auch in größten Höhen kann die Lkw-Ladung mit zwei Seilschlaufen als Ganzes abgeladen und gelagert werden. Auf diese Weise ist die ladungsweise Identifikation des Holzes auch später noch möglich.
Arbeitsgeschwindigkeit: Fahrgeschwindigkeit für Kran und Laufkatze vierstufig, je nach Kranfahr- und Katzfahrlänge 100 bis 150 m/Min. Hubgeschwindigkeit bis 40 m/Min.; ein Feinhub mit 4 bis 10 m/Min. ist für gezielte Manipulation zweckmäßig.
Greifer: Geeignete Greifer haben einen großen Querschnitt von 1 bis 2 m^2. Sie sind in der Lage, auch einzelstammweise sicher zu greifen. Sie können gezielt drehbar gestaltet werden. Hohe Betriebsbereitschaft, auch bei ungünstiger Witterung (Schnee), lange Lebensdauer, mindestens 15 Jahre. Verzicht auf breite Fahrbahnen und große Polterhöhe bedingen geringen Platzbedarf – dadurch hohe Flächennutzung. Nebenmanipulationsaufgaben, z. B. von Rindencontainern, Maschinenteilen usw., können vorteilhaft erledigt werden.

Nachteile: hohe Investitionskosten für Kran- und Schienenfundamente, geringe Flexibilität in bezug auf den erfaßten Bereich durch Schienenbildung.
Ist aus Kapazitätsgründen ein weiteres Transportmittel notwendig, ergänzt der mobile Lader den Portalkran in der Regel vorteilhaft.

Turmdrehkräne: *Einsatzmöglichkeiten:* bei unregelmäßig geformten, kleinen oder annähernd quadratischen Rundholzplätzen mit begrenzter Kapazität; Montage auf Schienenbahn ist möglich; Ausführungen mit Flachausleger sind vorzuziehen.
Tragkraft: üblich 2 bis 3 t, mit Auslegerweite abnehmend.
Polterhöhe: 9 bis 10 m, je nach Turmhöhe.
Vorteile: geringe Investitionskosten für Kran und Fundamente bei stationärer Ausführung.
Nachteile: begrenzte Kapazität, begrenzter Einsatzbereich.

Hydraulikkräne: *Einsatzmöglichkeiten:* Aus mobilen Ladekränen abgeleitete, stationär oder auf Schienenwagen installierte Hydraulikkräne (Elektroantrieb) finden auf zentralen Aufarbeitungsplätzen Anwendung zur einzelstammweisen, gezielten Beschickung von stationären Fördereinrichtungen oder Maschinen. Bei der Aufarbeitung von beasteten Schäften (Ganzbäumen) ist die einzelbaumweise Manipulation mit Hilfe eines Hydraulikkrans unabdingbar, da eine automatische Vereinzelung beasteter Stämme bislang nicht möglich ist.
Greifer: kräftige Baumzange, zusätzlich T-Stück zum Ergreifen von langen Stämmen ohne „Nachfassen". Bei Anlagen mit geringer Kapazität ist eine Fernbedienung, z. B. aus der Kabine des Einteilers, möglich.
Tragkraft: mind. 12 t.
Ausladung: mind. 8 m (bis 10 m), je nach Anordnung des Vorratspolters für stationären Einsatz möglichst stabile Ausführung auswählen.
Schwenkbereich: 360°, gutes Gesichtsfeld für Bedienungsraum wichtig.
Vorteile: geringe Investitionskosten gegenüber stationären Vorrats- und Vereinzelungsanlagen. Vorsortierung der Rohschäfte möglich.
Nachteile: kein Durchschwenken möglich, geringer Greiferquerschnitt (bis 0,8 m^2), kein eigener Fahrantrieb.

Mobile Fördermittel (Fahrzeuge). Radlader: *Einsatzmöglichkeiten:* bei unregelmäßig geformten, unebenen und großen Plätzen, wenn Hochpolterung nicht notwendig ist. Bei großen Anlagen außerdem zusätzlich zu Kränen als flexible Ergänzung.
Tragkraft: 4 bis 5 t (waagerecht gemessen).
Leistung: 90 bis 150 PS.
Fahrgeschwindigkeit: max. 40 km/h.
Fassungsvermögen der Zange: Querschnitt bis 2 m^2, auch einzelstammweise Manipulation muß möglich sein.
Polterhöhe: gering, bei Überkopfladern größer.
Erforderliche Fahrbahnbreite: mind. 6 m, Knicklenkung erhöht Wendigkeit, möglichst geteerte Fahrbahn.
Vorteile: flexibel, hohe Fahrgeschwindigkeit (jedoch nicht immer nutzbar), geringe Investitionen.
Nachteile: geringe Stapelhöhe, großer Platzbedarf durch Wege und dadurch schlechte Platzausnützung, Manipulationsmöglichkeit, z. B. bei schrägliegenden Stämmen oder aus engen Boxen, begrenzt.

Hydraulikbagger (Mobilbagger, Radbagger): *Einsatzmöglichkeiten:* auf Plätzen aller Größen, auch auf unregelmäßig geformten bzw. unebenen Plätzen möglich. Bei notwendiger Hochpolterung und wenn gezielte Aufnahme und Abgabe erforderlich. Als Hydraulikbagger-Oberwagen mit Ausrüstung in Kombination mit Bockkran (Portalkran).
Hubkraft: 1 bis 10 t (je nach Ausladung).
Ausladung: 10,1 bis 12,4 m (gemessen ab Mitte Drehkran).
Aktionskreis: im Stand 20,2 bis 24,8 m.

Leistung: 60 bis 160 PS.
Fahrgeschwindigkeit: max. ca. 20 km/h.
Erforderliche Fahrbahnbreite: ca. 3,5 m, möglichst geteerte Fahrbahn.
Greiferquerschnitt: 0,6 bis 2 m^2 (Hydraulikgreifer gezielt drehbar). Unterschiedliche Greiferformen, durch Schnellwechseleinrichtung tauschbar.
Stapelhöhe: 8,0 bis 9,5 m (je nach Gerätegröße).
Vorteile: flexibel, relativ geringe Investitionen, großer Aktionsradius auch im Stand, hohe Umschlagleistung bauartbedingt, gezielte Manipulationen, z. B. bei Störungsbeseitigung, möglich.
Nachteile: Platzbedarf durch Wege, geringere Fahrgeschwindigkeit gegenüber Radlader.

Stationäre Fördereinrichtungen. Querförderer. Vorrats- und Vereinzelungsanlagen: *Einsatzbereich:* Querförderer finden sich vor allem zu Beginn stationärer Anlagen (Aufgabeförderer), daneben auch als Puffer- und Zuteilvorrichtung vor der Einteilstation oder dem Sortierstrang.

Besonders Aufgabequerförderer sollten möglichst stabil sein. Gemischte Beschickung mit starkem und schwachem Holz ist problematisch. Ihre Größe hängt von den Stammdimensionen und der notwendigen Pufferfunktion ab. Die Stapelhöhe sollte 1,5 bis 2 m nicht übersteigen.

Querfördereinrichtungen stellen im allgemeinen keine Kapazitätsbegrenzung innerhalb stationärer Anlagen dar.
Vorratsquerförderer: über 100 t Tragkraft; Längen 10 bis 15 m, Breite (je nach Baumlänge) ca. 15 m, mindestens sechs Förderketten, davon je drei getrennt angetrieben; Fördergeschwindigkeiten zwischen 5 bis 10 m/Min.
Vereinzelung: Leistenquerförderer mit durchgehenden Mitnehmerleisten und total mit Blech ausgefüttert.
Zuteiler: Je nach Ausführung der Vereinzelungsstufe ist vor der Übergabe in den Längsförderer noch ein Stammeinleger zwischengeschaltet (Scheibeneinleger). Ein Übergabeflipper am Längsförderer ergibt eine zusätzliche Sortiermöglichkeit bzw. ein Aussortieren von nicht gewünschten Rundholzstämmen für den Längsförderer (zu starke Rundholzstämme oder falsch liegende Rundhölzer, wenn Zopf- oder Erdende die Längsförderrichtung bestimmt).

Längsförderer: *Einsatzbereich:* In zentrale Aufarbeitungsvorgänge integrierte Längsfördereinrichtungen stellen den Fluß des Rohholzes vor, zwischen und nach den einzelnen Bearbeitungsschritten sicher und erfüllen Pufferfunktionen. Je nach Funktion und technischer Ausgestaltung unterscheidet man Längsförderer vor und nach Entastungs- und Entrindungsanlagen, Längsförderer an Splittersuchgeräten, Meßförderer, Kapplinien sowie Seitenförderer.

Typen von Längsförderern: Je nach der technischen Ausgestaltung werden Kettenförderer mit einer oder mehreren Ketten (Blockzüge), Bandförderer (Gummibänder), Ketten mit Mitnehmern aus Holz oder Stahl, Rollengänge verschiedener Ausprägung (z. B. Kegelrollen) sowie Vibrorinnen unterschieden.
Technische Ausgestaltung: Solide Bauweise ist wichtig, die Länge richtet sich nach den Platzverhältnissen sowie den längsten und kürzesten zu bearbeitenden bzw. auszuformenden Stammdimensionen. Der Vorschub kann stufenlos geregelt werden, die höchsten Geschwindigkeiten liegen bei Sortiersträngen bei 120 bis 150 m/Min.

Längsförderer vor Entastungsmaschinen: Da Entastungsmaschinen in der Regel mit hydraulischen Kränen beschickt werden, sind hier kurze Längsförderer, synchronisiert mit dem Einzugswerk der Entastungsmaschine, üblich. Die Längsförderung beasteter Stämme läßt sich nur mit breiten Rollengängen bewerkstelligen.

Längsförderer vor Entrindungsmaschinen: Sowohl für Stark- wie für Schwachholz sind Kettenförderer und Rollenförderer möglich, u. U. bei leichtem Holz auch Bandförderer.

Die Transporteure sollten an dem der Entrindungsmaschine zugewandten Ende zentrierend sein. Problematisch sind Krümmungen des Holzes. Die Laufgeschwindigkeit muß mit dem Vorschub der Entrindungsmaschine abgestimmt sein.

Längsförderung nach Entrindung: Technik wie vor der Entrindungsmaschine, gute Seitenführung der Stämme ist hier besonders wichtig.

Längstransport bei Splittersuchgeräten: Im Bereich des Splittersuchgerätes sind metallfreie Fördereinrichtungen erforderlich, deshalb Gummi-Bandförderer. Der Längstransport durch das Splittersuchgerät soll ohne Zwischenhalt erfolgen.

Meßfördergänge: Schlupffreier Transport, genaue Synchronisation des Vorschubs vor und nach der Meßstelle sind notwendig. In der Regel Kettenförderer oder Kettenbett (evtl. Andruckrolle), seltener Bandförderer. Bei Optimierung und fester Meßstation muß der Meßförderer doppelte Baumlänge haben, bei mitfahrender Meßstation genügt einfache Baumlänge.

Die Messung von Krümmungen (sie muß in mindestens zwei Ebenen erfaßt werden) erfordert eine absolut ruhige Lage des Rundholzstammes während des Längstransports. Alternativ dazu bietet sich ein Meßschlitten oder eine bewegliche Meßstation entlang des ruhenden Stammes an.

Kapplinien: Bei elektronisch gesteuerten Kapplinien werden Kettenförderer mit schlupffreien Mitnehmern bei variablen Längen eingesetzt. Auf eine absolute Synchronisation der Längsförderer vor und nach dem Kappschnitt ist zu achten (Kappgenauigkeit ± 1 cm). Bei Festeinschlägen bieten sich Ketten- oder Bandförderer an. Bei höherem Durchsatz und Verzicht auf individuelle Abschnittlängen ergibt sich auch die Möglichkeit des Querkappens im Querförderer.

Sortierförderer: Kettenförderer, Bandförderer oder Kegelrollengänge möglich. Verschiedene Abwurf- und Ausstoßsysteme, z. B. Mitnehmer, Flipper, Absenken der Mitnehmer, Kippen des Kegelrollenganges, Kegelrollengang mit Lücken. Bei Sortierförderern sind höchste Vorschubgeschwindigkeiten bis 150 m/Min. möglich.

4.7.2.2 Aufarbeiten

Entastungsmaschinen

Allgemeine Angaben: Auf zentralen Rundholzaufarbeitungsplätzen ist eine stammebene Entastung zu fordern. Folgende technische Lösungen sind realistisch: Fräskopfentastung (in Verbindung mit Lochrotor-Entrindung), Entastung durch stammumschließende Messer oder durch Messerbänder sowie Falt- und Teleskoparm-Entastung.

Nebenmaschinen zur Zerkleinerung von Rinde und Ästen (gemischt): Wegen mitunter vorkommenden stückigen Abfällen nur mit Messer-Hacken möglich. Einzugswerk für Reisig möglichst breit (1,1 bis 1,6 m). Zuführung über breites und möglichst langes Band. Vor- und Rücklauf des Rinden- und Reisigtransporteurs zweckmäßig zur Störungsbeseitigung. Reisigtransport und -einzug ist auch mit Vibrorinne vorteilhaft möglich, die je nach Anforderungen ausgeformt werden kann und einen kontrollierten Zuzug des Reisigs bis zum Hackmesser ermöglicht.

Entrindungsmaschinen

Entrindungssysteme: Auf stationären Anlagen sind ganz überwiegend Lochrotor-Entrindungsmaschinen eingesetzt. Für sehr starkes Holz, Laubholz sowie bei kleinen Kapazitäten können Schlag- und Fräskopfentrinder eingesetzt werden.

Nebenmaschinen zur Zerkleinerung der Rinde: Je nach späterer Verwendung der Rinde (Deponieren, Verbrennen, Kompostieren usw.) kann Rinde gemahlen (Hammermühlen) oder gehackt werden (Messerhacken). Leistungsaufnahme: ca. 50 kW.

Kappsägen (Ablängsägen)

Sägentypen: Zum Kappen (Ablängen) von Rundholz sind auf stationären Plätzen Kreissägen, Kettenschwenksägen sowie Kappscheiben in Gebrauch. Bei Schwachholz wären auch Scheren oder Fallmesser denkbar.

Die Kappstation ist in der Regel der Engpaß bei zentralen Aufarbeitungsplätzen, eine Kapazitätserweiterung ist durch Verdoppelung der Kappstation oder auch durch Mehrblattkreissägen bzw. fliegende Kreissägen möglich.

Kappscheiben: breite Schnittfuge, jedoch hohe Qualität der Schnitzel. Zeitbedarf je Schnitt ist relativ groß, hoher Energieverbrauch (über 70 kW), Wartung nur an Hackmessern erforderlich.

Kettenschwenksägen: geeignet für Schwach- und Starkholzanlagen – unerläßlich für Durchmesserbereiche über 70 cm, oft auch parallel zur Kappkreissäge in die Kapplinie integriert. Kappprozeß-Zeiten ca. 4–6 s im Durchmesserbereich von 30 bis 40 cm. Geringe Standzeit der Kettensäge, jedoch einfache Wartung, niedrige Investitionskosten; geringer Energieverbrauch (ca. 12 kW).

Einblattkreissäge: gute Schnittqualität, schnelle Schnittfolge auch bei stärkeren Durchmessern; Kappprozeß-Zeiten ca. 2–3 s; max. Stammdurchmesser ca. 70 cm; hohe Investitionskosten, hohe Standzeiten, jedoch aufwendige Wartung; großer Energiebedarf (75 kW).

Mehrblattkreissägen: hohe Leistung, vorteilhaft beim Einschneiden von Standardlängen. Bei stammweiser Optimierung werden mehrere, hydraulisch zeitsparend verstellbare Sägeblätter verwendet; hoher Investitionsaufwand; großer Energiebedarf je Blatt (ca. 40 kW je nach Kappdurchmesser).

Fliegende Kreissägen: schnelle Schnittfolge, das Einhalten der gewünschten Schnittgenauigkeit von ± 1 cm war bisher problematisch.

4.7.2.3 Sortieren

Vermessungseinrichtungen

Eingangsmessung: Unter Eingangsmessung wird die dimensions- und volumenmäßige Erfassung des angelieferten rohen Holzes verstanden. *Kontrolliert wird:* Stückzahl, Volumen, differenziert nach Waldbesitz und Transporteinheit (Ladungen). Im Vergleich mit den produzierten Sortimenten ist ein globaler volumen- und wertmäßiger Ausbeutevergleich möglich. Hierzu reicht die summarische Erfassung von Stückzahl, Laufmeter und durchschnittlichem Mittendurchmesser in der Regel aus.

Vorsortieren: Weiterhin kann die Eingangsmessung als Kriterium zur Vorsortierung des eingehenden Holzes nach Dimension und Qualität verwendet werden. Dies führt zu einer Homogenisierung, wodurch ein höherer Durchsatz auf den nachgeschalteten Anlagen erreicht werden kann. Bei homogenem Rohholz kann die Vorsortierung ladungsweise erfolgen (summarische Erhebung der Daten wie oben), in der Regel wird jedoch eine einzelstammweise Dokumentation von Stammdimension und -güte notwendig sein. Nicht zum laufenden Produktionsprogramm passende Stämme können ausgeworfen und wiederauffindbar gelagert (u. U. markiert) werden.

Rückmeldung: Zusätzlich sollten die bei der Eingangsmessung erhobenen Daten zur Rückmeldung der eingehenden Holzmenge an den Forstbetrieb verwendet werden können, was dort erhebliche Rationalsierungseffekte mit sich bringt. Die Daten dienen dabei außer zur Holzmassenbuchführung (Naturalbuchhaltung im Wald) auch zur Abrechnung sowie zur Entlohnung des Transportunternehmens.

Zum Zwecke der Rückmeldung erhobene Stammdaten müssen hinsichtlich Umfang und Art der Messung bzw. Berechnung an den gültigen Holzvermessungsvorschriften und an der Holzhandelsklassensortierung (HKS) orientiert sein. Stammweises Erfassen und Dokumentieren (Ausdrucken) von Waldbesitzer, Baumnummer, Länge, Mittendurchmesser, Volumen, Güteklasse (manuelle Eingabe) und Stammklasse ist notwendig. Die Anwendung der gültigen Vermessungs- und Rundungsvorschriften ist durch geeignete Programmierung der Meßeinrichtung wertmäßig nachzubilden.

Meßtechnik: *Durchmesserermittlung:* Die Durchmesserermittlung kann mittels Lichtvorhang erfolgen. Neben einfachen Lichtvorhängen existieren Laser-Lichtvorhänge mit höherer Genauigkeit. Außerdem können Zeilenkameras sowie Fernsehkameras bei kombinierter Dimensions- und Qualitätsansprache (bisher für kontrastierende Astigkeit) eingesetzt werden. Die Durchmesserermittlung erfolgt nahezu kontinuierlich; je nach Vorschubgeschwindigkeit und Zahl der Messungen werden etwa alle 1 bis 15 cm Durchmesser ermittelt. Die Meßgenauigkeit beträgt für einen Durchmesserbereich von 80 bis 700 mm bei Standardanlagen ± 4 bis ± 6 mm, auf speziellen Anlagen können je nach den Anforderungen Meßgenauigkeiten bis zu ± 2 mm erzielt werden. Bei einfachen Anlagen ist auch eine mechanische Durchmesserermittlung möglich.

Rindenabzug: Bei der Eingangsmessung von Holz in Rinde kann ein Rindenabzug, abgestimmt auf die üblichen Rindenabzugstabellen, eingestellt bzw. programmiert werden.

Längenmessung: Beim Einsatz eines Lichtvorhangs zur Durchmesserermittlung wird die Längenmessung hiermit kombiniert durch Einsatz eines Weggebers, z. B. Winkelschrittgebers. Meßgenauigkeit ± 1 cm. Unregelmäßigkeiten (Abbrüche, Waldbart am Stammfuß) können durch geeignete Programmierung (Berücksichtigung plötzlicher Durchmessersprünge) erkannt und berücksichtigt werden.

Der Platzbedarf für die Meßstrecke beträgt bei Standardlängenmessung doppelte Baumlänge. Durch Einsatz mehrerer Lichtschranken vor dem Lichtvorhang kann der Meßförderer verkürzt werden. Übermaße können HKS-gemäß programmiert werden.

Beim Einsatz einfacher mechanischer Durchmesser-Meßeinrichtungen kann die Steuerung der bei der Längenmessung eingesetzten Weggeber durch einfache Lichtschranken erfolgen.

Speicherung und Anzeige: Die bei der Eingangsmessung ermittelten Daten können am Bedienungspult optisch angezeigt werden. Bei höherem Automatisierungsgrad mit entsprechender Geräteausstattung kann der Bedienungsmann bei Bedarf Informationen (Waldbesitzer-Nummer, Transport-Nummer, Baumart, Qualitätsansprache) abrufen. Je nach Erfordernis können ladungsweise oder schichtweise Ausdrucke der Meßdaten erfolgen (Lastrapport, Schichtrapport).

Zur betriebsinternen Kontrolle werden Summendaten zweckmäßigerweise wochen- oder monatsweise abgespeichert.

Markieren: Bei der Eingangsmessung kann (z. B. am Stammfuß) eine Markierung erfolgen, die die spätere automatische Identifikation des Stammes im weiteren Produktionsverlauf ermöglicht. Es sind codierte Markierungen (lesbar durch Zeilenkameras) oder Klarschriftmarkierungen (lesbar durch Fernsehkameras) denkbar.

Vorrichtungen zur Erfassung der Rundholzqualität

Splittersuchgeräte: Installation zweckmäßig nach der Entrindungsanlage, da eine Farbkennzeichnung der splitterhaltigen Stämme erfolgt. – *Durchmesser:* Je nach Stammdimension (zuzüglich Transportband und 5 cm Abstand Band-Ring) zwischen 80 und 140 cm wählbarer Runddurchlaß. – *Suchgenauigkeit:* Fremdkörper ab 1 cm Durchmesser (Kugelform) werden erfaßt. – *Sonstige Voraussetzungen:* Kein Zwischenhalt während des Durchlaufs durch das Splittersuchgerät, erschütterungsfreier Einbau des Gerätes, keine störenden klimatischen Einwirkungen.

Holzkrümmung: Holzkrümmungen können ebenfalls mit Lichtvorhängen erfaßt werden (jeweils eine Achse). Notwendig ist die ruhige Lage des Stammes auf dem Meßförderer. Das Krümmungsmaß kann über Ziffernanzeige oder Bildschirm angezeigt werden. Bei z. B.

prozeßrechnergestützten Anlagen ist es möglich, das Krümmungsmaß zur Einteilentscheidung heranzuziehen, etwa durch Ausformung von Sortimenten mit noch zulässigen Krümmungen oder – bei starken Krümmungen – durch Herausschneiden des Krümmungsstückes zur Erzielung von zwei geraden Abschnitten.
Ovalität: Die Stammovalität kann durch Mehrfach-Durchmesserermittlung (mindestens in zwei Ebenen) mit Hilfe von Lichtvorhängen erfaßt werden.
Äste und sonstige äußerlich sichtbare Stammfehler: Haben Äste oder äußerlich sichtbare Stammfehler (Fäule) kontrastierende Farbunterschiede am entrindeten Holz zur Folge, sind diese (u. U. zusammen mit der Krümmung) von Zeilenkameras und TV-Kameras erfaßbar. Zeilenkameras könnten z. B. die maximale Aststärke sowie die Astfläche in der Betrachtungsebene festhalten. TV-Kameras könnten neben der Ausdehnung und Zahl der Äste auch ihre Lage am Stammquerschnitt in Koordinaten registrieren. Die automatische Berücksichtigung dieser Qualitätsmerkmale bei der Einteilentscheidung setzt einen entsprechend hohen Automatisierungsgrad voraus.
Im Stamminneren liegende Holzfehler: Experimente und Pilotstudien wurden mit Röntgenstrahlentechnik und Ultraschall vorgenommen. Noch erfordern diese dabei einen vergleichsweise langsamen Durchlauf des Stammes (Kapazitätsverringerung), außerdem treten bei den erforderlichen hohen Strahlendosen Schutzprobleme für das Bedienungspersonal auf.
Einteilentscheidung: Unmittelbar vor dem Sortieren (Einteilen) findet die Vermessung des – in der Regel entrindeten – Stammes statt. Die Meßtechnik hinsichtlich Durchmesser- und Längenermittlung ist dieselbe wie bei der Eingangsmessung (Schöpfer 1981; Duffner 1986; Günther 1969; Tanaskovic 1986).

Manuelle Holzeinteilung durch Einteiler. Wird die Einteilung von Hand vorgenommen, kann nicht eine Vielzahl der einzelnen Durchmesser-Meßwerte berücksichtigt werden, da der Einteiler hierdurch überfordert würde (Komplexitätsreduktion). Üblich ist die Anzeige des jeweiligen Stammdurchmessers in 2-m-Abständen, z. T. können bei Bedarf dazwischenliegende Stammdurchmesser in z. B. 50-cm-Stufen abgefragt werden. Die Daten für den gesamten Stamm werden optisch (etwa durch Zifferanzeigen und Leuchtdioden oder auf einem Bildschirmgerät) sichtbar gemacht.

Der Einteiler trifft die Einteilentscheidung durch Vergleich der ihm angezeigten Stammdimensionen und der vorliegenden Auftragsliste. Nach getroffener Einteilentscheidung erfolgt das Kappen automatisch. Auf der Auftragsliste werden die ausgeformten Sortimente gelöscht.

Einteilhilfe: Die vorliegenden Aufträge werden nach den Güteanforderungen sortiert. Innerhalb der Güteklassen wird eine Reihung (nach Preis, Dringlichkeit usw.) der Aufträge vorgenommen, zusätzlich wird die Stückzahl je Auftrag vorgegeben. Die derart manuell aufbereitete Auftragsliste wird eingegeben. Der Einteiler begutachtet den vorliegenden Stamm hinsichtlich der Qualität und gibt diese ebenfalls ein. Die Liste wird automatisch abgearbeitet, d. h., je nach Länge und Durchmesser des Stammes bzw. Stammabschnitts wird passend der Auftrag mit jeweils höchster Priorität vorrangig erfüllt. Die automatische Kappung erfolgt erst nach der Einteilung des gesamten Stammes, der Einteiler kann die Einteilentscheidung also von Hand zuvor korrigieren. Durch den versetzten Parallellauf von Einteilung und Kappung wird ein hoher Durchsatz erreicht. Darüber hinaus ist es möglich, mit entsprechender Zusatzeinrichtung die bereits eingegebene Auftragsliste durch neu hinzukommende Aufträge oder veränderte Prioritäten zu aktualisieren.

Rechnergestützte Einteilentscheidung: Die Auftragsdaten werden nach Dimension, Qualität und Wertigkeit (Produkt, Preise oder Prioritätsziffern) in einen Rechner eingegeben. Der zur Einteilung vorliegende gesamte Stamm wird hinsichtlich seiner Meßdaten und der (z. B. von Hand einzugebenden) Qualität erfaßt. In einer Optimierungsrechnung wird vom Rechner die günstigste Einteilvariante ermittelt und angezeigt. Der Einteilvorschlag kann angenommen oder manuell verändert werden. Optimiert werden können Volumen- und Wertausbeute (Maximierung), Reststücke (Minimierung) usw.

Integrierte Verwendung der Meß- und Sortierdaten

Um Datenerfassung und Optimierung nicht nur im technischen Bereich, sondern auch für die Verwaltung zu nutzen, ist es zweckmäßig, die auf dem Rundholzplatz ohnehin erhobenen Eingangs- und Ausgangsdaten auch zur Automatisierung von Abrechnungs-, Verwaltungs- und Betriebssteuerungsvorgängen zu verwenden.

Rückmeldung der angelieferten Holzmenge: Beim anliefernden Waldbesitzer ergeben sich erhebliche Zeit- und Kosteneinsparungen für die Vermessung und Sortierung des Holzes, wenn bei der Eingangsmessung die vorgeschriebenen forstüblichen Verfahren eingehalten werden. Die Ausdrucke der Eingangsmessung enthalten alle üblicherweise in einer Holzliste vorhandenen Informationen. Die Waldaufnahmen entfallen.

Rechnungsstellung: Da die Ausformung der Sortimente nach Aufträgen erfolgt, kann eine auftragsweise Zusammenfassung der ausgeformten Einzelsortimente zur Rechnungsstellung durch direkt angeschlossene oder z. B. über Lochstreifen oder Disketten gesteuerte zusätzliche Schreibgeräte erfolgen.

4.7.2.4 Vermarkten und Verteilen

Sortier- und Lagervorrichtungen

Zentrale Aufarbeitungsplätze sind – im Gegensatz zu anderen Lösungen der Holzernte – integrierte Aufarbeitungs- und Vermarktungssysteme. Die Ausgestaltung des „Fertigwarenlagers“ und die dort gegebenen Möglichkeiten zum differenzierten Sortieren und Anbieten vieler verschiedener Rundholzsorten sowie der Nebenprodukte erfordert bestimmte organisatorische und technische Einrichtungen.

Sortierboxen: Die Länge und Ausgestaltung des Sortierstranges sowie der Zahl der Sortierboxen richten sich nach der Anzahl und Dimension der auszuformenden Sortimente: 40 bis 60 Boxen gelten als notwendig, um allen Anforderungen an eine differenzierte Feinsortierung gerecht zu werden. Die geordnete, automatische Ablegung kurzer Hölzer (unter 3 bis 1 m Länge) ist besonders problematisch. Hier haben sich u. a. Bremsboxen bzw. Seilboxen bewährt. Bei wechselnden Produktionsprogrammen sind in der Länge variable Boxen vorteilhaft. Die Abstimmung der Boxenform mit dem zur Verfügung stehenden Fördergerät (z. B. Lader) ist wichtig, um eine reibungslose Entleerung der Boxen zu ermöglichen.

Einrichtungen zur Protokollierung, Verbuchung, Verkaufsvorbereitung

Ist im Bereich der Einteilstation ohnehin eine Datenverarbeitungsanlage vorhanden, erfolgt auftragsweise die Zuteilung des ausgeformten Rundholzes automatisch, und damit verknüpft die laufende Überwachung über die Erfüllung der Aufträge. Schon bei der Aushaltungsentscheidung können Eil- und Sonderaufträge durch Vergabe bestimmter Prioritäten bevorzugt werden.

Lager- und Beladungsvorrichtungen sind unabhängig von der geplanten Kapazität, Umschlagshäufigkeit und Sortenvielfalt; die bei allen vorhandenen Plätzen mittlerweile erfolgte Erweiterung dieses Bereiches weist darauf hin, hier den Platzbedarf nicht zu knapp zu planen.

Die Vermarktungschancen im inländischen Fernabsatz und im Export erhöhen sich, wenn ein Bahnanschluß realisiert werden kann.

Je nach Verwertung der anfallenden Nebenprodukte (Rinde, Äste, Sägespäne bzw. Hackschnitzel) sind entsprechende Lager- und Vermarktungseinrichtungen wie Silos, Gebläse, Container bzw. Verbrennungsanlagen oder Kompostierungsanlagen vorzusehen.

Zur Abfertigung und Kontrolle des ein- und ausgehenden Holzes ist ein unmittelbar am Platz befindliches Büro mit einem Platzmeister unerläßlich, wenn nicht das Rundholz überwiegend zur nachgeschalteten Säge geht.

4.7.3 Zentrale Organisation und EDV-Konzeption

Duffner (1986), Grammel (1982) und Dieterle (1983) weisen darauf hin, daß die zentrale Aufarbeitung, Sortierung und Vermarktung des Rohholzes Konsequenzen für den gesamten Betriebsablauf zur Folge hat. Eine zunächst ausschließlich technisch konzipierte Lösung der Holzernte entwickelt sich zu einem geschlossenen Betriebssystem, d. h. wirkt sich immer stärker auf die Planungs-, Steuerungs- und Kontrollarbeiten aus und beeinflußt die gesamten Verwaltungsvorgänge. Es liegt nahe, hierzu die technischen Möglichkeiten der elektronischen Datenverarbeitung zu nutzen.

Im einzelnen können folgende Aufgaben der elektronischen Datenverarbeitung übertragen werden:

1. Datenerfassung am Rohprodukt (Nummer, Stückzahl, Längenwerte, Durchmesserwerte, Krümmungen, Ovalität, Güteansprache) und an den Fertigprodukten.
2. Prozeßsteuerung, d. h. Steuerung der Anlagen auf der Basis der Datenerfassung am Rohprodukt.
3. Prozeßrechnung, d. h. Optimierung der Sortenbildung nach Maßen, Sorten und Wert. Hierbei handelt es sich um die eigentliche zentrale Technik der Rundholzoptimierung, und diese erfolgt auf der Basis der erfaßten Daten wie Länge, Durchmesser, Ovalität, Krümmung usw. und der Sorten-Aufträge. Die Eingabe dieser Aufträge erfolgt derzeit noch an der Sortierstation. Denkbar wäre eine Lösung der Eingabe derselben in der zentralen Verwaltung. Praktikable Software-Programme stehen zur Verfügung. Diese weisen eine spezifische, den Aufgaben angepaßte Struktur auf.
4. Datenerfassung für die gesamte Planung, Produktion, Organisation und Verwaltung (z. B. Hauerrotte, Unterabteilung, Abteilung, Dienstbezirk, Rückeunternehmer, Fuhrunternehmer usw.); Aufbau von Dateien für betriebswirtschaftliche und kaufmännische Zwecke.
5. Organisation der Auftragserteilung und Auftragsausführung einschließlich Rechnungsstellung und Kontrolle der Geldeingänge.
6. Rechnungswesen, Statistik, Verwaltung, Jahresabrechnung usw.
7. Planung und Logistik.

Nach Duffner (1986) besitzt vor allem die Lagerbestandsbewirtschaftung, d. h. die Lagerhaltung, ihre Kontrolle und Wirtschaftlichkeitsüberprüfung, aber auch die Logistik, d. h. die Durchschaubarkeit des Produktionsablaufes von der Fällung über das Rücken und den Transport, eine entscheidende Bedeutung.

Eine zentrale Organisation stützt sich hierbei auf umfassende Dateien, die vom stehenden Holzvorrat bis zur Produktions- bzw. Verkaufsmasse reichen. Diese werden üblicherweise über Disketten abgespeichert. Im einzelnen sollten wenigsten folgende Dateien vorhanden sein: Holzeingangsdatei, Holzausgangsdatei, Auftragsdatei und Leistungsdatei.

4.7.4 Beispiele zur Technik zentraler Aufarbeitungsplätze

Beispiel 1: Aufarbeitungsplatz mit Entastung und Rundholzoptimierung für schwaches Nadelholz (Projekt-Entwurf: Fa. Holtec).

Technische Daten: Anfuhr von ganzen Bäumen (mit Ästen), an der Verwertungsgrenze gezopft, Holzlänge je nach Auslegung der Anlage beliebig, Holzdurchmesser ca. 4 cm–25 cm.

Kapazität der Anlage: 11 000 bis 35 000 m^3/Jahr, je nach Mittendurchmesser im Einschichtbetrieb (ca. 6800 lfm Rundholz/Schicht). Meßdatenerfassung über elektronische Meßeinrichtung; Optimierung, Kappung und Rundholzsortierung über Mikroprozessor. Abschnittslängen beliebig je nach Auslegung der Anlage.

Bedienungspersonal: 1 Mann für Vereinzelungs- und Entastungsanlage, 1 Mann für die Rundholzkapp- und Sortieranlage, 1 Radladerfahrer.

Arbeitsablauf: Beschickung des Entastungs-Entrindungsaggregats durch Hydraulikkran. Es kann auch ein Spezial-Entastungskran gewählt werden, der während der Beschikkung die Entastung vornimmt, so daß im weiteren Ablauf die vorgeschaltete Entastungsmaschine entfällt. Kreuzweise elektronische Vermessung des Rundholzes. Optimierung, Einteilung und Sortierprogramm über Mikroprozessor. Automatisches Ablängen durch hydraulisch gesteuerte Kettensäge, Handkorrektur der Einteilentscheidung möglich. Automatisches Absortieren auf der Sortierlinie in die vorprogrammierten Sortierboxen. Abfallentsorgung durch Kratzerförderer, Förderbänder und Hacker.

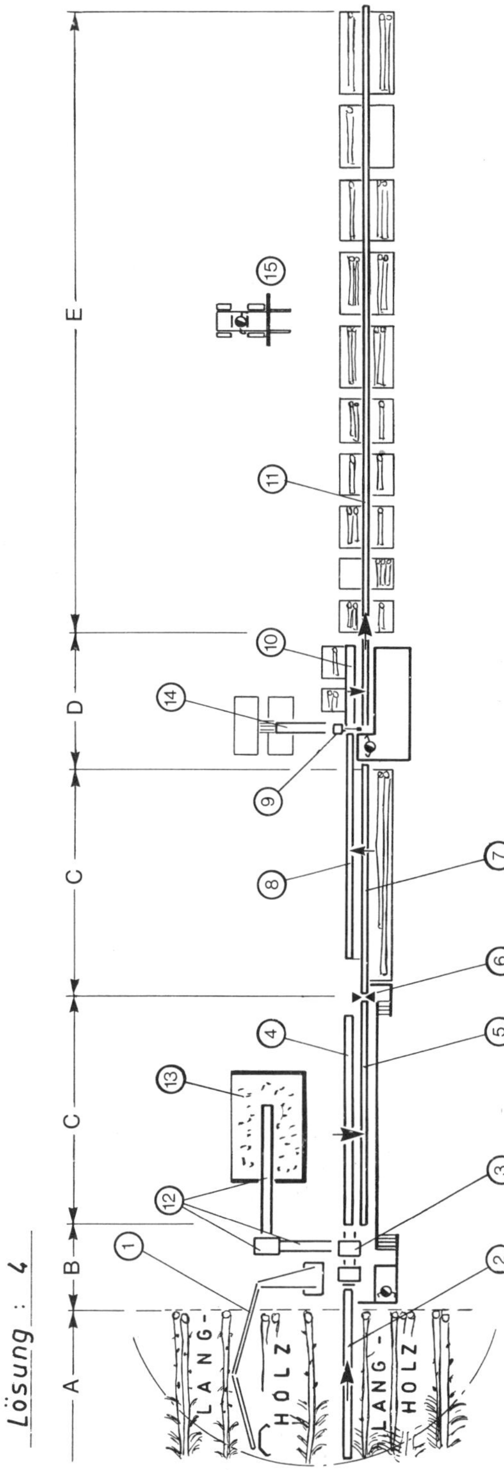

Abb. 47. Aufarbeitungsplatz mit Entastung und Rundholzoptimierung für schwaches Nadelholz (Projekt-Entwurf: Fa. HOLTEC).

1 Stationärer Kran, 2–4 Entastungs- und Entrindungsmaschine, mit Einlauf-, Auslaufförderer, 5–7 Meßlinie, 8 Kapplinieneinlauf, 9 Schwenksäge, 10 Kapplinienauslauf mit Absortierung, 11 Sortierblockzug, 12 Hacker, 13 Rauhwurf-Hackschnitzel, 14 Abfallkratzer, 15 Stapler.
A max. Rundholzlänge, B Länge Entastungs- und Entrindungsmaschine, C max Rundholzlänge + ca. 3 m, D max Abschnittlänge + ca. 6 m.

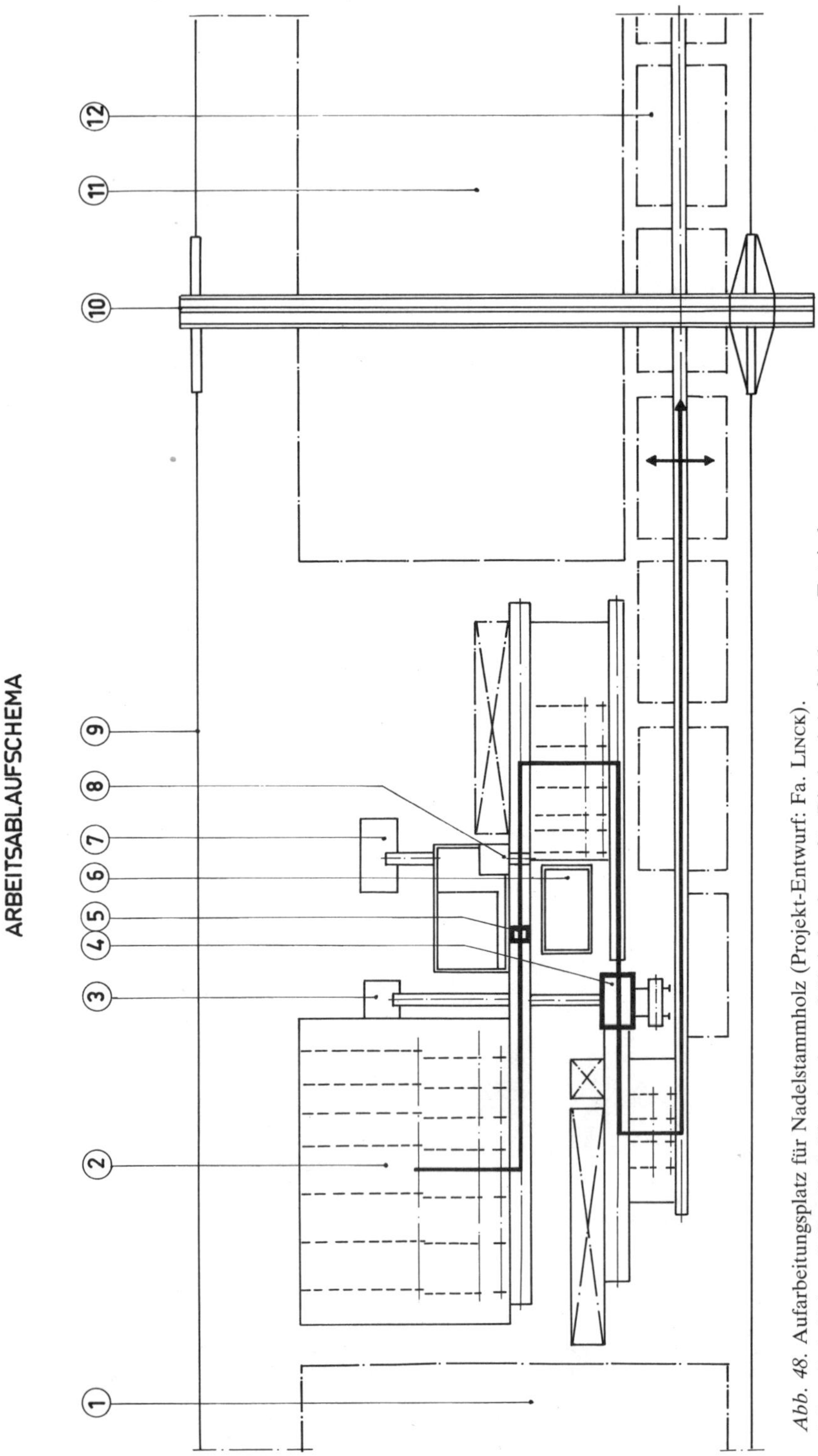

Abb. 48. Aufarbeitungsplatz für Nadelstammholz (Projekt-Entwurf: Fa. LINCK).
1 Langholz-Polter, 2 Rundholz-Vereinzelung, 3 Zwischenlager für Rinde, 4 Ausfahrbarer Entrinder, 5 Rundholz-Vermessung, 6 Rundholz-Einteilstation, 7 Kappabfälle, 8 Rundholz-Kappkreissäge, 9 Kranbahn, 10 Portalkran, 11 Sortiertes Rundholz, 12 Rundholz-Sortierboxen

Beispiel 2: Aufarbeitungsplatz für Nadelstammholz (Projekt-Entwurf: Fa. LINCK).

Technische Daten: Anfuhr von Nadelholz, unentrindet, waldentastet und waldvermessen, Holzlänge 4,00 bis 24,00 m, Holzdurchmesser 10 bis 90 cm (Entrindung: 10 bis 75 cm Durchmesser); geringer Platzbedarf durch parallel angeordneten Materialfluß.

Kapazität der Anlage: 25 000 bis 35 000 m^3/Jahr, je nach Holzstärke im Einschichtbetrieb. Meßdatenerfassung über elektronische Meßeinrichtung zur manuellen Stammeinteilung. Ablängen und Sortimenteingabe von Hand; Abschnittslängen 1,0 bis 14,0 m.

Bedienungspersonal: 1 Mann in der Rundholzeinteil- und kappstation, 1 Mann im Portalkran.

Arbeitsablauf: Aufgabe durch Portalkran oder Selbstabladung der Langholzfahrzeuge. Nach Vereinzelung der Stämme Übergabe in den Meß- und Kapptransporteur. Erfassung von Durchmesser, Länge und Volumen vor der Kappstation. Manuelle Eingabe der Kapp- und Sortierdaten an Hand von Schnittlisten in die Elektronik in der Rundholzeinteil- und Kappstation. Kappung und Sortierung erfolgt automatisch. Die Entrindung ist der Kappung nachgeschaltet, um überstarke Stämme (Durchmesser über 75 cm) auszusondern. Rundholzlängen von 1,5 bis 14,0 m werden automatisch entrindet und je nach Vorwahl in die Boxen absortiert.

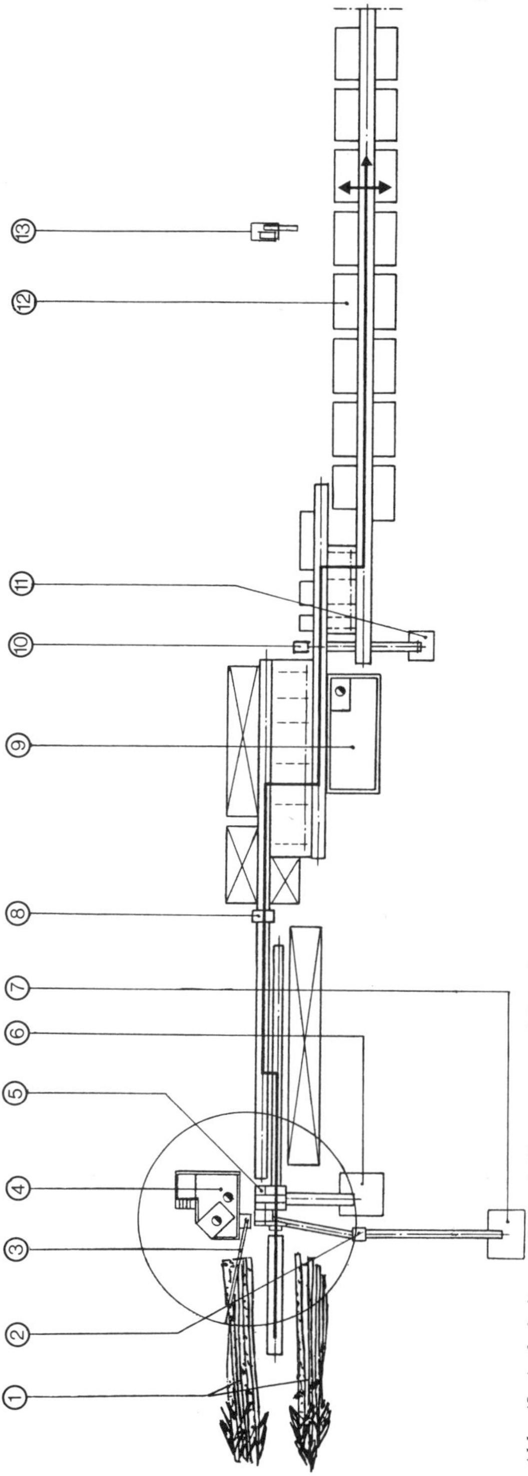

Abb. 49. Aufarbeitungsplatz mit Entastung und Rundholzoptimierung für Nadelstammholz (Projekt-Entwurf: Fa. LINCK).

1 Vollbaumpolter, 2 Hackrotor für Äste, 3 Hydraulik-Drehkran, 4 Steuerkabine, 5 Entrindungs-Entastungs-Maschine, 6 Silo für Rinde, 7 Silo für Äste, 8 Rundholz-Vermessung, 9 Rundholz-Einteilstation, EDV, Optimierung, 10 Rundholz-Kappkreissäge, 11 Kappabfälle, 12 Rundholz-Sortierboxen, 13 Mobilbagger

Beispiel 3: Aufarbeitungsplatz mit Entastung und Rundholzoptimierung für Nadelstammholz (Projekt-Entwurf: Fa. LINCK).
Technische Daten: Anfuhr von Nadelholz im Grünastbereich grob entastet, unentrindet, an der Verwertungsgrenze abgezopft. Holzlängen 4–24 m, Holzdurchmesser 10–75 cm.
Kapazität der Anlage: 30 000 bis 40 000 m^3/Jahr, je nach Holzstärke im Einschichtbetrieb. Elektronische Rundholz-Eingangsmessung auf dem Platz anstelle von Waldvermessung, Meßdatenerfassung für die Optimierung. Kappung und Rundholzsortierung über Schnittprogrammeingabe in den Prozeßrechner. Kapplängen 1,0 bis 14,0 m.
Bedienungspersonal: 1 Mann zur Stammaufgabe vor der Entastung, 1 Mann in der Rundholzeinteil- und Kappstation, 1 Fahrer für den mobilen Hydraulikkran.
Arbeitsablauf: Entladen auf das Langholzpolter durch mobilen Hydraulikkran oder durch Selbstentladung der Lkw. Stammaufgabe durch stationären Hydraulikkran, dabei Qualitätsbeurteilung und -eingabe durch den Kranbedienungsmann. Entastung und Entrindung (zur Verbrennung und Energieerzeugung werden Äste und Rinde durch einen Hacker zerkleinert).

Elektronische Vermessung. Der Bedienungsmann der Kappstation erhält die Meßdaten und Einteilvorschläge des Prozeßrechners zur Korrekturmöglichkeit von Hand über Bildschirm angezeigt. Automatisches Ablängen mit Kappkreissäge, Numerieren, Absortieren in Boxen. Bei Fremdverkauf von Rundholzabschnitten erfolgt die Auftragsabwicklung einschließlich Ausdrucken der Lieferscheine nach Auftrags- und Kundennummer automatisch.

4.7.5 Literatur

ANONYMOUS, 1984: Elektronische Optimierung der Langholzausformung lohnt sich auch in kleinen Sägewerken. HZBl Nr. 5, 110. Jg., S. 35.

AUSTERMANN, T., 1980: Transportkostenminimierung als Entscheidungshilfe zur Wahl des optimalen Standorts eines Holzhofes. Gutachten am Inst. für Forstbenutzung, Freiburg.

BECKER, G.,; GRAMMEL, R. H., 1979: Handbuch zur Technologie der zentralen Aufarbeitung von Rundholz. Hrsg. KWF, Donaueschingen.

BERGLUND, H.; SONDELL, J., 1985: Aptering med dator. Computerized bucking-One way to Increase the Value of the Wood in Mechanized Logging Systems. Skoksarbeten Report Nr. 6, Schweden.

DIETERLE, G., 1983: Gedanken zur Konzeption der elektronischen Datenverarbeitung für fortgeschrittene Ausbaustufen des zentralen Betriebssystems in der Fürst. Fürstenbergischen Forstdirektion Donaueschingen. Inst. f. Forstbenutzung, Freiburg (nicht veröffentl.).

DIETZ, P., 1983: Vermessung von Industrieholz nach Gewicht. HZBl. Nr. 114.

DÖHRER, K., 1972: Maschinelles Entasten von Fichten-Schwachholz im Walde oder am Holzhof. AFZ, 27. Jg., Sept.

DUFFNER, D., 1986: Das Betriebssystem der zentralen Holzaufarbeitung – Entwicklungsperspektiven in der Bundesrepublik Deutschland. Vortrag 28. IUFRO-Weltkongreß, Ljubljana.

DUFFNER, W., 1982: Zentrale Aufarbeitung als Betriebssystem. In: Dokumentation des Kongresses der IUFRO-Division 3, S. 297–309.

DUFFNER, D., 1974: Holzmeßkundliche und informationstechnische Kriterien für optimale Sortenaushaltung an Holzhöfen. Mitt. der FVA BaWü., Heft 64.

DURDEL, A., 1964: Mechanisierung der Holzausformung bei der Holzart Fichte auf Holzausformungsplätzen. SZF., 12. Jg., Nr. 1.

FAUST, E., 1972: Zentraler Aufarbeitungsplatz für Buche – Erfahrungen in einem Beispielbetrieb. FTI, Nr. 1.

FRONIUS, K., 1979: Die Technik des Schwachholzeinschnitts. Heft 3 der Kolloquienreihe 'Forstbenutzung' der Forstwiss. Fak. der Univers. Freiburg.

GAEBELER, I., 1970: Günstigere Aussichten für mechanisierte Waldentrindung. HZBl, Nr. 49.

GEORGI, H.; STOCKBURGER, H., 1977: Die Entwicklung der Ausformung von L 1 und L 2 auf Plätzen in Verbindung mit der Schichtarbeit im Staatlichen Forstwirtschaftsbetrieb Eibenstock. SFW, Berlin, 27. Jg., Nr. 5, S. 104–106.

GRAMMEL, R. H., 1982: Holzvermarktung über Forstliche Holzhöfe. CMA-Broschüre, 2. Aufl. Bonn.

GRAMMEL, R. H., 1964: Zur Frage der Stammholzentrindung im Sägewerk. HZBl, 90. Jg., Nr. 145.

GRAMMEL, R. H., 1966: Die Wahl der Entrindungsmethode in Abhängigkeit der Holzmenge. FuHw., 31. Jg., Nr. 2.

GRAMMEL, R. H., 1969: Aspekte der Werks- und Waldentrindung von Nadel-Stammholz. HZBl, 95. Jg., Nr. 47.

GRAMMEL, R. H., 1969: Überlegungen zur zukünftigen Entwicklung der Holzerntemethoden in der Bundesrepublik. HZBl., 95. Jg., Nr. 128.

GRAMMEL, R. H., 1970: Versuch einer Prognose der Entwicklung der Holzernteverfahren in der Bundesrepublik. AFZ, Nr. 33/34.

GRAMMEL, R. H., 1978: Mehrwert der zentralen Rohholzaufarbeitung. HZBl, 104. Jg., Nr. 62/63, S. 970–972.

GROSS, M., 1981: Techniken der automatischen Rundholzvermessung und mögliche Rückwirkungen auf den Forstbetrieb. Unveröffentl. Dipl.-Arbeit an der Abt. Biometrie und Informatik der FVA BAWü, Freiburg.

GÜNTHER, M., 1969: Holzverwertung über zentrale Ausformungsplätze. HZBl, Nr. 18, S. 265.

GÜNTHER, M., 1969: Gemeinsame Vermarktung über Holzhöfe – ein Mittel zur forst- und holzwirtschaftlichen Rationalisierung. FuHw, Nr. 3, S. 62–66.

GÜNTHER, M., 1969: Holzverwertung über zentrale Ausformungsplätze. HZBl, 95. Jg., Nr. 18.

GÜNTHER, M., 1968: Gedanken zum zentralen Holzhof. FuHw., 23. Jg., Nr. 1.

HÖFLE, H., 1971: Der Holzhof Oberschwaben. Mitt. der Bad.-Württemb. Forstl. Versuchs- und Forschungsanstalt, Heft 33.

HOLZHEY, G.: Moderne Entrindungsmaschinen, Technologie und Wirtschaftlichkeit. Holz als Roh- und Werkstoff, Heft 4.

KERRUISH, C. M., 1976: Centralized Processing can Increase Log Volume. In: World Wood, Apr.

KÖNIG, H., 1980: Mehrwert der zentralen Aufarbeitung. Unveröffentl. Dipl.-Arb. am Inst. f. Forstbenutzung, Freiburg.

KWF, 1979: Zentrale Aufarbeitung. KWF-Zwischentagung 1979 und IUFRO-Seminar Donaueschingen.

LEHNHAUSEN, H., 1982: Computergestützte zeitliche und räumliche Simulation forstlicher Systeme an den Beispielen Holzrückeprozeß und Materialfluß auf einem Holzhof. Inaug.-Diss., Forstwiss. Fakultät Göttingen.

LEINERT, S., 1970: Wo soll eigentlich in Zukunft das Nadelholz entrindet werden? AFZ, 25. Jg., Nr. 48.

LÖFFLER, H., 1970: Strukturänderung in der Holzindustrie und Absatzgestaltung in der Forstwirtschaft. Holz als Roh- und Werkstoff, Heft 4.

LOSKANT, G., 1983: Untersuchung zur Produkt- und Sortimentsgestaltung bei schwachem Kiefern-Rohholz (*Pinus sylvestris* L.). Inaug.-Diss. der Forstwiss. Fak., Freiburg.

MARQUART, R., 1971: Transport von Rohstangen zum Holzhof Oberschwaben. Mitt. der FVA BaWü, Nr. 24, Heft 37, Nov.

MENG, W., 1976: Der Transport von Ganzbäumen zur zentralen Aufarbeitung unter besonderer Berücksichtigung der dabei verwendeten Transportfahrzeuge. AFZ, Nr. 31, S. 103–105.

NEUSER, E., 1969: Probleme der Entrindung von Sägestammholz. HZBl, 96. Jg., Nr. 116.

PAMPEL, W., 1964: Technik, Technologie und Ökonomie der Holzausformung auf zentralen Plätzen. Wiss. Zeitschrift der Universität Dresden, 13. Jg., Nr. 1.

PAMPEL, W., 1966: Maschinensysteme für die Rohholzbereitstellung im Bereich der Baumart Fichte in der DDR. Wiss. Zeitschr. der Univ. Dresden, 15. Jg.

PAMPEL, W., 1967: Stand der zentralen Holzausformung in der ČSSR. Sozialistische Forstwirtschaft, 17. Jg., Nr. 5.

PAMPEL, W., 1967: Forstwirtschaft und Automatisierung. – Sozialistische Forstwirtschaft, 17. Jg., Nr. 9.

PENNANEN, O., 1983: Truck Transport of Part-Trees. Metsätho Report 382, Helsinki.

PESTAL, E., 1970: Aufarbeitung an der Straße mittels Erntezug oder am Holzhof. AFZg. 81. Jg., Nr. 9.

PESTAL, E., 1970: Optimale Gestaltung eines Holzhofes. AFZ, 25. Jg., Nr. 48.

PLATZER, H. B., 1979: Neuentwicklung auf dem Gebiet der Aushaltung im Walde und auf Durchgangsplätzen. FA, 41. Jg., Nr. 11.

PLATZER, H. B.,; WIPPERMANN, 1970: Der mechanisierte, zentrale Aufarbeitungsplatz für Starkholz (I). Forstarchiv Nr. 6/7, S. 141.

PLATZER, H., B.; WIPPERMANN, 1971: Der mechanisierte Aufarbeitungsplatz für Starkholz (II). Forstarchiv Nr. 7, S. 149.

RICHTER, E., 1971: Rationalisierungsmöglichkeiten beim Einschlag durch Einführung von Rohschaftverfahren. AFZ, Nr. 21/22, S. 461.

RICHTER, E., 1971: Rückeversuche mit schwachem Nadellangholz für den Holzhof Oberschwaben. Mitt. der FVA BaWü, Nr. 24, Heft 37, Nov.

SAMSET, I., 1967: Die allgemeinen Tendenzen in der Forstwirtschaft und die daraus resultierende Aufgabenstellung für die forstwissenschaftliche Forschung. AFZ, 22. Jg., Nr. 38.

SCHÖPFER, W., 1981: Das Schwarzwälder Einteilprogramm. Prozeßautomatisierung im Sägewerk. HZBl. 107. Jg., Nr. 97.

SINCLAIR, A., 1985: Efficient Design and Management of Logyards. Can. Forest Industries, March.

SINCLAIR, A. W. J.; WELLBURN, G. V., 1984: A Handbook for Designing, Building and Operating a Log Sortyard. FERIC; Febr.
SONDERHEFT, 1979: Holzhof Oberschwaben. AFZ 34, 23.
STEINLIN, H., 1968: Überlegungen zur mechanischen Entrindung des Nadelstammholzes. AFZ 23. Jg., Nr. 51/52.
STEINLIN, H., 1968: Berührungs- und Reibungspunkte an der Nahtstelle zwischen Forstwirtschaft und Sägeindustrie. HZBl. 95. Jg., Nr. 128.
STEINLIN, H., 1970: Forstliche Betriebsorganisation im Jahre 2000. Schweiz. Zeitschrift für Forstwesen, 121. Jg. Nr. 121, Nr. 1.
STEINLIN, H., 1970: Probleme der Nadelstammholzentrindung. HZBl, 96. Jg., Nr. 135 f.
STERZIK, H. K., 1966: Auswirkungen von Waldentrindung und Werksentrindung auf den Holztransport. Forstarchiv Nr. 7.
STREHLKE, E. G.; SCHMIDT, G., 1963: Zur Einrichtung zentraler Aufarbeitungsplätze. FTI, Nr. 12.
UHL, H., 1969: Stammholzentrindung auf zentralen Aufarbeitungsplätzen oder in der Industrie. Waldarbeit Nr. 3.
TANASKOVIC, S., 1986: Central Mechanized Yard for Hardwoods. Vortrag 28. IUFRO-Weltkongreß, Ljubljana.
VYPLEL, K., 1966: Zentrale Holzaufarbeitung. AFZ, 21. Jg., Nr. 24.
VYPLEL, K., 1969: Zur Rentabilität der maschinellen Entrindung. HZBl 95. Jg., Nr. 113.
WECHSELBERGER, H., 1972: Erfahrungen mit dem Holzhof. HZBl Nr. 12.
WECHSELBERGER, H. J., 1977: Die Zentrale Aufarbeitung von Nadel-Schwachholz. FuHW, 32. Jg., Nr. 11, S. 197–203.
WIPPERMANN, H. J., 1974: Starkholzaufarbeitung auf zentralen Plätzen mit stationären und mobilen Anlagen. FTI, Nr. 1.

5 Holzerntesysteme

Die Entscheidung für eine der im Hinblick auf die Zielvorstellung konkurrierenden technisch-organisatorischen Alternativen sollte sich grundsätzlich auf ein in sich geschlossenes Holzerntesystem beziehen, d. h. auf Arbeitsketten, die im durch die Restriktion begrenzten Feld der Möglichkeiten Erfolg versprechen. Ineffektive Holzerntesysteme kranken häufig daran, daß eben nicht der gesamte Arbeitsablauf in einem Guß geplant, sondern daß einzelne Arbeitsmittel, die besonders leistungsfähig erscheinen, für die Wahl den Ausschlag geben. Systeme sollten auch dann noch ihre Wirksamkeit behalten, wenn einzelne Systemteile nicht ihre gelegentlich zu günstig vorkalkulierte Leistung erbringen.

Systeme sind in sich geschlossen und bestehen aus geordneten Elementen. Unterschieden werden natürliche und künstliche Systeme, stabile und instabile, mechanische und soziale Systeme. Soziomechanische Systeme, wie sie zur Leistungserstellung auch bei der Holzernte entwickelt und angewendet werden, sind dadurch gekennzeichnet, daß Maschinenarbeit und menschliche Arbeit miteinander verbunden sind. Man bezeichnet diese Art von Systemen als Verfahren, im vorliegenden Fall wird also von Holzernteverfahren (WARKOTSCH 1975) gesprochen.

Systeme existieren innerhalb von Umsystemen, die HÖFLE (1975) charakterisiert sieht durch vorgeschaltete Betriebe, forstliche Nachbarbetriebe, nachgeschaltete Firmen, aber auch z. B. durch Behörden.

Betrachtet man den gesamten Forstbetrieb, d. h. die Produktion und Nutzung von Holz oder auch forstliche Dienstleistungen als Gesamtsystem, wird man Holzernteverfahren als Untersysteme bezeichnen können.

Holzerntesysteme sind gekennzeichnet durch Arbeitsablaufabschnitte. Diese wiederum sind meist durch Einzelmaschinen charakterisiert.

Die Struktur der Systeme läßt sich an der Reihenfolge der Ablaufabschnitte erkennen, wobei für die Holzernte diese entweder aus Eigenschafts- oder Ortsveränderungen bestehen.

Bezüglich der Koppelung von Eigenschafts- oder Ortsveränderungen sind sich widersprechende Entwicklungstendenzen zu beobachten. Einerseits wird versucht, möglichst viele Bearbeitungsvorgänge, z. B. Entasten und Entrinden, zu koppeln und zu automatisieren. Andererseits addieren sich bei der entsprechenden Koppelung die Störzeiten der einzelnen Maschinen und führen evtl. zu Gesamtstörzeitsummen, welche das Verfahren insgesamt ausscheiden lassen. Dies belastet vor allem mobile Lösungen, d. h. komplexe Holzerntemaschinen, die für den Waldeinsatz entwickelt wurden. Sie sind wesentlich stärkeren Belastungen ausgesetzt als stationäre Anlagen. Außerdem sind Reparaturen am Arbeitsplatz im Wald bei oft schwierigen Witterungsbedingungen wesentlich erschwert, verlangen mehr Zeit und verursachen höhere Kosten.

5.1 Systematik der Holzerntesysteme

Die Notwendigkeit einer Systematisierung wird deutlich, wenn versucht wird, einen Katalog der praktizierten Holzernteverfahren zu erstellen. Es ergibt sich eine nahezu unbegrenzte Zahl von Verfahren und Verfahrensvarianten.

Internationale Organisationen wie die Food and Agriculture Organisation (FAO) oder der Internationale Verband Forstlicher Versuchsanstalten (IUFRO) bemühen sich, für die Systematisierung der Holzernteverfahren eine gemeinsame Basis zu schaffen.

5.1.1 Systematisierung nach der Größe der Arbeitsgruppe

Da über lange Zeit hinweg die meisten Teilarbeiten der Holzernte am Fällort vollzogen wurden, versuchte man in einer ersten Phase in den 20er und 30er Jahren nach arbeitswissenschaftlichen Gesichtspunkten zu systematisieren. Dabei stellte sich heraus, daß Arbeitsgruppengröße und Leistung eng korrelieren (vgl. Hilf 1957). Hilf empfahl, in der Holzernte in Ein- bzw. Zwei-Mann-Arbeit vorzugehen, im Gegensatz zu der bis dahin üblichen Arbeit in Großgruppen. Vorrangiges Argument für diesen Vorschlag war die Beobachtung, daß spezialisierte Arbeit einerseits zu entsprechend einseitiger Belastung, vorzeitiger Ermüdung und mangelnder Arbeitszufriedenheit führt und andererseits, als Folge der Koppelung und der entsprechenden Leistungsstreuungen in der Gruppenarbeit, Wartezeiten entstehen, die z. T. durch eine Verringerung der Arbeitsgeschwindigkeit ausgeglichen werden.

Demgegenüber wird in den meisten sozialistischen Staaten Holzernte als Brigadearbeit betrieben. Man macht sich bewußt die Vorzüge der Spezialisierung zunutze, nämlich die eines hohen Übungs- und Trainingsstandes im eng begrenzten Bereich.

5.1.2 Maschinenbezogene Definitionen

Mit Einsetzen der Mechanisierung Anfang der 50er Jahre, vor allem durch handgeführte Ein-Mann-Motorsägen, ging man – beeindruckt durch die technischen Neuerungen – dazu über, die entsprechenden Verfahren nach charakteristischen Maschinen oder Maschinensystemen zu bezeichnen. Man sprach von einem Motorsägenverfahren, später von Knickschlepper- oder Seilkranverfahren. Mitte und Ende der 60er Jahre entstand die Konkurrenz zwischen Prozessor- und Holzhofsystem.

Die Kennzeichnung eines Holzernteverfahrens oder Systems nach einer Maschine kann zwar vorübergehend die Basis für Vergleiche bilden, da aber erfahrungsgemäß gerade Maschinen in der Holzernte außerordentlich schnell veralten, hat sich diese Art der Systematik nicht bewährt.

5.1.3 Arbeitsintensität als Charakteristikum

Es ist weiter üblich, den Grad der Mechanisierung als Merkmal einer Systematisierung der Erntesysteme zu verwenden. Deutlich wird dies an Bezeichnungen wie „motormanuelles Verfahren“ oder auch „hochmechanisiertes Verfahren“.

Eine Möglichkeit der Ordnung bieten die Mechanisierungsstufen nach Bright (1955), der 14 Gruppen unterscheidet. Ulrich (1968) schlug sechs Stufen vor. Zusammengefaßt lassen sich Holzernteverfahren deutlich in vier Gruppen gliedern: reine Handarbeit (auch sanfte Technologien); motorgetriebene Handwerkzeuge (motormanuelle Systeme); vollmechanisierte, aber gesteuerte Systeme; teil- bzw. vollautomatisierte Systeme (programmgesteuert).

Eine Analyse zeigt, daß in den Entwicklungsländern das erste Verfahren mit Teilen des zweiten vorherrscht, in Industrieländern das zweite Verfahren mit Teilen des dritten. Das vierte Verfahren, programmgesteuerte Holzhöfe und Teilarbeiten bei Vollerntern, muß noch als Ausnahme betrachtet werden.

5.1.4 FAO-Systematik

Sowohl die FAO als auch die ILO (Internationale Arbeitsorganisation Genf) und IUFRO verwenden eine international übliche Vierteilung:

- Shortwood System (Kurzholzsystem): Das Holz wird am Fällort in kurze Längen eingeteilt und in dieser Form gerückt und transportiert und der Verarbeitung zugeführt.
- Tree Length System (Rohschaftverfahren): Im Bestand wird nach der Fällung nur entastet und die Krone gekappt; gerückt und transportiert wird in langer Form, die Aufarbeitung erfolgt entweder auf mehr oder weniger provisorischen Aufarbeitungsplätzen im Wald oder aber auf der Industrie vorgeschalteten Rundholzplätzen.
- Fulltreesystem (Vollbaumsystem): Hier wird nach der Fällung der ganze Baum, also einschließlich Krone, gerückt und wiederum auf Aufarbeitungsplätzen im Wald oder industrievorgeschaltet verwertet.
- Whole-Tree-System (Ganzbaumsystem): Auch der Stock und evtl. die Wurzel werden mitgenutzt und verwertet.

Diese internationale Einteilung in vier Systemgruppen besitzt den Vorzug, besonders anschaulich zu sein. Im Mittelpunkt steht die Holzlänge bzw. der Aufarbeitungsgrad während der Transportvorgänge Rücken und Straßentransport.

5.1.5 Systematisierung nach der örtlichen Konzentration der Teilarbeiten

Versuche, die Vielzahl von Verfahrensvarianten zu katalogisieren, lassen erkennen, daß zur Beschreibung regelmäßig die räumliche Konzentration bestimmter Teilarbeiten benutzt wird. Folgende Arbeitsorte bieten sich hierbei an:

- Bestand bzw. Trassen auf der Bestandesfläche (Maschinenwege, Rückegassen): Nach der Fällung wird am Fällort sowohl entastet als auch entrindet, vermessen, sortiert und die verschiedenen Sorten meist auch getrennt gerückt.
- Waldstraße: Auf mehr oder weniger provisorisch ausgebauten Holzplätzen wird meist mechanisiert entastet, entrindet, sortiert und die verschiedenen Sorten zum Verkauf bereitgestellt.
- Feste Anlagen: Der Transport des Holzes erfolgt hierbei in möglichst roher Form. Diese zentralen Anlagen werden sowohl von den Waldbesitzern als auch von der holzbe- und -verarbeitenden Industrie betrieben.

Diese Systematisierung läßt klar die Möglichkeiten höherer Mechanisierungsstufen erkennen, besitzt aber den Nachteil, daß auch Systeme denkbar sind, an denen an zwei oder mehreren Arbeitsorten mehrere Teilarbeiten durchgeführt werden.

5.2 Systementwicklung

Der Weg zum optimalen Verfahren und dessen Nutzung läßt sich weitgehend schematisieren (vgl. Refa-Sechsstufen-Methode): Zunächst versucht man in einem ersten Schritt eine exakte Zielsetzung zu definieren, meist handelt es sich um mehrere Ziele, die sowohl ausschließlich monetär als auch umfassender definiert sein können, wobei man diese bei einer mathematisch exakten Definition des Zieles als Zielfunktion bezeichnet. In einem zweiten, größeren Schritt werden die Verfahrensalternativen geprüft, ihre Struktur qualitativ und quantitativ erfaßt und in einem dritten Schritt dann bewertet. In einem vierten Schritt erfolgt die Entscheidung. Diese kann man mit dem Rechenstift am Schreibtisch, mit Hilfe eines Tischrechners oder aber bei komplexen Aufgabenstellungen mit Hilfe von Operations-Research-Methoden wie z. B. einer linearen oder nichtlinearen Programmierung vornehmen.

Anschließend wird das „optimale Verfahren“ praxisbezogen definiert und eingeführt. Der sechste Schritt befaßt sich schließlich mit der Nutzung, aber auch der Erfolgskontrolle. In der Praxis gewonnene Erfahrungen werden zur Verbesserung der gewählten Arbeitsweise verwendet. Die Vorgehensweisen zur Systementwicklung zeichnen sich dadurch aus, daß konsequent die Möglichkeit der Rückkoppelung genutzt wird.

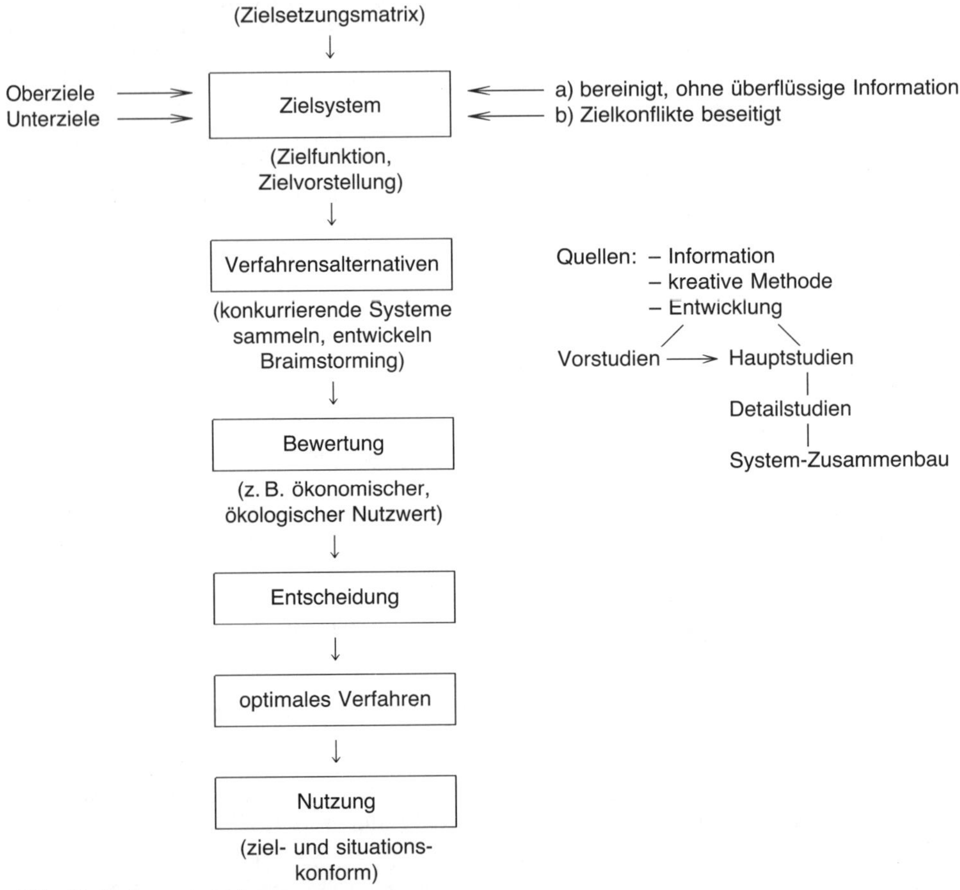

Abb. 50. Systementwicklung

Für die Entwicklung neuer Systeme sind mehrere Quellen verfügbar:
- Bekannte Lösungen werden auf ein anderes Gebiet, in unserem Fall auf die Holzernte übertragen. Typische Beispiele sind Transporttechniken oder der Gewichtsverkauf von Industrieholz. Vergleichbare Lösungen werden beim Zuckerrübenverkauf oder bei der Traubenernte geübt.
- Bekannte Elemente werden neu zusammengesetzt. Dies gilt z. B. für Prozessoren oder Vollernter, bei denen Entastungs- und Entrindungsmaschinen sowie Kappsägen miteinander kombiniert werden.
- Nur gelegentlich wird eine zielgerichtete, gesteuerte Neuentwicklung von Systemelementen betrieben. U. a. wurden Rinden-Hackmaschinen entwickelt, als sich herausstellte, daß diese benötigt werden.
- Echte Entdeckungen und Erfindungen sind hingegen selten.

Die Praxis beschafft sich Unterlagen und erhält Anregungen aus Veröffentlichungen sowie aus Angeboten der Ausrüster-Industrien; weiteres Wissen wird im Rahmen von Kursen verschiedenster Organisationen vermittelt. Die Landesforstverwaltungen bemühen sich mit Hilfe von Erlassen und praktischer Schulung, neue Holzernteverfahren einzuführen und in Anwendung begriffene zu verbessern. In vielen Fällen werden von den Praktikern selbst bereits vorhandene Elemente neu geordnet und damit neue Systeme entwickelt.

5.3 Erntesysteme bei Nadelholz

Verwendet man zur Abgrenzung betriebswirtschaftliche, aber auch ökologisch/biologisch/sozialökonomische Kennziffern, so lassen sich eine Vielzahl unterschiedlichster Holzerntesysteme erkennen und definieren. Für Schweden werden sechs verschiedene Gruppen von Aufarbeitungsverfahren beschrieben (Skogsarbeten 1985).

- Motor-manueller Einschlag nach dem Kurzholz-Verfahren: bezeichnet die Verwendung von Motorsägen und Tragrückeschleppern. Entscheidend ist das Endsortiment, nämlich 1 bis 3 m bzw. 4 bis 8 Fuß langes Kurzholz.
- Motor-manueller Einschlag nach dem Baumteil-Verfahren: Produkt ist hier das zu Kurzholz eingeschnittene, aber noch nicht entastete Sortiment.
- Motor-manuelles Rohschaft-Verfahren: der Schaft wird nach dem Fällen, Entasten und Kappen der Krone nicht eingeschnitten, d. h. bleibt in voller Länge erhalten.
- Vollmechanisiertes Sortimentsverfahren mit Vollernter: Endprodukt ist entastetes, nichtentrindetes Kurzholz.
- Vollbaumverfahren mit Aufarbeitung am Lagerplatz an der Waldstraße: Endprodukt ist Industrie-Kurzholz, ggf. Aushaltung von Sägeholz.
- Vollbaumverfahren, Aufarbeitung der Bäume mit Ästen auf zentralen Aufarbeitungsplätzen: Endprodukte sind eine Vielzahl von Sortimenten, einschließlich der Verwertung der sog. Abfälle wie Äste, Rinde und Nadeln.

Ausgehend vom Jahre 1982 prognostizieren Ericson und Radström (1984) für 1990 sowohl für die Durchforstung als auch die Endnutzung ein weiteres Vorherrschen der Sortimentsmethode, insbesondere in den Endhieben. In der Durchforstung weisen sie der Baumteil-Aufarbeitung zukünftig einen nennenswert höheren Anteil als bisher zu. Am günstigsten erweist sich in ihrer Vergleichskalkulation auch in Zukunft die mechanisierte Sortimentsmethode mit Vollerntern.

Verwendet man zur Differenzierung die Merkmale der örtlichen Konzentration von Teilarbeiten, den Mechanisierungsgrad sowie die Eigentumslage der Maschinen, lassen sich folgende generelle Lösungen erkennen (Günther 1969, Grammel 1972):

- Modell I (Bestand)
  a. Sortimentsverfahren, motor-manuelle Aufarbeitung am Fällort bzw. auf Fahrtrassen im Bestand oder
  b. Sortimentsverfahren, hochmechanisierte Aufarbeitung am Fällort.
- Modell II (Waldstraße)
  a. Motor-manuelles Sortimentsverfahren an der Waldstraße, auf provisorischen Aufarbeitungsplätzen ausgeübt.
  b. Hochmechanisiertes Sortimentsverfahren mit Aufarbeitungsmaschinen an der Waldstraße.
- Modell III (Holzhofsystem)
  a. Zentraler forstlicher Aufarbeitungsplatz (forstlicher Holzhof), hochmechanisiert.
  b. Zentrale Aufarbeitung durch die holzbe- und -verarbeitende Industrie, hochmechanisiert, weitgehende Eigenverarbeitung der Produkte.

Abb. 51 weist auf die grundsätzlichen Merkmale der verschiedenen Lösungen hin.

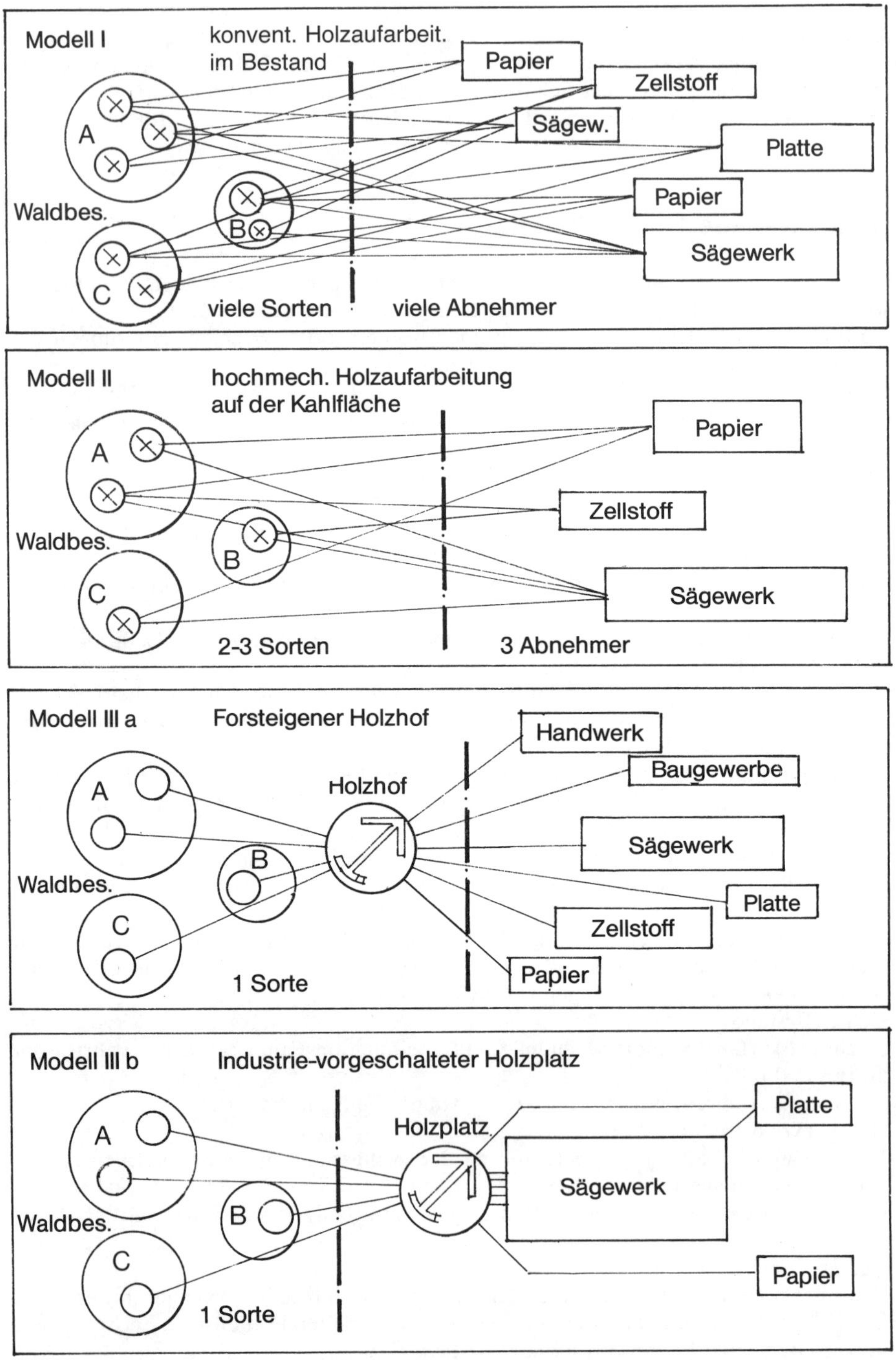

Abb. 51. Modelle für Erntesysteme bei Nadelholz (nach GÜNTHER 1969).

Übersicht 45. Arbeitswirtschaftliche Anhaltswerte typischer Holzernteverfahren. (Jährliche Nutzung ca. 6 Efm m.R./ha) (vgl. DIETERLE 1982)

Kennziffer / Verfahren	Konventionelles motor-manuelles Ernteverfahren (Sortenverfahren einschl. Handentrindung)			Fällung mit Fällerbündler Prozessoraufarbeitung auf der Bestandesfläche			Forstlicher Holzhof mit Schwach- und Starkholzlinien			Werksaufarbeitung: nur Fällen, Rücken und Lagern an Waldstraße (als Rohschäfte o. Vollbäume)		
mittl. Stückmasse (m^3 Baum)	0,15	0,5	1,3	0,15	0,5	1,3	0,15	0,5	1,3	0,15	0,5	1,3
Jahreskapazität/Arb.kraft (m^3) bei 1680 Arb.std./Jahr	550	950	1500	20 000	30 000	60 000	25 000	60 000	90 000	–	–	–
Einsatzfläche ha	90	160	250	3400	5000	10 000	4200	10 000	15 000	beliebig (auch Kleinflächen)		
techn. Arbeitsprod. (m^3/h)	0,33	0,56	0,90	1,63	2,44	3,50	1,10	1,60	1,90	1,50	2,70	4,80
Ges.Invest. Masch. und Anl., Stock-Waldstraße (DM/ha)	110,–	87,–	75,–	–	–	–	–	–	–	56,–	43,–	32,–
Ges.Invest. Masch. und Anl., Stock-Werk bzw. Holzhof (DM/ha)	–	–	–	228,–	167,–	130,–	659,–	500,–	369,–	–	–	–
Verhältnis Arb.-Masch.-Kosten 1982 (%)		62/38			31/69			37/63			71/29	

Beim Modell Ia) handelt es sich um die konventionelle Aufarbeitung einer mehr oder weniger größeren Zahl von Sorten auf der Kahlfläche oder in der Durchforstung, wobei von den Rückemaschinen Fahrtrassensysteme genutzt werden. Zur Anwendung gelangen motorgetriebene Werkzeuge wie Motorsäge, gelegentlich handgeführte Entrindungsmaschinen, aber auch eine Reihe von Handwerkzeugen. Gerückt wird sortenweise mit Universal- oder Spezialrückemaschinen.

Beim Modell Ib) übernehmen Vollernter oder die Kombination Feller-Buncher-Aufarbeitungsmaschinen (Prozessoren) in Arbeitstrassen an Ort und Stelle die Aufarbeitung. Gerückt wird ebenfalls sortenweise.

Die Modelle IIa) und IIb) entsprechen Ia) und b). Sie gelangen in wachsendem Mechanisierungsgrad im Bergland und Gebirge, aber auch auf wenig tragfähigen Böden zur Anwendung. Mit der Entwicklung entsprechender Rücketechniken für Rohschäfte und Vollbäume (Bodenschleifzug bergauf, Seilkräne, Helikopter) wird versucht, möglichst viele Teilarbeiten der Holzernte auf Waldstraßen und auf provisorische Lagerplätze zu verlagern, um dort unter günstigeren Bedingungen das Rohmaterial bearbeiten und besser sortieren zu können. Handarbeit kann hier durch hohe Mechanisierungsstufen ersetzt werden.

Das Modell III der zentralen Aufarbeitung des in möglichst roher Form transportierten Rohstoffes (als Rohschaft, Baumteil, Voll- oder Ganzbaum) unterscheidet sich von den vorhergehenden Modellen darin, daß das Holz einschließlich Rinde, Ästen und Nadeln nicht nur vom Fällort zur Waldstraße, sondern von dort meist über öffentliche Straßen zu Aufarbeitungsplätzen transportiert werden muß.

Auf festen Anlagen wird das Material gesammelt, bearbeitet, vermessen, sortiert und vermarktet bzw. der Verarbeitung im eigenen Betrieb zugeführt. Schwierigen Geländebedingungen und hohen waldbaulichen Ansprüchen (z. B. Einzelstammnutzung) kann ausgewichen bzw. entsprochen werden. Möglich ist die Nutzung der gesamten Biomasse, d. h. eine zweckmäßige Verwendung auch der bisher bei der Aufarbeitung am Fällort in Kauf genommenen Verluste. Die Modelle IIIa) und b) unterscheiden sich hierbei durch die Trägerschaft. Im ersten Fall übernimmt diese mit allen Folgen der Waldbesitzer, im zweiten die Holzindustrie, hier wird der Forstbetrieb zum reinen Rohmaterial-Lieferanten.

Übersicht 45 (S. 217) macht deutlich, daß zwischen den konkurrierenden Holzernteverfahren tiefgreifende Unterschiede bestehen. Diese betreffen nicht nur den organisatorischen Ablauf, d. h. nicht nur die Reihenfolge der Teilarbeit, sondern auch die betriebswirtschaftlichen Folgen.

Der Mechanisierungsgrad spiegelt den Anteil an Handarbeit wider und läßt Schlüsse auf die Arbeitskostenanteile zu. Naturgemäß weist das arbeitintensive Sortimentsverfahren die höchsten Anteile an menschlicher Arbeit auf. Eher überraschend bewegt sich das Holzhofsystem im mittleren Bereich. Hier erweisen sich die Rücketechnik, aber auch die zusätzlichen Funktionen des Holzhofs wie Vermarktung und Organisation und auch die weitergehende Sortierung als noch verhältnismäßig arbeitsintensiv. In bezug auf die Arbeitsintensität stehen die mobilen Systeme mit Vollerntern bzw. die Kombination Fällmaschine/Aufarbeitungsmaschine an der Spitze des Ersatzes von menschlicher Arbeit.

Dieselbe Reihenfolge bringt die technische Arbeitsproduktivität zum Ausdruck. Einfache Handarbeitsverfahren weisen Leistungen je Mann/Arbeitsstunde zwischen 0,2 und 0,3 m^3 auf. Gut ausgebildete Facharbeiter erreichen in motor-manuellen Systemen 0,9 bis 1,5 m^3 je Arbeitsstunde. Bei hochmechanisierten mobilen Erntesystemen mit Fällmaschinen, Prozessoren und Kran-Rückezügen werden bei mittleren Baudimensionen 2,0 bis 6,0, im Mittel 2,5 bis 4,0 m^3 je Arbeitsstunde erreicht. Im mittleren Bereich liegt auch hier das forstliche Holzhofsystem, das durch das aufwendigere Rücken von Rohschäften oder Vollbäumen, den Transportbruch und zusätzliche Funktionen wie z. B. Vermarktung an Arbeitsproduktivität verliert, auch wenn die Arbeiten auf dem Holzhof selbst hochmechanisiert, ja vollautomatisiert ablaufen.

Auch die mechanisierte Aufarbeitung an der Waldstraße weist, verglichen mit der mobilen Aufarbeitung auf der Bestandesfläche die geringere Arbeitsproduktivität auf. Hier macht sich, wenn auch nur geringfügig, die im Vergleich zum Sortimentsrücken geringere Rückeleistung bemerkbar.

Besonders weit streuen die Beträge für die verfahrensspezifischen Investitionen für Maschinen und Anlagen. Gering sind die Einsätze beim konventionellen Verfahren, zumal hier die Beschaffung und der Einsatz der Maschinen (Motorsägen, Rückeschlepper, Lastkraftwagen) in der Bundesrepublik in der Regel von bäuerlichen Forstarbeitern oder hauptberuflichen Rückern oder Fuhrunternehmern bewerkstelligt werden. Mittlere Kapitaleinsätze verlangt die mobile, hochmechanisierte Aufarbeitung. Als Folge der hohen Arbeitsproduktivität liegen die auf die Fläche und die produzierte Einheit bezogenen Investitionen günstiger als bei dem noch kapitalintensiveren Holzhofsystem. Bemerkenswert ist, daß sich bei den hochmechanisierten Verfahren die Holzstärke, d. h. das Stückmassegesetz, besonders stark auswirkt.

Die Jahreskapazität wird in der vorliegenden Schätzung über die das jeweilige System bestimmende Maschine hergeleitet. Bei unterstelltem 5- bzw. 10-m^3-Jahreseinschlag je ha bewältigen insbesondere Vollerntemaschinen große Holzmengen und decken damit beträchtliche Betriebsflächen ab. Dies bedeutet, daß diese Maschinen entweder nur im Großbetrieb Verwendung finden können, oder aber daß sich mehrere bzw. viele Waldeigentümer zu einer gemeinsamen Bewirtschaftung ihrer Wälder zusammenfinden müssen. Noch höhere Kapazitäten weisen forstliche Holzhöfe auf. Der Vorzug dieses Systems liegt hier aber darin, daß die Arbeiten auch vieler kleiner Waldbesitzer konzentriert erfolgen können.

Durchschnittliche systembezogene Preise zu nennen, ist als Folge unterschiedlicher Sorten- und Sortimentsbildung schwierig. Hier kommen Produktpolitik, Arbeitsintensität und Distributionspolitik voll zur Auswirkung. Auch werden dabei evtl. völlig verschiedenartige Betriebsziele sichtbar: hier der maximale kostenfreie Erlös, dort eine ausschließliche Produktpolitik, d. h. vorrangige Versorgung einer Großindustrie mit Rohstoffen.

Immerhin läßt sich eine Vielzahl von Forschungsergebnissen verallgemeinern. Das konventionelle Sortenverfahren erzielt hohe Durchschnittspreise, das Verfahren mit Erntemaschinen fällt mangels weitergehender Sortenbildung und einer etwas geringeren Volumenausnutzung etwas ab. Zwangsläufig an der Spitze steht das Holzhofsystem mit einer Optimierung von Volumen und Wert.

Das Modell III b) ist dadurch gekennzeichnet, daß der Forstbetrieb nur sehr geringe Summen für Investitionen in Form von Maschinen und Anlagen aufbringen muß. Diese fallen weitgehend der Industrie zu. Als eines der Argumente für den Holzeinschlag durch die Be- und Verarbeiter wird in diesem Zusammenhang eine bessere Ausnutzung der Maschinen und Anlagen genannt.

Zusammenfassend fällt die große Breite der betriebswirtschaftlichen Kennziffern auf, ein Hinweis auf die unterschiedlichen Bedingungen und Voraussetzungen, unter denen Holzerntesysteme entwickelt und ausgewählt werden müssen, sicher aber auch ein Hinweis auf den großen Spielraum, die die Betriebsleitung in diesem Feld vorfindet.

5.4 Erntesysteme bei Laubholz

Auch beim Vergleich von Laubholz-Erntesystemen lassen sich grundsätzlich verschiedene Konzepte erkennen, wobei die Unterscheidung der Systeme vor allem am Produkt, d. h. an den Sorten bzw. am Sortiment, deutlich wird:

A. Konventionelle, motor-manuelle Aufarbeitung: Endprodukt Stammholz (Sägeholz), 2,5 bis 6–12 m lang, Mindestdurchmesser 15 cm sowie Schichtholz, 1 m lang, getragen, gespalten und in Beigen gesetzt oder gebündelt, Verkauf in der Regel an Polter- und Lagerplätzen an der Waldstraße.

B. Stammholzaufarbeitung wie unter A, herkömmliches Industrie-Schichtholz wird hier abweichend in langer Form angeboten, Verkaufsmaß sind m^3 m. R., t atro, t lutro.

C. Stammholz wie unter A angeboten, Kronen und Schwachholz in Form von Waldhackschnitzeln aufgearbeitet, Verkaufsmaß t atro, t lutro oder Schütt-m^3.

D. Vollbäume, grob entastet, zentrale Aufarbeitung auf Holzplätzen.

Ersichtlich ist, daß bei diesen konkurrierenden Systemen der Produktgestaltung besonderes Gewicht zukommt. Die Stammholzaushaltung ist primär abhängig von einer Mindestdimension oder Mindestqualität. Ist ein breiter, vielfältiger Holzmarkt vorhanden, wird man versuchen, ein optimales Sortenmix bereitzuhalten. Unter Berücksichtigung schwankender Sortenpreise, unterschiedlicher Aufarbeitungskosten, differierender Ausnutzungsgrade, aber auch unterschiedlicher Nachfrageelastizität der konkurrierenden Sorten, erweist sich die Entscheidung als fachlich anspruchsvoll.

Bei den Verfahren A, B und C erfolgt die Einteilung in die verschiedenen Sorten entweder im Bestand bzw. auf der Kahlfläche oder auf der Waldstraße. Bereits 1951 führte Gläser Versuche durch, Vollbäume bzw. Teile derselben zu rücken und auf provisorischen Aufarbeitungsplätzen in Säge- und Schichtholzsortimente aufzuarbeiten.

Das Verfahren D befindet sich von wenigen Ausnahmen abgesehen noch im Erprobungs-

Übersicht 46. Laubholz-Holzerntesysteme im Vergleich (bei 40 % Stammholzanteil)

Kriterien / Verfahren	A	B	C	D
	Konventionelle Aufarbeitung Schichtholz + Stammholz	Industrieholz, lang (t atro, t lutro) + Stammholz	Waldhackschnitzel (t atro, t lutro Schütt m³) + Stammholz (m³)	Vollbäume, zentral sortiert (t atro, t lutro Schütt m³, Stück, m³)
Handarbeitsanteil Kosten %	85–95 %	60–70 %	40–50 %	60–80 %
Techn. Arbeitsproduktivität m³/Arbeitsstunden	0,4–0,7 m³/Arb.std.	2,0–5,0 m³/Arb.std.	1,5–7,0 m³/Arb.std.	1,5–2,0 m³/Arb.std.
Maschineninvestition je ha (geschätzt) bei 5 m³/Jahr/ha	50,– bis 100,– DM/ha (Motorsägen + Rückeschlepper, evtl. Spaltmaschinen	40,– bis 80,– DM/ha Motorsägen, Rückeschlepper	120,– bis 200,– DM/ha Motorsägen, Rückeschlepper, mobile Hacker	150,– bis 400,– DM/ha Motorsägen, Rückeschlepper, Lkw, Technik Zentraler Aufarbeitungsplatz
Rohstoffausnutzung	100 %	105 %	120 %	95 %

Anmerkung: Bei Verzicht auf die Aufarbeitung von Stammholz (Vermessen, Sortieren, Trennschnitt, getrenntes Stapeln) kann die Leistung bei Verfahren B, C erhöht werden, fällt aber bei Verfahren A.

zustand. Theěs (1984) konnte nachweisen, daß die Buche durchaus in langer Form auch auf öffentlichen Straßen gefahren werden kann. In der UdSSR werden ebenfalls Laubbaumarten in größerem Umfang in langer Form transportiert und zentral aufgearbeitet. Keine Probleme bestünden bei Plantagen-Laubholzarten wie Eukalyptus, Gmelina, Teak oder Akazie.

Die Aufarbeitungstechnik kann auch bei Laubholz variiert werden:

- Fällung: von Hand mit Motorsäge, aber auch mit Fäll-Bündel- bzw. Fäll-Rückemaschinen;
- Rücken: von Hand (getragen), mit Traktor und Anhänger, mit Schichtholztragrückeschlepper, als Schüttgut in Containersystemen, als Vollbaum mit Hilfe von Tierzug, Rückeschleppern, Klemmbankschleppern;
- Sortimentsrücken: Kurzholz von Hand oder Kranbeladung von Schlepper und Anhänger oder im Huckepacksystem;
- Hacken: mobile Hacker mit Containeranhänger, Containertransport, halbstationäre Hacker.

Auch können Arbeitsgänge mit unterschiedlichem technischem Niveau kombiniert werden.

Die konventionelle Aufarbeitung von Schichtholz (bei Laubholz meist 1 m lang) verursacht erwartungsgemäß einen hohen Arbeitsaufwand. Um die einzelnen Teile von Hand bewegen zu können, darf das Gewicht der Rollen und Scheiter 30 bis 35 kg nicht überschreiten. Das Vermessen, Einschneiden, Spalten, Tragen und Setzen beansprucht im Vergleich zur Aufbereitung in Form von Langholz, insgesamt drei- bis viermal soviel Arbeitszeit.

Entsprechend variiert die Höhe der notwendigen Investitionen in Form von Maschinen und sonstigen Anlagen. Am niedrigsten liegen die Beträge beim Verkauf der Hölzer in langer Form nach Gewicht. Hier werden Motorsägen und Rückeschlepper für Langholz benötigt.

Sollen die gesamten Kronen und nicht sägeholztauglichen Baumteile gehackt werden, erhöht sich der Kapitaleinsatz beträchtlich, da auch stärkere Dimensionen minderer Qualität gehackt werden müssen. Es finden entsprechend dimensionierte teurere Hacker Anwendung.

Naturgemäß verlangt die zentrale Sammlung, Bearbeitung, Sortierung von mehr oder minder entasteten Vollbäumen und die Vermarktung eines sehr breiten Sortiments unterschiedlicher Qualität die höchsten Investitionen. Diese erfolgen in Form von Aufarbeitungstischen, Transporteuren, automatischen Meßanlagen, Kapp- und Einschneidevorrichtungen, Hacker usw. Im Vergleich zum Nadelholz kann meist eine einfachere Technik gewählt werden. Zum Beschicken der Einteilstation und zur Entnahme der Sorten hat sich z. B. der Mobilbagger bewährt. Auch kann mit einfachen Arbeitstischen, Motorsägen und Handvermessung gearbeitet werden (Thees 1984).

5.5 Literatur

Berglund, O., 1975: Mechanisierungslage und Entwicklungstendenzen in der Schwedischen Forstwirtschaft. AFZ 30. Jg. Nr. 31, S. 614–619.
Boström, C., 1982: Das Aufarbeiten von Baumteilen – eine neue Durchforstungsmethode mit Zukunft? Forstarchiv Nr. 2, S. 76–78.
Bradley, D. P.; Hassler, C. C.; Green, R. F., 1982: Analytical Procedure to Locate Trees for Tree Harvest Simulators. Forest Prod. Journal, Vol. 32, Nr. 7, S. 36–40.
Bright, J. R., 1955: How to Evaluate Automation? Harvard Business Review, Juli/Aug., S. 101–111.
Cubbage, F. W.; Granskog, J. E., 1982: Harvesting Systems and Costs for Southern Pine in the 1980s. For Prod. Journal, Vol. 32, No. 4, S. 37–43.
Danielsson, B. O., 1981: Tree Harvesting Changes in Sweden due to Whole Tree Utilization. Garpenberg, Schweden.
Dieterle, G., 1982: Zur Frage des Ausnutzungsgrades konkurrierender Holzerntesysteme für Nadelholz. Inaug.-Diss der Forstwiss. Fak. der Univers. Freiburg; Hochschulsammlung, Wirtschaftswissenschaft: Forstwirtschaft, Bd. 2.
Ericson, O.; Radström, L., 1984: Large-Scale Forestry in Sweden 1982–1990. Methods, Productivity, Cost and Profitability. Skogsarbeten Report Nr. 2.
Gläser, H., 1951: Das Rücken des Holzes. München, 244 S.
Grammel, R. H., 1969: Überlegungen zur künftigen Entwicklung der Holzerntemethoden in der Bundesrepublik Deutschland. HZBl Nr. 128.
Grammel, R. H., 1972: Sachinvestitionen und technische Arbeitsproduktivität bei der Einführung moderner Holzernteverfahren. HZBl Nr. 117, S. 1693 f.
Grammel, R. H., 1976: Investitionen in Holzernte und -Vermarktung. HZBl Nr. 118, S. 1624–1626.
Grammel, R. H., 1978: Mehrwert der zentralen Rohholzaufarbeitung. HZBl Nr. 18, S. 970–972.
Günther, M., 1969: Holzverwertung über zentrale Ausformungsplätze. HZBl Nr. 18, S. 265.
Häberle, S., 1973: Die Stehendbearbeitung von Durchforstungshölzern der Fichte im Systemvergleich. AFZ Nr. 28.
Hilf, H. H., 1957: Arbeitswissenschaftliche Grundlagen der Leistungsforschung und Arbeitsgestaltung. München, 341 S.
Höfle, H. H., 1980: Der Maschineneinsatz im Forstbetrieb zwischen Improvisation und Planung. HZBl. Nr. 139, S. 2125f.
Höfle, H. H., 1975: Das Systemdenken in der Forstbenutzung. AFZg. Nr. 8.
Jaakko Pöyry Interforest, 1983: Availability and Cost of Wood in Major Forest Product Regions 1970–1990. Jaakko Pöyry Companies, Helsinki.
Kramer, H., 1974: Biologische Kriterien als Entscheidungshilfe für die Wahl stark mechanisierter Durchforstungssysteme. Forstachiv Nr. 45, S. 217–221.
Kroth, W.; Löffler, H.; Timinger, J., 1976: Zur Analyse forstbetrieblicher Zielsysteme und Methodik der Entscheidung. Forstwiss. CBl. Heft 1.
Kwasnitschka, R., 1979: Vergleichende Untersuchungen zur Massen- und Wertausbeute in der Schwachholzernte. Unveröffentl. Dipl.-Arb. am Inst. für Forstbenutzung der Univers. Freiburg.
Larsson, M., 1982: Harvesting and Transportation of Forest Energy Wood in Sweden. FAO/ECE/ILO Seminar on Reducing Forest Biomass Losses in Logging Operation. Moskau.
Löffler, H. 1973: Die Planung von Holzerntesystemen im Rahmen des Zielkonzepts eines Forstbetriebs. Münchehof/Reinbek.
Malinovski, J. R., 1981: Konkurrierende Holzernteverfahren im Kiefernplantagenbetrieb, untersucht an drei Modellen. Inaug.-Diss. an der forstwiss. Fak. der Univers. Freiburg.

REFA, 1984: Anleitung für Forstliche Arbeitsstudien – Datenermittlung, Arbeitsgestaltung. Darmstadt, Buchschlag.

SCHLECHTNER, K., 1985: Grossauer Verfahren – neue Erntetechnik mit dem Radschlepper. AFZ, Februar.

SCHMIDT-VIELGUT, B., 1985: Psycho-physische Beanspruchung der Arbeitskräfte in Holzerntesystemen unterschiedlicher Mechanisierungsgrade. Hochschulsammlung, Wirtschaftswissenschaft, Forstwirtschaft, Band 9.

SKOGSARBETEN, 1985: Forest Operations in Sweden. Oskarsham.

SKOGSARBETEN, 1980: Logging in Sweden. Stockholm, Schweden.

THEES, O., 1984: Untersuchung zur Frage der Rundholzausbeute nach Volumen, Sorten und Wert bei zentraler Aufarbeitung und Vermarktung von Laubholz. Inaug.-Diss an der Forstwiss. Fak. der Univers. Freiburg.

TISSINGH, I. A., 1979: Central Timber Conversion Sites in the Netherlands. IUFRO.

TIMINGER, J., 1974: Erntesysteme in Durchforstungsbeständen. HZBl. Nr. 11, Nr. 68.

ULRICH, E., 1968: Stufung und Messung der Mechanisierung und Automatisierung. Mitt. Nr. 2 des Instituts für Arbeits- und Berufsforschung, Erlangen.

WARKOTSCH, W., 1975: Darstellung und Analyse von Systemen und Verfahren der Holzernte. AFZ 41/1975.

WILDMANN, P., 1977: Systemdenken zur Lösung forstlicher Aufgaben. Schweiz. Zeitschrift für Forstwesen, Nr. 1.

6 Entscheidungsfindung und Entschluß

Die Entscheidungsfindung beinhaltet, ausgehend von den Zielvorstellungen und unter Berücksichtigung der die Wahlmöglichkeiten begrenzenden Randbedingungen, zwei Aspekte:

1. Sie dient der Wahl des optimalen Holzerntesystems, d. h., der Entscheidungsträger ist vor eine Anzahl Alternativen gestellt, von denen er eine auszuwählen hat. Kosiol (1961) bezeichnet dies als Optimalmodell (vgl. Schmidt 1970). Ergebnis ist eine Ordnung der Konsequenzen der einzelnen Alternativen. Mehrstufiges Vorgehen bedeutet, daß als Folge der meist komplexen Fragestellungen, örtlichen Gegebenheiten, der unterschiedlichen Sicherheit der Entscheidungsparameter und der jeweils notwendigen Rückkoppelung in der Regel schrittweise vorgegangen wird.
2. Sie dient weiter zur Feststellung des Ausmaßes des zu erwartenden Erfolges. Kosiol (1959) spricht in diesem Zusammenhang vom sogenannten Ermittlungsmodell. Es handelt sich hierbei um das Feld der klassischen Investitionsrechnung. Nach Staehlin (1982) soll nachgewiesen werden, ob und in welchem Umfang das Investitionsprojekt einen Beitrag zum zukünftigen Unternehmungserfolg leisten wird. Im Hinblick auf die im Forstbetrieb meist unvollkommene Information kommt dem Ermittlungsmodell eine besondere Bedeutung zu.

Mögliche Entscheidungsträger sind:
- die Betriebsleiter (Unternehmensleiter)
- die Mitarbeiter (autorisierte)
- Versuchs- und Forschungsinstitutionen (Hochschulinstitute, Versuchs- und Forschungsanstalten, forsttechnische Stützpunkte, mit Entwicklungsarbeiten befaßte Waldarbeits- und Forstschulen, das Kuratorium für Waldarbeit und Forsttechnik [KWF] usw.)
- Maschinen- und Anlagenhersteller.

Die Entscheidungsfindung kann von sehr unterschiedlicher Art sein:
- zufällige Entscheidung: hier bleibt das Ergebnis außer Betracht, es ist keine Zielvorstellung vorhanden,
- traditionelle Entscheidung: entschieden wird gewohnheitsmäßig, ohne das Ziel, Neuerungen einzuführen; eine im Forstbetrieb relativ häufige Art der Entscheidung,
- affektive Entscheidung: ein Teilaspekt oder die Gesamtlösung spricht den Entscheidungsträger in besonderer Weise an,
- intuitive Entscheidung: der Gesamtkomplex wird spontan und richtig erfaßt und beurteilt,
- programmierte Entscheidung: die Entscheidung erfolgt nach vorgegebenen, an früheren Aufträgen erarbeiteten Entscheidungsregeln,
- mathematisch-logische Vorgehensweise: mit Hilfe von Modellüberlegungen und vereinfachten gedanklichen Hilfskonstruktionen zur Behandlung quantitativer und qualitativer Erscheinungen der Wirklichkeit.

In diesem Zusammenhang muß auf die Theorie des Rational- bzw. beschränkten Rationalverhaltens der Entscheidungsträger hingewiesen werden. Charakteristisch für die Entscheidungen bei der Wahl von Holzerntesystemen ist, daß meist nur wenige Alternativen bekannt sind, keine eindeutigen Konsequenzen der Wahl erkennbar sind, daß nicht exakt faßbare Wünsche und Motive eingebracht werden, daß die Bearbeitungskapazität oft beschränkt ist und über nicht ausreichende Hilfsmittel verfügt, nicht zuletzt aber auch, daß ein großer Anteil der Informationen nur subjektiv gewertet, d. h. gereiht und gewichtet werden kann. Deutlich wird deshalb, daß mangels vollkommener Information selten nur nach ausschließlich mathematisch-logischen Gesichtspunkten entschieden werden kann. Sowohl traditionelle als auch affektive Aspekte werden gegebenermaßen berücksichtigt. Auch intuitive Entscheidungen sind gängig. Programmierte Entscheidung ist noch selten, langfristig aber als Folge der außergewöhnlich komplexen Bedingungen gerade bei der Wahl optimaler Holzerntesysteme notwendig.

Das Ergebnis der Entscheidungsfindung hat aufgrund dieser Merkmale den Charakter eines Erwartungswertes, dessen Grad an Eintreffwahrscheinlichkeit in großem Maß vom Umfang der Information und auch zwangsläufig der Methodik der Herleitung des Ergebnisses abhängt.

Das Ende des Entscheidungsprozesses stellt der Entschluß als abschließender Wahlakt dar, d. h., der Entscheidungsträger beschließt konkret, das seinen Zielvorstellungen und unter Berücksichtigung der Randbedingungen ihm optimal erscheinende Holzerntesystem zu nutzen.

6.1 Aktionsparameter

Im Hinblick auf die Aufgaben der Wahl des günstigsten Verfahrens, der Abschätzung des zu erwartenden Erfolges, der Sicherung der notwendigen Liquidität und der Abschätzung der Auswirkungen auf die Nachfrage müssen im Entscheidungsfeld Holzernte folgende Aktionsparameter erarbeitet oder, falls dies nicht möglich ist, geschätzt werden, wobei deren funktionale oder stochastische Abhängigkeiten, d. h. die zu erwartenden Streuungen der Werte bekannt sein müssen:

Zeitbedarfswerte: menschliche Arbeitszeit (Quantität und berufliche Qualifikation); tierische Arbeit; Maschinenarbeitszeiten; Nutzungszeiten der Anlagen. – Ermittelt werden Zeitbedarfswerte mit Hilfe von Zeit- und Arbeitsstudien, Betriebsstatistiken und Systemen vorbestimmter Zeiten.

Rohstoffe: im Forstbetrieb nicht sehr bedeutsam. Benötigt werden Bindedrähte, Stahlbänder, beim Straßenbau Schotter usw.

Kostenstrukturen: Arbeitskosten, Lohnnebenkosten, Maschinen- und Anlagekosten, Rohstoff- und Materialkosten.

Produktpreise nach Sorten: Reihung und Gewichtung nicht direkt meßbarer Verfahrensmerkmale (s. Nutzwertanalyse, Übersicht 48).

Umrechnungsfaktoren: zur Herstellung der Vergleichbarkeit der Vielzahl geernteter Holzprodukte wie Festmeter, Raummeter, Schüttkubikmeter, t atro, t lutro, lfd. m, Stück.

6.2 Technik der Entscheidungsfindung

6.2.1 Überblick

Basierend auf der Erkenntnis, daß im Forstbetrieb nur in seltenen Fällen die Merkmale aller Alternativen und ihrer Konsequenzen bekannt sind, beschränkt sich die Entscheidungsfindung in der Praxis in der Regel auf den Vergleich nur zweier oder einiger weniger Systeme sowie auf eine hinreichend genaue Abschätzung des zu erwartenden Erfolges. Bei einer Vielzahl von Zielsetzungen kommt den zu erwartenden Kosten, den erzielbaren Erlösen sowie dem erntekostenfreien Erlös (Gewinnmaximierung) das größte Gewicht zu. Charakteristisch für den Forstbetrieb und die Wahl der optimalen Holzerntemethode ist allerdings, daß in die Überlegungen meist nicht meßbare, nur subjektiv schätzbare Parameter einbezogen werden. Tatsächlich wird deshalb weitaus am häufigsten nach dem sogenannten

Übersicht 47. Technik der Entscheidungsfindung bei unvollkommener Information

Theorie	Grad der Technik	Methoden, Beispiele	prakt. Beispiele	Anmerkung
Statistische Methoden	Handkalkul. Tabellen EDV	Kosten/Erlös/Nettoerlöskalkul., Zeitreihen u. Trendextrapolation, einfache/multiple Korrelations- u. Regressionskostenrechnung	Nettoerlöskalkul., Arbeitsproduktivität, Verfahrenskosten, Produktgestaltung, Preisgestalt., Preis bei Koppelproduktion	im wesentlichen explorativ
Deterministische Methoden	EDV seltener Handkalkul.	lineare, nichtlineare, dyn. Programmier., Graphenmeth., Entscheidungsbaum, Zeitreihen u. Trendextrapolation	Nettoerlös, optimaler Standort, Maschinenmodelle im Vergl. m. Bestandsmodellen, Waldstraßendichte, opt. Produktmix	Elemente sind funktional verbunden, meist projektiv
Stochastische Methoden	EDV	Simulation auf d. Basis v. Modellen, Sensitivitätsanalysen, stoch.-math. Programmierung	Nettoerlös, Lagerhaltung, Ersatz- u. Erneuerungsprobl. Störung i. Komplexanlagen wie Holzhöfen oder Vollernten	Elemente werden unter Berücksichtigung d. Häufigkeit u. Verteilung d. Auftretens verwendet, Wahrscheinlichkeitsrechnung
Spieltheorie	EDV	Delphi-Meth., Strateg. Spiele, Brainstorming (strat. Spielerentscheidungen werden eingebracht)	Programme, z. B. Mechanisierungsgrad, Training	Elemente ohne erkennbaren (meßbaren) Zusammenhang, Entscheidung unter Unsicherheit

subjektiven Nutzen entschieden. Übersicht 47 gibt einen Überblick über die Anwendung von Rechen- und Kalkulationsverfahren.

Anhand der entsprechenden Literaturhinweise können zu den genannten Verfahren beispielhafte Lösungen holzerntetechnischer Probleme nachvollzogen werden.

Im Forstbetrieb üblich ist die Handvorkalkulation der Kosten und des erntekostenfreien Erlöses. Es wurden EDV-Programme entwickelt (Grammel, von Baumbach, Klein 1986), die es erlauben, Preisänderungen, regionale Umrechnungsfaktoren, aber auch Änderungen der Hauungs- und Rückekosten einzubringen. Während es bei Handkalkulation nur mit großem Zeitaufwand möglich ist, den erntekostenfreien Erlös konkurrierender Sorten abzuschätzen, ist dies mit Hilfe mittlerer Datentechnik zeitsparend durchzuführen.

Im Bereich der Methoden des Operations Research herrscht die lineare Programmierung vor. Schöpfer (1968) berichtet, daß nicht weniger als 70 bis 80 % der beobachteten Beispielsrechnungen auf dieser Methode beruhen. An zweiter Stelle steht die stochastische Simulation, unter Berücksichtigung von Häufigkeiten und Streuungen (meist Arbeitsstudienergebnisse).

6.2.2 Instrumentarium und Anwendungsbeispiele der Entscheidungsfindung

6.2.2.1 Handkalkulation oder EDV-gesteuerte Nettoerlöskalkulation?

Im praktischen Betrieb kommt der Handkalkulation immer noch eine vorrangige Bedeutung zu. Neben der Betriebsstatistik werden Daten aus Publikationen und sonstigen verläßlich erscheinenden Quellen verwendet. Weitere Unterlagen sind Tarifverträge, Vorgabezeitsysteme und Umrechnungszahlen. Nicht zahlenmäßig erfaßbare Einflüsse und Auswirkungen werden bei der Handkalkulation eher einer intuitiven Bewertung unterzogen.

Einer Anmerkung bedürfen die verwendeten Umrechnungsfaktoren. Es ist bekannt, daß die amtlichen Werte z. T. weit streuen. Es erscheint deshalb notwendig, für die betriebsinterne Vorkalkulation langfristig möglichst betriebsinterne Faktoren zu verwenden. Ermittelt werden können diese anhand der Auswertung der Betriebsstatistiken, z. B. der Atro-Gewichte beim Verkauf des Holzes nach Gewicht.

6.2.2.2 Sortenoptimierung

Die EDV-Vorkalkulation erntekostenfreier Erlöse beinhaltet noch keine Optimierung der Sortenproduktion. Dies gelingt weitgehend problemfrei auf forstlichen Holzhöfen mit dem Ziel der gewinnorientierten Rundholzvermarktung, aber auch auf den Rundholzplätzen der Sägeindustrie, wo die Optimierung auf den maximalen Wert der Schnittware ausgerichtet ist. Heute werden für beide Fälle, also für die Rundholz- und Schnittholzoptimierung, eine Reihe praktikabler, erfolgreicher Programme angeboten. Basierend auf einer weitgehend automatisierten Erfassung der äußeren und zukünftig möglicherweise der inneren Eigenschaften, zeigen die Ergebnisse, daß in diesem Feld die computergestützte Sortenbildung der menschlichen, wenn auch noch so erfahrenen Holzeinteilung überlegen ist.

Nicht gelöst ist die Optimierung der Produktgestaltung im noch stehenden Bestand. Versuche sind im Gange, den ausscheidenden Bestand in einfacher Weise meßtechnisch so zu charakterisieren, daß wenigstens annäherungsweise die optimale Sortenbildung auch unter Berücksichtigung markttechnischer Restriktionen wie Mengenbegrenzungen usw. möglich wird.

6.2.2.3 Nutzwertüberlegungen

Es ist eine der typischen Eigenarten der Verfahrensnutzung in Forstbetrieben, daß Grundlage der Entscheidungsfindung und des abschließenden Entschlusses nur in seltenen Fällen eine ausschließliche Maximierung des erntekostenfreien Erlöses ist. Der Entscheidungsträger berücksichtigt viele weitere Aspekte, die in der Regel nicht monetär ausgedrückt werden können. Verglichen wird in der Regel der Nutzen der zur Wahl stehenden Alternativen. Unter Nutzen wird hier die Kombination direkt meßbarer Werte und relativer, subjektiv geschätzter Beurteilungsmaßstäbe verstanden.

Charekteristisch für die Vorgehensweise ist, daß bei der Nutzwertanalyse der Versuch gemacht wird, kardinal geordnete, also zahlenmäßig festlegbare Merkmale mit solchen zu verbinden, die nur ordinal gereiht und gewichtet werden können. Die Herleitung eines verfahrensbezogenen Nutzwertes soll den Vergleich zwischen konkurrierenden Lösungen ermöglichen. Üblich ist es, dies in Form einer Nutzenziffer auszudrücken. Tabelle 48 zeigt eine Auswahl von Grundlagen auf. Der Gruppe der meßbaren, direkten Kosten und der Erlöse stehen Kriterien gegenüber wie sortenbezogene Organisationskosten, Wert der zeitlichen oder sortenbezogenen Flexibilität sowie subjektiv eingeschätzte relative Merkmale in bezug auf die Pfleglichkeit oder Umweltverträglichkeit der Ernteverfahren.

Hinsichtlich der Gewichtung können verschiedene Wege gegangen werden. Die Prioritätsreihenfolge wird anhand von Rangordnungsverfahren (Pauschalschätzungen) bzw. paarweisem Vergleich durchgeführt. Man versucht, möglichst viele der derzeit zahlenmäßig festlegbaren Parameter zukünftig zu konkretisieren (ZANGENMEISTER 1973; KROTH, LÖFFLER, TIMINGER 1976; BRONNER 1978).

Übersicht 48. Schematische Darstellung der Grundlagen einer Nutzwertanalyse

Bemessung	Beschreibung der Verfahrenskriterien				
		Merkmalsgruppe	Merkm. ziffer	Beschreibung des Kriteriums	Dimension/Maßeinheit
		1	2	3	4
kardinal bewertet	I	**Direkte Kosten und Erlöse**	1	Fällen und Aufarbeiten	z. B. DM/Efm o. R.
			2	Lohnnebenkosten	DM/Efm o. R.
			3	Rücken	DM/Efm o. R.
			4	Erntekosten insges.	DM/Efm o. R.
			5	Erlöse	DM/Efm o. R.
			6	Erntekostenfreier Erlös/Sorte (Sortiment)	DM/Efm o. R.
ordinal bewertet (Reihung und Gewichtung)	II	**Gemeinkosten**	7	Vermessung	Reihung/Gewichtung
			8	Verlohnung	Note 1–10
			9	Organisation/Planung	Note 1–10
			10	Investition Maschinen (notw. Liquidität, Problem Kapitalbesch.)	Note 1–10
	III	**Vermarktung**	11	Flexibilität ± zeitlich	Note 1–10
			12	Flexibilität Sorten	Note 1–10
	IV	**Faktor Arbeit** einschl. soziale Aspekte	13	Arbeitsintensität (techn. Arbeitsproduktivität in bezug auf Arbeitsmangel oder -überschuß	Note 1–10
			14	Lohnkostenanteil	Note 1–10
			15	Qualifikation der Arbeitskräfte	Note 1–10
			16	Arbeitshygiene, Ergonomie, Betriebssicherheit	Note 1–10
	V	**Biologisch-ökologische Kriterien**	17	Waldbauliche Flexibilität	Note 1–10
			18	Bodenschäden/Bodenvegetation	Note 1–10
			19	Schäden am verbl. Bestand	Note 1–10
			20	Forstschutzrisiken	Note 1–10
	VI	**Dienstleistungen/ Infrastruktur** Wirkung a. d. Öffentlichkeit	21	Schutzfunktion	Note 1–10
			22	Erholungs- und Freizeitfunktion	Note 1–10

6.2.2.4 Investitionsrechnung

Die Wahl von Holzerntesystemen ist verbunden mit z. T. erheblichen Investitionen in Form von Maschinen, festen Anlagen z. B. bei Holzhöfen, Wartungs- und Reparatureinrichtungen sowie Waldstraßen, Lager- und Arbeitsplätzen, Rückewegen usw. Das Holzhofsystem kann Gesamtinvestitionen in Höhe von 5 bis 7 Millionen DM und mehr beanspruchen. Für eine mobile Stammholzentrindungsmaschine wird man knapp eine Million DM und für ein Rückeaggregat bis zu 0,3 Millionen DM investieren müssen. Die Wirtschaftlichkeit einer derartigen Investition wird anhand von Investitionsrechnungen geprüft. Die üblichen Gründe für die Vornahme von Investitionen (Sach-/Finanz-/immaterielle Investitionen) sind – anderen Güterproduktionsbereichen entsprechend – Ersatz-, Erweiterungs- und Rationalisierungsziele. Charakteristisch für die Investitionsrechnung ist, daß einer Reihe von Ausgaben eine zeitlich vergleichbare Reihe von Einnahmen gegenübergestellt wird.

Benötigt werden im einzelnen: der Investitionsbetrag (Beschaffungskosten einschließlich Zusatzausrüstung und Zubehör, Beschaffung und Installation); der mögliche Nutzen (Bareinnahmen und Barausgaben); die Lebensdauer der Investition in Jahren; der Kalkulationszinsfuß sowie der Restwert.

Folgende Methoden der Investitionsrechnung sind gebräuchlich:

Dynamische Methoden

(1) Gegenwartswert- oder Barwertmethode (Kapitalwertmethode): Das Verfahren beruht auf der Abzinsung der während der Nutzungsperiode getätigten Bareinnahmen und -ausgaben.
(2) Methode des internen Ertragssatzes oder des internen Zinsfußes: Die Bewertung erfolgt nach dem Prozentsatz, zu dem sich das investierte Kapital verzinst (gesucht ist nicht mehr der Überschuß, sondern der Zinssatz).
(3) Annuitätenmethode (dynamische Amortisationsrechnung): Berechnet wird hier die Wiedergewinnungszeit (Schmidt 1970).

Statische Methoden

(1) Rückzahlungsmethode (Payback-Payoff/Payout-Methode): Berechnet wird die Anzahl der Jahre, die bis zum Rückfluß des Investitionsbetrages verstreicht. Schmidt bezeichnet diese Methode als Amortisationsrechnung.
(2) Rentabilitätsrechnung: Die Rendite wird aufgrund des reziproken Wertes der Rückzahlungsfrist errechnet.
(3) Methode der nichtkorrigierten Ertragsrate oder Gewinnvergleichsrechnung: Es findet keine Abzinsung statt. Verglichen werden nur Geldausgaben und Geldeinnahmen. (Einfache) Zinsrechnung des Investitionsbetrags, Kostenvergleichsrechnung. $Ü = (n \times G) - I - Z$, d. h., berechnet wird der Überschuß aus den Jahreseinnahmen abzüglich der Investition und der Zinsen.

Gemischte Systeme

(1) Mapi-Methode: Ein Mangel der dynamischen wie der statischen Methoden der Investitionsrechnung besteht darin, daß die Berechnungen in der Regel nur für eine oder mehrere Maschinen, Anlagen, Waldstraßen oder sonstige Holzernteinfrastrukturteile durchgeführt werden. Nicht berücksichtigt werden z. B. mögliche Liquiditätsengpässe, aber auch gegenseitige Abhängigkeiten mehrerer betrieblicher Investitionsprojekte. Dies sind aber bei der üblichen forstlichen Koppelproduktion wichtige Aspekte.

Grundsätzlich gilt, daß alle Investitionsrechnungen eine Projektion von Vorstellungen in die Zukunft darstellen und damit mit den entsprechenden Unsicherheiten behaftet sind. Um diese und andere Schwächen zu minimieren und insbesondere die Eignung für die Praxis zu verbessern, wurden eine Reihe gemischter Investitions-Kalkulations-Systeme entwickelt. Schmidt (1970) beschreibt u. a. die Mapi-Methode, die ein Konzept der relativen Rentabilität einer Investition darstellt:

$$\text{Mapi } R_{\%} = \frac{(2) + (3) - (4) - (5)}{(1)} \times 100$$

(1) = Nettoinvestition = Investition abzüglich Restwert + Großreparatur im nächsten Jahr (der alten Anlage)
(2) = lfd. Betriebsgewinn (Einnahmen – Ausgaben) des nächsten Jahres
(3) = vermiedener Kapitalverzehr
(4) = entstehender Kapitalverzehr des nächsten Jahres (Abschreibung)
(5) = Ertragssteuerbetrag

Die relative Rentabilität wird nur für das erste Jahr der Nutzung der Investition berechnet, da sich diese üblicherweise mit den nachfolgenden Jahren des Investitionszeitraumes verbessert. Ein positives Ergebnis des ersten Jahres verspricht also nachfolgend eine weitere Verbesserung.

Zusammenfassend ist festzustellen, daß die Bedeutung der Investitionsrechnung mit zunehmendem Mechanisierungs- und Automatisierungsgrad, insbesondere der zunehmenden Verlagerung von Teilen der Holzernte auf Lagerplätze oder feste Anlagen, zunehmen wird. Dies gilt auch für die wachsende Zahl von Biomasse-Erntesystemen, die sich als kapitalaufwendig erweisen.

6.2.2.5 Betriebsstundenkostenkalkulation für Holzerntemaschinen

Kostenarten

Zum Zwecke der Einfachheit und zur besseren Vergleichbarkeit bedient man sich in der Regel bestimmter Kalkulationsschemata. Ein solches wurde durch das Kuratorium für Waldarbeit und Forsttechnik, KWF (Strehlke 1971), entwickelt.

Das Schema findet Anwendung bei:
- der Vorkalkulation (vor der Beschaffung, vor oder zu Beginn der Nutzungsdauer einer Maschine),
- der Zwischenkalkulation (während der Nutzungsdauer, die gesamte Nutzungsperiode einbeziehend),
- der Jahreskalkulation (während der Nutzungsdauer, Bezugszeitraum 1 Jahr),
- der Nachkalkulation (Kalkulation der tatsächlich entstandenen Kosten während der gesamten Nutzungsperiode bis zur Aussonderung).

Die zur Kalkulation verwendete Bezugszeit ist die Maschinenarbeitsstunde (MAS), die die produktiven Arbeitsstunden einer Maschine einschließlich der Arbeitsunterbrechungen bis zu 15 Min. Dauer umfaßt. Möglich ist auch eine Ableitung der MAS aus der Arbeitszeit des ersten Fahrers.

Neben der MAS wird die An- und Abfahrtszeit sowie die Umsetzzeit einer Maschine auf eigener Achse erhoben.

Es hat sich als zweckmäßig erwiesen, die Pflege- und Reparaturzeiten des Bedienungspersonals sowie den Ausnutzungsgrad (Verhältnis MAS zur Gesamtarbeitszeit des ersten Fahrers) zu ermitteln.

An Kostenarten treten insbesondere auf: Sachkosten (fixe Kosten, bedingt veränderliche Kosten, variable bzw. voll veränderliche Kosten) und Lohnkosten (variabel, Löhne einschl. Lohnnebenkosten).

Zu den *fixen Sachkosten* zählen die Kosten zur Haltung der Maschine, ohne daß diese bereits im Einsatz ist. Im einzelnen gehören dazu: Zinskosten, Steuer und Versicherung, Unterstellkosten.

Zu den *bedingt veränderlichen Sachkosten* zählen im einzelnen:

Abschreibung: Bei der Berechnung der Abschreibungen werden die Anschaffungskosten auf die MAS verteilt. Der Anschaffungspreis ist der tatsächliche Preis für die Maschine einschließlich Bereifung, Zusatzausrüstung und Zubehör, sofern diese wesentlicher Bestandteil der Maschine sind. Außerdem sind Anlieferungs- und Zulassungskosten, die Mehrwertsteuer, Rabatte und Skonti enthalten. Der Restwert wird nur bei Nachkalkulation berücksichtigt.

Es erweist sich als zweckmäßig, eine Maschine nicht mit allen Teilen gleichlaufend abzuschreiben (z. B. Reifen, Seilwinden, Seile usw.), da diese unterschiedlichem Verschleiß und damit einer unterschiedlichen Benutzungsdauer unterliegen. Hier ist es sinnvoll, diese Teile getrennt abzuschreiben oder sogar wie variable Kosten zu behandeln.

Reparaturkosten: Sie beinhalten die Reparaturkosten und einen Pflegekostenanteil, der

Übersicht 49. Zusammenstellung der Grunddaten zur Maschinenkostenkalkulation (LEINERT 1978)

Maschinengruppen	Nutzungsdauer MAS	technische Veralterung Jahre	Schwellenwert MAS/J	Koeff. Reparatur und Wartung	Kraftstoffverbr. l/MAS	Schmierstoffkosten in % d. Kraftstoffk. %
1. Schlepper						
1.1 Forstschlepper						
bis 30 kW	5000	6,0	830	1,2	2,0	10
31–45 kW	7000	6,0	1170	1,2	3,0	10
über 45 kW	8000	6,0	1330	1,2	4,0	10
1.2 Spezialschlepper						
30–50 kW	7000	6,0	1170	1,1	3,0	15
über 50 kW	9000	7,0	1280	1,1	4,0	15
1.3 Zangenschlepper	(8000)	(6,0)	(1330)	(1,1)	(4,0)	(15)
1.4 Tragschlepper	(8000)	(6,0)	(1330)	(1,2)	(8,0)	(20)
1.5 Hebeschleifzug	(7000)	(6,0)	(1170)	(1,2)	(2,0)	(20)
2. Sonstige Maschinen für die Holzernte						
2.1 Mobile Entrindungsanl. Stammholz	7500	5,0	1500	1,1	20,0	35
2.2 Entastungs- u. Entrindungsanl.						
ETE 100	(6000)	(6,0)	(1000)	(1,2)	(2,0)	(15)
Astab 250 A	(6000)	(6,0)	(1000)	(1,2)	(2,0)	(15)
2.3 Rückeanhänger mit Kran	(5000)	(6,0)	(1000)	(1,2)	(2,0)	(15)
3. Maschinen für den Wegebau						
3.1 Lkw	10 000	8,0	1230	0,8	10,0	5
3.2 Schwere Radlader	(10 000)	(8,0)	(1230)	(0,8)	(7,0)	(10)
3.3 Selbstfahrende Walzen	9000	8,0	1120	0,8	5,0	10
Div. Gummiradwalzen	10 000	10,0	1000	1,0	5,0	10
3.4 Bagger	(9000)	(8,0)	(1120)	(0,8)	(5,0)	(10)
3.5 Raupen	9000	7,0	1280	1,0	12,0	10
Schwere Raupen				0,7	15,0	
3.6 Grader	(9000)	(7,0)	(1280)	(1,0)	(10,0)	(10)

zu den Reparaturkosten gezählt werden kann (kleine Instandsetzungen im Rahmen der Wartung). Ermittelt werden die Reparatur- und Wartungskosten aus der Multiplikation des Abschreibungsbetrages mit der Reparatur- und Wartungskostenquote.

Zu den *variablen Kosten* zählen folgende Sachkosten:
Kraftstoffkosten: Bei der Nachkalkulation werden die tatsächlichen Kosten angegeben. Für die Schätzwerte gelten die vom KWF vorgeschlagenen Schätzwerte.

Schmierstoffkosten: Dazu gehören Motoren- und Schmieröl, Fette. Für die Vorkalkulation gibt das KWF Prozentwerte in Anlehnung an die Kraftstoffkosten an.

Reifen, Raupenketten, Windenseile, Motorsägeblätter etc.: Sie werden, wie oben bereits erwähnt, nicht als Bestandteil der Maschine mit abgeschrieben, sondern als Verschleißteile wie variable Kosten behandelt, deren Höhe mit der Benutzung proportional steigt.

Lohnkosten stellen oft den dominierenden Kostenfaktor dar. Dabei sind zu erfassen: die Lohnkosten für Fahrer und Beifahrer einschließlich der Lohnkosten für die Umsetzzeiten und ggf. für An- und Abfahrt sowie die Lohnnebenkosten.

Die Kosten des Fahrers für Reparatur und Pflege sind nicht unter Reparatur- und

Pflegekosten zu erfassen. Das KWF schlägt als Schätzwert 15 % des stündlichen Lohn- und Sozialkostensatzes des Maschinenführers vor.

Herleitung der Maschinenkosten mittels Formblatt

Folgendes Schema soll eine Hilfe für die Kalkulation von Maschinenkosten sein.

Eine einwandfreie Maschinenbuchführung gewährleistet in diesem Zusammenhang, daß

Übersicht 50. Kalkulationschema für Maschinenkosten

Sachkosten		DM MAS	%
Unveränderliche Kosten	DM/Jahr		
1. Zinsen			
2. Versicherungsprämien			
3. Steuern			
4. Unterstellkosten			
	Sa. a)		
Bedingt veränderliche Kosten			
1. Abschreibung			
der Maschine			
der Zusatzgeräte			
2. Reparaturkosten			
der Maschine			
der Zusatzgeräte			
	Sa. b)		
Voll veränderliche Kosten			
1. Kraftstoff			
2. Schmiermittel			
3. Bereifung			
4. Seilabnutzung			
5. Kettenverbrauch			
	Sa. c)		
	Sa. A		
Lohnkosten			
Maschinenbedienung			
1. Maschinenführer (stündlicher Lohnsatz zuzügl. Lohnnebenkosten)			
2. Hilfskräfte (stündlicher Lohnsatz zuzügl. Lohnnebenkosten)			
Wartung			
	Sa. B		
	Gesamtkosten		

erhobene Daten direkt in das vorgestellte Kalkulationsschema übernommen werden können. Zudem ist eine Überprüfung der angegebenen Schätzdaten für Vorkalkulationen möglich.

Kalkulation bei unterschiedlicher jährlicher Auslastung und Alternativvergleich

Die Auslastung einer Maschine spielt für die Kostenstruktur und -höhe eine erhebliche Rolle. Bis zur Auslastungsschwelle sinken die fixen und bedingt veränderlichen Kosten steil ab, während danach nur noch die fixen Kosten abnehmen, die allerdings einen relativ geringen Anteil an der Gesamthöhe aufweisen. Die Folge ist ein Abflachen der Kostenkurve.

Bei graphischer Darstellung der Kosten, bezogen auf eine Arbeitseinheit (fm, ha) über den Arbeitseinheiten je Jahr, ergibt sich, einschließlich eines Vergleiches von zwei Alternativen, das folgende Bild:

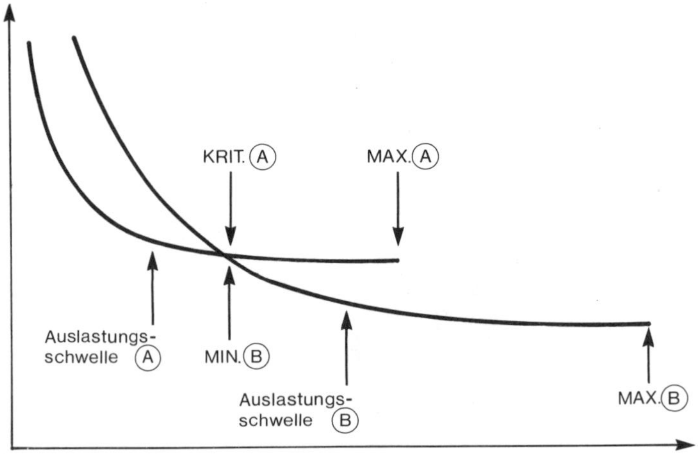

Abb. 52. Schematische Darstellung unterschiedlicher Auslastung zweier verschiedener Maschinen beim Einsatz für dieselbe Arbeit, bezogen auf Arbeitseinheiten.

Die einzelnen, hier gezeigten Zusammenhänge bedeuten:
- A und B bezeichnen die zwei möglichen Maschinen-Alternativen;
- die Auslastungsschwellen sind für beide Alternativen (A, B) gegeben;
- die minimale Auslastung (Min B) ist der Punkt, an dem der Einsatz der Maschine wirtschaftlich zu werden beginnt (Kostendeckung);
- die maximale Auslastung kennzeichnet die überhaupt mögliche jährliche Einsatzzeit einer Maschine;
- die kritische Auslastung (Krit A) ist der Schnittpunkt der beiden Kurven. Ab diesen Punkten ist es wirtschaftlicher, Maschinentyp B einzusetzen, da die Kosten ab hier geringer sind als beim Maschinentyp A.

6.3 Literatur

Anderson, P. O.; Berglund, H; Bäckström, P. O., 1977: Simulating the Operation of Planting Units. Skogsarbeten, Reports No. 7, Schweden.

Barber, R. L., 1983: HARVEST, an Interactive Harvest Scheduling Simulator for Even-Aged Forests. Journal of Forestry 81 (8), S. 532–533.

Bare, B. B.; Briggs, D. G.; Roise, J. P.; Schreuder, G. F., 1984: A Survey of Systems Analysis

Models in Forestry and the Forest Products Industries. European Journal of Operational Research, Vol. 18, No. 1.

Bare, B. B.; Jayne, B. A.; Anholt, B. F., 1976: A Simulation – Based Approach for Evaluating Logging Residue Handling Systems. USDA PNW 45.

Bartelsheimer, P., 1979: Simulation als Hilfsmittel zur Planung und Steuerung von Betriebsabläufen in der Forstwirtschaft. Landwirtschaft – Angewandte Wissenschaft. Schriftenreihe des Bundesministeriums für Ernährung, Landwirtschaft und Forsten, Heft 220, S. 334–359.

Boyd, J. H.; Novak, W. P., 1977: A Method of Comparing Logging System and Machine Concepts. FERIC Special Report, No. 2.

Bradley, D. P.; Winsauer, S. A., 1978: Simulated Full-Tree Chipping: Modell Compares Favourable to the Real World. Forest Products Journal. Vol. 28, No. 10, S. 85–88.

Brocks, D. G.; Vodak, M. C.; Hokans, R. H., 1984: Computer Programs for Forest Investment Analysis. Southern Journal of Applied Forestry 8 (2), S. 79–84.

Bronner, A., 1978: Nutzwertanalyse als Grundlage der Produktplanung. REFA-Nachrichten 31, Heft 5, S. 263 ff.

Burger, D.: Analyse der Maschinenkosten mit Hilfe von Computern. II. Fortbildungswoche über Holzernte- und Transportsysteme, FUBEF, Curitiba, 1978.

Burger, D., 1970: Das Problem der wirtschaftlichen Entscheidung im Forstbetrieb und Ansätze zu seiner Lösung. Diss. Freiburg, 1970.

Corcoran, T. J., 1978: Chairmans' Introduction from the Prospectus of a Symposium Simulation Model. Proceedings of the Workshop/Symposium on Simulation Techniques in Forest Operation Planning and Control. Dept. of Forest Technique, Agricultural University, The Netherlands.

Corcoran, T. J.; Heij, W. 1981: Continuity on Simulation Model Implementation – A Progress Report. XVII IUFRO World-Congress, Kyoto.

Corcoran, T. J.; Heij, W., Hrsg., 1978: Proceedings of the Workshop/Symposium on Simulation Techniques in Forest Operation Planning and Control., Dept. of Forest Technique, Agricultural University, The Netherlands.

Cu, Q. W.; Sun, J. Z.; Li, G. Y.; Liu, J., 1980: Mathematical Models in Sustained Forest Management. Scientia Silvae Sinicae, 16, S. 9–17.

Eisenhauer, G., 1957: Betriebskosten von Radschleppern. Unterlagen zur Kalkulation beim Einsatz in der Forstwirtschaft. Forstarchiv, Nr. 7, S. 137.

Ellenberger, H., 1975: Grundlagen der Konstruktion und Auswertung von Simulationsmodellen für die betriebliche Entscheidungsvorbereitung. Diss. Nr. 581, St. Gallen.

Fryk, J.; Larsson, M.; Mührmann, D.; Nordansjö, I., 1985: Forest Operation in Sweden. Forschungsstiftung Skoksarbeten 1985. Oskarsham: Verlag Primo.

Garner, G. J., 1978: Simulation: A Decision Making Aid for Managers. – FERIC, Technical Report, No. TR-30.

Geschka, H.; Schlichsupp, H., 1971: Techniken der Problemlösung. Rationalisierung, 22. Jg., Nr. 12.

Goulet, D. V., 1979: An Indepth Evaluation of Five Forest Harvesting Simulation Models for Use in the South. Final Report to USDA Forest Serv.

Goulet, D. V.; Iff, R. H.; Sirois, D. L., 1980: Analysis of Five Forest Harvesting Simulation Models. Part I: Modeling Characterstics. Part II: Paths, Pitfalls, and other Considerations. Forest. Prod. Journal, Vol. 30.

Goulet, D. V.; Iff, R. H.; Strois, D. L., 1979: Tree-to-mill Forest Harvesting Simulation Models: Where are we? Forest Prod. Journal, 20 (10), S. 50–55.

Goulet, D. V.; Sirois, D. L.; Iff, R. H., 1979: A Survey and Evaluation of Timber Harvesting Simulation Models für Use in the South. Phase I. USDA Forest Serv.

Graham, G. M.; Betters, D. R., 1985: A Simulation Model for Economic Analysis of Timber/Forage Production Alternatives in Rocky Mountains Aspen Stands. Forest Ecology and Management 10 (4), S. 313–321.

Grammel, R. H.; von Baumbach, F. W.; Kleinn, C., 1986: EDV-gesteuerte Nettoerlös-Vorkalkulation als Entscheidungshilfe bei der Produktpolitik im Forstbetrieb. Unveröffentl. Abschlußbericht CMA, Bonn.

Guglhör, W., 1981: Arbeitsstudien an Schwachholzerntemaschinen zur Entwicklung von digitalen stochastischen Modellen. Diss. forst. Arbeitswiss. und Verfahrenstechnik, Univers. München.

Herpay, I., 1984: Grundsätze und Methode der Planung und Analyse der Holzeinschlagsarbeitssysteme. In: Acta Facultatis Forestalis 1984. 2. Sopron.

Höfle, H. H., 1967: Die optimale Gestaltung der mechanischen Produktion des Schwachholzes durch die lineare Programmierung. Diss. Freiburg.

Hoganson, H. M.; Rose, D. W., 1984: A Simulation Approach for Optimal Timber Management Scheduling. Forest Science, 30 (1), S. 220–238.

Hokans, R. H.; Fanelli, E. S.; Burhart, E., 1984: Microcomputer Program for Groth Prediction in Loblolly Pine Plantations. Journal of Forestry 82 (8), S. 497.

HRADETZKY, J.; WOLF, E., 1975: Simulation diskreter Prozesse – Simulation Holzhof. HZBl, 101. Jg., Nr. 119, S. 1538.

HUNG, W.; WU, C., 1983: Computer Simulation Test on the Effectiveness of Site Index Curve Forecast. Journal of Northeastern Forestry Institute, China 11, S. 149–153.

IFF, R. H.; SIROIS, D. R., 1980: Analysis of Five Forest Harvesting Simulation Models. Part I: Modeling Characteristics. Forest Prod. Journal.

JOHANSSON, A., 1975: Simulation of the GL Thinning Machine. Skogsarbeten, Reports 1, Stockholm.

JOHNSON, K. N.; TEDDER, P. L., 1983: Linear Programming vs. Binary Search in Periodic Harvest Level Calculation. Forest Science 29 (3), S. 569–581.

KARKKÄINEN, M., 1973: Planning Harvesting Operations in a State Forest Area: Some Points of View in Decicion Theory. Research Notes No. 27, Helsinki.

KOCHER, G., 1976: Ein zweckmäßiges Prognose-Verfahren für die Unternehmensplanung: die Delphi-Umfrage. Management-Zeitschrift 10, 45. Jg., Nr. 362–264.

KOSIOL, E., 1959: Die Organisation des Entscheidungsprozesses. Berlin.

KROTH, W.; LÖFFLER, H.; TIMINGER, J., 1976: Zur Analyse forstbetrieblicher Zielsysteme und Methodik der Entscheidung. Forstwiss. CBl. 95. Jg., Nr. 1, S. 20–44.

KUNZE, K., 1981: Wirtschaftlichkeitsberechnungen für forstliche Maschinen. Manuskript des REFA-Fachausschusses „Forstwirtschaft", Darmstadt.

KUNZE, K., 1974: Theoretische Grundlagen der Maschinenbuchführung. Inaug.-Diss. Univers. Freiburg.

KWF, 1978: Erläuterungen zum Formular „Vorkalkulation von Maschinenkosten" – Buchschlag.

KWF, 1978: Ergebnisniederschrift der Arbeitstagung „Grundlagen der Maschinenbuchführung" – Buchschlag.

KYNAST, R., 1977: Ein Modellexperiment für die Simulation der Holznutzung. Diss. Freiburg.

LEDAUX, C. B., 1975: Simulation of a Helikopter Yarding System in Oldgrowth Forest Stands. M. Sc. Thesis Oregon State University, Corvallis.

LEHNHAUSEN, H., o. J.: Skidding Systems Simulation in Spatial Stand Structures. Univers. Göttingen, Abt. Forstl. Biometrie.

LEINERT, S., 1978: Vereinheitlichung der Maschinenbuchführung. Forstarchiv 49. Jg., Nr. 6, S. 123–124.

LEINERT, S., 1978: Ergebnisniederschrift der KWF-Arbeitstagung „Grundlagen der Maschinenbuchführung" am 10./11. 11. 1977 in Buchschlag.

LEINERT, S., 1978: Aktuelle Probleme der Maschinenbuchführung. FTI. Nr. 1.

LJUBID, E. A., 1985: Analysis of Productivity and Cost of Forest Transportation. FERIC Technical Report, TR-61, Quebec (CDN).

MCLEAN, D. W., 1983: Planing for Forest Resource Management: Some Thoughts on Method. New Zealand Journal of Forestry 28 (3), S. 339–355.

MCLEOD, J., 1980: All About Validation. Simulation in Service of Society, SCS, Simulation. Techn. Journal, Vol. 35 (1).

MARTIN, A. J., 1975: T-H-A-T-S: Timber Harvesting and Transport Simulator. NE Research Paper 316.

MIHALI, S., 1984: Sortimentenschätzung bei der Planung der Holzeinschlagsarbeiten. In: Acta Facultatis Forestalis 1984, Sopron.

MOHN, R., 1974: Zukünftige mechanisch-technische Fortschritte in der Landwirtschaft – eine Prognose mit Hilfe der Delphi-Methode. Hannover: Alfred Strothe.

MÜLLER-MERSBACH, H., 1973: Operations Research. Methoden und Modelle der Optimalplanung. München.

NEWNHAM, R. M., 1972: A Fortran Program for Estimating the Operating Cost per Available Machine Hour of a Logging Machine. Forest Management Institute, Information Report FMR-X-42, Ottawa.

NEWNHAM, R. M., 1979: Simulation als Hilfsmittel bei der Entwicklung von Maschinen und Verfahren in der Forstwirtschaft. Landwirtschaft – Angewandte Wissenschaft. Schriftenreihe des Bundesministeriums für Ernährung, Landwirtschaft und Forsten, Heft 220, S. 307–333.

OLSON, D.; SCHALLAU, C.; MAKI, W., 1984: IPASS: An Interactive Policy Analysis Simulation System. General Technical Report, Pacific Northwest Forest and Range Experiment Station, USDA Forest Service.

PELZ, D., 1977: IFMAG – The Illinois Forest Mangement Game. Forestry Research Report No. 77–6, Dec. 1977.

PELZ, D., 1978: Computer-assisted Intruduction in Forestry. Journal of Forestry, Vol. 76, No. 9, Sept.

RAJAGOPAL, H., 1975: System Simulation in Forest Engineering. ASAE Paper No. 75–1510.

RIEGER, G., 1981: Die Neugestaltung der Maschinenbuchführung in Baden-Württemberg. FTI, Nr. 6/7.

RIEGER, G., 1983: Einsatz, Kosten und Leistungen forstlicher Maschinen, Diss. Freiburg.

RUMPF, J., 1985: Ein energiebezogenes Modell der Holzernte und Materialbringung. XIX. Internationales Symposium „Mechanisierung in der Waldarbeit", Diemelstadt.

RUMPF, J., 1984: Technisch-ökonomische Kennwerte der Holzeinschlagsarbeitssystemvarianten. In: Acta Facultatis Forestalis 1984. 2, Sopron.
RUMPF, R., 1983: Die Bewertung der Holzeinschlagsarbeitssysteme mittels Netzplantechnik. Univers. für Forstwiss. und Holzind. Sopron, Ungarn.
SCHMIDT, R. B., 1970: Unternehmensinvestitionen, Strukturen, Entscheidungen, Kalküle. Reinbek, 1970.
SCHÖPFER, W., 1971: Forstliche Unternehmensforschung. AFZ-Sonderheft „Unternehmensforschung". München, 26. Jg.
SCHÖPFER, W., 1968: Unternehmensforschung in der Forstwirtschaft., AFZ Nr. 2, 23. Jg.
SCHÖPFER, W.; HÖFLE, H. H., 1970: Unternehmensforschung (Operations Research). Eine Bibliographie der Anwendungen in Forst- und Holzwirtschaft. Heft 25 der Mitt. der FVA Bad-Württ., Freiburg.
SCHUSTER, E. G.; NICCOLUCCI, M. J., 1983: Developing Prediction Models for Private Timber Harvest in Montana. Research Note, Intermountain Forest and Range Experiment Station, USDA Forest Service.
SPAHR, M., 1985: Mechanization of Early First Thinning. Simulated Performance of Three Thinning System Concepts in Douglas-Fir. Intern. Stencil, Nr. 7, Garpenberg, Schweden.
SPEIDEL, G., 1984: Forstl. Betriebswirtschaftslehre. 2. Aufl. Hamburg und Berlin: Paul Parey.
SPIECKER, H., 1974: Die Simulation als Entscheidungshilfe in der forstlichen Planung. Diss. Freiburg.
STAEHLIN, E., 1982: Investitionsrechnungen. Konzept und Vergleich der Methoden. Ruegger, Diessenhofen CH 8253.
STREHLKE, B., 1971: Anweisung zur Herleitung von Maschinenbetriebskosten in der Forstwirtschaft. Mitt. des KWF, Band XII.
STREHLKE, B., 1958: Die Kalkulation von Maschinenbetriebskosten in der Forstwirtschaft. FTI Nr. 7/8, S. 50.
SWINDEL, B. F., 1984: Theorie of Games and Applications in Forestry. General Technical Report. Southeastern Forest Experiment Station USDA forest Service No. SE 26.
SZCASZ, T.; TARLOS, B.; VERBAY, J., 1981: Simulation Method to Test Harvesting Operations. Forest Research Institut, Budapest.
TARLOS, B., 1980: Discrete Stochastic Simulation of Economic Processes with FOCUS-System. MKKE, Diss.
TARLOS, B.; VERBEY, J., 1978: Simulationsuntersuchung forstwissenschaftlicher Tätigkeiten. Proceedings of the COMECON Coordinative Meeting in Thema 15.4, GDR.
TARLOS, B., VERBAY, J., 1980: Simulation Test of Harvesting Operations. Debrecen, 10th, Hungarian Conference on Operations Research, 1980.
ULRICH, H.; MOHR, C.; HÖFLE, H.; EICHBERGER, H., 1974: Entscheidungshilfen für kooperative Planungsaufgaben der Forst- und Holzwirtschaft. Vortrag anläßlich der forst- und holzwirtschaftlichen Kolloquien der ETH Zürich am 4. 2. 1974.
VERBEY, J., 1979: Use of Computer technique in the Working System of Harvesting Operations. Forest Research Institute, Budapest.
VILLA, W.; GERBER, W.; BOSENER, M., 1984: Möglichkeiten der Anwendung von ökonomisch-mathematischen Modellen zur Intensitätsoptimierung in der Forstwirtschaft. Wissenschaftliche Zeitschrift der Technischen Universität Dresden, 33 (3), 241–344.
YANG, Y. D.; KO, C., 1980: Studies on the Computer Program for Forest Management Simulation. Forestry Series, Experimental Forest, National Taiwan University, No. 60.
WARKOTSCH, W., 1975: Darstellung und Analyse von Systemen und Verfahren der Holzernte. AFZ 41/ 1975.
WILDMANN, P., 1977: Systemdenken zur Lösung forstlicher Aufgaben. Schweiz. Zeitschr. f. Forstwesen, Nr. 1.
ZANGENMEISTER, C., 1973: Nutzwertanalyse in der Systemtechnik. Eine Methodik zur multidimensionalen Bewertung und Auswahl von Projektalternativen. 3. Aufl., München.

7 Realisierung und Kontrolle

Als Folge der Vielfalt der Zielvorstellungen der Entscheidungsträger, der beteiligten Mitarbeiter, des Anteils an Fremdleistungen usw., aber auch der konkurrierenden Alternativen, variieren bei der Realisierung eines Projektes die tatsächlichen Anordnungen in weitem Bereich. Zur praktischen Durchführung der Holzernte sollen deshalb nur kurz gefaßte Hinweise für einige wichtige Bereiche gegeben werden.

Vorbereitende Infrastrukturmaßnahmen

- ggf. notwendige Neubauten oder Instandsetzung von Waldstraßen, Rückegassennetzen, Lagerplätzen, Unterkünften, Materialdepots, Reparaturwerkstätten für Pflege und Reparatur von Holzerntemaschinen.
- auch Anlagen für die zentrale Aufarbeitung und Vermarktung von Rohholz und der Koppelprodukte können als Strukturmaßnahmen betrachtet werden.

Arbeitsanweisung, Kompetenzen, Verantwortung

Erforderlich ist eine klare Formulierung der Aufträge, verbunden mit einer eindeutigen Zuordnung der Kompetenzen, d. h. der Führungs- und Handlungsverantwortung. Dies betrifft im Bereich der Holzernte sowohl das mittlere Management als auch die Vorarbeiter und Mitarbeiter. Es ist ein Charakteristikum dieser Arbeit, daß ihnen im Einzelfall eine erhebliche Entscheidungsfreiheit gewährt werden muß. Insbesondere ist festzulegen, wer in kritischen Fällen entscheidet, wer die notwendige Dauerkontrolle durchführt und die ggf. unverzüglichen Änderungen, Anpassungen usw. veranlaßt.

Vertragliche Regelungen

Der Betriebsleiter und seine Beauftragten schließen die notwendigen Verträge ab. Für die Mitarbeiter des Forstbetriebs gelten Arbeitsverträge. Bei Stücklohnvereinbarungen ist die Arbeitnehmervertretung beizuziehen. Mit Holzeinschlagunternehmen, insbesondere den Holzrückern, werden Werkverträge abgeschlossen. Holzindustrien und Selbstwerber vereinbaren Kaufverträge. Werk- und Kaufverträge enthalten zunehmend Bestimmungen hinsichtlich der Pfleglichkeit der Arbeit.

Bereitstellung von Maschinen bei Eigenbetrieb

Benötigte Holzerntemaschinen werden entsprechend dem Arbeitsauftrag zeitlich und bezüglich der Arbeitskapazität eingeplant. Zweckmäßig erscheint die Berücksichtigung von Pufferzeiten. Auch die Frage der Entkoppelung entsprechend komplexer Arbeitsabläufe verdient Berücksichtigung.

Bereitstellung von Zahlungsmitteln

Aufgabe der Entscheidungsträger ist es, anhand eines Finanzplanes und der praktischen Bereitstellung von Zahlungsmitteln die Liquidität zu jedem Zeitpunkt sicherzustellen. Dies setzt eine verläßliche Voraussage der Zahlungsströme (Geldeingang und -ausgang) sowie eine dauernde unmittelbare Kontrolle voraus. Besondere Sorgfalt verlangt im Forstbetrieb die Tatsache, daß häufig Holz eingeschlagen wird und hierbei aufgrund hoher Arbeitskostenanteile große Ausgaben nötig werden, wohingegen sich die Geldeingänge aus dem Verkauf des Holzes je nach Markt- oder Witterungslage oder aus anderen Gründen erheblich verzögern können.

Kontrolle

Unter betrieblicher Kontrolle wird die Gegenüberstellung von Soll- und Ist-Werten verstanden. Kontrolliert werden Kosten, Produktmengen, Sortenzusammenfassung, Termine, Arbeitsqualität. Die charakteristische Vielfalt der Holzernteverfahren, vor allem die sich dauernd und oft kurzfristig verändernden Arbeitsbedingungen, verlangen eine andauernde, institutionalisierte, nicht nachlassende Aufmerksamkeit und die Bereitschaft, auf veränderte Voraussetzungen und Gegebenheiten zu reagieren, die getroffenen Entscheidungen zu ändern und neue Entschlüsse zu treffen.

Sachregister

Erklärung der Abkürzungen im Literaturverzeichnis

AFZ	Allgemeine Forstzeitschrift, München
AFZg	Allgemeine Forstzeitung, Wien
AFJZ	Allgemeine Forst- und Jagdzeitung, Frankfurt am Main
Forstwiss. Cbl.	Forstwissenschaftliches Centralblatt
FTI	Forsttechnische Informationen
FuHw	Forst- und Holzwirt
HZBl	Holzzentralblatt
KWF	Kuratorium für Waldarbeit und Forsttechnik
Mitt. der FVA	Mitteilungen der Forstlichen Versuchs- und Forschungsanstalt

Fachwissen für den Forst- und Holzwirt

Vom gleichen Autor erschienen:

Rolf Grammel
Forstliche Arbeitslehre
Grundlagen und Anwendung. Ein Kompendium. Unter Mitwirkung von G. Becker. Pareys Studientexte, Nr. 22. 1979. 176 Seiten mit 34 Abbildungen und 27 Tabellen. Kartoniert 29,– DM

Peter Burschel/Jürgen Huss
Grundriß des Waldbaus
Ein Leitfaden für Studium und Praxis. Pareys Studientexte, Nr. 49. 1987. 352 Seiten mit 168 Einzeldarstellungen in 90 Abbildungen, 40 Tabellen und 78 Übersichten. Kartoniert 68,– DM

Alfred Dengler (Begründer)
Waldbau auf ökologischer Grundlage
5. Auflage, in zwei Bänden vollständig neubearbeitet von E. Röhrig (Band I und II) und H. A. Gussone (Band II)
Band I: **Der Wald als Vegetationstyp und seine Bedeutung für den Menschen.** 1980. 283 Seiten mit 40 Abbildungen und 43 Tabellen. Gebunden 68,– DM
Band II: **Baumartenwahl, Bestandesbegründung und Bestandespflege.** 1982. 280 Seiten mit 24 Abbildungen und 26 Tabellen. Gebunden 72,– DM

Peter Dietz/Wolfgang Knigge/Hans-Dietrich Löffler
Walderschließung
Unter besonderer Berücksichtigung des Waldwegebaus. Ein Lehr- und Handbuch für Studium und Praxis. 1984. 426 Seiten mit 338 Einzeldarstellungen in 193 Abbildungen, davon 11 farbige Planungskarten und 65 Tabellen.
Kartoniert 98,– DM

Karl Hasel
Forstgeschichte
Ein Grundriß für Studium und Praxis. Pareys Studientexte, Nr. 48. 1985. 258 Seiten und 6 Tabellen. Kartoniert 38,– DM

Erwin Nießlein
Forstpolitik
Ein Grundriß sektoraler Politik. Pareys Studientexte, Nr. 47. 1985. 150 Seiten mit 18 Abbildungen und 16 Tabellen. Kartoniert 38,– DM

Fritz Schwerdtfeger
Die Waldkrankheiten
Ein Lehrbuch der Forstpathologie und des Forstschutzes. 4., neubearbeitete Auflage. 1981. 486 Seiten mit 242 Abbildungen. Gebunden 120,– DM

Gerhard Speidel
Forstliche Betriebswirtschaftslehre
2., neubearbeitete Auflage. 1984. 226 Seiten mit 27 Abbildungen und 28 Tabellen. Gebunden 78,– DM

Fritz Zöhrer
Forstinventur
Ein Leitfaden für Studium und Praxis. Pareys Studientexte, Nr. 26. 1980. 207 Seiten mit 46 Abbildungen und 22 Tabellen. Kartoniert 34,80 DM

Heinz Butin/Erwin König/Peter Schütt (Herausgeber)
Waldschutz-Merkblätter
1. Buchen-Rindennekrose; 2. Triebsterben der Schwarzkiefer; 3. Streusalzschäden an Waldbäumen; 4. Douglasienschütte; 5. Die Gemeine Kiefernbuschhornblattwespe (Diprion pini L.); 6. Rückeschäden; 7. Mäuse: Bestimmung, Biologie und Schäden; 8. Eichenschädlinge – Schwammspinner (Lymantria dispar L.); 9. Eichenwelke; 10. Die Fichten-Gespinstblattwespe (Cephalcia abietis L.); 11. Ulmensterben; 12. Die Schermaus (Arvicola terrestris L.). 1979–1987. Insgesamt 65 Seiten mit 88 farbigen Abbildungen, 6 Zeichnungen und 1 Karte. Lose Blätter 29,80 DM. Die Reihe wird fortgesetzt.

Wasser und Klima
Schwerpunktheft „Forstwissenschaftliches Centralblatt“, Jahrgang 106, Heft 4–5. 1987. 104 Seiten mit zahlreichen Abbildungen, Übersichten und Tabellen. Kartoniert 70,– DM

Forstwissenschaftliches Centralblatt
Erscheint 1988 im 107. Jahrgang. Unter Mitwirkung zahlreicher Wissenschaftler herausgegeben von U. Ammer, W. Bosshard, W. Kroth, K. E. Rehfuess, P. Schütt und B. Ulrich. Schriftleitung: U. Ammer. Erscheinungsweise: zweimonatlich. 6 Hefte von jeweils ca. 56 Seiten bilden einen Band. Abonnementspreis (1988) je Band 194,– DM zuzüglich 13,70 DM Versandkosten Inland (18,– DM Versandkosten Ausland). Studenten und Referendare, die sich noch nicht in vollbezahlter Anstellung befinden, erhalten gegen entsprechenden Nachweis eine Ermäßigung von 20 Prozent auf den Abonnementspreis.

Natur+Recht
Zeitschrift für das gesamte Recht zum Schutze der natürlichen Lebensgrundlagen und der Umwelt. Erscheint 1988 mit Band 10. Herausgeber: C. Carlsen, D. Engelhardt und L. Pielow. Schriftleitung: C. Carlsen. Erscheinungsweise: 8 Hefte jährlich. Umfang je Heft 44 Seiten. Abonnementspreis (1988) 248,– DM zuzüglich 10,50 DM Versandkosten Inland (12,– DM Versandkosten Ausland). Studenten und Referendare, die sich noch nicht in vollbezahlter Anstellung befinden, erhalten gegen entsprechenden Nachweis eine Ermäßigung von 50 Prozent auf den Abonnementspreis.

Bitte fordern Sie unseren Prospekt „Forstwirtschaft Auswahl 1988“ an, den wir Ihnen gern kostenlos zuschicken.

Preisstand: Frühjahr 1988
Spätere Änderungen vorbehalten.

Verlag Paul Parey
Hamburg und Berlin

PAUL PAREY

Das Handbuch aller Forstschädlinge Europas

Die Forstschädlinge Europas. Ein Handbuch in fünf Bänden. Herausgegeben von Wolfgang Schwenke unter Mitwirkung zahlreicher Wissenschaftler aus dem In- und Ausland. Fünf Bände komplett. Gebunden 1.394,– DM. ★ Band 1: **Würmer, Schnecken, Spinnentiere, Tausendfüßler und hemimetabole Insekten.** 1972. X, 464 Seiten mit 172 Abbildungen. Gebunden 196,– DM ★ Band 2: **Käfer.** 1974. VIII, 500 Seiten mit 200 Abbildungen. Gebunden 323,– DM ★ Band 3: **Schmetterlinge.** 1978. VIII, 467 Seiten mit 244 Abbildungen. Gebunden 355,– DM ★ Band 4: **Hautflügler und Zweiflügler.** 1982. VIII, 392 Seiten mit 180 Abbildungen und 6 Tabellen. Gebunden 310,– DM ★ Band 5: **Wirbeltiere.** 1986. VIII, 300 Seiten mit 107 Abbildungen. Gebunden 336,– DM. Zu beziehen durch jede Buchhandlung.

»Die Kenntnisse über die forstschädlichen Tierarten Europas sind im Verlauf der letzten Jahrzehnte derart angewachsen, daß eine Neubearbeitung des gesamten Stoffes dringend notwendig erschien. Unter Mitwirkung zahlreicher Fachleute wurde deshalb ein neues Werk geschaffen, das einem eigentlichen Handbuch entspricht und in seinem Inhalt weit über die Bedürfnisse eines Lehrmittels hinausgeht. Sämtliche fünf Bände sind auf die forstwirtschaftliche Bedeutung der verschiedenen Tierarten und ihre Schäden ausgerichtet. Sie berücksichtigen die Erfordernisse eines modernen Forstschutzes, insbesondere die Möglichkeiten von geeigneten Verhütungsmaßnahmen und von umweltschonenden Bekämpfungsmethoden.« *Schweizerische Zeitschrift für Forstwesen* Bitte fordern Sie den ausführlichen Prospekt an.

Verlag Paul Parey · Spitalerstraße 12 · 2000 Hamburg 1

PAUL PAREY